전통시대 동아시아의 외교와 변경기구

전통시대 동아시아의
외교와 변경기구

연민수 외 지음

발간사

　이 책은 전근대 동아시아 각국의 외교 실태와 이민족 지배 성격을 분석한 것입니다. 전근대 동아시아 세계는 왕조의 변천과 지배영역의 변동으로 인해 국경, 변경지역에 다양한 형태의 기구를 설치하여 중앙정권의 안정화를 추구해 왔습니다. 그러나 그 성격을 둘러싼 논쟁이 끊임없이 제기되어 왔고 새로운 자료의 발견으로 학설의 보완·수정이 불가피한 부분도 있습니다. 이런 취지에서 지난 8월 한·중·일 학자들이 학술회의를 통해 그간의 연구를 점검하였고, 이 책은 그 학술회의의 성과입니다.

　이 책은 3부로 구성되어 한·중·일의 지방기구에 대하여 분석하였습니다. 제1부는 한국사 문제로서 「신라 하대 패강진의 설치와 그 성격」에서는 발해의 침략에 대비한 패강진의 역할을 밝히고 있습니다. 「고구려의 서부 국경선과 무려라」에서는 고구려 서부 국경지대의 운영실태와 서방 경계선 문제, 요하 이서의 고구려 거점 역할 등 고구려의 국가전략에 대해 논하였습니다. 「고려·거란의 경계대 변화와 그 운용에 관한 연구」에서는 고려인들의 경계인식, 고려와 거란이 무력충돌을 막고 평화관계를 유지하기 위한 완충지대의 운용 실태를 밝혔습니다.

　제2부는 중국사 문제로서 「진한제국의 변경 이민족 지배와 부도위」에서는 지배대상이 되는 이민족의 범위, 진한제국이 변경에 거주하는 부도위(部都尉)와 속국도위(屬國都尉)의 군현지배의 실태를 재검토하였습니다. 「당 전

기의 변주 문제」에서는 변주의 역할과 책임에 대해 분석하였습니다. 「당 현종의 변경 지역 외교 책략」에서는 개원치지(開元之治) 시기 중앙이 변경 지역 정권에 취한 외교적 책략을 분석하였습니다.

제3부는 일본사 문제로서 「일본고대의 대재부의 기능과 신라문제」에서는 대재부의 설치와 기능은 신라에 대한 정치·외교·군사상의 문제로 일관하였고, 당시 일본의 외교정책 중심이 신라였음을 밝히고 있습니다. 「근세 아시아 경계로서의 항구도시 나가사키」에서는 나가사키는 막번제국가의 주변부이며 동아시아 경계로서의 항구도시였음을 사료를 통해 논증하고 있습니다. 「근세 한일관계에서 쓰시마번과 왜관」에서는 17세기 말 한일 외교적 사건을 중심으로 외교교섭에서의 쓰시마번과 왜관의 기능을 검토하였습니다.

이상의 연구는 새로운 자료의 발견과 재해석을 통해 기존연구의 문제점을 지적하고 새로운 관점을 제시한 것입니다. 전근대 동아시아의 변경기구에 대한 종합적인 연구로서 향후 연구에 논쟁을 불러일으켜 학문의 발전에 일조할 것으로 생각됩니다.

끝으로 이 연구에 참여하신 한·중·일 연구자 여러분과 출판을 위해 애쓰신 관계자 여러분께도 그간의 노고에 감사의 말씀을 드립니다.

2013년 11월
동북아역사재단 이사장 김학준

차례

1부 한국사에서의 변경기구와 외교

고구려의 서부 국경선과 무려라 | 이성제

Ⅰ. 머리말 … 13
Ⅱ. 무려라 관련 기사의 재검토 … 15
Ⅲ. 무려성과 요하 서안의 무려라 … 23
Ⅳ. 무려성과 고구려의 서변 방어체계 … 30
Ⅴ. 맺음말 … 39

신라 하대 패강진의 설치와 그 성격 | 전덕재

Ⅰ. 머리말 … 45
Ⅱ. 패강지역의 범위 … 47
Ⅲ. 패강진의 설치와 그 배경 … 53
Ⅳ. 패강진의 성격과 운영 … 63
   1. 패강진의 성격 … 63
   2. 패강진의 패강지역 통제 방식 … 74
Ⅴ. 맺음말 … 82

고려·거란의 경계대 변화와 그 운용에 관한 연구 | 허인욱

Ⅰ. 머리말 … 87
Ⅱ. 고려전기 경계대의 형성과 변화 … 89

Ⅲ. 경계대의 활용과 그 운영 규정 … 98

Ⅳ. 맺음말 … 118

2부 중국사에서의 변경기구와 외교

진한제국의 변경 이민족 지배와 부도위 | 김병준

Ⅰ. 머리말 … 123

Ⅱ. 제국의 국경과 이민족의 분류 … 125

   1. 외경의 안과 밖 … 125

   2. 내경의 안과 밖 … 128

Ⅲ. 제국 내 이민족 지배와 변경의 부도위 … 134

Ⅳ. 맺음말 … 151

당 전기의 변주 문제 | 쉬웨이웨이 (번역) 정병준·조재우

Ⅰ. 머리말 … 157

Ⅱ. 당대 변주의 연원과 개념 … 158

Ⅲ. 당 전기 변주의 등급 및 상호관계 … 166

Ⅳ. 당 전기 변주의 분포상황 … 179

Ⅴ. 당 전기 변주의 변화 … 190

Ⅵ. 변주의 인구 상황으로 본 변주의 역사적 위치 … 201

당 현종의 변경 지역 외교 책략 | 후바오화 (번역) 최해별
-개원 연간을 중심으로

Ⅰ. 머리말 … 211

Ⅱ. 개원 초기 변경 지역의 형세 … 215

Ⅲ. 화친을 위주로 한 동북 지역의 안무 책략 … 218

Ⅳ. 개원 연간 돌기시와의 관계 … 228

Ⅴ. 서역 및 중앙아시아에 대한 현종의 경영 … 236

Ⅵ. 개원 연간 당과 토번의 화의와 전쟁 … 240

Ⅶ. 맺음말 … 244

명청시기 중국 동북 지역의 지도·지리지와 조선 관방지도의 관계 | 이명희

Ⅰ. 머리말 … 251

Ⅱ. 조선의 관방지도에 이용된 중국의 자료들 … 252

   1. 『대명일통지』 … 253

   2. 『성경통지』와 조선의 북방관방지도 … 254

Ⅲ. 기타 조선의 관방지도와 중국 자료 … 267

   1. 이이명의 『요계관방지도』 … 267

   2. 『서북피아양계만리일람지도』 … 271

   3. 『고금도서집성』의 수입 … 273

Ⅳ. 맺음말 … 275

3부 일본사에서의 변경기구와 외교

일본고대의 대재부의 기능과 신라문제 | 연민수

Ⅰ. 머리말 … 281

Ⅱ. 대재부의 성립과 신라 … 283

Ⅲ. 영제 대재부의 외교기능과 신라 … 288

   1. 대보령의 시행과 대재부 … 288

   2. 대재부의 국서개봉권 문제 … 294

Ⅳ. 대신라 경계와 군사적 기능 … 298

Ⅴ. 대신라 교역과 대재부관내의 동향 … 310

Ⅵ. 맺음말 … 318

근세 아시아 '경계'로서의 항구도시 나가사키 | 야오 케이스케 (번역) 신동규

Ⅰ. 머리말 … 323

Ⅱ. '경계'로서의 항구도시(항시) 연구의 시점과 나가사키 … 324

Ⅲ. 동아시아 변경에서 중화세계로서의 나가사키 … 329

Ⅳ. 동아시아 세계의 경계 잡거의 땅 나가사키 … 332

Ⅴ. '경계'도시 나가사키에서 외국인의 법적지위 … 338

Ⅵ. 맺음말 … 349

근세 한일관계에서 쓰시마번과 왜관 | 윤유숙

-1693년 조선인의 돗토리번 연행사건을 사례로

Ⅰ. 머리말 … 353

Ⅱ. 왜관의 경관 … 355

Ⅲ. 1693년 조선인 연행사건과 쓰시마번의 정황 조사 … 359

Ⅳ. 왜관을 통한 조선인 송환과 쓰시마번의 대조선 교섭 … 374

Ⅴ. 맺음말 … 393

Abstract 397

찾아보기 407

1부
한국사에서의 변경기구와 외교

고구려의 서부 국경선과 무려라

이성제 | 동북아역사재단

Ⅰ. 머리말
Ⅱ. 무려라 관련 기사의 재검토
Ⅲ. 무려성과 요하 서안의 무려라
Ⅳ. 무려성과 고구려의 서변 방어체계
Ⅴ. 맺음말

I. 머리말

　고구려에서 보았을 때 서부 국경지대는 동진(東進)해오는 중국세력과 맞닥뜨리는 최전선 지역으로, 적의 침입을 막아내야 할 1차 방어선이었다. 또한 서북쪽으로는 초원지대와 연결된다는 점에서, 초원의 유목세력과 경계를 접하게 되는 접촉지이기도 하였다. 이러한 관점에서 볼 때 서부 국경선이 어디에 그어졌는지, 그 방어체제는 어떻게 조직되어 있었는지 등의 문제를 구체적으로 밝히지 않고는 고구려의 서변(西邊)과 서방관계의 특성을 살피는 데에도 일정한 한계가 있을 것이 분명하다.

　이에 고구려의 서부 국경선과 관련하여 최전방의 거점에 대한 이해는 매우 중요한 것이 아닐 수 없다. 어떤 거점들이 세워졌으며 어디에 세워졌는가에 따라 국경지대의 범위를 확정할 수 있으며 그것이 의미하는 고구려의 방위전략도 달라질 것이기 때문이다. 그동안의 연구에서 요하(遼河) 서안(西岸)의 무려라(武厲邏)가 주목되었던 까닭이 여기에 있다. 사료상 요하 너머에서 찾아지는 유일한 고구려 거점이라는 점에서 무려라가 서변의 최전방 거점이며 여기에 연해 있는 요하가 고구려의 서부 국경선이라고 보아 왔던 것이다.[1]

　그런데 고구려가 마주했던 수(隋)는 현재의 조양(朝陽)을 중심으로 금주

---

[1] 武田幸男(1989), 『高句麗史と東アジア-「廣開土王碑」硏究序說』, 岩波書店, 223쪽 ; 宋基豪(2008), 「5세기 후반 高句麗의 북방 경계선」, 『한국 고대 사국의 국경선』, 서경문화사, 211~218쪽. 이렇게 보면 광개토왕대의 패려 공략이나 후연 공격 등 고구려가 요서로 세력을 확대했던 사실들은 모두 일회성의 사건들로 간주되고 5세기 이래 고구려의 서부 국경선은 요하로 고착되어 있었다고 이해된다.

(錦州)와 의현(義縣) 일대까지 세력을 미치고 있었다. 즉 대능하(大凌河) 하류와 의무려산(醫巫閭山) 이서 지역까지 들어서 있던 수의 거점들을 확인할 수 있는 것이다.[2] 이에 대해 고구려의 서부 국경선은 요하였다고 보면 자연히 고구려와 수 사이에는 어느 쪽에도 속하지 않는 공백지대가 그려지게 된다. 양국 사이에 중간지대가 있었다고 보게 되는 것이다. 물론 수의 동방 거점인 영주(營州)와 그 관할 거점들의 소재지를 알 수 있는 것처럼 고구려의 서변을 구성했던 제 거점을 파악하고 나온 결과라면 이렇게 이해할 수도 있을 것이다. 하지만 무려라 한 곳으로 파악할 수 있는 고구려 서변에 대한 정보는 극히 적다. 그리고 관련 기록의 의미를 온전히 살폈다고 보기도 어렵다.

우선 『자치통감(資治通鑑)』의 "是行也 唯於遼水西拔高麗武廣邏 置遼東郡及通定鎭而已" 기록을 관련 연구에서 즐겨 인용하여 요서의 고구려 거점은 무려라 한 곳이었다고 이해해 왔지만, 논의의 출발점이 되는 자료치고는 내용의 분석이 미진하였다고 생각한다. 무려라가 요하를 오가는 이를 감시하는 관진(關津)이었다고 보면서도 요하에 다른 관진은 없었을까 하는 여부를 따져보지 않았던 것이다. 무엇보다 요하의 긴 수계로 보아 도하로는 여럿이었다고 보는 것이 자연스러우며 역사적 사실로써도 이를 확인할 수 있는 것이다.

다음으로 『수서(隋書)』 이경전(李景傳)의 "고구려 무려성(武廣城)을 공략했다"는 기록에 보이는 무려성은 명칭이 같다는 점을 들어 무려라와 같은 곳으로 파악되어 왔다. 하지만 이는 무려성 공략이 611년의 일이라는 사실을 간과한 것이다. 무려라는 612년 수(隋) 양제(煬帝)의 친정(親征)에서 거둔 전과로 언급되었다는 점에서 두 기록은 별개의 내용이라고 보는 것이 온당하

---

2 요서지역에서 수의 首府였던 營州(현재의 朝陽)를 중심으로, 그 동쪽의 거점들로는 燕軍城·汝羅城·懷遠鎭·瀘河鎭 등을 찾을 수 있다. 이들의 구체적인 위치비정은 다음 장에서 다루게 될 것이다.

다고 생각한다. 이렇게 볼 때 무려성은 어떤 거점이었으며 어디에 세워졌던 곳인가를 살펴 고구려의 서부 국경선에 대한 새로운 논의를 제기해 볼 수 있다고 여겨진다.[3]

II. 무려라 관련 기사의 재검토

『구당서(舊唐書)』·『신당서(新唐書)』는 고구려의 서부 변경에 대해 요하 너머 영주(營州)에 이르렀다고 전하고 있다.[4] 요하는 남북으로 흐르는 긴 강이어서 고구려로 보아 동진(東進)해 오는 중국의 세력을 막는데 최적의 자연장벽이 될 수 있었다. 그럼에도 이러한 천혜의 방어선을 두고 고구려가 그 너머의 지역에까지 진출했던 것은 어떤 연유에서였을까. 5세기 이래 요동이 고구려의 차지가 되면서 중국의 동단(東端)은 영주였다.[5] 요하 이서의 고구

---

3 이 글에서 다루는 시기는 6세기 말에서 7세기 초로 한정한다. 무려라와 무려성 등의 자료가 이 시기의 것이라는 점에 따른 것이다. 고구려가 요서로 진출한 시기를 알 수는 없지만, 적어도 5세기 이래 요서에 마련된 거점을 중심으로 국경선이 구축되었다고 생각한다.

4 "東渡海至於新羅 西北渡遼水至于營州 南渡海至于百濟 北至靺鞨 同書三千一百里 南北二千里"『舊唐書』卷199上, 列傳149上 東夷 高麗, 5319쪽
"地東跨海距百濟 南亦跨海距百濟 西北度遼水與營州接 北靺鞨"『新唐書』卷220, 列傳145, 東夷 高麗, 6185쪽

5 李成制(2012), 「4世紀 末 高句麗와 後燕의 관계-396년 후연의 廣開土王 冊封 問題를 중심으로」, 『韓國古代史硏究』68

려 서변은 중국의 세력과 마주하는 공간이 되고 있었던 것이다. 이 점에서 요하 이서의 고구려 서변은 고구려의 국방에서 어떤 의미를 갖고 있었을까.

이러한 의문과 관련하여 아래의 무려라 기사는 고구려 서변의 구체적인 범위를 보여주는 자료로 주목되어 왔다.

> 是行也, 唯於遼水西拔高麗武厲邏〈高麗置邏於遼水之西以警察度遼者〉置遼東郡及通定鎭而已
>
> —『資治通鑑』卷181, 隋紀5, 煬帝 大業 8년(612), 5666쪽[6]

위의 『자치통감』 기록에 보이는 무려라는 고구려가 요하 이서의 지역에 마련해 두고 있었던 군사 거점이다. 그 소재지를 요하의 서쪽으로 명시하고 있을 뿐 아니라 '요하를 건너는 자를 경계하고 살폈다'는 주석(註釋)과 612년의 전쟁에서 수가 쳐서 빼앗았다는 언급에서 이를 살필 수 있는 것이다.

그런데 현재까지 알려진 고구려 성곽의 분포 상황을 보면 무려라는 예외적 존재로 보인다. 대개의 고구려 성곽이 요하선(遼河線)을 넘지 않고 있음과 달리, 무려라는 요하 서안에 세워졌다고 전하기 때문이다.[7] 위의 기록에 따르면 요하 서쪽의 고구려 거점은 무려라 한 곳뿐이라고 이해되는데, 이럴 경우 무려라는 요하를 건너 요서에 자리 잡고 있던 거의 유일한 고구려의 거점이기 때문이다. 이에 그동안의 연구는 무려라를 고구려 서변의 최전선 거점으로 보아왔다. 무려라가 고구려의 서쪽 경계를 확정하는 데 필요한 기준점이 되었던 것이다.

---

[6] 이 글에서 인용한 漢籍은 별도의 언급이 없는 한 中華書局本임을 밝혀둔다. 〈 〉은 夾註를 의미한다.

[7] 李成制 編(2006), 『高句麗城 사진자료집-中國 遼寧省·吉林城 西部』, 동북아역사재단, 8~9쪽의 분포도 참조

그러면 무려라는 어디에 있었을까. 무려라의 위치에 대해서는 여러 가지 설이 있지만 대체로 요하 서안(西岸)의 신민시(新民市) 경내에서 찾고 있다. 신민시 요빈탑촌(遼濱塔村) 고성지(古城址)[8]·신민시 고대산유지(高臺山遺址)[9]·신민시 공주둔후산유지(公主屯後山遺址)[10] 그리고 신민시 거류하촌(巨

---

8 松井等(1913),「隋唐二朝高句麗遠征の地理」,『滿洲歷史地理』1, 387~388쪽 ; 金毓黻 지음·동북아역사재단 번역(2007),『김육불의 東北通史(下)』(원전은 1941,『東北通史』, 洪氏出版社), 484~485쪽 ; 譚其驤 主編(1988),『『中國歷史地圖集』釋文滙編-東北卷』, 中央民族學院出版社, 63쪽. 무려라를 고구려 서변의 최전선 거점으로 보고 그 고지를 요하 서안에서 찾고자 했던 최초의 연구자는 松井等이었다. 그는 遼의 遼州城이 현재의 신민시 요빈탑촌에 있었으니 隋代의 通定鎭(고구려의 무려라)도 여기에 두었을 것으로 보았다. 요빈탑촌을 무려라 고지로 비정한 그의 견해는 김육불을 거쳐『中國歷史地圖集』편찬에까지 반영되었다. 그러나 고고조사 결과 요빈탑촌의 城址와 유물은 遼金代에 국한되었던 것으로 확인되고 있어, 고구려 무려라와는 무관한 유적지로 판명되었다. 王綿厚(1986),「唐"營州至安東"陸路交通地理考實」,『遼海文物學刊』1986-1, 79~80쪽

9 王綿厚(1986),「唐"營州至安東"陸路交通地理考實」,『遼海文物學刊』1986-1, 80~81쪽 ; 王禹浪·王宏北 編,『高句麗·渤海古城址研究匯編』, 哈爾濱出版社, 231쪽 ; 余昊奎(1999), 앞의 책, 237~239쪽. 왕면후의 이해는『東三省古迹遺聞續編』에 "신민현 북쪽 15리의 고대산 동쪽에 고구려성이 있다"는 언급에 따른 것이었다. 이러한 이해는 그가 1990년 李建才와 공동으로 집필한『東北古代交通』에서도 유지되었으나, 1994년 작성한「鴨綠江右岸高句麗山城綜合硏究」에서는 신민시 공주둔후산유지로 바뀌었다[왕면후(1994),『遼海文物學刊』1994-2, 48쪽]. 이 무렵 그는 무려라를 빼앗은 수가 通定鎭과 遼東郡을 설치했다는 기록에 주목하여 무려라 고지에는 요동군이 세워졌고, 통정진은 고대산에 들어섰다고 보게 되었던 것이다. 그러다가 최종적으로는 무려라 고지로 신민시 고대산유지와 공주둔후산유지 두 곳 모두에 가능성을 열어두고 있음을 살필 수 있다[왕면후(2002),『高句麗山城硏究』, 文物出版社, 155쪽]. 요동군과 통정진이 무려라 고지 한 곳에 두어진 것이 아니라는 견해는 좀 더 고구해 보아야 하겠지만, 그의 이해에서 흥미로운 점은 요하 서안 여러 곳에 작은 城堡들이 있었고, 이들의 통칭이 무려라였다고 보는 것이다. 이 이해에 동의하긴 어렵지만, 요하 서안에 여러 곳의 성보를 설정하고 있다는 점에는 유의하고 싶다. 한편 고고발굴 결과 고대산유지에는 城址가 없으며 고구려 혹은 수당시대의 유물도 나오지 않아 무려라였을 가능성이 부인되고 있다[趙曉剛·沈丹林(2000),「隋遼東郡及通定鎭考」,『東北地區三至十世紀古代文化學術討論會論文』, 5쪽 및 馮永謙(2012),「武厲邏新考(上)」,『東北史地』2012-1, 12쪽. 반면 왕우랑은 고대산유지의 현황에서 성벽의 존재를 기술하고 있어 혼란을 주고 있다.

10 王綿厚(1994), 앞의 글, 48쪽 ; 趙曉剛·沈丹林(2000), 앞의 글, 5~6쪽

流河村) 동산강(東山崗)의 고려성자(高麗城子)[11] 등이 그것이다. 이들 지역은 어느 곳이나 요하를 건너는 자들을 살폈다는 주석의 내용에 부합하는 지리적 조건을 구비하고 있다는 점에 특징이 있다.

한편 주석은 무려라의 기능을 구체적으로 전하고 있다. 요하를 건너는 자들을 살폈다는 내용으로 보아 무려라는 요하를 오가는 나루터를 관장하는 시설물로, 일종의 관진에 해당한다. 또한 요하에 근접한 대안(對岸)에 있었다는 점에서 규모가 큰 성곽이라기 보다는 소규모의 성보(城堡)나 초(哨) 정도의 군사시설이었다고 본다.[12]

이상에서 살핀 무려라에 대한 이해에 따른다면 결국 고구려의 서변이란 요하와 그 서안의 좁은 지대가 된다. 고구려의 영역에서 서단부는 요하 서안이었고 그곳에 마련된 거점이라는 점에서 무려라는 고구려의 서쪽 경계를 확정 짓는 기준이었다. 그리고 무려라가 요하 서안의 신민시 경내로 비정되고 있다는 점에서 고구려의 서쪽 경계는 대체로 요하를 넘어서지 않았던 것으로 이해되고 있는 것이다.

하지만 이러한 기존의 이해를 좇기에는 몇 가지 석연치 않은 점이 있다. 우선 기록 가운데 보이는 호삼성(胡三省)의 주석 내용에는 주의가 필요하다. "高麗置邏於遼水之西以警察度遼者"라는 내용은 무려라가 관진의 역할을 하였으며 그 고지(故址)를 요하 서안, 현재의 신민시(新民市) 경내에 남아 있는

---

11 馮永謙(2012), 앞의 글, 8~10쪽 및 2012, 「武廣邏新考(下)」, 『東北史地』 2012-2, 6~8쪽. 이와 함께 풍영겸은 고대산유지와 공주둔후산유지에서 어떠한 성지도 발견되지 않았음을 들어 기존 연구에서 무려라를 이들 유적에 비정한 것을 비판하고 있다. 그에 따르면 고대자유지 설은 『東三省古迹遺物績編』의 내용을 잘못 이해한 것으로, 원문 내용은 산의 동쪽에 고려성이 있다는 것이지 그것이 고대산에 있다는 뜻은 아니었다고 한다.

12 譚其驤 主編(1988), 앞의 책, 63쪽; 王綿厚(1994), 앞의 글, 48쪽. 한편 왕면후는 2002년의 저서에서 무려라가 작은 성보였음을 재론하면서 대형산성과 長城의 沿線에서 호응한 敵臺로 분류하기도 하였다. 王綿厚(2002), 앞의 책, 155쪽

유지들 가운데 하나에서 찾는 데 필요한 정보를 제공하여 주고 있음에 틀림없다. 그런데 문제는 이 내용이 무려라 하나에 국한되는 정보라고 보기 어렵다는 점에 있다.[13]

요하는 전장 1,390km에 달하는 중국 7대 수계 중의 하나로 동북지역의 중부 평원을 서북에서 동남으로 관통하여 현재의 영구(營口)에서 바다로 흘러들어 간다.[14] 남북으로 흐르는 긴 수계의 특성상 요하를 건너는 경로는 여럿이었다고 보아야 하는 것이다. 실제로 당(唐) 태종(太宗)이 이끈 645년의 전역에서 당군은 통정진(通定鎭)과 회원진(懷遠鎭) 그리고 요하 하류의 세 지점을 통해 요하를 도하하였으며[15] 시기를 거슬러 올라가면 사마의(司馬懿)의 조위군(曹魏軍)이 요수(遼隧)를 통해 건너는 듯하다가 수산(首山)으로 도하하여 공손연군(公孫淵軍)을 격파한 사실을 찾아볼 수 있다.[16] 요하의 도하로는 적어도 세 곳 이상이었던 것이다. 따라서 고구려가 요하를 건너는 자들을 감시하고 방어하고자 했다면 무려라 한 곳만 두었을 리 만무하다. 즉 요하 이서에 설치된 고구려의 군사거점은 무려라 한 곳이 아니라 요하를 건널 수 있는 도하로마다 '라(邏)'가 마련되어, 그곳을 방어하고 오가는 이들을

---

13 주석의 내용을 살핀 것은 아니지만, 무려라 외에 복수의 거점이 있었을 가능성을 제기한 연구들이 있다[노태돈(1999), 『고구려사연구』, 사계절, 411~413쪽;이성제(2005), 「高句麗와 契丹의 關係-對隋·唐戰爭期 契丹의 動向과 그 意味」, 『북방사논총』 5, 150~153쪽;이정빈(2011), 「6세기 후반-7세기 초반 고구려의 서방 변경지대와 그 변화」, 『역사와 현실』 82, 110쪽]. 특히 이정빈은 이 기록 내용이 무려라에 한정되는 것이 아니라고 해석하고 요하 서안을 따라 다수의 라가 있었다고 추정하였다.

14 遼河(http://baike.baidu.com/view/42770.htm)

15 王綿厚·李健才(1990), 『東北古代交通』, 沈陽出版社, 139~140쪽;여호규(2000), 「千里長城의 經路와 築城背景」, 『國史館論叢』 91, 177~179쪽

16 "二年春 遣太尉司馬宣王征淵. 六月 軍至遼東. 淵遣將軍卑衍·楊祚等 步騎數萬屯遼隧 圍塹二十餘里. 宣王軍至 令衍逆戰. 宣王遣將軍胡遵等擊破之. 宣王令軍穿圍 引兵東南向 而急東北 卽趣襄平. 衍等恐襄平無守 夜走. 諸軍進至首山 淵復遣衍等迎軍殊死戰. 復擊 大破之. 遂進軍造城下 爲圍塹" 『三國志』 卷8, 二公孫陶四張傳 公孫淵, 254쪽

감시했다고 보는 것이 합리적이다. 이것은 주석이 무려라를 특정하지 않고 요하 서쪽의 '라'로 통칭하여 설명하고 있다는 점과도 부합된다.

둘째 무려라를 위주로 한 기존의 이해가 과연 현지의 특수성과 조응하고 있는 것일까 하는 의문이 든다. 요서는 고구려와 북방의 유목세력 그리고 중국이라는 세 세력이 지역을 분점하고 있던 복잡한 국제관계는 물론이고 그 주민 구성에 있어서 다양한 종족들이 섞여 살고 있던 지역이었다.[17] 이러한 지역에서 고구려가 국가적 이익을 도모하기란 쉽지 않았을 것인데, 그 역할을 수행하기에 무려라는 역부족이었다고 여겨지기 때문이다. 요하 서안에 있었다는 지리적 위치로 보아 무려라에는 요서로 나아가기 위한 교두보[18] 이상의 의미를 부여하기 곤란한 것이다.

이 문제는 고구려와 거란(契丹)의 관계를 떠올려 보면 좀 더 분명해진다. 요서의 주요 종족인 거란의 향배는 이 지역을 둘러싼 국제관계에서 분쟁거리였다. 이와 관련하여 395년 고구려 광개토왕(廣開土王)이 거란의 일파인 패려(稗麗)를 친정(親征)했다는 사실은 고구려가 일찍부터 요서지역과 거란에 대해 관심을 기울이고 있었음을 보여준다. 그리고 5세기 말의 사건이지만 거란이 북위(北魏)의 변민(邊民)을 약취하였다가 고구려에게 빼앗긴 일이 일어나기도 하였다.[19] 또한 6세기 후반에 이르면 거란의 일부와 고구려가 정

---

17 遼西의 지정학적 의미를 처음 지적한 이는 日野開三郎이었다. 그는 營州의 설치와 互市의 운영에 주목하여 6세기 이래 중국이 동북으로 진출하는데 요서가 거점이 되었다고 보았다[日野開三郎(1949·1950)「粟末靺鞨の對外關係」,『史淵』41·42·43·44 ; 1991『東洋史學論集』第15卷, 三一書房, 216쪽]. 노태돈은 隋代의 사례에서도 영주가 중국인과 동북아 제민족의 교역과 교통의 요지라는 점을 확인해 주었다[노태돈(1999), 앞의 책, 427쪽]. 여기에서 한 걸음 나아가 이성제는 고구려와 수의 대립이 요서의 장악을 둘러싼 갈등에서 비롯되었다고 본 바 있다[이성제(2000),「嬰陽王 9年 高句麗의 遼西 攻擊」,『진단학보』90 ; 이성제(2005),『高句麗의 西方政策 硏究』, 국학자료원].

18 孫進己·馮永謙(1989),『東北歷史地理』2, 黑龍江人民出版社, 209쪽 ; 노태돈(1999), 앞의 책, 413쪽 ; 여호규(1999),『高句麗城』II, 국방군사연구소, 239쪽

치적으로 밀접한 관계를 맺고 있었음을 보여주는 사실들을 찾을 수 있다.[20] 이러한 고구려와 거란의 관계로 보아 요서의 고구려 거점은 거란을 상대로 한 창구이자 관리기구의 역할도 수행해야 하였을 것이다.

사정이 이러함에도 불구하고 무려라는 요서지역의 동단부에 치우쳐 있다는 한계를 보인다. 요서로의 진출 초기라면 모를까, 고구려가 무려라를 거점으로 삼아 요서 경영을 시종일관했다고 보기는 어렵다.[21] 거란의 동계를 어디로 보는가의 문제는 남지만, 서단의 고구려 거점이 요서로 들어가는 초입에 겨우 두어졌다고 하면 그것은 거란과 마주하기 위한 전진 배치라고 할 수는 없기 때문이다. 요하 서안은 이동 생활을 하면서 귀부(歸附)와 반부(叛附)를 일삼는 유목민을 상대하기에는 부적당한 위치인 것이다. 이 점은 앞에서 새롭게 밝힌 사실을 적용한다고 해도 별반 달라지지 않는다. 무려라 외에도 여러 곳에 '라'가 있었다고 보이지만, 이들 '라'는 모두 요하 서안에 두었다는 점에서 다를 바가 없기 때문이다. 따라서 무려라를 비롯한 요하 서안의 여러 '라'는 고구려 서변의 최전선 거점이 될 수 없다고 생각한다.

셋째 무려라 등의 '라(邏)'가 수행한 기능이 요하를 오가는 이들을 경계하고 살피는 데 있었다는 점도 이들이 고구려 서변의 최전선 거점이 될 수 없는 또 하나의 이유가 된다. 관진이 수륙의 중요한 지점에 설치된 관문을 이른다고 보면 무려라와 그 밖의 '라'들에는 방어시설로서 성곽이 구축되었을 것임에 틀림없다. 이제까지 무려라의 고지를 둘러싼 논의에서 성곽 시설

---

19 "(封)回族叔 軌 …… 銜命高麗. 高麗王雲悼其偏遠 稱疾不親受詔. …… 先是 契丹虜掠邊民六十餘口 又爲高麗擁掠東歸 軌具聞其狀 移書徵之 雲悉資給遣還." 『魏書』 卷32, 封軌, 764~765쪽.

20 "當後魏時 爲高麗所侵 部落萬餘口求內附 止于白狼河. 其後爲突厥所逼 又以萬家寄於高麗. …… 其後契丹別部出伏等背高麗 率衆內附. 高祖納之 安置於渴奚那頡之北." 『隋書』 卷84, 北狄 契丹, 1881쪽.

21 이성제(2005), 앞의 글, 151쪽.

이 빠지지 않고 거론되었던 것도 이러한 연유에서 비롯되었다고 보인다. 하지만 '라'의 주 역할은 주석이 적시하고 있는 바와 같이 요하 도하로에 대한 통제였다. 유사시에는 군사적 임무도 수행했겠지만 그것은 어디까지나 임시적인 것일 뿐 본연의 임무였다고 보기는 어려운 것이다. 이 점에서 성곽 시설이 있었다고 하여 이들 '라'가 공격과 방어를 위해 최적화된 군사시설이었다고 볼 수는 없겠다. 작은 성보나 초 정도의 소규모 시설로 이해되고 있음에서 그러하다. 그러므로 주석 그대로 요하를 오가는 교통로 상에 두어진 관진이었다고 한정 지어 보는 것이 적당하다. 즉 관진의 기능과 제한된 방어시설의 측면에서 볼 때 요하 서안의 '라'들은 국경선에 세워진 군사 거점이 아니라 그 후방에 위치한 경유지의 관소(關所)였다고 이해되는 것이다.

이렇게 놓고 보면 고구려의 서계(西界)에 대한 이해에도 새로운 접근이 가능해진다. 그동안 고구려의 서계는 요하 서안 즉 요하선(遼河線)이라고 보아 왔다. 그 근거는 고구려가 요서에 마련했던 거점은 무려라가 유일하였고, 그 위치는 현재의 신민시 일대로 비정된다는 점에 있었다. 하지만 무려라 외에도 여러 곳의 '라'가 찾아진다는 점에서 무려라는 더 이상 고구려의 서계를 확정 짓는 기준점이 될 수 없다. 이들 '라'의 입지조건과 기능으로 보아서도 그러하다. 이제 고구려가 서변을 방어하기 위해 세웠던 군사 거점을 새롭게 찾아보아야 할 필요가 있는 것이다. 이에 대해서는 장을 달리하여 살펴보겠다.

III. 무려성과 요하 서안의 무려라

고구려가 서변을 방어하기 위해 세웠던 군사 거점은 의외로 쉽게 찾아진다. 무려성(武厲城)이 그곳이다. 관련 기사를 제시하면 아래와 같다.

(大業) 五年 車駕西巡 至天水 景獻食於帝. …… 至隴川宮 帝將大獵 景與 左武衛大將軍郭衍俱行難言 …… 竟以坐免. 歲餘 復位 …… 明年 攻高 麗武厲城 破之 賜爵苑丘侯 物一千段

-『隋書』 卷65, 李景傳, 1530~1531쪽.

위의 기록에서 대업(大業) 7년(611)[22] 수군의 공격으로 고구려가 무려성[23]을 잃었음을 살펴볼 수 있다. 여기에서 보이는 무려성의 존재는 갑작스러운 것이 아니다. 그럼에도 지금까지 주목을 받지 못한 까닭은 이 무려성을 무려라(武厲邏)와 동일한 곳으로 여겨왔기 때문이다. 송정등(松井等)이 무려라를 설명하면서 수나라 장수 이경(李景)이 격파했다는 무려성이 바로 그곳이라고 지적한 이래 줄곧 무려성은 무려라와 같은 곳이라고 인식해왔다.

아마 '무려(武厲)'의 글자가 같다는 점[24]에 주목하여 '성(城)'과 '라(邏)'의

---

22 당초 필자는 무려성 공략의 해를 610년으로 보았다. 기록 가운데 보이는 "歲餘 復位" 부분을 간과했던 것이다. 귀한 지적을 해준 이정빈 선생에게 고마움을 전한다.
23 "明年 攻高麗武列城 破之 賜爵苑丘侯"『北史』卷76, 李景傳, 2605쪽
24 이에 대해 명시한 글은 趙曉剛·沈丹林(2000), 앞의 글, 4쪽이 유일하지만 대개 그리했을 것이라 여겨진다. 이러한 비판에서 필자 역시 자유롭지 못하다. 무려(열)성과 무려라를 동일시했을 뿐 아니라 城과 邏를 통용될 수 있다고 보았던 것이다. 또한 요서의 고구려 거점을 요하 서안이 아닌 더 서쪽의 의무려산 일대라고 비정하였

명칭상 차이에는 주의하지 않았던 탓이라고 여겨진다. 앞에서 본 바와 같이 고구려는 요하 서안에 무려라를 비롯하여 여러 곳의 '라'를 두고 있었다. 이들 '라'는 무려라가 작은 성보나 초 정도로 여겨진다는 점에서 소규모의 군사시설이었다. 그리고 그 규모로 보아 군사시설이라고 해도 적은 병력이 주재하는 정도였다고 여겨진다. 이러한 '라'를 지역 지배의 거점이자 군사적 요새였던 고구려의 '성'으로 보기는 어렵다. 이것은 무려성을 공파한 이경의 전공이 어떠한 평가를 받았는가 하는 점을 살펴보면 분명하게 드러난다. 봉작과는 별도로 재물까지 받았다는 점에서 그가 거둔 전과는 상당한 것이었다. 요하 나루터의 소규모 군사시설 하나로 얻을 만한 상이라고는 볼 수 없다.

　무려성을 무려라와 같은 곳이라 볼 수 없는 이유는 또 있다. 이경이 무려성을 공략한 것은 대업 7년으로 수 양제가 고구려 침공에 나서기 1년 전의 일이었다. 반면 무려라 함락은 수 양제가 612년의 제1차 침공에서 거둔 유일한 전과로서 등장하고 있다. 이에 대해 이경의 무려성 공략은 그에 선행한 군사작전이니 그 범주 안에 들어가 있다고 볼 수도 있다.[25] 문제는 무려라 공략을 전하는 관련 기사가 양제의 친정(親征)에 국한하여 언급하고 있다는 점이다. 아래의 기록을 보자.

　　大業七年[26] 帝將討元之罪 車駕渡遼水 上營於遼東城 分道出師 各頓兵於其城下 高麗率兵出拒 戰多不利 於是皆嬰城固守 帝令諸軍攻之 又勅諸將 高麗若降者 卽宜撫納 不得縱兵 城將陷 賊輒言請降 諸將奉旨不敢赴機 先令

지만, 정황 논리를 제시하였을 뿐 구체적으로 논증하지는 못하였다.
25　이성제(2005), 앞의 글, 150쪽
26　"大業七年"은 "大業八年"의 誤記로 보인다. 『隋書』煬帝紀에 따르면 612년의 일이다. 『隋書』卷4, 煬帝下, 79~83쪽

馳奏. 比報至 賊守禦亦備 隨出拒戰. 如此者再三 帝不悟. 由時食盡師老 轉輸不繼 諸軍多敗績 於是班師. 是行也 唯於遼水西拔賊武厲邏 置遼東郡 及通定鎭而還

- 『隋書』 卷81, 東夷 高麗傳, 1817쪽

  이 기록은 앞에서 인용했던『자치통감』기록의 원문에 해당한다.『자치통감』기록은 그동안의 연구에서 즐겨 인용되어 왔으나 2차 자료라는 점에서 기록의 성격을 이해하는 데 한계가 있다. 이에『수서』기록을 통해 무려라 함락이 언제였는지, 관진 하나를 전과라고 특기했던 배경은 어디에 있는지를 자세히 살펴보려는 것이다. 여기에서 '시행(是行)'이란 양제의 거가(車駕)가 요하를 건넜을 때부터 전군의 퇴각에 이르는 일련의 군사행동을 지목하고 있음을 본다. 전쟁의 구체적 경과가 양제에 초점을 맞춰 서술되고 있다는 특징을 간취할 수 있는 것이다. 주요 내용이 수군의 작전 전반이 아니라 거가의 도요(渡遼)·요동성(遼東城) 포위·공격 명령·요동성 함락의 기회를 잃게 했던 잘못된 명령 등으로 구성되어 있음에서 이를 살펴볼 수 있다. '시행' 즉 수가 전력을 기울인 612년의 전쟁이 양제의 독선적이고 어처구니없는 지휘로 실패하게 되었음을 강조하고 있는 서술인 것이다. 따라서 무려라 공략도 양제와 관련성 속에서 원정의 전과로 거론되었다고 보는 것이 순리적이다.

  이로보아 요하 나루의 관진 하나라는 초라한 전과를 특기한 연유도 짐작이 간다. 무려라는 양제의 실정을 비판하고 그것이 결과한 파국의 참담함을 단적으로 보여주는 실례로서 거론되었던 것이다. 이로써 무려성은 무려라와 한 곳이 아니라 다른 곳이라는 사실은 분명해졌다고 본다. 이제 무려성은 어디였으며 그 공략전은 어떤 의미를 가졌는가 살펴볼 차례이다.

  수가 무려성을 공략한 뒤 본격적으로 고구려 침공에 나섰다는 사실은 수의 군사전략 속에서 무려성이 우선 제압해두어야 할 곳이었음을 알려준다. 이경의 무려성 공략은 대규모 군사작전에 앞서 걸림돌을 제거하는 사전 정지작업에 해당하였던 것이다. 그러면 무려성은 어떤 곳이었기에 수군에게 장애물로 여겨졌을까.

우선 무려성을 공략했던 수의 장수 이경은 수가 치른 대부분의 전쟁에 참전하여 무공을 세운 이였다.[27] 북제(北齊)와 진(陳) 공략으로부터 수 문제(文帝)의 고구려 침공·한왕(漢王) 량(諒)의 반란 등에서 모습을 보였던 것이다. 또한 12위(衛)의 하나인 우무위(右武衛)의 최고지휘관 대장군(大將軍)으로[28] 양제의 1차 침공 때에는 24군의 하나인 우(右)3군을 이끌고 혼미도(渾彌道)로 나아갔으며 613년에는 퇴각하는 수군의 후미를 책임지기도 하였다. 그만큼 양제의 신임이 두터웠다는 언급도 기록 곳곳에 보인다. 이러한 이경의 경력으로 보아 그가 지휘한 무려성 공략이 국경을 마주한 상태에서 벌어진 소규모의 전투 정도였다고는 여길 수 없다.

또한 전초전일 가능성도 작다고 본다. 이경이 무려성을 격파했다는 『수성』의 내용은 고구려의 전력을 가늠해보기 위해서라기보다는 그 거점의 제거에 목표를 두었음을 알려주기 때문이다. 즉 이경의 무려성 공략 기사는 수가 요서의 고구려 거점을 611년 무렵부터 제거하기 시작하였고 그 결과 612년 개전과 동시에 수의 대군이 곧바로 요하 서안에 이를 수 있었음을 짐작케 해준다.

이러한 이해를 확정하는 데 다음의 기록이 도움을 준다고 생각한다. 양제가 대군을 발하기 직전인 611년 12월의 기사로 전장에서 쓰일 군마의 조달과 군대를 먹일 군량의 운송이 610년부터 준비되고 있었음을 보여주기

---

27 『隋書』 卷65, 李景傳 및 『隋書』 卷3·4, 煬帝 上·下 참조
28 淺見直一郎(1985), 「煬帝の第一次高句麗遠征軍-その規模と兵種」, 『東洋史研究』 44-1, 36~37쪽

때문이다. 여기에서 수가 무려성 등의 요서 거점을 사전에 제거한 의도가 어디에 있었는가를 살필 수 있다.

> 帝曰去歲謀討高麗 詔山東置府 令養馬以供軍役. 又發民夫運米 積於瀘河·懷遠二鎭 車牛往者皆不返 士卒死亡過半 耕稼失時 田疇多荒. 加之饑饉 穀價踊貴 東北邊尤甚 斗米直數百錢. 所運米或粗惡 令民糴償之. 又發鹿車夫六十餘萬 二人共推米三石 道途險遠 不足充餱糧 至鎭 無可輸 皆懼罪亡命. …… 於是始相聚爲群盜.
> −『資治通鑑』 卷181, 隋紀5, 隋煬帝 大業 7년(611) 12월, 5655~5656쪽

위의 기록은 수가 보급품을 전장에 비축하기 위해 백성을 징발하여 운송시켰지만, 도착지까지의 경로가 멀고 험해 희생이 컸으며 도중에 소모되는 양이 너무 많아 실제 비축되는 양은 적었다는 사실을 알려준다. 여기에서 개전에 앞서 군수물자를 집적한 곳이 회원진(懷遠鎭)과 노하진(瀘河鎭)이라는 사실에 관심이 간다.

양제의 명에 따라 군수물자는 탁군(涿郡)에 집적되었고, 이것은 다시 회원진과 노하진으로 보내졌다.[29] 탁군은 전국에서 징발한 군수물자를 1차로 집적한 곳이면서 전군을 불러 모은 곳이기도 하였다.[30] 이러한 점에서 보았을 때, 수는 고구려와의 전쟁에서 탁군을 근거지로 삼았음을 알 수 있다.[31]

---

29 이정빈(2011), 앞의 글, 115쪽
30 "夏四月 庚午 車駕至涿郡之臨朔宮 文武從官九品以上 竝令給宅安置. 先是 詔總徵天下兵 無問遠近 俱會於涿. 又發江淮以南水手一萬人 弩手三萬人 嶺南排鑹手三萬人 於是四遠奔赴如流. 五月 敕河南淮南江南造戎車五萬乘送高陽 供載衣甲幔幕 令兵士自挽之 發河南北民夫以供軍須. 秋七月 發江淮以南民夫及船運黎陽及洛口諸倉米至涿郡 舳艫相次千餘里 載兵甲及攻取之具 往還在道常數十萬人 塡咽於道 晝夜不絶 死者相枕 臭穢盈路 天下騷動"『資治通鑑』卷181, 隋紀5, 煬帝 大業 7년(611) 2월, 5654쪽

그럼에도 양제는 탁군의 물자를 다시 회원진과 노하진에 보내 모아두도록 하여 희생을 가중시켰던 것이다. 군수물자를 탁군으로 보내는 것만으로도 이미 무리한 상황이었지만, 아랑곳하지 않았던 양제의 의도는 어디에 있었을까.

회원진은 의무려산 동쪽, 현재의 북진시(北鎭市) 부근이며[32] 노하진은 현재의 금주시(錦州市)[33]로 비정된다. 두 곳 모두 수의 동방 거점인 유성(柳城)에서 한참을 동진해야 이를 수 있는 곳이 된다. 즉 고구려 쪽에 훨씬 다가서 있는 지역들인 것이다. 이 가운데 회원진은 수와 고구려의 전쟁 과정에서 모습을 보이고 있어 그 성격을 짐작해 볼 수 있다. 612년의 전역이 실패하자,

---

31　三軍大學 編(1972), 『中國歷代戰爭史』 第7冊, 139쪽. 이 책에서는 탁군이 수 육군의 "總策源地"였다고 언급하고 있다.

32　松井等(1913), 앞의 글, 387쪽. 또한 北鎭~黑山 사이라고 파악하는 견해[三軍大學 編(1972), 앞의 책, 139쪽]와 北鎭市 남쪽~遼中縣 일대로 파악하는 견해[김육불(2007), 앞의 책, 484~485쪽；王綿厚(1986), 앞의 글, 78~79쪽]가 있다. 한편 譚其驤은 遼中縣으로 보았다[譚其驤 主編(1988), 앞의 책, 62~63쪽]. 이 비정은 『中國歷史地圖集』을 그리는 기초자료가 되었다는 점에서 연구사적 의미가 있다. 비정의 근거는 遼河 水系의 변화와 요중현 경내에 있었다는 墩臺들의 존재에 있다. 수계의 변화에 대해서는 좀 더 살펴보아야 하겠지만, 요중현에 있었다는 돈대를 國家文物局 編(2009), 『中國文物地圖集-遼寧分冊』 上・下, 西安地圖出版社에서는 찾아볼 수 없다. 현재로서는 사라진 것인지 아니면 고고조사의 결과 돈대의 유적이 아니라는 사실이 밝혀진 것인지 알 수 없다. 만일 실재했던 것으로 고대의 것이라면 고구려의 서계가 어디였는가에 따라 돈대의 성격도 달라질 가능성이 있음을 지적해 둔다.
한편 최근의 연구는 회원진을 북진시 남쪽~台安縣 일대로 비정하고 있다[이정빈(2011), 앞의 글, 120쪽]. 관련 기록["李世勣軍發柳城 多張形勢 若出懷遠鎭者 而潛師北趣甬道 出高麗不意. 夏四月 戊戌朔 世勣自通定濟遼水〈通定鎭在遼水西 隋大業八年伐遼所置. 甬道 隋起浮橋渡遼水所築.〉至玄菟" 『資治通鑑』 卷197, 唐紀13, 太宗貞觀 18(645), 6218쪽]에서 회원진은 용도 보다 남쪽에 있었는데, '용도'는 요동성에서 멀지 않은 곳에 있었으니 회원진의 위치는 북진시 남쪽~台安縣 일대로 보아야 한다는 것이다. 이 이해는 당군이 몸을 숨겼던 용도가 612년 수군이 요하를 도하할 때 이용했던 경로 상에 있었다고 판단한 데에서 나온 것이다. 하지만 기록의 내용으로 보아 용도는 수군이 건넜던 요하 중로가 아니라 그 상류인 무려라 일대에 있었다고 이해되어야 온당하다.

33　王綿厚(1986), 앞의 글, 79쪽

수 양제는 회군 길에 토만서(吐萬緖)를 회원에 남겨 진(鎭)하도록 하였다.[34] 이듬해의 침공에서는 양현감(楊玄感)의 반란 소식에 따라 급거 귀국하던 와중이었지만 회원의 진수는 빠뜨리지 않았다.[35] 그리고 당대(唐代)의 기록은 회원진이 고구려에 대해서 어떤 존재였는가를 여실히 보여준다.[36] 회원진의 수병(戍兵)을 늘려 고구려에 압박을 가하자는 언급에서 이곳이 양국의 접경지대에 있는 최전선의 군사기지였음을 알 수 있는 것이다.[37] 즉 양제는 가능한 전장 가까이에 보급기지를 두어 고구려 공격군을 지원하려 했던 것이다. 612년의 침공에 동원된 병력의 수는 113만이라는 대군이었다. 이런 막대한 병력을 운용하기 위해서는 엄청난 양의 보급품이 필요했겠지만 험한 경로로 이어지는 보급로로는 차질이 빚어질 가능성이 높았다.[38]

그런데 회원진이 위치한 곳은 최전선으로, 이곳을 보급기지로 삼기 위해서는 선결되어야 할 문제가 있었다. 회원진이 수의 동계에 세워진 최전선 거

---

34 "遼東之役 請爲先鋒 帝嘉之 拜左屯衛大將軍 率馬步數萬指蓋馬道. 及班師 留鎭懷遠 進位左光祿大夫"『隋書』卷65, 1538쪽.

35 "遼東之役 以世雄爲沃沮道軍將 與宇文述同敗績於平壤. 還次白石山 爲賊所圍百餘重 四面矢下如雨. 世雄以羸師爲方陣 選勁騎二百先犯之 賊稍却 因而縱擊 遂破之而還. 所亡失多 竟坐免. 明年 帝復征遼東 拜右候衛將軍 兵指扶頓道. 軍至烏骨城 會楊玄感作亂 班師. 帝至柳城 以世雄爲東北道大使 行燕郡太守 鎭懷遠"『隋書』卷65, 1534쪽. 회원진의 진수를 맡았던 토만서와 薛世雄은 1차 침공 시 24軍의 지휘관으로 모습을 보인 장수들이었다. 당시 수군의 대표적 장수 그룹에 속하는 이들이었음을 알 수 있다.

36 "太常丞鄧素使高麗還 請於懷遠鎭增戍兵以逼高麗 上曰 遠人不服 則修文德以來之 未聞一二百戍兵能威絶域者也"『資治通鑑』卷197, 唐紀13, 太宗 貞觀 17년(643) 6월, 丁亥, 6198쪽.

37 양제는 수의 최전선 거점을 강화하는 조치로서 공격의 실패에 뒤따를 수 있는 만일의 사태에 대비하려 했던 것이다.

38 이와 관련하여 598년 전역의 실패 원인을 상기해 볼 필요가 있다. "漢王諒軍出臨渝關 値水潦 餽運不繼 軍中乏食 復遇疾疫. 周羅睺自東萊泛海趣平壤城 亦遭風 船多飄沒. 秋九月 己丑 師還 死者什八九"『資治通鑑』卷178, 隋紀2, 文帝 開皇 18년(598), 5561~5562쪽.

점이라면 응당 이를 상대하고 있었을 고구려의 국경방어선과 군사기지의 존재를 떠올릴 수 있는 것이다. 수는 이러한 위협 요소를 사전에 제거해야 할 필요가 있었다. 611년 이경이 고구려의 무려성을 공략했던 까닭은 바로 여기에 있었던 것이다.

전쟁에 앞서 수가 최전선의 회원진 등에 군수물자를 집적시켰다는 것은 그곳에서 멀지 않은 곳이 당시 고구려의 서계였음을 알려준다. 그리고 이러한 사전 준비 과정에서 수가 고구려의 무려성을 공략했다는 것은 이 곳이 고구려 서계의 주요 거점이었음을 짐작하게 해준다. 따라서 고구려의 서계는 회원진에서 동쪽의 그리 멀지 않은 곳으로, 무엇보다 무려성을 포괄해서 그어져야 한다고 생각한다. 달리 말해 612년의 고구려·수 전쟁은 고구려가 무려성을 상실한 상태에서 개전한 것이어서 이를 토대로 고구려의 서변을 이해할 수는 없는 것이다.

IV. 무려성과 고구려의 서변 방어체계

이제 무려성의 위치는 어디쯤이었는가 하는 문제를 살펴볼 차례이다. 앞서의 논의에 따르면 무려성은 고구려가 요서에 세운 전진기지이자 최전선의 군사거점에 해당하였다. 이에 무려성의 위치를 파악할 수 있다면 고구려의 서계를 어디까지 그어야 하는지 가늠해 볼 수 있을 것이다.

이와 관련하여 고구려의 세력이 요하 이서에 이르기 전, 요동을 둘러싼 쟁탈전이 옛 요동(遼東)·현토군(玄菟郡)의 속현(屬縣)을 경유지로 한 교통로 선상에서 전개되었다는 사실이 떠오른다.[39] 유성(柳城)에서 양평(襄平, 요동성)과 평곽(平郭)을 거쳐 고구려 중심지로 들어오는 길은 중국세력이 고구려를 침공해 들어오는 경로이자 고구려가 요동 방면으로 세력을 확대해 나가는 진출로였던 것이다. 그러므로 요동을 석권한 고구려가 요하 너머로 세력을 전개해 나갈 때 이용한 경로와 거점 역시 과거 중국군현의 교통로와 거점이었을 가능성이 크다. 이러한 점에서 아래의 한대(漢代) 요동군(遼東郡) 기록에 관심이 간다. 요하를 경계로 삼아 요서군(遼西郡)과 관할지역을 구분하지 않고 요서의 동부 지역이 요동군의 관할 범위로 설정되어 있었다는 사실에서 그러하다.[40] 고구려와 수가 요서를 분점(分占)한 상황과 관련하여 고구려의 거점이 되었을 법한 곳을 파악해보는 데 참고가 될 것이기 때문이다.

> 遼東郡. …… 縣十八 襄平〈有牧師官. 莽曰昌平〉 新昌. 無慮〈西部都尉治〉〈應劭曰 慮音閭. 師古曰 卽所謂醫巫閭〉 望平. 房. 候城〈中部都尉治〉 遼隊〈莽曰 順睦〉 遼陽. 險瀆. 居就. 高顯. 安市. 武次〈東部都尉治. 莽曰 桓次〉 平郭〈有鐵官·鹽官.〉 西安平. 文. 番汗. 沓氏.
> —『漢書』卷28下, 地理志 8下, 1625~1626쪽

위의 기록은 전한(前漢)시대 요동군(遼東郡) 예하 18현(縣)에 대한 정보를 전하고 있다. 이 가운데 무려(無慮)·방(房)·험독(險瀆)의 3현은 요하 이서의 지역에 설치되었던 현들로 대체로 대릉하(大凌河) 이동까지의 범위 안에 소

---

39 이성제(2012), 앞의 글, 56~59쪽
40 孫進己 主編(1988), 『東北歷史地理』 1, 黑龍江人民出版社, 275~276쪽

재해 있었던 것으로 파악된다. 여기에서 '무려'의 명칭에 관심이 간다. 무려현의 '무려'는 앞에서 보았던 고구려 무려성(武厲城)의 그것과 음이 같다. 무려의 지명은 요서의 명산인 의무려산(醫巫閭山)에서 유래한 것으로, 이곳은 한이 요동군 서부도위(西部都尉)의 치소를 둘 정도로 요서 동부지역의 요지였다.[41] 요하 이서로 진출한 고구려가 중시했을 법한 곳이었다.

물론 한자의 음이 같다고 하여 섣불리 이 둘을 동일한 지역이라고 볼 수는 없다. 또한 무려현이 한의 요서 지배에서 지역의 거점이었다고 해서, 고구려시대에도 이곳이 여전히 요지였을지는 미지수이다. 즉 무려현 고지가 이후의 시대에도 지역의 요지였으며, 고구려의 요서 경영은 이곳을 근거지로 삼아 전개되었음을 입증할 필요가 있다. 이러한 시각에서 아래의 기록을 제시하고 싶다. 무려현 고지가 후대에도 요서 동부의 요지였을 뿐 아니라 요서와 요동을 오가는 주요 교통로 상의 경유지였음을 적시해주고 있다는 점에서 그러하다.

① 唐置羈縻諸州 皆傍塞外 或寓名於夷落. …… 其後貞元宰相賈耽考方域道里之數最詳 從邊州入四夷 通譯于鴻臚者 莫不畢紀. 其入四夷之路與關戍走集最要者七 一曰營州入安東道 二曰登州海行入高麗渤海道 …… 營州東百八十里至燕郡城 又經汝羅守捉 渡遼水至安東都護府五百里, 府故漢襄平城也

—『新唐書』卷43下, 志33下 地理7下, 1146쪽

② 營州柳城郡 上都督府. 本遼西郡 萬歲通天元年爲契丹所陷 聖曆二年僑

---

41 "遼東鮮卑圍無慮縣〈屬遼東郡 慮音閭. 有醫巫閭山 因以爲名焉〉"『後漢書』卷5, 孝安帝 元初 2年(115) 8月, 223쪽; "鮮卑後寇遼東屬國 於是耿曄乃移屯遼東無慮城拒之."『後漢書』卷90, 烏桓鮮卑列傳, 2988쪽

治漁陽 開元五年又還治柳城 天寶元年更名. 土貢人蔘·麝香·豹尾·皮骨
䚡. 戶九百九十七 口三千七百八十九. 縣一〈有平盧軍 開元初置. 東有鎭
安軍 本燕郡守捉城 貞元二年爲軍城. 西四百八十里有渝關守捉城. 又有
汝羅·懷遠·巫閭·襄平四守捉城〉柳城

- 『新唐書』卷39, 地理3, 1023쪽

①의 기록은『신당서』지리지(地理志) 말미에 인용된 가탐(賈耽)의『고금 군국현도사이술(古今郡國縣道四夷述)』일문(逸文)으로[42] '其入四夷之路與關戍走集最要者' 즉 외국과의 교통로와 노선 상의 주요 관소와 성채[43]들을 서술한 것이다. 이 중 "營州入安東道" 부분은 유성에서 요동성까지의 경로를 보여준다. 영주(營州)에서 연군성(燕軍城)에 이르고 다시 여라수착(汝羅守捉)을 지나 요수(遼水)를 건너 안동도호부(安東都護府)에 이르는 경로가 그것이다.

이 경로는 645년 당 태종이 고구려를 침공할 때 이용했던 길이기도 하였다는 점에서[44] 수·당의 영주에서 고구려 서변(西邊)을 거쳐 요동에 이르는 노선을 파악하는 데 도움을 준다. 특히 여기에서 노선의 경로와 대강의 거리를 확인할 수 있다. 영주에서 고구려 요동성까지는 총 500리(里)의 여정으로 현재의 의현(義縣, 연군성)[45]에서 의무려산을 왼편에 두고 남하하다가

---

42 이 기록은 가탐의『道里記』로 널리 알려져 있지만 사실은『皇華四達記』의 逸文에 해당하며,『皇華四達記』는 그가 801년에 헌상한『古今郡國縣道四夷述』의 「四夷述」 부분을 별도로 간행한 것이다. 榎一雄(1936), 「賈耽の地理書と道里記の稱とに就いて」, 『歷史學硏究』第6卷 第7號, 85~86쪽

43 關戍는 關所의 방비와 수비, 走集은 변경의 성채를 뜻한다. 赤羽目匡由(2009), 「いわゆる賈耽「道里記」の「營州入安東道」について」,『八~九世紀における渤海の中央權力と地方社會-種族支配と自國認識』, 東京都立大學 박사학위논문, 71쪽

44 王綿厚·李健才(1990), 앞의 책, 141쪽

45 松井等(1913), 앞의 글, 381쪽. 왕면후는 의현 남쪽 대릉하 하류의 七里河鄕으로 비정하고 있다. 王綿厚·李健才(1990), 앞의 책, 142쪽

대능하(大凌河) 하류(下流)의 왕민둔(王民屯) 대안(對岸, 여라수착)[46]에서 대능하를 건너서 동진하는 경로인 것이다.

한편 ②의 기록은 영주 유성군(柳城郡)의 연혁을 서술한 것으로 주석의 내용이 중요하다. "又有汝羅·懷遠·巫閭·襄平四守捉城"의 내용이 그것인데 이 기록을 통해 여라수착에서 양평수착(襄平守捉)까지의 세부적인 이동 경로를 살필 수 있기 때문이다.[47] 여기에서 여라수착과 회원수착(懷遠守捉)의 다음으로 무려수착(巫閭守捉)이 보이고 있음에 주목이 간다. 이 무려수착은 명칭으로 보아 의무려산에서 유래한 지명으로 한대 무려현의 후신에 해당할 것이다. 여기에 더해 한대(漢代)의 무려현이 요서군과 요동군 간 교통의 경유지였다는 사실을 고려하면 무려가 당대(唐代)에도 요서를 넘나드는 간선의 주요 거점이었음을 깨닫게 된다. 즉 무려현의 지명을 연용한 당의 무려수착은 한자의 다름(無慮→巫閭)에도 불구하고 무려현의 고지에 세워진 당의 거점으로, 당의 변경 방어체제에 따라 수착성(守捉城)을 설치했을 뿐 경로 상의 주요 경유지였다는 점에서는 전대와 다름이 없었다.

무려현(無慮縣)과 무려수착(巫閭守捉)의 관계로 보아 고구려의 무려성 역

46　譚其驤 主編(1988), 앞의 책, 62쪽

47　王綿厚는 이 기록을 근거로 여라수착과 의무수착을 지나 요하를 건너 양평 즉 요동성에 이르는 경로가 있었다고 본다[王綿厚·李健才(1990), 앞의 책, 96~97쪽]. 반면 손진기 등은 양평수착을 요동성이라 볼 수 없고 북위시대 영주에 교치되었던 요동군에서 유래한 것이라고 판단하고 있다. 현재의 조양 동쪽 190리 지점의 靑山에 있었던 양평이라고 본다[孫進己·馮永謙 主編(1989), 앞의 책, 278쪽]. 이러한 반론은 후속의 연구에서도 계승되고 있다[趙曉剛·沈彤林(2000), 앞의 글, 4~5쪽]. 후자의 이해에 따른다면 이들 4守捉은 경로를 보여주는 내용이 될 수가 없는 점에서 몇 가지 점을 짚어두고자 한다.
여라수착은 가탐의 기록에서 보이고 있어 유성~요동성 간의 간선 상에 있던 성채임에 분명하다. 회원수착 역시 수대 회원진의 역할로 미루어 이 간선 상의 요지였다. 이 두 성채는 연결선상에 놓였을 가능성이 다분한 것이다. 또한 바로 앞 구절 "西四百八十里有渝關守捉城"의 내용은 유성에서 서쪽 방향의 노선을 보이고 있어, 이어지는 4수착성 부분은 유성의 동쪽 구간에 대한 기술로 보는 것이 자연스럽다.

시 그 연원이 되는 것은 한대의 무려현이었을 것이다.[48] 무려의 명칭에서 의무려산에서 유래된 지명일 가능성을 엿볼 수 있으며, 앞 장에서 살핀 바와 같이 회원진과 연결되는 경로 상에 위치했던 거점이라는 점에서 그러하다. 즉 수대의 기록에 등장하는 고구려의 무려성은 무려현 고지(故址)에 고구려가 세운 거점성이었던 것이다.

이상의 논의를 통해 앞 장에서 살폈던 내용, 즉 수 양제가 회원진을 전선의 보급기지로 삼으면서 무려성 등의 고구려 거점을 제거하는 군사작전을 병행하였던 연유를 여기에서 간취할 수 있다. 이 두 거점은 요동성까지 이어지는 간선 상에 있다는 점에서 무려성은 회원진에 직접 타격을 가할 수 있는 최적의 전략적 요충에 해당하는 것이다.

이 무려성의 위치는 한대 무려현의 고지로 보아 현재 북진시(北鎭市) 남쪽의 요둔향(廖屯鄕) 대량갑촌(大亮甲村) 고성지(古城址)로 비정된다.[49] 이렇게 볼 때 양국의 경계는 회원진과 무려성 사이, 대능하 하류의 서안에서 북진시 남쪽의 요둔향 대량갑촌 사이가 된다. 대체로 의무려산과 대능하 하류가 양국의 자연 국경이 되고 있었음을 알아차릴 수 있다.[50] 고구려의 서변은 요하 서안의 좁은 지대와 요하가 아니라 요하에서 서쪽으로 한참을 나아가 의무려산 동록(東麓)까지의 범위였던 것이다. 바꾸어 말하면 고구려의 서계는 요동성에서 서쪽으로 대략 300리 거리에[51] 있었다고 말할 수도 있겠다. 영주

---

48 이와 관련하여 고구려성 가운데 적지 않은 곳(平郭·安市·玄菟·安平·北豊·候城)이 중국 郡縣城의 명칭을 습용했다는 사실이 참고가 된다.
49 한대 무려현의 위치에 대해서는 孫進己 主編(1988), 앞의 책, 278쪽의 내용을 참조하라. 한편 당대 무려수착의 위치는 이 책의 2권에 언급되어야 할 것이지만, 비정하지 않고 있다.
50 회원진의 위치에 대한 연구사 정리는 주 32)를 참조하기 바란다. 여라성이 대능하 서안에 있었음을 고려하면 회원진은 대능하를 건너서 무려성에 이르는 경로 상에 위치했다고 추정된다.
51 영주 즉 柳城에서 여라성까지의 거리가 200리였음에서 이렇게 산정해 볼 수 있다.

에서 요동성까지의 여정이 총 500리 길이었다는 사실에서 그러하다.

한편 이제까지 확인된 내용을 보아 다음과 같은 문제를 제기해 볼 수 있다. 즉 고구려의 서변이 요동성에서 서쪽으로 300리 지역이었다고 할 때, 이 지역에 대한 고구려의 지배체제는 어떤 것이었는가 하는 점이다. 또한 고구려의 서방 방어체제 속에서 요서의 전략적 의미는 어디에서 찾을 수 있을 것인가 하는 물음이다. 이들 문제는 이 글에서 살핀 이해에 후속되어야 할 연구 주제가 될 것으로, 여기에서 다루기에는 벅차다고 여겨진다. 이에 그 구체적인 검토는 별도의 글에서 다룰 것을 기약하고 '무려성(武厲城)'과 '라(邏)'의 관계에 한정하여 언급해 두고자 한다.

고구려가 서변에 설치했던 거점으로는 의무려산 동록의 무려성과 요하 서안의 '라'들이 찾아졌다. 이들의 배치상황을 토대로 서변의 방어체제를 재구성해 볼 수 있다. 먼저 '라'부터 살펴보자. 요하의 도하 지점은 적어도 3곳 이상이 있었음을 앞에서 살핀 바 있다. 이에 무려라 외에 2곳 이상의 '라'가 더 있었다고 보아도 좋을 것이다. 여기에 더해 무려라 등의 '라'가 소재한 곳은 서계(西界)가 아니었다고 밝혀진 만큼 '라'의 기능에 대해서도 재검토가 필요하다.

무려라의 고지로 유력한 후보지들은 요동에 근접해 있다. 이 점에서 무려라는 요하 도하의 통로를 관장하는 기능은 다할 수 있겠지만, 그 저편의 요서 평원에 대해서는 조망 이상의 역할을 할 수 없는 곳이다.[52] 또한 지리적 위치로 보아 '라'는 요동에서 요서로 나아가는 진출로에 있었다. 이 점에서

"按郡國縣道記云 建中二年於羅城內廢燕州廨置 在府北一里. 其燕州本國 因粟末靺鞨首領突地稽當隋開皇中 領部落歸化 處之於營州界. 煬帝八年爲置遼西郡 以突地稽爲太守 理營州東二百里汝羅故城 後遭邊寇侵掠 又寄理於營州城內." 『太平寰宇記』 卷69, 河北道18, 幽州 幽都縣, 1401쪽

52 이성제(2005), 앞의 글, 150쪽

당초에는 고구려가 요서로 나아가기 위한 교두보의 역할을 했다고 볼 수 있지만, 7세기 초에 이르면 고구려의 서계는 '라'가 소재한 요하 서안에서 수백 리 더 서쪽으로 나아가 있었다. 무려라 등의 '라'는 의무려산 동록의 무려성과 요하 사이에 위치하게 되는 것이다. 이로 보아 요하 서안에 있던 '라'들은 요서의 고구려 거점과 요동을 잇는 간선(幹線)의 관진으로 기능했다고 보인다.

요하 서안의 '라'들이 최전선의 거점과 요동 간의 간선 상에 놓여 있었다고 이해할 때, 이 관점은 수백 리 거리의 고구려 서변이 어떻게 연결되었을까 하는 궁금증으로 이어진다. 이와 관련하여 아래의 기사는 고구려 서변의 방위선 구성을 엿볼 수 있는 자료가 될 것이다.

宣州. 按皇華四達記 營州東八十里. 凡九遞 至燕郡城 自燕郡東經波羅寺 抵渡遼州七十里驛 至安東都護府五百里

－『武經總要』前集 卷22, 北蕃地理 中京四面諸州, 四庫全書本, 1103쪽[53]

이 기록은 앞에서 살핀 『신당서』 지리지 말미 기사(①)의 원본에 해당한다.[54] 다른 판본과 비교하여 내용을 교감해 보면 『황화사달기(皇華四達記)』의 이 일문은 유성에서 연군성까지의 80리(180리)[55] 구간에 구체(九遞) 즉 9개의 역(驛)과 파라사(波羅寺, 여라수착의 오기)에서 요동성까지의 구간에 70리역[七十里驛, 17역(十七驛)의 오기]이 있었다는 귀중한 정보를 알려준다.

---

53 이 기록은 다른 판본에는 "宣州. 按皇華四達記 營州東北八十里. 凡九遞至燕郡城 自燕郡東經汝羅守捉 渡遼州十七驛 至安東都護府約五百里"[程素弘 主編(1999), 『武經總要』中國歷代兵書集成 5, 團結出版社(인터넷 텍스트본)]이라 하여 지명과 방향, 거리 등의 구체적 내용을 다르게 기재하고 있음에 유의할 필요가 있다.

54 榎一雄(1936), 앞의 글, 86~87쪽

55 ①의 『新唐書』 지리지 기사 참조

요서 지역 수부(首府)였던 유성와 동남의 연군성·여라수착은 일정한 거리를 두고 설치된 역참으로 연결되었고, 연군성 등의 거점과 역참으로 구성된 간선은 요동성까지 이어졌던 것이다.

 이와 관련하여 여라수착에서 요동성까지의 노선을 잇던 역참 모두를 알 수는 없지만, 적어도 한 곳은 추정해 볼 수 있다고 생각한다. 바로 이 노선상에서 여라수착과 더불어 4수착성으로 기재되었던 무려성이다. 경로 상에 있었다는 점에서 요하 서안의 '라'도 여기에 포함해 볼 수 있을 것이다. 따라서 고구려가 수백 리 길 요소요소에 역참을 두고 거점과 거점을 연결했는가 하는 점은 좀 더 고구해 보아야 하겠지만,[56] 요하 서안의 '라'를 포함하여 적어도 십여 곳의 크고 작은 군사거점들이 최전선의 무려성과 후방의 요동성을 연결하여 고구려 서변의 방위선을 구성하고 있었을 가능성은 높다고 보인다.

---

56 요하 서안에 여러 곳의 邏가 있음에서 좀 더 생각해 보아야 할 문제일 것이다. 무려라(후일의 通定鎭) 등의 다른 경로와 거점들에 대해서는 별도의 글에서 다룰 것을 기약한다.

V. 맺음말

그동안의 연구에서 고구려의 서계는 요하선(遼河線)이라고 이해되어 왔다. 그 근거는 기록상 요하 이서의 지역에 설치된 고구려의 거점은 무려라 한 곳이며 그 설치 지점이 요하 서안이라는 점에 있었다. 하지만 관련 기록과 남북으로 긴 요하의 수계를 고려하면 요하 서안에는 무려라 외에 적어도 2곳 이상의 '라'가 있었다고 보인다. 『자치통감』의 관련 주석에서 호삼성(胡三省)은 무려라를 특정하지 않고 요하 서안의 '라'를 통칭하여 설명하였으며 역사적 사실에서도 무려라가 설치된 도하로 외에 적어도 두 곳 이상의 요하 도하지점이 찾아지기 때문이다. '라'의 역할이 요하를 건너는 이들을 감시하는 데 있었다고 보면 이들 도하로마다 '라'가 설치되어 있었다고 보는 것이 합리적인 것이다. 이와 관련하여 무려라 등의 '라'에 대해 몇 가지 사실을 확인할 수 있었다.

무려라 등의 '라'가 자리 잡은 요하 서안은 요서 지역을 놓고 볼 때 동단부에 해당한다. 그 설치 지점은 겨우 요서로 들어가는 초입에 불과했던 것이다. 요서 지역을 두고 고구려가 서방의 중국·유목세력과 각축해 왔음을 고려하면 최전선 거점으로서의 역할을 전혀 기대할 수 없는 곳에 위치했던 것이다. '라'의 기능이 요하를 오가는 이들을 경계하고 살피는 데 있었다는 점도 '라'가 고구려 서변의 최전선 거점이 될 수 없는 또 하나의 이유가 된다. '라'가 유사시에는 군사적 임무도 수행했겠지만 그것은 어디까지나 임시적일 뿐 본연의 임무라고 보기 어려운 것이다. 주석의 설명 그대로 요하를 오가는 교통로 상에 둔 관진이었다고 한정 지어 보면, 이들 '라'는 국경선에 세워진 군사 거점이 아니라 그 후방에 위치한 경유지의 관소(關所)였다고 이해된다.

한편 611년 수가 공략했다는 무려성은 무려라와 동일한 곳으로 간주되어 왔다. 하지만 무려라의 '라'는 작은 성보나 초 정도로 여겨진다는 점에서 소규모의 군사시설이었다. 그리고 그 규모로 보아 군사시설이라고 해도 적은 병력이 주재하는 정도였다고 여겨진다. 이러한 '라'를 지역 지배의 거점이자 군사적 요새였던 고구려의 '성'으로 보기는 어렵다. 무려성은 군사시설의 규모와 기능면에서 명백히 무려라와는 다른 곳이었던 것이다. 무려성이 무려라와 한 곳이 아니라 다른 곳이었다는 점은 그것이 612년의 본격적인 침공 앞서 전개된 군사작전이었고 무려라 공략은 612년의 일이었다는 사실로써도 확인된다.

이에 문제의 무려성이 고구려의 방어체제에서 차지하고 있던 위치에 대해 살펴보았다. 611년 무렵 수의 움직임을 살펴본 결과, 전쟁에 앞서 군수물자를 동방 경략의 거점인 유성에서 더 동쪽인 회원진과 노하진에 집적하고 있었다는 사실을 찾을 수 있다. 특히 회원진은 고구려를 상대하는 최전선에 위치하고 있었다는 점에서 수는 가능한 전장 가까운 곳에 보급기지를 두어 고구려 공격군을 지원하려 했던 것이다. 그곳에서 멀지 않은 곳이 당시 고구려의 서계였다는 사실을 여기에서 간취할 수 있다. 그리고 이러한 사전 준비 과정에서 수가 고구려의 무려성을 공략했다는 것은 이곳이 고구려 서계의 주요 거점이었음을 보여준다. 무려성은 고구려가 요서에 세운 전진기지이자 최전선의 군사거점이었던 것이다.

무려성의 위치는 고구려의 서계를 어디까지 그어야 하는가와 직결되는 문제이다. 이와 관련하여 고구려의 요서 진출은 과거 중국 군현의 동진 경로를 거슬러 서진하는 것이어서 요서의 고구려 거점은 중국 군현의 고지에 세워졌을 가능성이 높았다. 이 점에서 한대 요동군 예하의 무려현이 고구려 무려성의 전신에 해당한다고 보았다. 무려현은 요서 동부에 위치하여 요서와 요동을 잇는 주요 간선로 상의 경유지였다는 점에서 그 고지는 고구려 거점이 될 만한 요지였다. 그리고 무려현 고지에 후대의 거점이 설치된 실례를 당대(唐代)의 무려수착에서 찾을 수 있었다. 즉 무려성은 고구려가 무려현 고지에 세운 거점성이었던 것이다.

한대 무려현의 위치로 보아 무려성은 현재 북진시 남쪽의 요둔향 대량갑촌 고성지로 비정된다. 양국의 경계는 회원진과 무려성의 사이, 대능하 하류의 동안(東岸)에서 북진시 요둔향 대량갑촌 사이가 되는 것이다. 이로 보아 고구려의 서변은 요하 서안의 좁은 지대와 요하가 아니라 서쪽으로 한참을 나아가 의무려산 동록까지를 그 범위로 삼고 있었음을 알 수 있다.

끝으로 고구려가 요서에 설치했던 거점들 간의 관계에 대해 살펴보았다. 무려성은 최전선에 설치된 군사거점이었고 요하 서안의 '라'들은 간선상의 관진이었다는 점에서 서변의 방어체제는 무려성의 최전선 거점과 요동을 잇는 간선으로 이어졌다는 특징을 가지고 있었다. 그리고 이 방위선은 당대의 사례로 보아 대체로 요하 서안의 '라'를 포함하여 적어도 십여 곳의 크고 작은 군사거점들이 최전선의 무려성과 후방의 요동성을 연결하는 구조로 이루어졌을 가능성이 높다.

사료

『舊唐書』,『武經總要』,『北史』,『三國史記』,『三國志』,『隋書』,『新唐書』,『魏書』,『資治通鑑』,『太平寰宇記』,『後漢書』

저서

國家文物局 編(2009),『中國文物地圖集-遼寧分冊』上·下, 西安地圖出版社
김육불 지음·동북아역사재단 번역(2007),『김육불의 東北通史』下 (원전은 1941『東北通史』, 洪氏出版社)
노태돈(1999),『고구려사연구』, 사계절
譚其驤 主編(1988),『『中國歷史地圖集』釋文滙編-東北卷』, 中央民族學院出版社
三軍大學 編(1972),『中國歷代戰爭史』第7冊
孫進己 主編(1988),『東北歷史地理』1, 黑龍江人民出版社
孫進己·馮永謙(1989),『東北歷史地理』二, 黑龍江人民出版社
余昊奎(1999),『高句麗城』II, 국방군사연구소
王綿厚(2002),『高句麗古城硏究』, 文物出版社
王綿厚·李健才(1990),『東北古代交通』, 沈陽出版社
王禹浪·王宏北 編(1994),『高句麗·渤海古城址硏究匯編』, 哈爾濱出版社
遼河(http://baike.baidu.com/view/42770.htm)
李成制 編(2006),『高句麗城 사진자료집-中國 遼寧省·吉林城 西部』, 동북아역사재단
李成制(2005),『高句麗의 西方政策 硏究』, 國學資料院
日野開三郞(1991),『東洋史學論集』第15卷, 三一書房

논문

榎一雄(1936),「賈耽の地理書と道里記の稱とに就いて」,『歷史學硏究』第6卷 第7號
松井等(1913),「隋唐二朝高句麗遠征の地理」,『滿洲歷史地理』1
余昊奎(2000),「千里長城의 經路와 築城背景」,『國史館論叢』91
王綿厚(1986),「唐"營州至安東"陸路交通地理考實」,『遼海文物學刊』1986-1
王綿厚(1994),「鴨綠汇右岸高句麗山城綜合硏究」,『遼海文物學刊』1994-2
이성제(2000),「嬰陽王 9年 高句麗의 遼西 攻擊」,『震檀學報』90
이성제(2005),「高句麗와 契丹의 關係-對隋·唐戰爭期 契丹의 動向과 그 意味」,『북방사

논총』 5

이성제(2012), 「4世紀 末 高句麗와 後燕의 관계-396년 후연의 廣開土王 冊封 問題를 중심으로」, 『韓國古代史研究』 6

이정빈(2011), 「6세기 후반-7세기 초반 고구려의 서방 변경지대와 그 변화」, 『역사와 현실』 82

日野開三郞(1949·1950), 「粟末靺鞨の對外關係」, 『史淵』 41·42·43·44

赤羽目匡有(2009), 「いわゆる賈耽「道里記」の「營州入安東道」について」, 『八~九世紀における渤海の中央權力と地方社會-種族支配と自國認識』, 東京都立大學 박사학위논문

趙曉剛·沈丹林(2000), 「隋遼東郡及通定鎭考」, 『東北地區三至十世紀古代文化學術討論會論文』

淺見直一郞(1985), 「煬帝の第一次高句麗遠征軍-その規模と兵種」, 『東洋史研究』 44-1

馮永謙(2012), 「武厲邏新考」 上, 『東北史地』 2012-1

馮永謙(2012), 「武厲邏新考」 下, 『東北史地』 2012-2

신라 하대 패강진의 설치와 그 성격

전덕재 | 단국대학교

Ⅰ. 머리말
Ⅱ. 패강지역의 범위
Ⅲ. 패강진의 설치와 그 배경
Ⅳ. 패강진의 성격과 운영
Ⅴ. 맺음말

I. 머리말

　신라는 하대(下代)에 주로 북방의 변경지역과 해상·육상교통의 요지에 군진(軍鎭)을 설치하였다. 패강진[浿江鎭, 대곡진(大谷鎭)], 청해진(淸海鎭), 당성진(唐城鎭), 혈구진(穴口鎭) 등이 바로 그것이다. 이 가운데 지금까지 가장 많은 연구가 진행된 것은 청해진과 패강진이었다. 패강진의 경우, 8세기 전반 이후 전개된 신라의 패강지역 개척사업과 그에 이은 군현의 설치과정, 패강진의 설치와 그 배경, 패강진의 성격과 기능 등에 대하여 연구자들의 관심이 집중되었다.[1] 다른 한편으로 나말여초(羅末麗初)에 패강진을 기반으로 하는 호족과 군관(軍官)들이 고려 건국의 주체세력이 되었기 때문에 패강진이 고려 왕조 성립의 유력한 기반이 될 수 있었던 배경 등에 대해서도 많은 관심을 기울였다.[2] 이 결과 패강진에 대한 종합적인 이해가 어느 정도 가능해졌다고 평가할 수 있다.

　종래에 패강진에 대한 세세한 내용까지 빠짐없이 해명하였기 때문에 그에 대하여 새로운 언급을 하기가 매우 난망한 실정이다. 다만 기존에 발해(渤海)의 침략에 대비하기 위하여 패강진을 설치한 사실만을 지나치게 강조하였을 뿐이고, 패강진의 설치와 패강지역의 군현편제를 유기적으로 연관시켜 설명한 연구성과를 거의 찾아보기가 어려운데, 이러한 한계는 중대(中代)

1　패강진에 대한 연구동향과 관련하여 김갑동(1986), 「신라 군현제의 연구동향 및 그 과제」, 『호서사학』 14, 15~19쪽과 박명호(2006), 「신라의 지방통치와 촌」, 『한국고대사입문』(신라와 발해) 3, 신서원, 86~92쪽이 참조된다.

2　대표적인 연구성과로서 김광수(1977), 「고려 건국기 패서호족과 대여진관계」, 『사총』 21·22와 최근영(1989), 「8~10세기 신라 지방세력 형성의 실제와 그 성격」, 『사학지』 22를 들 수 있다.

에서 하대로 이행하면서 사회경제적, 제도적인 변화가 나타났음에도 불구하고 이것들과 패강진의 설치를 상호 연관시켜 조망하지 않은 데서 비롯되었다고 볼 수 있다. 한편 패강진의 성격에 대하여 논란이 분분하지만, 현재 학계의 통설은 패강진을 패강지역의 군현을 관할하는 광역의 지방행정단위였다고 이해하는 것이다.[3] 그러나 『삼국사기(三國史記)』 지리지(地理志)에서 패강진이 광역의 지방행정단위였음을 증명해주는 증거를 찾을 수 없고, 신라 말에도 패강지역에 위치한 휴암군(鵂嵒郡)이 여전히 한주(漢州) 소속임을 밝힌 자료가 전하는 점 등을 두루 고려하건대, 통설적 견해를 그대로 수긍하기가 그리 쉽지 만은 않다. 게다가 패강진이 기본적으로 군대가 주둔하는 군사기지, 즉 군진으로서의 성격을 지녔다는 측면을 생각하면 더욱 그러하다.

  이 글은 바로 패강진에 대한 기존 연구의 문제점을 조금이나마 보완하기 위하여 준비된 것이다. 본고에서는 발해의 침략에 대비하기 위해서 뿐만 아니라 새로 개척한 패강지역 군현의 치안을 안전하게 담보하기 위하여 패강진을 설치하였다는 사실과 더불어 패강진이 재령강 이동과 이서지역의 전략적 요충지나 교통의 요지에 설치한 여러 군진을 통괄하는 방식을 통하여 패강지역의 치안과 경비를 책임졌다는 사실 등을 밝히는 데 초점을 맞출 예정이다. 부족한 점은 차후에 보완할 것을 약속하며, 많은 질정을 바란다.

---

3 이기동(1976), 「신라 하대의 패강진-고려왕조 성립과 관련하여」, 『한국학보』 4 ; 이기동(1984), 『신라 골품제사회와 화랑도』, 일조각에서 처음 패강진이 광역의 지방행정단위였다는 견해를 제기한 이래, 대부분의 연구자들이 이를 수용하였다.

II. 패강지역의 범위

　　8세기 후반 선덕왕대(宣德王代)에 설치한 패강진에서의 '패강(浿江)'을 어느 강으로 비정하느냐에 따라 패강지역의 범위에 대한 이해가 달라진다는 점에서 패강진의 설치과정과 그 성격을 고찰하기에 앞서 패강의 정확한 비정과 아울러 패강지역의 범위를 명확하게 규명할 필요가 있을 것이다. 패강진 설치 전후 시기 패강(浿江)에 대한 신라인들의 인식과 관련하여『삼국사기』신라본기제8 성덕왕 34년 2월조에 '의충(義忠)이 돌아올 때, [현종(玄宗)이] 조칙(詔勅)으로 패강 이남의 땅을 사여(賜與)하였다'고 전하는 기록이 유의된다. 732년 발해가 당(唐)의 등주(登州)를 공격하자, 당이 신라에 도움을 요청하였고, 이에 응하여 신라가 군대를 보내 발해를 공격하였는데, 당이 이에 대한 보답으로 패강 이남의 땅을 신라에게 사여한 것이다. 만약에 여기에 전하는 패강을 예성강이라고 이해한다면, 이때 당이 신라에게 예성강 이남지역을 사여하였다고 보아야 한다. 그런데 신라에서 효소왕 3년(694) 겨울에 송악(松岳)과 우잠(牛岑) 2성을 쌓았고, 성덕왕 12년(713) 12월에 개성(開城)을 쌓았다고 한다. 성덕왕 34년(735) 이전에 이미 신라가 예성강 이남지역을 영역으로 편제하여 지배하였음을 알려주는 자료들이다. 따라서 앞의 기록에 전하는 패강을 예성강과 연결시켜 이해하기는 곤란할 듯싶다.

　　671년(문무왕 11)에 문무왕이 설인귀(薛仁貴)에게 보낸 편지에, 648년 김춘추가 당에 들어가 태종(太宗)과 나당동맹을 체결할 때, 태종이 '내가 두 나라를 평정하면 평양(平壤) 이남의 백제 땅은 모두 너희 신라에게 주어 길이 편안하게 하겠다'고 언급한 내용이 보인다.[4] 당에서 신라에 사여한 '패강 이남'과 당 태종이 신라에게 주겠다고 언급한 '평양 이남'이 서로 대응됨을 살필 수 있다. 이를 주목하건대, 위의 기사에 전하는 '패강'은 분명히 대동강을 가리킨다고 봄이 옳을 것이다.

하대에 대동강을 패강이라고 불렀음을 입증해주는 자료가 더 발견된다. 『신당서(新唐書)』 권43 지(志)제33하 지리지에 '남쪽으로 바다를 연(沿)하여 오목도(烏牧島), 패강구(貝江口), 초도(椒島)를 지나 신라 서북쪽의 장구진(長口鎭)에 이른다'는 내용이 보인다.[5] 이것은 가탐(賈耽)이 정원(貞元) 14년(798, 원성왕 14)에 찬술한 『황화사달기(皇華四達記)』에서 인용한 것이다.[6] 초도는 현재 북한의 평안남도 남포시 초도리를 이루는 섬으로서 대동강 하구의 남쪽에 위치한다. 위의 기사는 중국 산동반도의 등주에서 출발한 배가 발해(渤海)와 서해(西海)을 잇는 묘도열도(廟道列島)를 통과하여 요동반도의 서남단인 여순(旅順)에 이르고, 여기에서 해안을 따라 동쪽으로 가서 압록강 하구에 도달한 다음, 평안도 서해안을 따라 패강구와 초도를 지나 신라 서북쪽 장구진에 이른다는 내용의 일부이다.[7] 패강구는 초도의 북쪽에 위치한

---

4   大王報書云 先王貞觀二十二年 入朝 面奉太宗文皇帝. 恩勅 朕今伐高麗 非有他故 憐你新羅 攝乎兩國 每被侵陵 靡有寧歲 山川土地 非我所貪 玉帛子女 是我所有 我平定兩國 平壤已南百濟土地 並乞你新羅 永爲安逸.『삼국사기』 신라본기제7 문무왕 11년 가을 7월

5   其後 貞元 宰相賈耽 考方域道里之數 最詳從邊州入四夷 …… 登州 東北海行過大謝島 龜歆島 淤島 烏湖島三百里. …… 乃南傍海壖過烏牧島 貝江口 椒島 得新羅西北之長口鎭. 又過秦王石橋 麻田島 古寺島 得物島千里 至鴨淥江 唐恩浦口 乃東南陸行七百里 至新羅王城.『新唐書』 卷43 志第33下 地理志

6   『玉海』 卷15 地理 地理書 唐皇華四達記 西域圖條에 賈耽이 貞元 14년에 地圖 十卷과 『皇華四達記』 10권을 헌상하였다는 내용이 전한다. 榎一雄(1936), 「賈耽の地理書と道理記の稱とに就いて」, 『歷史學硏究』 6-7, 歷史學硏究會 ; 榎一雄(1994), 『榎一雄著作集』 7, 汲古書院에서 『皇華四達記(一名 道理記)』는 『古今郡國縣道四夷述』의 四夷述부분을 엮은 것이었음을 밝혔다. 한편 종래에 『皇華四達記』와 『古今郡國縣道四夷述』에 전하는 중국~발해·신라 교통로에 관한 정보는 762~764년에 걸쳐 발해와 신라를 방문한 韓朝彩의 견문에 기초하였다는 견해가 제기되었다[赤羽木匡由(2011), 「8世紀中葉における渤海の對新羅關係の一側面-『三國史記』 所引, 賈耽『古今郡國縣道四夷述』 逸文の分析」, 『渤海王國の政治と社會』, 古川弘文館]. 이에 따른다면, 장구진을 설치한 시기는 8세기 중반이었다고 이해할 수 있을 것이다.

것이 분명하기 때문에 그것은 바로 대동강 하구를 가리킨다고 볼 수밖에 없다. 따라서 『신당서』 지리지의 기사는 8세기 중·후반에 신라와 당에서 대동강을 패강(浿江, 貝江)이라고 불렀음을 입증해주는 유력한 증거인 셈이다. 『삼국사기』 열전제10 견훤조에 견훤이 927년 12월에 고려 태조 왕건에게 편지를 보냈는데, 거기에 견훤이 '(내가) 바라는 바는 평양의 누각에 활을 걸어 놓고 말에게 패강의 물을 먹이는 것이다'라고 언급한 내용이 보인다. 후삼국시기에 대동강을 패강이라고 불렀음을 입증해주는 자료로 주목된다.

이상에서 중대와 하대에 신라인들이 대동강을 패강이라고 불렀음을 살펴보았다. 그런데 일부 자료에서는 예성강을 패강 또는 패수(浿水)라고 불렀다고 전하기도 한다. 『고려사』 권58 지제12 지리3 안서대도호부 평주조에 '(평주에) 저천(猪淺)〈패강이라고도 한다〉과 온천이 있고, 속현(屬縣)이 하나이다'라고 전한다. 저천은 저탄(猪灘)이라고도 부르는데, 『신증동국여지승람』 권41 황해도 평산도호부 산천조에 저탄은 부의 동쪽 25리에 있다고 전한다. 저탄은 예성강 상류로서 일제시대 평산군 금암면 저탄리(현재 북한의 황해북도 평산군 옥촌리)를 흐르는 예성강을 가리킨다. 따라서 위의 기록은 고려시대에 평산군 옥촌리를 흐르는 예성강을 패수라고 불렀음을 알려주는 자료로 이해할 수 있다. 또한 『신증동국여지승람』 권42 황해도 우봉현 역원조에 '흥의역(興義驛)의 옛 이름은 임패(臨浿) 또는 영파(迎波)라고도 하며, 현의 서남쪽 30리에 있다'라고 전한다. 흥의역은 일제시대 황해도 금천군 우봉면(현재 북한의 황해북도 금천군 현내리 부근)에 위치하였다. 임패역은 그것이 패강(패수)에 인접하여 위치한 것에서 유래된 역명(驛名)으로 추정된다. 일제시대에 우봉면은 예성강의 지류인 구수천(九水川) 가에 위치하였던 바, 여기서 말하는 패강은 바로 예성강을 가리킨다고 봄이 자연스럽다.

---

7   권덕영(1997), 『고대한중외교사 - 견당사연구』, 일조각, 199~205쪽

한편 『삼국사기』 고구려본기와 백제본기에 고구려와 백제가 패하(패수)에서 전투를 치렀다는 기록이 여럿 전한다. 『삼국사기』 백제본기제2 근초고왕 26년조에 고구려군이 침략하자, 왕이 이를 듣고 패하 가에 군사를 매복시켰다가 고구려군을 급습(急襲)하여 이겼다는 내용이 전한다. 또한 『삼국사기』 고구려본기제6 광개토왕 4년 가을 8월조와 백제본기제3 아신왕 4년 가을 8월조에 고구려와 백제가 패수에서 싸웠다는 기록이 보이며, 백제본기제4 성왕 즉위조에서 '가을 8월에 고구려 군사가 패수에 이르렀다'고 하였다. 이들 기록에 전하는 패수 또는 패하는 예성강이라고 봄이 합리적이다. 이밖에 백제본기제1 온조왕대 기록에 패하(浿河) 또는 패수(浿水) 관련 기사가 여럿 보이는데,[8] 이들 기사에 보이는 패하와 패수 역시 예성강을 가리킨다고 보는 것이 일반적이다.[9]

이상에서 예성강을 패강(패수, 패하)이라고 불렀음을 알려주는 자료를 검토하였다. 그런데 예성강을 패강(패수, 패하)이라고 불렀음을 입증해주는 자료는 삼국시대와 고려시대의 것들 뿐이다. 신라 중대와 하대에 대동강을 패강이라고 불렀음을 알려주는 자료를 찾을 수 있지만, 예성강을 패강이라고 불렀음을 입증해주는 자료는 발견할 수 없다. 따라서 『삼국사기』 신라본기 선덕왕대부터 헌덕왕대까지의 기록에 전하는 패강은[10] 모두 대동강을 가리킨다고 정리하여도 크게 문제가 되지 않을 듯싶다. 마찬가지로 패강진에서

---

8 浿河 또는 浿水는 『삼국사기』 백제본기제1 온조왕 즉위년조, 온조왕 13년 8월조, 온조왕 37년조, 온조왕 38년 봄 2월조에 보인다.

9 이병도(1977), 『국역 삼국사기』, 을유문화사, 355쪽

10 發使安撫浿江南州郡. 『삼국사기』 신라본기제9 선덕왕 2년 가을 7월
浿江南川二石戰. 위의 책, 신라본기제10 헌덕왕 13년 가을 7월
浿江山谷間 顚木生蘗 一夜高十三尺 圍四尺七寸. 위의 책, 헌덕왕 14년
命牛岑太守白永 徵漢山北諸州郡人一萬 築浿江長城三百里. 위의 책, 헌덕왕 18년 가을 7월

의 '패강' 역시 대동강을 가리킨다고 봄이 옳을 듯싶다.

그런데『삼국사기』열전제3 김유신조에 '일찍이 황충(蝗虫)이 생겨 서쪽으로부터 패강계(浿江界)로 들어와 우글우글 들판을 덮으니, 백성들이 근심하고 두려워하였다'라는 기록이 보인다. 한편 937년(태조 20) 8월에 건립한 서운사요오화상오진탑비(瑞雲寺了悟和尙眞原塔碑)에서 요오화상 순지(順之)가 패강인(浿江人)이라고 하였다.『삼국사기』신라본기제12 효공왕 2년 가을 7월조에 '궁예가 패서도(浿西道)와 한산주(漢山州) 관내의 30여 성을 빼앗았다', 효공왕 8년조에 '패강도(浿江道)의 10여 주현(州縣)이 궁예에게 항복하였다'고 전한다. 그리고 열전제10 궁예조에 '패서의 도적들 중에 항복하는 자가 매우 많았다'거나 '(궁예가) 패서지역을 13진(鎭)으로 나누어 정하였다'는 기록이 보인다. 그러면 구체적으로 '패강계', '패서지역' 또는 '패서도(패강도)'의[11] 지역적 범위는 어떻게 규정할 수 있을까? 이와 관련하여『고려사』지리지의 서해도[西海道, 옛 관내도(關內道)]와 북계(北界, 옛 패서도)에 속하는 지역들의 표기 형식을 주목할 필요가 있다.

『고려사』의 표기 형식을 크게 3가지 유형으로 분류할 수 있다. 첫 번째 유형은 본래 고구려의 군현이었다가 신라 경덕왕 또는 헌덕왕이 지명을 개칭하고, 고려 초에 지금(고려)의 지명으로 다시 고쳤다고 언급한 것이다. 이들 지역은 신라가 경덕왕대와 그 이후 시기에 새로 개척한 14군·현과 일치하는데, 이에 대해서는 뒤에서 자세하게 검토할 예정이다. 두 번째 유형은 본래 고구려의 군현이었는데, 고려 초에 지명을 개칭하였다고 전하는 것이

---

11 패강도와 패서도를 서로 다른 곳으로 이해하는 견해도 있으나[강봉룡(1997),「신라 하대 패강진의 설치와 운영 - 주군현체제의 확대와 관련하여」,『한국고대사연구』11 ; 박남수(2013a),「신라 패강진전의 정비와 한주 서북경의 군현 설치」,『동국사학』54], 그대로 수긍하기 어렵다. 패서도와 패강도는 동일한 지역을 가리키는 異表記로 추정된다[전덕재(2006),「태봉의 지방제도에 대한 고찰」,『신라문화』27, 29~32쪽].

다. 구을현[仇乙峴, 또는 굴천(屈遷), 고려의 풍주(豊州)], 궐구[闕口, 고려의 유주(儒州)], 율구[栗口, 또는 율천(栗川), 고려의 은률현(殷栗縣)], 장연(長淵, 고려의 장연), 마경이[麻耕伊, 고려의 청송현(靑松縣)], 양악[楊岳, 고려의 안악군(安岳郡)], 판마곶[板麻串, 고려의 가화현(嘉火縣)], 웅한이[熊閑伊, 고려의 수녕현(水寧縣)], 옹천[瓮遷, 고려의 옹진현(瓮津縣)], 부진이[付珍伊, 고려의 영강현(永康縣)], 곡도[鵠島, 고려의 백령도(白翎鎭)], 승산[升山, 고려의 신주(信州)]이 바로 그것인데, 대체로 재령강 서쪽의 황해도에 위치한 것이 특징적이다.[12]

세 번째 유형은 주로 북계에 속하는 지역들로서 표기 형식은 고려의 군현이었는데, '태조대에 거기에다 성을 축조하였다', '광종대에 지금(今)의 지명으로 고쳤다', 또는 '성종과 현종대에 "~방어사(防禦使)"를 칭하였다'는 것으로 정리된다. 이들 지역은 대동강 이북에 위치하였으며, 태봉 또는 고려에서 비로소 개척한 곳에 해당한다.[13] 현재 신라가 대동강 이북으로 진출하였다는 증거를 찾을 수 없다. 또한 신라는 경덕왕대 이전에 예성강 이남지역을 영역으로 편제하였다. 이러한 측면에서 패강계, 패서지역 또는 패서도(패강도)는 바로 첫 번째 유형과 두 번째 유형으로 지명을 표기한 지역, 구체적으로 경덕왕대와 그 이후에 신라가 새로 개척한 재령강 동쪽의 14군·현과 재령강 서쪽에 위치한 황해도지역을 망라하는 범위에서 크게 벗어나지 않았다고 규정할 수 있을 것이다.[14]

---

12 강봉룡(1997), 앞의 글, 216~225쪽에서 신라가 헌덕왕대 이후에 재령강 이서지역을 군현으로 편제하였다고 이해하였다.
13 『고려사』 지리지의 西海道(옛 關內道)와 北界(옛 浿西道)에 속하는 지역들의 표기 형식에 대한 보다 자세한 내용은 전덕재(2006), 앞의 글, 3~9쪽이 참조된다.
14 참고로 고려시대에 浿西道는 평양을 비롯한 대동강 이북지역을 포괄하는 광역의 행정단위였다.

III. 패강진의 설치와 그 배경

『삼국사기』 신라본기에 패강진의 설치와 관련된 일련의 기록이 전하는데, 이를 소개하면 다음과 같다.

> 가을 7월에 사자를 보내, 패강 남쪽의 주와 군을 위로하였다.
> 　　　　　　　　　　　　　　-『삼국사기』 신라본기제9 선덕왕 2년

> 2월에 왕이 한산주를 두루 돌며 살펴보고, 백성들을 패강진으로 옮겼다.
> 　　　　　　　　　　　　　　-『삼국사기』 신라본기제9 선덕왕 3년

> 봄 정월에 아찬 체신(體信)을 대곡진군주(大谷鎭軍主)로 삼았다.
> 　　　　　　　　　　　　　　-『삼국사기』 신라본기제9 선덕왕 4년

이들 기록 외에 『삼국사기』 잡지제9 직관하 패강진전조에 '두상대감(頭上大監)은 1명이다. 선덕왕 3년에 처음으로 대곡성두상(大谷城頭上)을 두었다'고 전하는 기록과[15] 열전제3 김유신조에 '윤중(允中)의 서손(庶孫) 암(巖)이 …… 대력(大曆) 연간에 귀국하여 사천대박사(司天大博士)가 되었고, 양(良)·강(康)·한주(漢州)의 태수(太守)를 역임하고, 다시 집사시랑(執事侍郎)과

---

15 頭上大監一人 宣德王三年 始置大谷城頭上 位自級湌至四重阿湌爲之. 大監七人 位與太守同. 頭上弟監一人 位自舍知至大奈麻爲之. 弟監一人 位自幢至奈麻爲之. 步監一人 位與縣令同. 少監六人 位自先沮知至大舍爲之.『三國史記』雜志第9 職官下 浿江鎭典

패강진두상이 되었다'고 전하는 기록 역시 패강진 설치와 관련하여 주목할 필요가 있다. 김유신의 후손인 김암은 당에서 귀국하고 대력 14년(779, 혜공왕 15)에 일본에 사신으로 파견되었다. 그는 그후에 지방의 태수와 더불어 집사시랑, 패강진두상을 역임한 것으로 보이므로 패강진두상을 역임한 시기는 790년에서 800년 사이로 추정된다.

선덕왕 2년 7월에 사자를 파견한 패강 남쪽의 주와 군은 뒤에서 자세하게 언급할 예정이지만, 경덕왕대에 설치한 패강지역의 10군·현을 가리킨다고 보인다. 패강진 설치 이전에 패강지역의 민심과 정황을 살피기 위하여 그곳에 사자를 파견하였을 것이다. 『삼국사기』 직관지에 선덕왕 3년(782)에 처음으로 패강진전에 대곡성두상을 두었고, 신라본기에 그 다음 해 정월에 김체신을 대곡진군주로 삼았다고 전한다. 이를 통하여 대곡성(大谷城)에 군진인 대곡진(大谷鎭)을 설치하였음을 짐작할 수 있는데, 대곡성은 오늘날 북한의 황해북도 평산군으로 비정된다. 패강진전의 두상대감이 1인이었고, 김암이 패강진두상을 역임하였다고 전하는 바, 대곡성두상과 패강진두상은 동일 관직으로 이해할 수 있다. 이에서 대곡진을 패강진이라고도 불렀음을 유추할 수 있음은 물론이다.[16] 그러면 대곡진, 즉 패강진은 언제 설치하였을까?

신라본기에는 선덕왕 3년 2월에 백성들을 패강진으로 옮겼다고 전할 뿐, 그것의 설치에 관하여 구체적인 언급이 없다. 한편 직관지에서는 선덕왕 3년에 대곡성두상을 두었다고 언급하였을 뿐이다. 그러나 두 자료를 서로 연관시켜 유추해보면, 선덕왕 3년 정월에 대곡진, 즉 패강진을 설치하고, 대곡성(대곡진)두상을 둔 다음, 선덕왕이 2월에 한산주를 두루 돌며 살펴보고

---

16 종래에 신라가 패강지방경영을 구체화하기 시작한 8세기 중엽에 패강지역에 패강진을 설치하였고, 782년에 별도로 대곡진을 설치하였다고 이해한 견해가 제기된 바 있다[木村誠(1975), 「統一新羅の郡縣制と浿江地方經營」, 『朝鮮歷史論集』 上, 龍溪書舍, 252~260쪽].

한산주의 백성들을 차출하여 패강진으로 옮겼다고 정리할 수 있다.[17] 그런데 여기서 문제는 선덕왕 4년 정월에 김체신을 대곡진군주로 임명한 사실을 어떻게 이해할 것인가에 관해서이다. 중고기에 6정군단의 사령관을 군주(軍主)라고 불렀고, 그 예하에 대관대감(大官大監), 제감(弟監), 감사지(監舍知), 소감(少監) 등의 군관을 두었다. 아마도 패강진전의 대감을 6정군단의 대관대감과 연결시키고, 대감의 상관인 두상대감을 대관대감의 상관인 군주와 등치(等値)시켜 대곡진의 두상대감을 군주로 표현한 것으로 이해된다. 선덕왕 3년 정월에 대곡진의 두상대감을 설치하였을 가능성이 높은데, 김체신이 그 관직에 임명된 시점은 그 다음 해 정월이다. 대곡진을 설치하고 어떤 사람을 대곡진두상에 임명하였다가 1년 만에 해임하고, 다시 김체신을 임명한 것인지, 두상대감을 한동안 임명하지 않았다가 선덕왕 4년 정월에 비로소 김체신을 초대 두상대감으로 임명한 것인지 가늠하기 어렵다.

782년 정월에 패강진을 설치한 배경을 살피고자 할 때, 경덕왕대 신라의 북방개척을 우선 주목할 필요가 있을 것이다.

> 아찬 정절(貞節) 등을 보내 북쪽 변경을 검찰(檢察)하게 하고, 처음으로 대곡성 등 14개의 군과 현을 두었다.
> 　　　　　　　　　－『삼국사기』 신라본기제9 경덕왕 7년 가을 8월

> 오곡(五谷), 휴암(鵂巖), 한성(漢城), 장새(獐塞), 지성(池城), 덕곡(德谷)의 6성을 쌓고 각각 태수를 두었다.
> 　　　　　　　　　－『삼국사기』 신라본기제9 경덕왕 21년 여름 5월

---

17 최근에 성덕왕 34년(735)에 당으로부터 패강 이남의 땅을 사여받은 직후에 長口鎭을 본영으로 하는 浿江鎭을 설치하였다고 주장한 견해가 제출되었다[박남수(2013b), 「신라 성덕왕대 패강진 설치 배경」, 『사학연구』 110].

경덕왕 5년(746)에 설치한 14군·현은 일반적으로 재령강 동쪽의 패강지역에 위치한 대곡군[大谷郡, 영풍군(永豊郡)], 수곡성현[水谷城縣, 단계현(檀溪縣)], 십곡성현[十谷城縣, 진단현(鎭湍縣)], 동삼홀군[冬彡忽郡, 해고군(海皐郡)], 도납현[刀臘縣, 구택현(雊澤縣)], 내미홀군[內米忽郡, 폭지군(瀑池郡)], 식성군[息城郡, 중반군(重盤郡)], 휴암군[鵂嵒郡, 서암군(栖嵒郡)], 오곡군[五谷郡, 오관군(五關郡)], 장새현(獐塞縣), 동홀[冬忽, 取城郡)], 식달[息達, 토산현(土山縣)], 가화압[加火押, 당악현(唐嶽縣)], 부사파의현[夫斯波衣縣, 송현현(松峴縣)] 등을 말한다. 이 가운데 동홀과 식달, 가화압, 부사파의현은 헌덕왕대에 지명을 개정하였기 때문에 경덕왕대 이후에 군현으로 편제되었음이 확실시된다. 게다가 경덕왕 21년(762)에 오곡군, 휴암군, 한성군(식성군), 장새현, 지성군(내미홀군), 덕곡현(십곡성현)을 비롯한 6군·현을 설치하였다고 이해하는 것이 일반적이므로[18] 경덕왕 7년(748)에는 대곡군과 수곡성현, 동삼홀군, 도납현 등 4군·현만을 설치하였다고 볼 수 있다. 이에 따르면, 신라는 경덕왕 7년과 21년, 그 이후 어느 시기에 걸쳐 단계적으로 재령강 이동의 패강지역을 군현으로 편제하였다고 정리할 수 있다.

『신증동국여지승람』 권7 경기 여주목 고적 등신장조에 '신라에서 주군을 설치할 때, 그 전정(田丁)과 호구(戶口)가 현으로 삼기에 부족한 곳에는 혹은 향(鄕)으로 두거나 혹은 부곡(部曲)으로 두어 소재(所在)의 읍에 속하게 하였다'고 전한다. 신라에서 전정(토지)과 호구를 헤아려 군·현을 설치하였고, 만약에 전정과 호구가 부족하여 현을 설치하기 어려운 곳은 향과 부곡으로 삼았음을 알려주는 자료이다. 패강지역에 군현을 설치할 때에도 역시 이와 같은 원칙이 적용되었을 것이다. 이러한 측면에서 패강지역을 개척하여 군현으로 편제하는 작업은 결국 신라국가의 수취기반 확대와 직결되었다고

---

18 이기동(1976), 앞의 글 ; 이기동(1984), 앞의 책, 214쪽

평가할 수 있다. 성덕왕과 경덕왕대에 잦은 자연재해로 인하여 흉년과 기근이 자주 발생하였다. 이로 말미암아 농민들의 도산과 유망이 급증하여 국가의 재정상태가 상당히 악화되었다. 이에 신라정부는 재정 궁핍을 타개하기 위하여 적극 노력하였는데, 성덕왕 21년(722) 백성들에게 정전(丁田)을 지급한 조치와 경덕왕 16년(757) 월봉을 폐지하고 녹읍을 부활한 것을 대표적인 사례로 들 수 있다.[19] 물론 성덕왕대 말기부터 패강지역을 개척하여 군현으로 편제하는 사업을 추진한 것도 동일한 맥락으로 이해할 수 있다. 그런데 패강지역에서 안정적으로 수취하기 위해서는 치안이 유지될 필요가 있는데, 혜공왕대 말기에 이르러 전국 곳곳에서 도적이 벌떼처럼 일어나 치안이 불안해졌음이 확인된다.

> (혜공왕이) 나이가 어렸기 때문에 태후(太后)가 왕을 대신하여 통치하였는데, 정사(政事)가 잘 다스려지지 못하여 도적이 벌떼처럼 일어나 이루 막을 수가 없었다.
>
> -『삼국유사』 권제2 기이제2 경덕왕 충담사 표훈대덕

『속일본기(續日本紀)』 권36 광인천황(光仁天皇) 보구(寶龜) 11년(780) 정월조에 일본에 파견된 신라 사신 김난손(金蘭蓀)이 '근래에 나라 안에 도적떼가 침입하여 사신이 (일본으로) 오지 못하였다'고 언급한 내용이 전한다.[20] 김난손 일행이 일본에 도착한 것은 779년 10월이었으므로 신라에서 도적이 벌떼처럼 일어난 것은 그 이전이었다고 볼 수 있다. 혜공왕대에 귀족들

---

19 전덕재(2006), 『한국고대사회경제사』, 태학사, 347~356쪽
20 辛未 新羅使獻方物. 仍奏曰 新羅國王言 夫新羅者 開國以降 仰賴聖朝世世天皇恩化 不乾舟楫 貢奉御調 年紀久矣. 然近代以來 境內奸宄 不獲入朝. 是以謹遣薩湌金蘭蓀·級湌金巖等 貢御調兼賀元正. 『續日本紀』 권36 光仁天皇 寶龜 11년 正月

사이에 권력다툼이 잦았고, 게다가 흉년과 기근까지 겹치자, 농민들이 도적이 되어 벌떼처럼 일어났던 것이다. 혜공왕은 결국 780년 2월 김지정이 일으킨 반란의 와중에 시해되고, 그 뒤를 이어 김양상(선덕왕)이 즉위하였다가 785년 정월에 사망하였다. 선덕왕은 죽기 전에 조서를 내렸는데, 거기에서 '왕위에 있는 동안 농사가 잘 되지 않고, 백성들의 살림이 곤궁하여졌으니, 이는 모두 나의 덕이 백성들의 소망에 맞지 아니하고 정치가 하늘의 뜻에 합치되지 못하였기 때문이다'라고 언급하였다.[21] 선덕왕의 재위 기간 동안에 농사가 제대로 되지 않아 백성들이 곤궁하였음을 알려주는 자료로서 주목된다. 혜공왕대 말기에 도적들이 벌떼처럼 일어나 지방의 치안이 매우 불안해졌고, 선덕왕의 조서를 통하여 그의 재위 기간에도 그러한 상황이 크게 개선되지 않았음을 엿볼 수 있다.

통일신라 군사조직의 핵심은 6정과 9서당, 10정이었다. 이 가운데 지방에 주둔하던 군단은 6정과 10정이었다. 6정과 9서당은 하대에 이르러 해체되었고, 대신 핵심 군사조직으로 기능한 것이 중군과 우군, 좌군으로 편성된 삼군(三軍)이었다. 822년 김헌창이 반란을 일으켰을 때, 신라 정부는 삼군을 중심으로 군대를 편성하여 반란군을 토벌하였다. 10정은 하대까지 그대로 존속되었는데, 한산주에 2정, 나머지 8주에 1정씩 설치한 것으로서 지방의 치안을 담당한 핵심 부대였다.[22] 한산주에 설치된 것은 남천정(南川停, 경기도 이천시)과 골내근정(骨乃斤停, 경기도 여주시 여주읍)이다. 한편 통일 이후 9주에 각기 만보당(萬步幢)을 3개씩 설치하고, 하대에 이르러 여기에다

---

21 是月 王寢疾彌留. 乃下詔曰 寡人本惟菲薄 無心大寶 難逃推戴 作其卽位. 居位以來 年不順成 民用窮困 此皆德不符民望 政未合天心. 常欲禪讓 退居于外 群官百辟 每以誠止 未果如意 因循至此. 忽遘疾疹 不瘳不興 死生有命 顧復何恨 死後依佛制燒火 散骨東海. 『삼국사기』 신라본기제9 선덕왕 6년 정월
22 이기백·이기동(1982), 『한국사강좌』 I(고대편), 일조각, 343~344쪽.

농민들을 징발하여 편성한 사자금당(師子衿幢)과 장창(長槍)을 무기로 사용하는 군단인 비금당(緋衿幢)을 9주에 더 배치하였다. 사자금당은 각 주마다 3개씩 설치하였고, 비금당은 한산주에 2개, 사벌주와 삽량주, 청주(菁州)에 3개, 완산주에 4개, 웅천주에 5개, 우수주와 하서주에 6개, 무진주에 8개를 배치하였다.[23]

신라 하대에 한산주에는 남천정과 골내근정, 만보당 3개, 사자금당 3개, 비금당 2개가 배치되어 있었다. 이밖에 5주서(州誓)의 하나인 한산주서, 2계당(罽幢)의 하나인 한산주계당, 3변수당(邊守幢)의 하나인 한산변, 2궁(弓)의 하나인 한산주궁척(漢山州弓尺) 등이 한산주에 배치되었다. 『삼국사기』 지리지에 따르면, 한산주에는 군이 28개, 현이 47개 존재하였다고 한다. 다른 8주의 경우 군이 10여 개, 현이 30여 개 내외였던 것에 비하여 군과 현의 수가 매우 많은 편이었다. 영역도 다른 주에 비하여 훨씬 넓은 편이었음은 물론이다. 이러한 이유와 더불어 한산주가 변경지역을 포괄하고 있었으므로 상대적으로 한산주에 군단을 더 많이 배치하였던 것이다.

선덕왕대에 지방의 치안을 담당한 핵심 주체는 10정이었다. 그런데 경기도 이천시와 여주시 여주읍에 위치한 남천정과 골내근정의 군사가 새로 개척한 패강지역의 치안까지 담당하기가 그리 쉽지 않았을 것이다. 혜공왕대 말기에 도적이 벌떼처럼 일어난 정황을 감안한다면, 그 군사들은 기존 한산주지역의 치안을 유지하기조차 버거웠을 것이기 때문이다. 물론 여타의 군단을 적극 활용하였을 것으로 예상되지만,[24] 그렇다고 상황이 크게 개선

---

23 신라 하대 군제개편에 대한 자세한 사항에 대해서는 전덕재(1997), 「신라 하대 진의 설치와 성격」, 『군사』 35, 47~55쪽이 참조된다.
24 780년 무렵에 한산주에서 치안을 유지하기 위하여 동원할 수 있는 10정 이외의 군대는 만보당, 한산주서, 한산주계당, 한산주궁척 등이었다. 참고로 사자금당과 비금당은 780년 이후에 한산주에 추가로 배치된 것으로 추정되며, 비금당이 한산주에 가장 적은 2개만이 배치된 배경은 거기에 이미 패강진을 설치한 것에서 찾을 수 있

되지 않았을 것으로 짐작된다. 이에 신라정부는 패강지역에 위치한 군현의 치안을 안정적으로 담보하기 위한 대책을 적극 강구하지 않을 수 없었음은 물론이다.

한편 755~763년까지 안사(安史)의 난이 일어나 당이 커다란 혼란에 빠졌다. 특히 안녹산(安祿山)이 유주(幽州)의 범양(范陽)에서 난을 일으켰는데, 이곳은 당에서 육로로 발해와 신라에 이르는 길목이었다. 이때 일본 순인천황(淳仁天皇)은 대재부(大宰府)에 칙령(勅令)을 내려, 안녹산이 일이 불리하게 되면 서쪽으로 도모할 수 없어서 도리어 해동(海東)을 칠 것이니, 철저하게 대비하라고 지시하였다.[25] 이로 보아 신라와 발해 역시 안녹산의 침략에 철저하게 대비하였을 것으로 짐작된다. 이때 일본은 안사의 난으로 혼란에 빠진 당이 신라를 후원해주지 못할 것으로 판단하여 신라정토계획을 추진하였다.[26] 이에 신라는 한편으로 일본의 정토(征討)에 대비하면서도, 다른 한편으로 북방으로부터 쳐들어올지 모르는 안녹산세력에 대비하지 않을 수 없었을 텐데, 이와 관련하여 다음의 기록이 주목을 끈다.

> [기조신우양(紀朝臣牛養) 등이] "근래에 당신 나라(신라)에서 투화(投化)해 온 백성들이 '본국에서는 병사를 징발하여 경비하고 있는데, 이것은 혹 일본국이 죄를 물으러 올까 보아서이다'라고 말하는데, 그 일의 허실(虛實)이 어떠합니까?"라고 묻자, (신라 사신은) "당나라의 사

지 않을까 한다.

25 於是 勅大宰府曰 安祿山者 是狂胡狡竪也. 違天起逆 事必不利 疑是不能計西 還更掠於海東. 古人曰 蜂蠆猶毒 何況人乎. 其府帥船王 及大貳吉備朝臣眞備 俱是碩學 名顯當代 簡在朕心 委以重任 宜知此狀 預設奇謀 縱使不來 儲備無悔 其所謀上策 及應備雜事 一一具錄報來. 『續日本紀』 권21 廢帝 淳仁天皇 天平寶字 2년 12월
26 일본의 신라정토계획에 대해서는 和田軍一(1924),「淳仁朝における新羅征討計劃について」,『史學雜誌』 35-10·11이 참조된다.

정이 난리로 어지럽고 해적이 빈번하게 출몰하고 있다. 이로 인하여 병사를 징발하여 변방을 경계하고 있는 것이다. 이것은 국가의 대비책일 뿐이며, 일은 결코 거짓이라 할 수 없다"라고 대답하였다.
　　－『속일본기』 권25 폐제(廢帝) 순인천황 천평보자(天平寶字) 8년 7월

위의 인용문은 천평보자 8년(764) 7월에 일본에 파견된 신라 사신 대나마 김재백(金才伯)과 일본의 관리 우소변(右小弁) 종5위하(從五位下) 기조신우양 등과의 대화 내용을 기술한 것이다. 이때 김재백은 당 칙사의 의뢰로 당에서 일본으로 귀국한 승려 계융(戒融)의 소식을 알아보기 위하여 일본에 왔다고 주장하였다. 인용문을 통하여 신라가 일본의 정토에 대비하기 위해 병사를 징발하여 변방을 경계하였음을 살필 수 있다. 그러나 김재백은 당나라가 난리로 어지럽고 해적이 빈번하게 출몰하기 때문에 병사를 징발하여 변방을 경계하고 있다고 분명하게 언급하였다. 김재백의 언급을 통하여 당시 신라에서 해적을 소탕하거나 안녹산세력 또는 발해의 침략에 대비하기 위해서 서해안과 서북 변방지역에서도 경계를 강화하였음을 쉬이 추론할 수 있다. 실제로 이 무렵에 신라가 서북방면의 방비에 관심을 기울인 사실은 경덕왕 21년(762)에 패강지역에 오곡성을 비롯한 6성을 쌓고, 거기에 태수를 파견한 사실을 통하여 입증할 수 있다.

안사의 난이 진압된 이후 신라는 발해를 가장 경계하였을 것이다. 『요사(遼史)』 권38 지제8 지리지2 동경도(東京道) 흥료현(興遼縣)조에 '당 원화(元和, 806~820) 중에 발해왕 대인수(大仁秀)가 남쪽으로 신라를 평정(平定)하고 북쪽으로 (말갈의) 제부(諸部)를 공략하여 군읍을 설치하였다'고 전한다. 826년(헌덕왕 18)에 한산주 북쪽 주·군 사람들 1만 여 명을 징발하여 패강에 장성(長城) 300리를 쌓았는데, 일반적으로 이것은 발해 선왕(宣王, 대인수)의 신라 공략에 대한 대응으로 이해하고 있다.[27] 한편 『고려사』 권1 세가1

태조 원년 9월조에 왕건이 '평양 옛 도읍이 황폐화된 지가 오래되었으나 고적이 아직 남아 있다. 그런데 가시넝쿨이 무성하여 번인(蕃人)들이 거기에서 수렵을 하고 있으며, 또 그것을 계기로 그들이 변방 고을을 침략하여 피해가 크다. 마땅히 백성들을 옮겨 살게 함으로써 국가의 변방을 공고하게 하여 백세의 이익이 되도록 하여야 할 것이다'라고 말한 내용이 전한다. 여기서 번인은 발해와 고려의 완충지대에 거주하던 여진인들로 추정되는데, 이것을 근거로 하여 그 이전 시기에도 발해 변방의 말갈인들이 평양에 나아가 수렵하거나 또는 그것을 계기로 신라 변방을 침략하여 피해를 입었다고 유추할 수 있다. 비록 780년 무렵에 발해가 직접 신라 서북 변경을 침략했음을 알려주는 자료는 전하지 않지만, 안사의 난이 진압된 이후 신라는 발해의 잠재적인 침략에 대비하였음을 어렵지 않게 추정해볼 수 있다.

 이상에서 살핀 것처럼 780년 무렵에 신라는 발해의 잠재적인 침략에 대비하여 패강지역에 대한 경비를 강화할 필요성이 있었다. 더구나 이 무렵에 전국 곳곳에서 도적들이 벌떼처럼 일어나 치안이 불안한 상황이었다. 한산주에서도 역시 비슷한 상황이 연출되었을 것인데, 이때 한산주에 배치된 기존의 군대만으로 새로 개척한 패강지역의 치안을 안전하게 담보하기가 어려웠을 것으로 짐작된다. 이에 신라정부가 한편으로 발해의 잠재적인 침략에 대비하기 위하여, 다른 한편으로 새로 개척한 패강지역 군현의 치안을 안전하게 담보하기 위하여 강구한 대책이 바로 평산에 패강진을 설치하는 것이었다고 정리할 수 있다.

 고려시대에 개성에서 평양을 연결하는 교통로로 '개성→ 평산→ 서흥→ 황주→ 평양'으로 향하는 길과 '개성→ 평산→ 신계→ 수안→ 상원→ 평양'

---

27 김종복(2011), 「남북국의 경계와 상호교섭에 대한 재검토」, 『역사와 현실』 82, 49~50쪽

으로 향하는 길이 있었다. 두 교통로상의 분기점에 위치한 곳이 바로 평산이었다.[28] 신라정부는 비교적 패강지역의 최후방에 위치하면서도 개성에서 평양으로 향하는 교통의 요지에 해당하는 평산에 패강진을 설치한 다음, 패강지역의 전략적 요충지와 서해 북부 연안항로상의 요지에 군사기지를 설치하고, 패강진의 두상대감으로 하여금 그들을 통괄하게 하는 방식으로 패강지역을 안전하게 방비하거나 그곳의 치안을 안정적으로 유지하려고 하였는데, 이에 대해서는 다음 장에서 자세하게 살펴보도록 하겠다.

IV. 패강진의 성격과 운영

1. 패강진의 성격

앞장에서 패강진을 설치하는 과정과 설치 배경에 대하여 살펴보았다. 그러면 이제 패강진의 성격과 그 운영을 살필 차례인데, 하대에 설치된 여러 군진의 성격과 비교하면서 이에 접근할 필요가 있을 것이다. 828년(흥덕왕 3)에 장보고의 요청을 받아들여 청해진을 설치하였고, 다음 해에 당은군(唐恩郡)을 당성진(唐城鎭)으로 삼은 다음, 거기에 사찬 극정(極正)을 파견하여 지키게 하였다. 그리고 844년(문성왕 6)에 혈구진(穴口鎭)을 설치하고 아찬 계

---

28 이기동(1976), 앞의 글 ; 이기동(1984), 앞의 책, 217쪽

홍(啓弘)을 진두(鎭頭)로 삼았다. 이밖에 장구진과 시미지진(施彌知鎭)을 설치하였음이 확인된다. 시미지진은 상주(尙州) 영현인 지내미지현(知乃彌知縣, 상주시 외서면)에 위치한 것이다.[29] 지내미지현은 상주에서 보은, 청주를 연결하는 교통로에 위치하였다. 따라서 시미지진은 상주에서 화령재를 넘어 청주에 이르는 교통로, 즉 이른바 당은포로(唐恩浦路)의 안전을 담보하기 위하여 설치하였다고 볼 수 있다. 당성진은 서해 중부 횡단항로의 기점인 당은포[唐恩浦, 당성진(唐城津)] 근처에 설치한 군진이고, 혈구진은 강화도에, 장구진은 8세기 중반에 황해도 장연군 장산곶과 가까운 곳, 구체적으로 일제시대 장연군 해안면(현재 북한의 황해남도 용연군)에 설치한 것으로 추정된다.[30] 당성포와 혈구군 등이 신라와 중국을 연결하는 교통로의 기점 또는 요지에 해당하였으므로 당성진과 혈구진, 장구진 역시 서해 중부 횡단항로 또는 북부 연안항로의 안전을 확보할 목적으로 설치하였다고 볼 수 있다.[31]

흥덕왕은 장보고에게 군사 1만을 주었고, 장보고는 이것을 기초로 하여 완도에 청해진을 설치한 다음, 서남해안에서 활동하던 해적들을 소탕하였다. 청해진이 위치한 완도의 백성은 장보고가 통치한 것으로 알려졌고,[32] 종래에 그 조직은 최소한 대사(大使)-병마사(兵馬使) 또는 부장(副將)-판관(判官)으로 이루어졌으며, 완도에 군과 현이 설치되지 않은 점을 유의하여 청해

29　김태식(1995), 「삼국사기 지리지 신라조의 사료적 검토」, 『삼국사기의 원전검토』, 한국정신문화연구원, 238쪽

30　今西龍(1923), 「慈覺大師入唐求法巡禮行記を讀みて」, 『新羅史硏究』; 今西龍(1970), 『新羅史硏究』, 國書刊行會, 356쪽. 한편 782년 浿江鎭 설치 이후에 長口鎭은 패강진의 통제를 받았을 것으로 추정된다.

31　전덕재(1997), 앞의 글, 41~47쪽

32　其後 於呂系等化來云 己等張寶高所攝嶋民也 寶高去年十一月中死去 不得寧居 仍參着貴邦, 『續日本後紀』 권11 仁明天皇 承和 9년 春正月
　일본에 귀화한 於呂系 등이 장보고가 다스린 島民이라고 언급하였던 것에서 완도에 사는 백성들이 장보고의 통치를 받았음을 엿볼 수 있다.

진은 중간 관리자로서의 행정기능이 결여된, 즉 중앙정부와 직보체제(直報體制)를 형성하고 있는 군사기지로서의 성격이 강하였다고 추정하였다.[33]

829년에 당은군을 당성진으로 삼았다고 하였지만, 858년(헌안왕 2)에 당성군의 남쪽 강가에 큰 고기가 나왔다는 기록이 전하는 바,[34] 당성진 설치 기사는 당은군을 당성진으로 개편한 사실을 전하는 것이 아니라 당성군에 군진인 당성진을 설치하고, 그 책임자로 극정을 파견한 사실을 전하는 것이라고 이해할 수 있다. 혈구진 역시 혈구군에 위치한 군진으로서의 성격을 지녔을 것이다. 시미지진의 경우도 역시 마찬가지였을 것이다. 극정과 계홍은 바로 당성진과 혈구진에 주둔하던 군대를 지휘하였고, 당성군과 혈구군에는 태수가, 지내미지현(시미지현)에는 현령(또는 소수)이 파견되어 군·현의 민정(民政)을 책임졌음은 물론이다.

그러면 패강진의 경우는 어떠하였을까? 종래의 연구에서 패강진은 다른 군진과 달리 9주(州)와 같은 광역의 지방행정단위로서 기능하였고, 패강진전의 대감(大監)과 소감(少監)이 패강지역의 군과 현에 파견되어 다스렸다고 이해하였다.[35] 즉 패강진의 두상대감이 9주의 도독(都督)처럼 패강지역의 군·현에 대한 민정권과 군정권을 함께 행사하였다고 이해한 것이다. 그러나 『삼국사기』 지리지에서 패강진이 광역의 지방행정단위였음을 알려주는 증거를 찾을 수 없고, 헌덕왕대 이후에도 패강지역의 군에 태수를 파견하였으

---

33 고경석(2006), 「청해진 장보고세력 연구」, 서울대학교 박사학위논문, 144~155쪽.
34 唐城郡南河岸有大魚出 長四十步 高六丈. 『삼국사기』 신라본기제10 헌안왕 2년.
35 이기동(1976), 앞의 글 ; 이기동(1984), 앞의 책, 219~220쪽에서 패강진전의 대감이 패강지역의 郡에 파견되었다고 이해하였고, 李成市(1998), 「新羅兵制における浿江鎭典」, 『古代東アジアの國家と民族』, 岩波書店, 277~280쪽에서는 패강진의 두상대감과 두상제감은 本營인 大谷城에, 대감은 패강지역의 郡에, 소감은 그곳의 현에 배속되었으며, 軍官이 배속된 패강진전의 統轄下에 있었던 군현은 漢州로부터 독립된 별개의 행정구역을 형성하였다고 이해하였다.

며, 신라 말에 휴암군(鵂嵒郡)이 패강진이 아니라 여전히 한주에 영속(領屬)되었음을 알려주는 자료가 전하는 점 등을 두루 고려하건대, 이러한 견해를 그대로 수긍하기가 그리 쉽지 만은 않다.

『삼국사기』 지리지 신라조에 진(鎭)에 관한 내용이 전혀 보이지 않는다. 『삼국사기』 편찬자들이 지리지에 진의 치폐(置廢)와 관련된 내용을 기술하지 않은 이유는 그것이 지방의 행정단위로서 기능하지 않았기 때문이었을 것이다. 한편 『삼국사기』 잡지제9 직관하 외관조에 군태수(郡太守)는 115명, 소수(少守)는 85명, 현령(縣令)은 201명이었다고 전한다. 여기서 문제는 이것이 어느 시기의 상황을 반영하는 것이냐에 관해서이다. 경덕왕 16년에 군이 117개, 현이 293개였다. 여기에 경덕왕대에 개척한 대곡군 등 패강지역의 10군·현이 포함되었다. 그런데 『삼국사기』 지리지에는 군이 120개, 현이 298개였다고 전한다. 이 가운데 헌덕왕대에 지명을 개정한 취성군(取城郡, 황해북도 황주군)과 그 영현 3개가 포함되었던 바, 지리지에 전하는 군·현의 숫자는 헌덕왕대의 상황을 전한다고 볼 수 있다.[36] 종래에 삭주(朔州) 기성군(岐城郡)은 본래 기성현(岐城縣)이었고, 무주(武州) 반남군(潘南郡)은 본래 반남현(潘南縣)이었으나 『삼국사기』 찬자가 군으로 잘못 기재하였다는 견해가 제기되었다.[37] 이에 따른다면, 헌덕왕대 어느 시점에 군은 118개, 현은 300

---

36 『삼국사기』 신라본기에 헌덕왕 8년(816)에 한산주 당은현의 놀이 스스로 옮겨갔다고 전한다. 이에서 경덕왕 16년 이후부터 헌덕왕 8년 사이에 당은군이 당은현으로 강등되었음을 유추할 수 있다. 또한 823년(흥덕왕 15)에 水城郡과 唐恩縣을 합하였는데, 829년(흥덕왕 4)에 당성군을 당성진으로 삼았다고 전하므로 이것은 수성군과 당은현을 합쳐 唐城郡(唐恩郡)을 설치하였음을 반영한 것으로 이해할 수 있다. 그런데 『삼국사기』 지리지에서 이와 같은 당은군과 수성군의 변동 사항에 대하여 전혀 언급하지 않았다. 이에 따른다면, 지리지의 내용은 헌덕왕 원년(809)에서 8년(816) 이전 어느 시점의 상황을 반영한다고 볼 수밖에 없다. 참고로 대안사적인선사탑비에 元和 9년(814) 8월 무렵 取城郡이란 지명을 사용하였다고 전하므로 冬忽을 取城郡으로 개정한 시기는 그 이전이었음을 확인할 수 있다.
37 윤경진(2012), 『高麗史 地理志의 分析과 補正』, 여유당, 155~157쪽

개가 존재하였다고 이해할 수 있다. 결국 군 태수가 115명 파견된 시점은 헌덕왕대 이후였던 셈이 된다.

앞에서 살핀 바와 같이 패강지역에 설치한 군은 7개였다. 823년에 수성군과 당은현을 합하여 당성군을 설치한 결과, 한산주의 군 가운데 1개가 줄어들게 되었으므로 당시에 군은 117개가 존재한 셈이 된다. 그런데 적어도 당시에 115개의 군에 태수를 파견하였음이 확실시된다. 2개를 제외한 모든 군에 태수를 파견하였다는 이야기인데, 이에 따르면, 패강지역에 새로 설치한 7군 가운데 적어도 5군 이상에 태수를 파견하였다고 볼 수 있다. 이것은 823년 무렵 패강지역의 군에 패강진전의 대감을 파견하였다고 주장한 종래의 견해와 배치되는 내용이다. 현재 패강지역 군에 파견된 태수가 패강진 두상대감의 지휘와 감독을 받았다는 증거를 찾을 수 없다. 그들은 행정체계상으로 한주 도독의 통제를 받았다고 봄이 합리적일 것이다. 실제로 신라 하대에도 패강지역의 취성군과 휴암군이 여전히 한주에 영속되었음을 알려주는 자료가 전한다.

헌덕왕대에 취성군과 그 영현의 명칭을 개정하였는데,『삼국사기』지리지에 당시 취성군은 한주 소속이라고 전한다. 그리고『조당집(祖堂集)』권17에 쌍봉화상(雙峰和尙) 도윤(道允)이 박씨로서 한주 휴암인(鵂嚴人)이라고 전한다. 문등(文僜)이『조당집』서문에서 천주(泉州) 초경사(招慶寺)에서 정(靜)과 균(筠) 두 스님이 이것을 남당(南唐) 보대(保大) 10년(952)에 편집하였다고 언급하였다.『조당집』은 고려 초기에 편찬되었지만, 당시에 도윤을 한주 휴암인이라고 언급한 점이 유의된다. 신라 말에도 휴암군이 한주에 영속되었음을 시사해주기 때문이다.

흥녕사징효대사보인탑비(興寧寺澄曉大師寶印塔碑)에 '대사휘절중자○○속성○○○○휴암인(大師諱折中字○○俗姓○○○○鵂嵓人)'이라는 구절이 전한다. 'O'는 결락된 부분이다. 속성 다음에 4자가 결락되었음이 확실한데, 속

그림 1 징효대사탑비 탁본
(반전)

성이 '~씨'라고 추정되는 바, 그 다음에 나오는 'OO'는 휴암군을 관할하는 광역의 지방행정단위가 분명하다. 휴암군은 패강지역에 위치하였기 때문에 거기에 들어갈 수 있는 지명은 패강진(또는 패강도)과 한주뿐이다. 결락된 부분이 두 글자이므로 패강진(또는 패강도)은 아닐 것이다. 게다가 탁본을 통하여 '휴(鵂)' 바로 위의 결락된 글자의 경우 '州'의 한 획으로 보이는 'ㅣ'을 희미하게 나마 읽을 수 있다. 이에 따른다면, 종래에 이를 한주라고 추정한 견해가[38] 옳다고 볼 수 있다. 이 탑비는 924년에 최인연[崔仁渷, 최언위(崔彦撝)]이 신라 경명왕의 명령을 받고 작성한 것이다. 따라서 위의 기록은 신라 말에 휴암군이 한주에 영속되었음을 입증해주는 자료의 하나로 이해할 수 있다. 이처럼 헌덕왕대에 취성군과 그 영현들이, 신라 말에 휴암군이 한주에 영속되었던 사실을 근거로 하여 패강진 설치 이후에도 패강지역의 군과 현은 여전히 행정체계상에서 원칙적으로 한주(漢州)의 통제와 감독을 받았다고 규정하여도 좋을 듯싶다.

종래에 대안사적인선사탑비(大安寺寂忍禪師塔碑)에 전하는 취성군의 군감(郡監)을 패강진전의 대감과 연결시켜 패강진이 광역의 지방행정단위였다고 주장한 바 있다.[39] 그러면 과연 군감을 패강진전의 대감과 직결시켜 이해할 수 있을까? 이에 관한 기록을 제시하면 다음과 같다.

---

38 한국역사연구회편(1996), 『譯註 羅末麗初金石文(上)』(원문교감편), 혜안, 150쪽.
39 李成市(1998), 앞의 글, 277~278쪽 ; 이문기(1997), 「경덕왕대 군제개편의 실태와 신군제의 운용」, 『신라병제사연구』, 일조각, 421~422쪽.

처음 (선사가) 당나라로 들어갈 때, 죄인의 무리와 함께 같은 배로 취성군에 도착하자, 군감이 이를 알고 칼을 씌워 가두고 추궁하였다. 선사는 흑백(黑白)을 말하지 않고, 또한 같이 하옥되었는데, 군감이 사실을 갖추어 아뢰고, 교시를 받아 30여 명을 목 베였다. 마침내 순서가 선사에게 이르자, 선사는 얼굴이 온화하여 죄인 같지 않았고 스스로 형장(刑場)에 나아가자, 감(監)이 차마 바로 죽이라고 하지 못하였다. 곧 다시 명령이 있어 석방되니, 오직 선사만이 (죽음을) 면하였다.

선사탑비에 적인선사 혜철(慧徹)이 당나라에 들어간 것은 원화 9년(814, 헌덕왕 6) 8월 무렵이라고 전한다. 따라서 취성군에서 선사 등이 탄 배를 나포하여 죄인들을 처벌한 것도 그 무렵이라고 봄이 옳을 것이다. 앞에서 패강지역의 군에 태수를 파견하였음을 살핀 바 있다. 군감을 패강진전의 대감이라고 보는 견해에 대하여 의문을 갖게 만드는 하나의 요소로 주목된다. 군감이 죄인들에게 칼을 씌워 가두어 추궁한 다음, 그들의 죄상을 중앙정부에 상주(上奏)하고, 국왕의 교시를 받아 죄인들을 처형하였으며, (국왕의) 명령을 받아 적인선사를 석방하였음을 알 수 있다. 만약에 군감을 패강진전의 대감이라고 본다면, 그는 패강진전의 두상대감에게 먼저 알리고, 거기에서 중앙정부에 죄인들의 죄상을 상주하였다고 봄이 합리적이다. 그런데 그렇지 않은 것으로 보아, 군감을 패강진전의 대감과 연결시키는 것은 재고의 여지가 있지 않을까 한다.

한편 '감(監)'은 어떤 행정부서의 우두머리, 즉 책임자를 가리키는 용어로도 널리 사용된다. 591년(진평왕 13)에 건립된 남산신성비 제3비에 훼부(喙部)의 부감(部監)이 보이는데, 육부소감전(六部少監典)에 소속되어 훼부를 행정적으로 관할하는 책임자를 가리킨 것으로 이해된다. 이밖에 공장부(工匠府), 전사서(典祀署), 좌·우사록관(左·右司祿館) 등의 최고위 관직이 '감'이었다. 이러한 사례를 참조하건대, 취성군 태수를 군감이라고 불렀다는 추정도 가능할 듯싶다. 조선시대에 현에 파견된 지방관을 현감(縣監)이라고 불렀는데, 이는 고려시대 속현에 파견된 감무(監務)에서 비롯된 것으로 알려졌다.[40] 따라서 현감의 사례를 근거로 하여 통일신라시대에 현령 또는 소수를 현감이라고도 별칭(別稱)하였다고 추론하기는 곤란할 듯싶다. 더구나 당나라 이전의 중국 왕조에서 군수를 군감이라고 부른 사례를 전혀 발견할 수 없을 뿐만 아니라 통일신라에서도 역시 마찬가지이다. 중앙 행정부서의 최고위 관직을 감이라고 불렀지만, 통일신라에서 군태수나 현령 또는 소수를 군감이나 현감으로 별칭하였을 가능성은 매우 희박하였음을 시사해주는 측면으로 유의된다.

더구나 『삼국사기』 열전제8 향덕(向德)조에 천보(天寶) 14년(755, 경덕왕 14)에 판적향사(板積鄕司)가 향덕의 효행을 웅천주(熊川州)에 보고하고, 다시 주에서 그것을 왕에게 보고하자, 경덕왕이 교시를 내려 향덕에게 포상하고, 담당 관청에 명하여 비석을 세워 그의 효행을 기록하게 하였다고 전한다. 만약에 군감이 취성군 태수의 이칭(異稱)이라면, 위의 기록에서 유추할 수 있듯이 군감은 죄인의 죄상을 한주에 보고하고, 한주에서 중앙정부에 상주한 다음, 국왕의 하교를 받아 죄인들을 처형하였다고 보아야 할 것이다. 그런데 위의 자료에 군감이 직접 중앙정부에 죄인의 죄상을 상주하였다고 전하는 바에 따르면, 군감을 군태수의 별칭으로 보기는 곤란할 듯싶다.

군감이 군태수의 별칭이 아니라면, 그것은 하대에 군태수 외에 주를 거치지 않고 직접 중앙정부에 상주할 수 있는 군에 파견된 관리라고 규정할 수 있다. 군감의 구체적인 실체와 관련하여 '감(監)'이 '감찰하다'는 뜻도 지

---

40 이수건(1994), 「군현제의 정비」, 『한국사』23(조선 초기의 정치구조), 국사편찬위원회, 135~137쪽.

녔음을 주목할 필요가 있다. 진대(秦代)에 군에는 수(守)와 위(尉), 감(監)을 두었는데, 이 가운데 군감은 군내의 관리를 감찰하는 임무를 수행하였고 한대(漢代)에 감을 폐지하고 대신 감어사(監御史)를 설치하였다고 한다.[41] 춘추전국시대에 장군 이하 전군(全軍)을 감찰하는 감군(監軍)이 등장하였고, 수당대에 지방에 주둔한 군대를 감찰하기 위하여 감군사(監軍使)를 두었으며,[42] 오대(五代)에는 주현에 주둔한 금군(禁軍) 등의 부대를 감독하는 임무를 맡은 주현도감(州縣都監)을 설치하였음이 확인된다.[43] 이와 같은 중국의 사례를 주목하건대, 군감 역시 감찰업무를 수행하였다고 상정해볼 수 있을 것이다.

통일신라에서 지방에 파견되어 감찰업무를 수행한 관리가 바로 외사정(外司正)이다. 외사정은 주에 2인, 군에 1인을 파견하였고, 총 정원이 133명이었다. 9주에 18인, 군에 115인을 파견한 셈인데, 앞에서 군에 태수 115인을 파견한 시점은 헌덕왕대 이후였음을 살핀 바 있으므로 814년(헌덕왕 6) 무렵에 취성군에 외사정을 파견하였다고 하여도 하등 이상한 일이 아닐 것이다. 대안사적인선사탑비에 취성군의 군감이 죄인을 가두어 문초하고, 그들의 죄상을 중앙정부에 직접 상주한 다음, 국왕의 교시를 받아 사형을 집행하였다고 전하는데, 군감을 바로 외사정이라고 본다면, 군감이 직접 중앙정부에 상주한 정황을 나름대로 합리적으로 설명할 수 있을 것이다. 당대(唐代)에 어사대(御史臺, 정8품상)의 관원인 감찰어사(監察御史)는 관리를 감찰하고, 주현을 순시(巡視)하며 감시하는 임무를 맡은 관리였다.[44] 구체적으

---

41 曾資生(1942), 『中國政治制度史』 第二冊 秦漢 ; 曾資生(1979), 『中國政治制度史』 第二冊 秦漢(3版), 啓業書國, 230~232쪽

42 兪鹿年 編著(1992), 『中國官制大辭典』 下, 黑龍江人民出版社, 951쪽

43 友永植(2004), 「宋都監探原考(三)-五代の州縣都監」, 『史學論叢』 34, 別府大學史學硏究會, 18~23쪽

로 군현과 둔전(屯田), 주전(鑄錢), 영남선보(嶺南選補)를 순찰(巡察)하여 점검하고, 대부(大府)와 사농(司農)의 출납(出納)을 맡고, 죄수를 살펴 판결하며, 제사 등을 감찰하거나[45] 또는 백료들을 분담하여 감찰하고 군현을 순시하여 살피며 형옥을 규찰(糾察)하고, 조의(朝儀)를 숙정(肅整)하는 것이었다고 한다.[46] 감찰어사가 죄수를 살펴 판결하거나 형옥을 규찰한 것에서 감찰을 담당한 외사정 역시 죄인들을 문초하는 임무를 수행하였다고 추론할 수 있다. 죄인을 문초하고 교시를 받아 사형을 집행한 군감이 외사정이었음을 시사해주는 또 다른 측면으로 유의된다. 군감이 외사정의 별칭이라는 추정은 사정(司正)과 감(監)이 상통할 수 있는 단어라는 점을 통해서도 보완할 수 있다. 군감이 취성군에 파견된 외사정을 가리킨다면, 군감을 패강진전의 대감과 연결시켜 패강진을 광역의 지방행정단위라고 주장한 견해는 성립 근거를 잃은 셈이 된다.

한편 재령강 이서지역에 위치한 굴천 등의 12곳은 신라시대에 군현으로 편제되지 않았지만, 그곳을 신라가 실효적으로 지배하였음을 알려주는 자료가 여럿 전한다. 황해도 장연군 장산곶과 가까운 곳, 구체적으로 일제시대 장연군 해안면(북한의 황해남도 용연군) 해안가에 장구진이 위치하였다. 『고려사』 권58 지제12 지리3 안서대도호부(安西大都護府) 해주(海州)조에서는 '장연현(長淵縣)은 원래 고구려의 땅인데, 신라 및 고려는 모두 옛 명칭대로 불렀다'고 전한다.[47] 신라에서 장연이라는 지명을 그대로 사용한 것에서

---

44 曾資生(1943), 『中國政治制度史』 第四冊 隋唐五代 ; 曾資生(1979), 『中國政治制度史』 第四冊 隋唐五代(3版), 啓業書國, 147~149쪽

45 監察御史十員. 監察掌分察 巡按郡縣 屯田 鑄錢 嶺南選補. 知太府司農出納 監決囚徒 監祭祀 則閱牲牢 省器服 不敬則劾祭官 尚書省有會議 亦監其過謬 凡百官宴會 習射亦如之. 『舊唐書』 권44 지제24 직관3 御史臺

46 監察御史 掌分察百僚 巡按郡縣 糾視刑獄 肅整朝儀. 『大唐六典』 권13 御史臺

47 長淵縣〈一云 長潭〉本高句麗地 新羅及高麗 皆仍舊名. 『고려사』 권58 지제12 지리3

비록 읍격(邑格)에 대한 언급은 없지만, 장연지역을 실질적으로 지배하였음을 엿볼 수 있다. 재령강 이서지역의 12곳 가운데 고려시대에 백령진으로 개칭한 곡도가 포함되어 있다. 그런데『삼국유사』권제2 기이제2 진성여대왕(眞聖女大王) 거타지(居陁知)조에 아찬(阿飡) 양패(良貝)가 당에 사신으로 파견될 때에 후백제의 해적이 해상교통로를 막는다는 소문을 듣고 궁사(弓士) 50인을 호위병으로 삼아 곡도에 이르렀다는 기록이 전한다. 이 자료는 당성포에서 출발한 배가 곡도, 즉 백령도를 지나 당의 산동반도에 이르렀음을 알려주는 증거이다. 이를 통하여 신라가 백령도를 확실하게 통제, 장악하였음을 살필 수 있음은 물론이다.

한편『신증동국여지승람』권43 황해도 풍천도호부 산천조에서 광석산(廣石山)은 부의 서남 25리에 있는데, 세상에 전하기를 '옛날 중국사신이 배를 건너 왕래하는 길이었으며, 산 아래에 당관(唐館)의 옛 터가 있다'라고 언급하였고, 이어 고적조에서는 당관향(唐館鄕)이 존재한다고 전한다.『동여도(東輿圖)』에서 초도 동남쪽 풍천도호부 해안가에 당관포가 있다고 표시하였고, 그곳에 '당사영송(唐使迎送) 신라조당발선(新羅朝唐發船)'이라고 기술하였다. 당관포가 바로 당나라와 신라 사신이 배를 타고 중국으로 향하던 출발지였다고 알려주는 자료이다. 고려시대에 당관의 고지(故地)였기 때문에 그곳을 당관향이라고 명명한 것으로 보아 신라 당대에 광석산 아래에 실제로 당관이 존재하였음이 분명하고, 하대에 신라가 그곳을 실효적으로 지배하였다고 이해하여도 전혀 문제가 되지 않을 듯싶다. 당시에 이들 지역을 관할할 수 있는 정부기관으로서 패강진전 이외에 다른 것을 찾기가 어려울 것이다. 이에 따른다면, 신라가 재령강 이동의 14군현에만 패강진전의 대감과 소감을 파견하여 다스리게 하였다고 이해하기가 그리 쉽지 만은 않을 것이다.[48]

---

48 『삼국사기』지리지에는 300개의 현이 있었고, 외관조에는 286명의 소수와 현령이

지금까지 장황할 정도로 패강진을 9주와 같은 광역의 지방행정단위였다고 이해하는 것은 문제가 있음을 살폈다. 그러나 대곡진을 통상 패강진이라고 불렀음을 염두에 둘 때, 패강진이 패강지역을 행정적으로 직접 통괄하지 않았을지라도 그것이 군사기지로서의 성격을 지녔다는 측면에서 군사적으로 패강지역을 어떠한 방식으로든지 통제하지 않았을까 한다. 구체적으로서 패강진이 재령강 이동의 14군현과 이서의 황해도 연안지역을 일종의 군관구(軍管區)로서 군사적으로 통괄하였다고 추정되는데, 이와 같은 패강진의 성격은 그것이 패강지역을 군사적으로 어떻게 통제하였는가를 검토함으로써 보다 선명하게 부각시킬 수 있다.

2. 패강진의 패강지역 통제 방식

패강진이 군사적으로 패강지역을 어떻게 통제하였는가를 고찰하기 위해서는 무엇보다도 먼저 패강진두상을 패강진도호(浿江鎭都護) 또는 패강도호(浿江都護)라고 불렀음을 주목할 필요가 있을 듯싶다.[49] 신라에서 패강진을

> 있었다고 전한다. 823년 이후에 현이 14개 정도 줄어들었거나 14개 현에 소수나 현령을 파견하지 않았다고 이해할 수 있다. 만약에 후자라고 한다면, 패강지역의 14군현에 현령과 소수가 파견되지 않았다고 주장할 수도 있다. 그러나 패강진이 관할하는 범위가 재령강 이동과 이서지역을 망라하였으므로 대감과 소감이 파견된 범위는 14군현에 제한되었다고 보기 곤란하고, 나아가 823년 이후에 14현에 현령 또는 소수를 파견하지 않은 것을 패강지역 14군현에 대감·소감을 파견한 것과 직결시켜 이해하기도 어렵지 않을까 한다.
>
> 49 성주사낭혜화상탑비에 金咸雄이 890년에 貝江(浿江)都護였다고 전하고, 황룡사9층목탑사리함기에 重阿干 金堅其가 872년 무렵에 浿江鎭都護였다고 전한다. 한편 태자사낭공대사백월서운탑비에 9세기 말 내지 10세기 초에 國主寺의 僧頭였던 乾聖院和尙(讓景)의 祖父 金蕙가 執事侍郞과 浿江都護를 역임하였다고 전한다. 김애가 원성왕

도호부(都護府)처럼 인식하였음을 시사해주기 때문이다. 당은 668년 12월에 5부(部) 176성 697,000호로 이루어진 고구려영역을 9도독부(都督府) 42주 100현으로 재편하고, 평양성에 안동도호부(安東都護府)를 설치하여 이들을 통괄하게 하였다. 이때 설인귀를 검교안동도호(檢校安東都護)에 임명하고, 군사 2만을 두어 진수(鎭戍)하게 하였다.[50] 한편 고려 태조 왕건은 918년에 평양이 황폐하였으므로 염주(鹽州), 백주(白州), 황주(黃州), 해주(海州), 봉주(鳳州) 등지의 백성들을 이주시키고 대도호부(大都護府)로 삼았다가 얼마 후 서경(西京)이라고 불렀다. 평양도호부를 서경으로 개편한 것은 태조 4년 10월 이전이다.[51] 『고려사절요』 권1 태조 원년 9월조에 평양을 대도호부로 삼고, 거기에 당제(堂弟) 식렴(式廉)과 광평시랑(廣評侍郎) 열평(列評)을 보내어 지키게 하였으며, 참좌(參佐) 4~5명을 두었다고 전한다. 식렴은 대도호, 열평은 부도호로, 참좌는 도호부의 속관으로 이해된다. 고려 태조대 도호부의 성격과 관련하여 다음의 기록들을 주목할 필요가 있다.

대상(大相) 염경(廉卿)과 능강(能康) 등을 보내 안북부(安北府)에 성을 쌓게 하고 원윤(元尹) 임권(林權)을 진두(鎭頭)로 삼아 개정군(開定軍)

의 表來孫이고 헌강왕의 外庶舅였다고 하였으니, 그는 9세기 중·후반에 패강도호를 역임한 것으로 추정된다.

50 김종복(2003), 「고구려 멸망 이후 당의 지배 정책-안동도호부를 중심으로」, 『사림』 19. 참고로 당의 도호는 여러 蕃屬을 어루만져 위로하고, 外寇를 서로 화목하고 편안하게 하며, 姦謫을 偵察하고, 叛逆者를 征討하는 임무(撫慰諸蕃 輯寧外寇 覘候姦謫 征討攜貳)를 수행하였다고 한다. 즉 도호는 도호부로 설정된 지역의 군정권과 민정권을 모두 행사할 수 있는 권한을 가지고 있었다는 것이다. 일반적으로 대도호부에는 대도호 1인, 부대도호 2인, 부도호 2인을 두었고, 屬官으로 장사, 사마, 녹사 참군, 녹사, 功曹, 倉曹, 戶曹, 兵曹, 法曹參軍事, 參軍事를 두었다고 알려졌다[俞鹿年 編著(1992), 『中國官制大辭典』上, 黑龍江人民出版社, 838쪽].

51 壬申幸西京. 『고려사』 권1 세가제1 태조 4년 겨울 10월. 이 기록은 태조 4년 10월 이전에 평양도호부를 서경으로 개편하였음을 알려주는 자료이다.

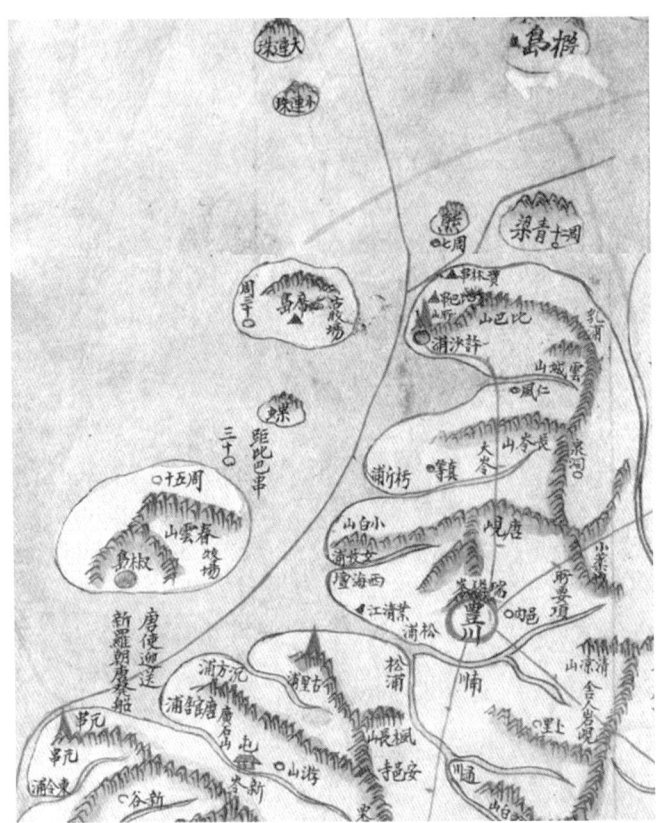

그림 2 당관포와 귀림곶의 위치(『동여도』)

700인을 이끌고 지키게 하였다.

-『고려사』 권82 병2 진수(鎭戍) 태조 11년 2월

안북대도호부(安北大都護府) 영주(寧州)는 원래 고구려의 팽원군(彭原郡)인데, 태조 14년에 안북부를 설치하였고, 성종 2년에 영주 안북대도호부라고 불렀다.

-『고려사』 권58 지제12 지리3 북계(北界)

안북도호부 영주는 오늘날 평안남도 안주시로 비정된다. 뒤의 기록에 태조 14년(931)에 영주에 안북부(안북도호부)를 설치하였다고 전하므로 앞의 기록은 태조 11년(928)에 안북부를 설치한 사실이 아니라 당시에 영주에 성을 쌓고, 거기에 개정군 700명을 주둔하게 한 다음, 진두로 원윤 임권을 파견한 사실을 전하는 것으로 봄이 옳을 듯싶다. 영주는 청천강을 건너 그 이북지역으로 진출할 수 있는 교통의 요지였기 때문에 이곳에 도호부를 설치하였던 것으로 보인다. 태조 11년에 왕건이 북계를 순행하여 진국성(鎭國城)을 옮겨 쌓고, 그것을 통덕진(通德鎭)으로 개명(改名)한 다음, 원윤 충인(忠仁)을 진두로 파견하였다. 다음 해 2월에 안정진(安定鎭)에 성을 쌓고 원윤 언수고(彦守考)로 하여금 지키게 하였다. 이해 9월에 안수진(安水鎭)에 성을 쌓고 원윤 흔평(昕平)을 진두로 삼았고, 또한 흥덕진(興德鎭)에 성을 쌓고 원윤 아차성(阿次城)을 진두로 삼았다. 이밖에 태조 14년에 원윤 평환(平奐)을 강덕진(剛德鎭)의 진두로 삼았다.[52] 통덕진은 평남 숙천군, 안정진은 순안시, 안수진은 개천시, 흥덕진은 은산, 강덕진은 성천시로 비정된다. 이들은 대체로 청천강 이남에 위치하였다. 고려는 태조 14년에 영주에 안북도호부를 설치하고, 그것으로 하여금 청천강 이남에 설치한 여러 진을 통괄하게 하였다고 짐작된다.[53] 이처럼 고려 태조대에 안북도호부가 청천강 이남에 설치한 여러 진을 통괄한 사실을 통하여 도호부처럼 인식된 패강진 역시 패강지역에 위치한 여러 군진을 통괄하였다고 추정해볼 수 있다.

---

52 이기백(1958), 「고려 太祖時의 鎭」, 『역사학보』 10 : 이기백(1968), 『고려병제사연구』, 일조각, 235~238쪽.
53 통덕진을 성종 2년에 肅州로, 흥덕진(흥덕군)을 殷州로, 후에 안수진을 朝陽鎭으로 개명하고, 태조 14년에 설치한 剛德鎭은 현종 9년에 成州로 개명하였다. 이들은 모두 안북대도호부에 영속되었다. 안북도호부의 설치과정과 그 성격에 관해서는 윤경진(2007), 「고려 태조대 도호부 설치의 추이와 운영-북방 개척과 통일전쟁」, 『군사』 64, 164~169쪽이 참조된다.

패강지역에 설치한 군진의 하나로서 『신당서』 지리지에 전하는 장구진을 들 수 있을 것이다. 초도 동남쪽 옛 풍천군의 해안에 당나라 사신이 중국으로 향하는 출발지로서 당관포가 존재하였다. 하대에 당관을 경비하고 해상 교통의 안전을 담보하기 위하여 당관포에도 군대를 주둔시켰을 가능성이 높다. 대안사적인선사탑비에 814년(헌덕왕 6) 8월 무렵 죄인의 무리와 적인선사가 탄 배가 취성군 해안가를 지나다가 나포되었다고 전한다. 이에서 취성군 해안가, 구체적으로 대동강 하구를 운항하던 선박들을 감시하는 일군의 군대를 상정해볼 수 있을 것이다. 『신증동국여지승람』 권43 황해도 풍천도호부 고적조에 '지촌향(池村鄕)은 부의 북쪽 40리에 있는데, 옛날 중국 가는 사신이 배를 타던 곳이다'라고 전한다. 산천조에 대동강 하구에 위치한 귀림곶(貴林串)이 부의 북쪽 40리에 있다고 전하므로 지촌향은 바로 그 근처에 위치하였다고 볼 수 있다. 패강 하구를 운항하던 선박들을 감시하는 군대가 주둔한 취성군 해안가는 구체적으로 귀림곶 근처였을 가능성이 높지 않을까 한다.

　　한편 김정호는 『대동지지』 권18 봉산(鳳山) 진보(鎭堡)조에서 '패강진은 지금의 극성진(棘城鎭) 터인데, 신라가 대동강을 경계로 하였기 때문에 이곳에다 거진(巨鎭)을 설치하였다'고 언급하였다.[54] 극성은 현재 황해북도 황주군 침촌리의 정방산 근처에 위치하였다. 고려 말에 홍건적을 막기 위해 정방산 정상에서 박배포(朴排浦)까지 성을 쌓고, 그 주변에 가시나무를 심었기 때문에 극성[삼성(蒜城)]이라고 불렀는데, 극성은 황주 인근 해안가에서 내지로 들어오는 길목에 해당한다.[55] 김정호가 어떠한 자료를 근거로 이와 같은 주장을 폈는지 확인할 길이 없지만, 이와 관련하여 826년(헌덕왕 18) 7월에

54　『동여도』에도 棘城이 신라의 浿江鎭이라고 표시하였다.
55　고승희(2006), 「조선후기 황해도 내지 방어체계」, 『한국문화』 38, 407~411쪽

우잠군(牛岑郡) 태수 백영(白永)에게 명하여 한산 북쪽의 여러 주와 군 사람들 1만 명을 징발하여 패강지역에 장성 300리를 쌓았다고 전하는 사실을 주목할 필요가 있다.

김정호는 『대동지지』에서 '생각하건대, 극성에서부터 대간(大幹), 봉산, 황주, 서흥, 수안, 곡산을 연결하는 고개 위에 왕왕(往往) 행성(行城)의 옛 터가 있었는데, 이것은 백영이 쌓은 바이다'라고 언급하였다.[56] 김정호는 백영이 쌓은 패강 장성 300리가 극성에서 곡산을 연결하였다고 이해한 것이다. 김정호의 견해가 정확한 것인지 알 수 없지만, 300리는 당척(당 1리=당대척 〈1尺=29.591cm〉×300보(步)=당대척 1,500尺=443.87m)을 기준으로 할 때, 133.2km에 해당한다. 826년에 신라가 패강지역에 상당히 긴 거리에 걸쳐 성을 쌓은 셈인데, 이때 황해도 해안가에서 내지로 들어오는 길목에 해당하는 극성에도 성을 쌓았고, 거기에 군사를 배치하였음을 추론할 수 있다. 김정호의 주장처럼 신라에서 극성에 설치한 군진을 패강진과 직결시켜 이해하기 곤란하지만,[57] 그러나 만약에 그곳이 패강진이 관할하던 군진의 하나였다면, 김정호의 주장은 결코 사실과 크게 어긋난 것이라고 단정하기 어렵지 않을까 한다.

신라가 패강지역의 전략적 요충지에 군대를 주둔시켰음은 서운사요오화상진원탑비에 패강인인 순지의 할아버지와 아버지가 대대로 변장(邊將)이 되었다고 전한 사실을 통해서도 뒷받침할 수 있다. 요오선사 순지는 890년대에 65세로 사망하였으므로 820년대 후반~830년대 초반에 출생하였다

---

[56] 按自棘城關緣大幹鳳山黃州瑞興遂安谷山 往往嶺上有行城古址者 是爲白永所築. 『大東地志』 권18 鳳山 鎭堡
[57] 배종도(1989), 「신라 하대의 지방제도 개편에 대한 고찰」, 『학림』 11, 31쪽에서 신라가 처음 대곡성에 패강진을 설치하였다가 후에 그것의 치소를 봉산 극성진 터로 옮겼다고 주장하기도 하였다.

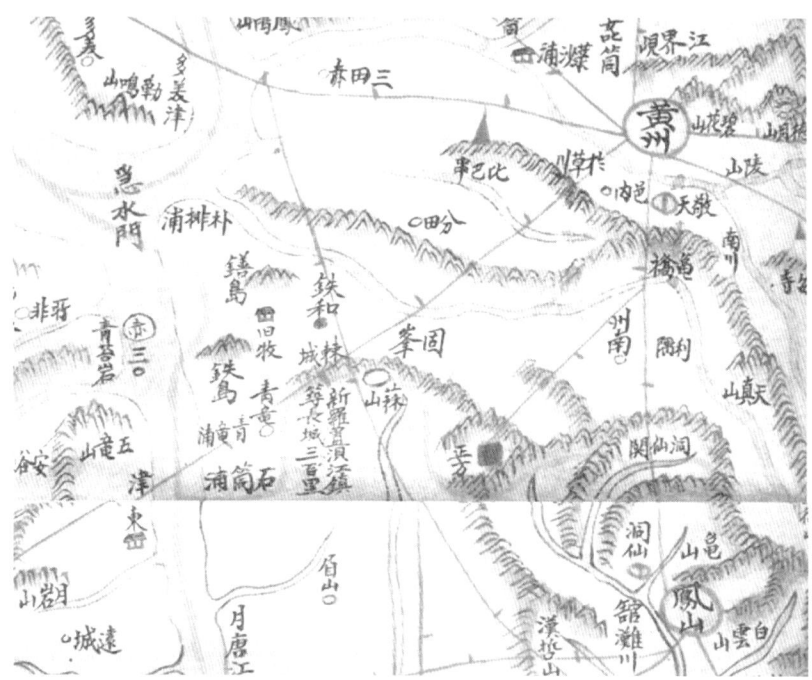

그림 3 극성의 위치(『동여도』)

고 볼 수 있다. 따라서 그의 할아버지와 아버지가 변장이 된 시기는 800년대에서 850년대 사이였을 것으로 짐작된다. 순지가 패강인이었으니, 그의 조(祖)와 부(父)가 변장으로 근무한 곳은 패강지역의 요충지였을 가능성이 높다. 패강지역의 전략적 요충지 여러 곳에 군대가 주둔한 군진이 존재하였음을 시사해주는 측면으로 주목된다.

그런데 패강지역에 위치한 여러 군진을 체계적이고 조직적으로 통괄하는 군정기관(軍政機關)으로서 패강진전 이외에 다른 것을 찾기가 어렵다.[58] 여기

---

58 중앙의 행정기관 가운데 '典'의 명칭이 들어간 것이 여럿 존재하므로 패강진전 역시 단순히 軍鎭에 주둔한 군대를 지휘하는 군관으로만 구성된 조직체가 아니라 패강진과 관련된 여러 가지 행정업무를 처리하는 행정관서로서의 성격을 지녔다고 볼 수 있다. 특히 패강진전이 패강진과 그 관할 하에 있는 여러 軍鎭의 행정업무뿐만 아니

서 문제는 패강진전의 여러 군관, 즉 대감, 두상제감, 제감, 보감, 소감과 여러 군진의 책임자와의 관계에 관해서이다. 두상제감과 제감, 보감이 1인이었던 것으로 보건대, 이들은 대곡군에 위치한 패강진의 본진(本鎭) 책임자인 두상대감 예하의 군관으로 추정된다. 그런데 패강진전에서 패강지역의 여러 군진을 통괄하기 위해 강구할 수 있는 가장 효과적인 방법은 대감 7명과 소감 6명을 그곳의 책임자로 파견하는 것이 아니었을까 짐작된다. 구체적인 증거는 찾을 수 없지만, 대감의 관위규정이 태수와 같았음을 고려하건대, 실제로 패강진전의 대감과 소감이 여러 군진의 지휘관으로 파견되었을 가능성에 무게를 두고 싶다. 만약에 이러한 추정에 잘못이 없다면, 비교적 규모가 큰 군진에는 대감을, 규모가 비교적 작은 군진에는 소감을 파견하였다고 예상해볼 수 있을 것이다.[59]

본래 재령강 이동지역의 군·현은 행정체계상에서 한주의 통제와 감독을 받았다. 그런데 782년 이후에 패강진과 그 관할하의 여러 군진이 이 지역의 경비와 치안을 책임졌다고 볼 수 있다. 재령강 이서지역에는 군현을 설치하지 않았지만, 패강진이 해상교통의 요지에 위치한 여러 군진을 통괄하는 방식을 매개로 하여 그곳에 대한 실효적인 지배를 실현하였다고 이해할 수 있을 것이다. 패강진이 패강지역을 일종의 군관구(軍管區)로서 군사적으로 통괄하면서 그곳의 치안과 경비를 책임졌기 때문에 신라인에게 그것은 마치 당의 도호부처럼 인식되었고, 그러한 이유 때문에 패강진의 두상대감을 도

라 군사적인 업무도 아울러 처리하였다고 추정되기 때문에 軍政機關이라고 표현하였던 것이다.
[59] 종래에 末松保和(1975), 「新羅の郡縣制, 特に完成期の二三の問題」, 『學習院大學 文學部研究年報』 21 ; 末松保和(1995), 『末松保和朝鮮史著作集』2(新羅の政治と社會下), 吉川弘文館, 196쪽에서 大監 7인과 少監 6인을 재령강 서쪽의 황해도지역에 위치한 大防衛所 7곳, 小防衛所 6곳의 長으로 이해하였고, 박남수(2013a), 앞의 글, 56쪽에서 대감과 소감을 支鎭에 파견하였다고 파악하여 참조된다.

호라고 개칭한 것으로 짐작된다. 대곡군에 위치한 대곡진, 즉 패강진이 패강지역을 군관구로서 군사적으로 관할하면서, 그곳에 위치한 여러 군진들을 통괄한 측면을 청해진, 혈구진, 당성진의 성격과 다른 패강진의 특징적인 면모로서 규정할 수 있을 것이다.

V. 맺음말

  이상 본문에서 패강지역의 범위, 패강진의 설치 배경 및 그 성격과 운영 등에 관하여 살펴보았다. 본문에서 살핀 내용을 요약 정리하는 것으로써 맺음말에 대신하고자 한다. 『삼국사기』 신라본기 중대와 하대의 기록에 전하는 패강은 바로 대동강을 가리키며, 사료에 보이는 '패강계', '패서지역', '패서도(패강도)'는 경덕왕대와 그 이후 시기에 군현으로 편제한 재령강 이동지역과 군현으로 편제하지 않은 재령강 이서의 황해도지역을 크게 벗어나지 않은 범위였다. 신라는 782년(선덕왕 3) 정월에 한편으로 발해의 잠재적인 침략에 대비하기 위하여, 다른 한편으로 새로 개척한 패강지역 군현의 치안을 안전하게 담보하기 위하여 개성에서 평양으로 향하는 교통의 요지에 해당하는 대곡성(황해도 평산)에 패강진을 설치하였다.

  패강진 설치 이후 신라는 육상과 해상교통로의 요지에 청해진과 당성진, 혈구진, 시미지진을 설치하였다. 당성진과 혈구진에는 태수와 별도로 거기에 주둔한 군사를 지휘하는 책임자를 파견하였다. 마찬가지로 패강지역의 군현에도 태수와 현령이 파견되어 행정적으로 한주 도독의 통제와 감독을 받았다. 782년 패강진 설치 이후에 신라정부는 패강진전의 대감이나 소감을 패강지역의 전략적 요충지나 교통의 요지에 위치한 여러 군진의 지휘관으로 파견하였고, 대곡성에 위치한 패강진의 두상대감으로 하여금 여러 군진을 통괄하게 하였던 것으로 추정된다. 이처럼 패강진이 패강지역을 일종의 군관구로서 군사적으로 관할하면서 그곳의 경비와 치안을 책임졌기 때문에 신라인에게 그것은 마치 당의 도호부처럼 인식되어 9세기 중·후반에 두상대감을 도호라고 개칭하기도 하였다. 청해진, 혈구진, 당성진의 성격과 확연하게 차별되는 패강진의 특징적인 면모, 그것은 바로 패강진이 당과 고려의 도호부와 같은 성격을 지녔던 것에서 찾을 수 있지 않을까 한다.[60]

---

60 본 논고는 『대구사학』 113호(2013년 11월 31일 간행)에 게재한 「신라 하대 패강진의 설치와 그 성격」을 약간 수정한 것임을 밝혀둔다.

참고문헌

저서

권덕영(1997), 『고대한중외교사 - 견당사연구』, 일조각
윤경진(2012), 『高麗史 地理志의 分析과 補正』, 여유당
이기동(1984), 『신라 골품제사회와 화랑도』, 일조각
이기백(1968), 『고려병제사연구』, 일조각
曾資生(1942), 『中國政治制度史』第二冊 秦漢; 曾資生(1979), 『中國政治制度史』第二冊 秦漢(3版), 啓業書國
曾資生(1943), 『中國政治制度史』第四冊 隋唐五代; 曾資生(1979), 『中國政治制度史』第四冊 隋唐五代(3版), 啓業書國
한국역사연구회편(1996), 『譯註 羅末麗初金石文(上)』(원문교감편), 혜안

논문

강봉룡(1997), 「신라 하대 패강진의 설치와 운영 - 주군현제의 확대와 관련하여」, 『한국고대사연구』 11
고경석(2006), 「청해진 장보고세력 연구」, 서울대학교 박사학위논문
고승희(2006), 「조선후기 황해도 내지 방어체계」, 『한국문화』 38
今西龍(1923), 「慈覺大師入唐求法巡禮行記를 讀みて」, 『新羅史研究』; 今西龍(1970), 『新羅史研究』, 國書刊行會
김갑동(1986), 「신라 군현제의 연구동향 및 그 과제」, 『호서사학』 14
김광수(1977), 「고려 건국기 패서호족과 대여진관계」, 『사총』 21·22
김종복(2003), 「고구려 멸망 이후 당의 지배 정책 - 안동도호부를 중심으로」, 『사림』 19
김종복(2011), 「남북국의 경계와 상호 교섭에 대한 재검토」, 『역사와 현실』 82
김태식(1995), 「삼국사기 지리지 신라조의 사료적 검토」, 『삼국사기의 원전 검토』, 한국정신문화연구원
末松保和(1975), 「新羅の郡縣制, 特にその完成期の二三の問題」, 『學習院大學文學部研究年報』 21; 末松保和(1995), 『末松保和朝鮮史著作集』 2(新羅の政治と社會下), 吉川弘文館
木村誠(1979), 「統一新羅の郡縣制と浿江地方經營」, 『朝鮮歷史論集』 上, 龍溪書舍
박남수(2013), 「신라 성덕왕대 패강진 설치 배경」, 『사학연구』 110
박남수(2013), 「신라 패강진전의 정비와 한주 서북경의 군현 설치」, 『동국사학』 54
박명호(2006), 「신라의 지방통치와 촌」, 『한국고대사입문』 3, 신서원

배종도(1989), 「신라 하대의 지방제도 개편에 대한 고찰」, 『학림』 11
友永植(2004), 「宋都監探原考(三) - 五代の州縣都監」, 『史學論叢』 34, 別府大學史學研究會
윤경진(2007), 「고려 태조대 도호부 설치의 추이와 운영 - 북방 개척과 통일전쟁」, 『군사』 64
이기동(1976), 「신라 하대의 패강진 - 고려왕조의 성립과 관련하여」, 『한국학보』 4
이기백(1958), 「고려 太祖時의 鎭」, 『역사학보』 10
李成市(1998), 「新羅兵制における浿江鎭典」, 『古代東アジアの國家と民族』, 岩波書店
이문기(1997), 「경덕왕대 군제개편의 실태와 신군제의 운용」, 『신라병제사연구』, 일조각
전덕재(1997), 「신라 하대 진의 설치와 성격」, 『군사』 35
전덕재(2006), 「태봉의 지방제도에 대한 고찰」, 『신라문화』 27
赤羽木匡由(2011), 「8世紀中葉における渤海の對新羅關係の一側面 - 『三國史記』所引, 賈耽 『古今郡國縣道四夷述』逸文の分析」, 『渤海王國の政治と社會』, 吉川弘文館
최근영(1989), 「8~10세기 신라 지방세력 형성의 실제와 그 성격」, 『사학지』 22

고려·거란의 경계대 변화와
그 운용에 관한 연구

허인욱 | 고려대학교

Ⅰ. 머리말
Ⅱ. 고려전기 경계대의 형성과 변화
Ⅲ. 경계대의 활용과 그 운영 규정
Ⅳ. 맺음말

I. 머리말

고려(高麗)는 건국 초부터 영토 확장을 시도하여, 성종대(成宗代)에 이르러서는 압록강(鴨綠江) 서편까지 영향력을 확장하게 되었다. 그런데 발해(渤海)를 멸망시킨 거란(契丹) 또한 압록강 부근까지 영향력을 행사하고 있던 상황이었다. 이로 인해 두 국가의 충돌은 불가피해졌다. 3면이 바다로 둘러싸여 있는 고려의 지정학적 위치상 북방민족과 갈등을 빚을 수밖에 없었던 것이다. 고려와 거란은 3차례에 걸쳐 대규모 무력충돌을 하기도 했는데, 이러한 이유로 양국 관계의 연구는 무력충돌에 집중되어 있었다.[1] 그러한 과정에서 영토문제에 관한 논의가 이루어져 왔으며,[2] 경계연구도 함께 행해졌다.

---

[1] 2000년대 이후 주요 연구를 정리해 보면 다음과 같다. 安周燮(2001), 『高麗-契丹 戰爭史 硏究』, 명지대학교 박사학위논문 ; 김소영(2001), 「고려 태조대 대거란 정책의 전개와 그 성격」, 『白山學報』 58 ; 羅鐘宇(2002), 「10세기 동아시아의 국제정세 속에서 고려와 거란관계」, 『軍史』 46 ; 李貞信(2003), 「江東 6주와 尹瓘의 9성을 통해 본 고려의 대외정책」, 『軍史』 48 ; 이정신(2004), 『고려시대의 정치변동과 대외정책』, 경인문화사 ; 李美智(2003), 「高麗 宣宗代 榷場 문제와 對遼關係」, 『韓國史學報』 14, 高麗史學會 ; 유채영(2005), 「고려 선종대 대외정책 연구」, 『한국문화연구』 9 ; 金大淵(2007), 「高麗 顯宗의 卽位와 契丹의 侵略原因」, 『한국중세사연구』 22 ; 홍경남(2008), 「고려 초 대거란정책의 추진과 그 성격」, 『學林』 29 ; 구산우(2010), 「고려 현종대의 대거란전쟁과 그 정치·외교적 성격」, 『역사와 경계』 74

[2] 方東仁(1980), 「高麗의 東北地方境域에 關한 硏究-특히 尹瓘의 九城設置範圍를 中心으로」, 『嶺東文化』 1 ; 김순자(2003), 「고려의 북방경영과 영토 정책」, 『한중관계사 연구의 성과와 과제』, 국사편찬위원회 ; 申安湜(2004), 「高麗前期의 北方政策과 城郭體制」, 『歷史敎育』 89 ; 신안식(2005), 「高麗前期의 兩界制와 '邊境'」, 『한국중세사연구』 18 ; 김순자(2006), 「10~11세기 高麗와 遼의 영토 정책-압록강선 확보 문제 중심으로」, 『北方史論叢』 11, 고구려연구재단 ; 金佑澤(2009), 「11세기 對契丹 영역 분쟁과 高麗의 대응책」, 『韓國史論』 55 ; 宋容德(2005), 「高麗前期 國境地帶의 州鎭城編制」, 『韓國史論』 51 ; 許仁旭(2012), 「高麗·契丹의 압록강 지역영토분쟁 연구」, 고려대학교 박사학위논문

하지만 경계연구는 상대적으로 연구 성과가 그리 많지 않았다. 그 이유는 덕종(德宗) 2년(1033)부터 정종(靖宗) 10년(1044)에 걸쳐 축조됐다는 '천리장성(千里長城)'을 경계선(境界線)[3]으로 받아들인 때문이었다. 더 이상 논의의 필요성을 느끼지 못한 탓이 크다.

하지만 전근대시기에 과연 선(線)적인 경계가 존재했을 것인가 하는 점에 대해서는 의문의 여지가 없는 것도 아니다. 기본적으로 선형(線型) 경계는 현대적인 개념이다. 전근대에는 경계대(境界帶)적인 형태를 벗어나지 못했다.[4] 고려시대 또한 이러한 경향에서 크게 다를 것으로 생각되지는 않는다. '천리장성'이 경계선 역할을 했다는 인식에 대한 의문 제기가 가능한 것이다. 따라서 현재의 관점이 아닌 고려인들이 경계를 어떻게 인식했는지 살펴볼 필요가 있다.

고려와 거란은 경계를 접하고 있었기 때문에 갈등이 언제든지 발생할 수 있는 여지가 충분했다. 양국 사이에는 항상 충돌을 막고 평화관계를 지속적으로 유지하기 위해서 경계에 대한 어떤 합의가 존재했을 것이지만, 이에 대한 논의는 아직까지 이루어지지 않았다. 이와 관련해서는 거란이 송(宋)과 경계문제를 포함한 맹약(盟約)을 맺어 의도치 않게 발생할 수 있는 충돌의 가능성을 줄인 사례에서 도움을 받을 수 있을 듯하다. 거란과 송이 맺은 맹약의 항목 가운데는 고려와의 관계에서도 적용되었을 가능성이 높은 항

---

3 '천리장성'은 군사적인 방어선의 역할뿐만 아니라, 國境線으로서의 의미 그리고 異民族과의 文化的인 경계선으로서의 의미 또한 지닌 것으로 이해되고 있다. '천리장성'에 대해서는 池內宏(1919), 「德宗二年創置の關防と其の後の增築」, 『東京帝大文學部紀要 第3 高麗時代の古蹟址』; 尹武炳(1953), 「高麗北界地理考」 (下), 『歷史學報』 5 : 최희림(1983), 「천리장성의 축성경위와 그 위치에 대하여」, 『력사과학』 1983-4 : 최희림(1986), 「천리장성의 축성상 특징과 그 군사적 거점인 진성에 대하여」(1)·(2), 『력사과학』 1986-3·4 등의 논문이 있다.

4 任德淳(1973), 『政治地理學 原論』, 一志社, 78쪽 ; 김홍철(1997), 『국경론』, 민음사, 133쪽.

목이 존재했을 것으로 생각되기 때문이다. 따라서『고려사』등의 기록과 거란과 송이 맺은 맹약의 내용을 비교해보면, 양국이 경계를 안정적으로 운용하기 위해 어떤 협정을 맺었는지에 대한 실마리를 찾을 수 있으리라 판단된다.

II. 고려전기 경계대의 형성과 변화

침쟁(侵爭)의 발단은 지계(地界)의 불명함에 있다[5]는 왕안석(王安石, 1021~1086)의 언급을 거론하지 않더라도 경계 설정은 어느 국가나 중요한 일이었다. 전근대 시기 국가 간의 경계는 현재의 국경선의 개념과 동일하지는 않다. 고려시대 경계의 모습을 알기 위해 먼저 동시기의 거란과 송 또는 금(金)과 송의 경계가 어떤 형태였는지를 살펴보자.

<가-1> 희녕(熙寧) 7년 요(遼) 사신 소희(蕭禧)가 와서 대북(代北)의 지계(地界)를 의논하였다. …… [한진(韓縝)이] 희(禧)와 더불어 획정하였는데, 분수령(分水嶺)으로 경계를 삼았다.[6]

---

5 "王安石曰 侵爭之端 常因地界不明"『續資治通鑑長編』卷229, 熙寧 5年 正月 丁未
6 "熙寧七年 遼使蕭禧來議代北地界 …… 與禧分劃 以分水嶺爲界"『宋史』卷315, 列傳 74 韓縝

〈가-2〉 (11월) 이 달 금국(金國)과 화의가 이루어지고 맹세하여 약속하기를, 회수(淮水) 중류로써 강역을 획정하고 당(唐)·등(鄧) 2주(州)를 나누어 경계를 삼았다.[7]

〈가-1〉사료는 1074년의 거란과 송, 가-2〉는 1141년의 금과 송의 영토협상 기록이다. 〈가-1〉은 송 신종(神宗) 희녕 7년인 1074년에 송과 거란 사신 소희가 대북 지계에 대해 논의한 내용으로, 분수령으로 경계를 삼았다는 내용을 담고 있다. 이 기록에 보이는 분수령은 황외산(黃嵬山)의 산령(山嶺)이다.[8] 〈가-2〉는 1141년에 회수로 국경을 그어 당·등 2주의 땅을 떼어 준 사실을 언급하고 있다. 이는 송과 금 사이에 회수가 경계의 기준이 되었음을 의미한다. 송과 거란, 송과 금 간에 산령 혹은 하천이라는 자연환경을 기준으로 삼아 영토획정이 이루어졌음을 말해주는 기록들이다.

그렇다면 고려와 거란 또는 고려와 여진(금) 사이에는 어떤 형태의 경계가 설정되었을까. 먼저 993년 거란의 고려 침입 이전 양국 경계의 형태에 대해 도움을 주는 다음 기록을 보고 논의를 이어가 보자.

〈가-3〉 거란은 우리와 경계를 잇닿아 있으니[與我連境], 마땅히 먼저 수호해야 합니다. 그래서 저들이 또한 사신을 보내서 화친을 구하였습니다.[9]

〈가-4〉 송이 거란을 치고 연계(燕薊)를 수복하려 하면서, 우리가 거란

---

7 "(十一月) 是月 與金國和議成 立盟書 約以淮水中流劃疆 割唐·鄧二州 畀之" 『宋史』 卷29, 高宗6 紹興 11년
8 『宋史』 卷322, 列傳81 劉庠
9 "若契丹者 與我連境 宜先修好 而彼 又遣使求和" 『高麗史』 卷93, 列傳6 崔承老

과 땅을 접하고 있어[以我與契丹接壤] 자주 침공을 받는다고 하여 감찰어사(監察御史) 한국화(韓國華)에게 조서를 주어 (고려에) 보내왔다. …… 이에 앞서 거란이 여진을 정벌하면서 우리 경(境)을 경유하였는데, 여진은 우리가 거란을 유인하여 분란을 일으킨 것으로 여기고 송에 말을 바치러 갔을 때 …… 무고하였다. 한국화가 도착하자 (그에게) 말하기를, "…… 거란은 요해(遼海) 밖에 위치해 있고 우리와의 사이에 두 강이 막혀 있어 서로 통할 길이 없다 ……"고 하였다.[10]

〈가-3〉은 성종(成宗) 원년(982)에 최승로(崔承老)가 올린 상서문의 내용이고, 〈가-4〉는 성종 4년에 한국화가 고려에 사신으로 왔을 때의 기록 가운데 일부이다. 공통적으로 고려가 거란과 경계를 접하고 있다는 사실을 언급하고 있다.

그런데 성종이 한국화에게 요해 밖에 거란이 위치하여, 고려와는 두 강으로 막혀 있다고 한 사실에서 볼 수 있듯이, 이 시기까지는 두 나라가 경계를 직접 접한 것은 아니었다. 거란이 고려를 거쳐 여진(女眞) 지역을 공격했다는 〈가-4〉의 내용 일부는 좀 더 음미해 볼 여지가 없는 것은 아니지만, 양국 사이에 여진이 거주하면서 직접 충돌을 방지하는 역할을 담당하고 있던 시점이었다는 점에서 실제로 경계를 접할 수 있는 상황이 아니었음은 분명하다. 이점은 대중상부(大中祥符) 원년(元年, 1008) 이전 고려에 사신으로 파견되었던 이순(李詢)이 여진을 지나갔다[11]고 한 노진(路振)의 『승초록(乘軺錄)』이나, 현종(顯宗) 원년(1010)에 거란이 고려를 정벌하러 여진을 지나갔는

---

10 "宋將伐契丹 收復燕薊 以我與契丹接壤 數爲所侵 遣監察御史韓國華齎詔來 …… 先是 契丹伐女眞 路由我境 女眞謂我導敵構禍 貢馬于宋 因誣譖 …… 及國華至 王語曰 …… 況契丹介居遼海之外 復有二河之阻 無路可從 ……"『高麗史』卷3, 成宗 4年 5月
11 『乘軺錄』(藝文印書館, 台北, 1967)

데, 여진이 고려와 연합해 대패하고 돌아왔다[12]고 한『삼조북맹회편(三朝北盟會編)』을 통해서 확인된다. 적어도 1010년까지는 여진이 양국 사이에 존재하면서 완충역할을 담당했음은 확실하다. 따라서 양국이 영토를 접한 것처럼 표현한 〈가-3〉이나 〈가-4〉의 서술은 내용 그대로 받아들이기가 쉽지만은 않다. 이 때문에 최승로의 언급은 오늘날과 다른 국경관(國境觀)에 의한 것이거나, 여진 등을 국가로 보지 않은 탓[13]으로 이해하기도 한다.

이에 대해 좀 더 알기 위해서는 고려인들이 인식하는 경계의 형태에 대해 알아볼 필요가 있을 듯하다. 성종대 거란의 침입과정에서 보이는 고려의 대응 논리를 통해 살펴보자.

〈가-5〉 몽전(蒙戩)이 돌아오자, 성종이 여러 신하들을 모아 의논하였는데, 혹은 '임금의 수레를 서울로 돌이키고 중신(重臣)을 시켜 군사를 거느리고 항복을 청해야 한다'고 하고, 혹은 '서경(西京) 이북의 땅을 갈라 거란에 주고 황주(黃州)로부터 절령(岊嶺)까지를 나누어 봉강(封疆)으로 삼자'고 하였다.[14]

〈가-5〉는 거란이 고려를 압박하자, 고려의 여러 신하들은 황주로부터 절령까지를 나누어 경계로 삼을 것을 제안하였다. 이러한 사실은「서균묘지명(徐鈞墓誌銘)」의 "상(上, 성종)이 안북(安北)에 행차하여 땅을 떼어 (거란에) 주고 절령으로 관(關)을 삼으려 했다"[15]라는 기록에서도 확인된다. 절령은 자

---

12 『三朝北盟會編』卷3, 政宣上帙, 重和 2年 正月
13 李基白 外,「崔承老上書文研究」, 一潮閣(1993), 11쪽
14 "蒙戩還 成宗會群臣議之 或言車駕還京 令重臣率軍乞降 或言割西京以北與之 自黃州至岊嶺 劃爲封疆"『高麗史』卷94, 列傳7 徐熙
15 "上行安北 將割地 以岊嶺爲關"「徐鈞墓誌銘」[金龍善 篇(1997),『高麗墓誌銘集成』, 한

비령(慈悲嶺)을 가리킨다. 『신증동국여지승람(新增東國輿地勝覽)』을 보면, 황해도 황주의 형승을 설명하면서 서북쪽에 대동강(大洞江)이 있고 동남쪽에 절령이 있다[16]고 기록되어 있다. 관이 관문을 의미한다는 점을 고려하면, 고려가 평양 이북을 거란에 내주는 대신에 대동강부터 절령까지를 방어를 위한 완충지역으로 삼아 경계를 설정하려고 했던 것으로 해석된다.[17] 이렇게 완충지역을 설정하는 것은 이해당사국 간에 직접적인 무력충돌을 방지하기 위한 목적에서 비롯된 것이다. 산과 하천은 그 자체로 인해 이해당사국 간의 직접적인 군사충돌을 방지하는 장벽역할을 수행하기 때문이다.[18]

완충지역을 두고 경계를 설정하는 방식은 서희(徐熙)와 소손녕(蕭遜寧)의 영토협상 결과에서도 확인된다.

> 〈가-6〉 신이 엎드려 살피건대, 승천황태후(承天皇太后)께서 조정에 임하여 (聖宗을 대신하여) 정사를 행할 때 영토를 내려 봉토를 획정하여 주시니 …… 신하의 절조에 상을 주고 어여삐 여겨 임금의 은혜를 베푸시니, 천황학주(天皇鶴柱)의 성(城)[천황학주지성(天皇鶴柱之城)]으로부터 서(西)로 피안(彼岸)을 거두고 일자별교(日子鼈橋)의 물[일자별교지수(日子鼈橋之水)]을 한(限)하여서 동(東)은 우리 강토로 나누어 주었습니다.[19]

    림대학교 아시아文化硏究所, 54쪽]
16 『新增東國輿地勝覽』 卷41, 黃海道 黃州牧 形勝
17 許仁旭(2012), 앞의 학위논문, 38쪽
18 洪始煥(1966), 『國防地理』, 육군사관학교, 16~32쪽
19 "臣伏審承天皇太后 臨朝稱制 賜履割封 …… 獎憐臣節 寵被睿恩 自天皇鶴柱之城西收彼岸 限日子鼈橋之水東割我疆" 『高麗史』 卷10, 宣宗 5年 9月

〈가-6〉은 선종(宣宗) 5년(1088) 거란이 압록강을 건너 각장(権場)을 설치하려 하자, 고려에서 설치 철훼를 요구한 「입료걸파각장장(入遼乞罷榷場狀)」의 일부로,[20] 성종대 고려와 거란이 합의한 한계에 대한 내용을 담고 있다. 성종이 거란 승천황태후(承天皇太后)와 천황학주지성의 서쪽은 피안으로 거둬들이고 일자별교지수를 한하여 동쪽은 고려 영토로 합의했다고 한다. 글의 내용상 피안은 거란, 아강(我疆)은 고려의 영토를 가리킨다. 경계를 나누는 기준이 천황학주지성과 일자별교지수인 것이다. 즉 이는 두 지점 사이에 양국의 영토로 인식되지 않은 공간이 존재했음을 의미하는 것이기도 하다. 서희와 소손녕의 회담을 통해 요동(遼東)과 압록강 지류 사이를 완충지역으로 삼아 경계를 획정했는데, 이는 앞서 언급했듯이, 양국은 두 나라 사이에 존재하고 있는 여진을 인정할 수밖에 없었던 탓이 크다.[21]

이러한 완충지역은 현종대(顯宗代) 거란이 압록강 이동의 고려 영토인 의주(義州) 지역을 무력으로 점거하면서, 경계가 새롭게 설정이 되었을 때에도 존속되었다. 현종 6년(1015) 정월에 거란이 압록강에 부교를 설치하고 동서 지역에 성을 쌓아 점유한 이후,[22] 이 지역은 예종대(睿宗代)까지 거란이 실질적으로 점유했다. 이때 거란이 점유한 지역은 압록강 이동 8리에 위치한 황토령(黃土嶺)인데,[23] 지금의 전문령(箭門嶺)과 가로령(加老嶺)이 그곳이다.[24] 고

---

20 『東文選』卷48, 「入遼乞罷榷場狀」
21 이에 대해서는 許仁旭(2012), 앞의 학위논문 1장 참조
22 『高麗史』卷4, 顯宗 6年 正月
23 『契丹國志』卷22, 州縣載記 四至鄰國地里遠近
24 許仁旭(2012), 앞의 학위논문, 69~70쪽. 尹武炳은 황토령을 白馬山으로부터 麟州城址의 主山인 北山에 이르는 중간 지점에 위치한 黃鐵嶺으로 보고 있다. 그가 그렇게 본 배경에는 황철령 남쪽에 황토리라는 마을명이 있으며, 영조 23년(1747) 이전에 제작된 『咸平雨道摠覽圖』에 황토령이 標出되어 있다는 점 때문이었다[尹武炳(1953), 앞 논문, 56~57쪽]. 이 또한 전문령과 가로령과 이어지는 山嶺에 위치하고 있는 곳이다. 그런데 『신증동국여지승람』의 지리서 등에서는 황철령의 명칭이 찾아지지 않

려가 거란이 강점한 이 지역을 되찾은 시기는 예종(睿宗) 12년(1117)이었다. 이해 3월에 거란 내원성(來遠城)의 통군(統軍)이 내원(來遠)과 포주(抱州)를 고려에 넘겨주고 도망가면서야[25] 다시 고려의 영토로 속하게 되었던 것이다. 즉 현종대에 새롭게 설정된 경계대인 전문령과 가로령의 산령이 거란 멸망직전까지 98년 동안 경계대로 유지되었음을 뜻한다.

거란이 존속하던 시기 고려의 서북면 경계에는 산령을 기준으로 한 경계대가 설정되고 상대적으로 오랜 기간 유지되었는데, 자연환경을 이용한 경계설정은 동북면에서도 마찬가지였다.

〈가-7〉 영가(盈歌)와 오아속(烏雅束)이 서로 이어 추장(酋長)이 됨에 미쳐 자못 여러 사람의 마음을 얻어 그 세력이 점차로 횡행하였다. 이 위계(伊位界) 상(上)에 산이 이어져 있으니[연산(連山)], 동해안(東海岸)으로부터 우뚝 솟아 일어나서 우리 북비(北鄙)에 이르러서는 험준하고 황폐하여 사람과 말이 지나갈 수가 없었다. 그 사이에 한 지름길이 있어 속칭 병항(瓶項)이라 하였으니, 그 출입이 한 구멍뿐임을 말함이다.[26]

아, 고려시대에도 존재했는지는 불분명하다. 尹武炳이 황토령을 비정하면서 참조한 『武經總要』에는 興化鎭으로부터 그 거리를 기록하고 있는데, 걸망성(契亡城)이라 불리는 흥화진은 평안북도 피현군 당후리 쑥새산에 비정되고 있다[서일범(2001), 『조선경내의 고구려산성 연구』, 吉林人民出版社·延邊敎育出版社, 30~35쪽]. 이곳은 전문령을 지나 의주로 가는 길목에 위치하고 있다. 따라서 황철령보다는 전문령이 황토령일 가능성에 좀 더 무게가 실린다.

25 『高麗史』 卷14, 睿宗 12年 3月 辛卯
26 "及盈哥·烏雅束相繼爲酋長 頗得衆心 其勢漸橫 伊位界上有連山 自東海岸崛起 至我北鄙 險絶荒翳 人馬不得度 開有一徑 俗謂瓶項 言其出入一穴而已" 『高麗史』 卷96, 列傳9 尹瓘

〈가-7〉은 완안부(完顔部) 여진이 아직 국가 단계에 들어서기 전의 상황을 설명하는 내용으로, 고려와의 경계에 관한 내용을 담고 있다. 그 서술에 의하면, 이위계 상의 연산은 동해안으로부터 고려 북비에까지 이르고 있었다.[27] 이위계 상의 연산은 지세가 험준하다고 하면서, '병항'이라는 오솔길이 존재하기는 했지만, 사람이 실제로 거주하거나 통행이 활발한 공간은 되지 못했다는 점을 분명히 하고 있다. 이위계 상의 연산이 고려와 완안부 여진을 단절시키고 있는 상태였던 것이다. 따라서 이위계 상의 연산이 고려와 여진 간의 경계대 역할을 담당했던 것으로 이해해도 그리 큰 잘못은 아닌 듯하다.

하지만 이 경계대가 고려 전기 내내 고정되어 있었던 것은 아니다. 「김영부묘지명(金永夫墓誌銘)」을 보면, "대금(大金) 황통(皇統) 2년에 정주분도(定州分道)가 되어 나갔는데 □(그?) 땅이 동번(東蕃)과 하천을 경계로 하고 있어서, 예전에는 얼음이 얼면 백성들을 징발하여 그것을 깨뜨리게 하여 노략질을 방지하였다"[28]는 기록이 찾아지는데, 이는 고려와 여진의 경계가 어느 순간에 하천으로 변했음을 말해준다. 여진의 침입을 방지하기 위해 고려가 매년 동절기에 얼음을 깼다고 하는 묘지명의 서술은 하천이 짧지 않은 기간 동안에 고려와 금의 경계 역할을 담당했음을 짐작케 한다.

동북면의 경계 변화가 언제 이루어졌는지는 명확하지 않다. 다만, 예종대 고구려구지회복(高句麗舊地回復)을 명분으로 삼아 이루어진 여진정벌 과

---

27 宋容德은 睿宗代 9성 축조 시 倻位界 상에 있는 '瓶項' 지역을 한계지점으로 설정하였다고 하는데[송용덕(2005), 앞의 논문, 93쪽 註14], '瓶項'에 대한 언급은 女眞의 성장과 관련되어 언급된 것으로, 9城 축조 시 瓶項을 한계지점으로 삼았는지는 불분명하다.

28 "大金皇統二年 出爲定州分道 □地與東蕃界河 舊時氷結則發民椎 以絶虜掠"「金永夫墓誌銘」[金龍善 篇(1997), 『高麗墓誌銘集成』, 한림대학교 아시아文化硏究所, 217~220쪽]

정에서 발생한 것이 아닐까하는 추정은 해 볼 수 있을 듯하다. 고려는 여진 정벌 과정에서 새롭게 9성을 쌓았는데, 그 가운데 6성만 완안부 여진에게 돌려주고 공험진(公嶮鎭)·의주(宜州)·평융진(平戎鎭)의 3성은 반환하지 않았다.[29] 경계의 변화가 있었다고 추정할 만한 근거가 감지되는 부분이다. 아울러 고려는 예종 14년(1119)에 기존의 여진 지역이었던 갈라전(曷懶甸) 지역에 장성(長城)을 증축하기도 했는데,[30] '증축'이라는 표현을 사용하였다는 점에 주목할 필요가 있다. 그것은 갈라전 지역의 일부를 고려가 실질적으로 점유해야만 가능한 표현이기 때문이다.[31] 따라서 경계가 그 이전의 어느 시점에서 변화했을 가능성에 무게가 실린다. 그리고 이 이후에 양국의 경계가 재설정될 만큼의 큰 충돌이 일어나지 않았다는 점에서 하천으로의 경계 변화는 여진정벌과 관련된 시점에서 이루어진 것으로 보는 것이 합리적인 듯하다.

　동북면 지역의 경계 변화는 고려 전기는 아니지만, 동진(東眞)과의 관계에서도 드러난다. 고종 34년(1247)에 동진이 고려로 도망간 자국인 50명을 돌려보내 줄 것을 요구하자, 고려가 양국 사이는 산이 크고 길이 험하여 빈 곳이 넓고 사람이 없어 왕래하는 길이 단절되어 있음을 전제하며, 이후 도망한 사람을 찾는다거나 사냥을 핑계로 삼아 무단으로 경계를 넘는 행위를 금단하겠다는 내용의 회첩(回牒)을 동진에 보냈었다.[32] 이는 고려와 동진이 직접 경계를 접하고 있는 것이 아니라 상당히 넓은 지역에 걸쳐 무인지대가 설정되었음을 짐작케 해주는 내용인 것이다. 즉 하천을 기준으로 삼았던 금

29　金九鎭(1976), 「公嶮鎭과 先春嶺碑」, 『白山學報』 21

30　『金史』 卷2, 太祖 天輔 3年 11月; 『高麗史』 卷14, 睿宗 14年 末尾

31　허인욱(2012), 「고려 肅宗·睿宗代 女眞정벌과 高句麗舊地回復意識」, 『北方文化硏究』 3, 50쪽

32　『高麗史』 卷23, 高宗 34年 3月

과의 경계가 동진과는 산악의 너른 공간을 완충지역으로 삼는 경계대로 어느 시점에서 다시 바뀌었음을 의미한다.[33]

이상으로 고려 전기의 경계는 국제정세에 따라 여러 차례 변화가 있었으며,[34] 하천이나 산령 등 자연환경을 기준으로 삼아 완충지역을 두는 경계대가 설정되어 있다는 사실을 알 수 있었다. 그렇다면 고려가 거란이 강점한 지역을 어떠한 명분을 들어 회복하려고 했고, 또 군사적 충돌이 염려되는 경계대를 안정적으로 유지하기 위해 거란과 어떠한 규정을 두었으며, 이를 어떻게 활용했는지에 대해서 살펴보자.

III. 경계대의 활용과 그 운영 규정

고려와 거란 양국은 군사적 충돌을 막기 위해서 명확한 경계의 존재가

---

33 고려인들이 산령이나 하천 등의 자연환경을 경계로 인식하였다는 사실은 明宗 5년(1175)에 西京留守 趙位寵이 자비령 이서 지역부터 압록강까지를 금에 바치려 했다거나(『金史』 卷135, 列傳 73, 外國下 高麗), 高宗 7년(1220)에 韓恂·多智 등이 淸川江을 경계로 삼아 동진에 투항하려 한 사실(『高麗史節要』 卷15, 高宗 7年 2月) 그리고 元宗 11년(1270)에 崔坦이 자비령을 경계로 하여 몽골에 내부한 사례(『高麗史』 卷26, 元宗 11年 2月 丁丑)에서 짐작해 볼 수 있다. 경계대가 당시 보편적인 인식이었음을 말해주는 사례인 것이다.

34 宋容德은 '천리장성'을 최전방 방어선인 동시에 고려 스스로 규정한 한계로 이해했는데[宋容德(2005), 앞의 논문, 131쪽], 고려의 경계가 고정된 것이 아니었다는 사실은 '천리장성'이 경계의 역할을 담당하지 않았다는 사실을 뜻하는 것이기도 하다.

필요했고 협상을 통해 그 경계를 확정하였다. 그 시작은 앞서 언급한 대로, 고려와 거란이 무력충돌을 일으킨 성종대부터였다. 성종 12년(993) 고려를 침입한 거란은 고려와 협상을 통해 경계를 설정했다. 그리고 양국은 축성을 통해 그 관할을 명확히 했다. 이와 관련해서 다음 기록을 보자.

〈나-1〉 (성종) 13년 봄 2월에 소손녕(蕭遜寧)이 서장(書狀)을 보내어 말하기를, "근래에 선명(宣命)을 받들어 보니, '고려는 신호(信好)를 일찍 통하였고 경계가 서로 연접하여 있다. …… 만약 미리 대응하여 설비하지 않으면 사신이 중간에 길이 막히게 될까 염려되니, 고려와 의논하여 곧 요충이 되는 길목에 성지(城池)를 창축(創築)하도록 하라'고 하셨습니다. 이에 선명에 준하여 스스로 헤아려 보니, 압강(鴨江) 서리(西里)에 5개소의 성을 창축하려 합니다. 3월 초에 축성할 곳에 도착하여 수축에 착수하려 하니 엎드려 청하옵건대, 대왕(大王)께서는 미리 먼저 지휘하셔서 안북부(安北府)에서 압강 동쪽에 이르기까지 280리 사이에 적당한 전지(田地)를 답사하고 지리의 멀고 가까움을 헤아리고, 아울러 축성토록 하되 역부를 보내어 동시에 착수하도록 하시고, 그 축성할 (성의) 수를 빨리 회보해 주십시오 ……"라고 하였다.[35]

〈나-2〉 통화(統和) 12년 갑오(甲午)에 사신으로 갔던 정위(正位) 고량(高良)이 다음과 같은 천보황제(天輔皇帝)의 조서를 가지고 귀국하였습

---

35 "蕭遜寧致書曰 近奉宣命 但以彼國 信好早通 境土相接 …… 若不設於預備 慮中阻於使人 遂與彼國相議 便於要衝路 陌創築城池者 尋準宣命自便斟酌擬於鴨江西里創築五城 取三月初擬到築城處 下手修築 伏請大王預先指揮 從安北府至鴨江東計二百八十里 踏行穩便田地 酌量地里遠近 幷令築城 發遣役夫 同時下手 其合築城數 早與回報 ……" 『高麗史』卷3, 成宗 13年 2月

니다. "고려국왕 왕치(王治)에게 알리오. 동경유수(東京留守) 소손녕의 주상(奏狀)을 살펴보니, 경(卿)이 9월 초순에 인부를 뽑아 보내어 성을 수축하되 10월 상순에 끝마치고자 한다고 하였소이다 ……"라고 하였습니다. 그때에 배신(陪臣) 서희가 경계를 맡아서 관할하게 하였는데, 유수(留守) 소손녕이 선지(宣旨)를 받들고 와 의논하여, 각각 양쪽 경계를 담당하고 나누어 여러 성을 쌓게 되었던 것입니다. 이 때문에 하공진(河拱辰)을 파견하여 압록(鴨綠)을 담당하게 하고, 낮에는 동쪽 강가에 나가 감시하고 밤에는 내성(內城)에 들어와 유숙하게 하니, 마침내 천위(天威)를 힘입어 차츰 좀도둑을 제거하게 되어 후에는 방비할 것이 없게 되었고, 변경(邊警)도 없어지게 되었습니다.[36]

⟨나-1⟩은 성종 13년(994) 2월에 소손녕이 고려에 사신을 보내온 서장(書狀)이고, ⟨나-2⟩는 선종 5년(1088) 9월에 김선석(金先錫)을 거란에 보내 각장 설치를 중단해 줄 것을 요청하는 표문 가운데 일부이다. 이 가운데 ⟨나-2⟩는 994년에 정위 고량이 가져 온 거란의 천보황제 즉, 성종의 조서를 언급하면서 소손녕이 선지를 받들었다는 내용을 거론하고 있어, ⟨나-1⟩과 동일한 내용을 담고 있음을 알 수 있다.

두 기록을 종합해 보면, 거란 성종이 동경유수 소손녕을 통해 994년 2월 고려에 이해 3월부터 압강 서쪽에 5성을 수축할 것을 알리면서 고려기 쌓을 성의 수를 거란에 통보해 줄 것을 요구하였다. 그러자 고려는 이에 이해 9월

---

36 "統和十二甲午年 入朝正位高良 齎到天輔皇帝詔書 勅高麗國王王治 省東京留守遜寧奏 卿欲取九月初 發丁夫 修築城砦 至十月上旬已畢 …… 于時陪臣徐熙掌界而管臨 留守遜寧奉宣而商議 各當兩境 分築諸城 是故遣河拱辰於鴨門 爲約當使於鴨綠 晝則出監於東洟 夜則入宿於內城 遂仗天威 漸袪草竊 後來無備 邊候益閑"『高麗史』卷10, 宣宗 5年 9月

초순부터 10월 상순에 성을 수축하기로 하였다는 내용을 거란에 전달하고, 성을 수축하였는데, 당시 고려의 성 수축 담당자는 서희였다. 그가 이해에 쌓은 성은 장흥진(長興鎭)·귀화진(歸化鎭)·곽주(郭州)·귀주(龜州)의 4성이었다.[37] 이 4성이 앞서 거란과 고려가 합의해 수축한 성으로 판단된다.[38] 반면에 거란이 축조한 5성은 자료의 부족으로 알 수가 없는데, 이에 대해서는 차후 자료의 발굴을 기대해 본다.

고려는 고려의 영토로 확정된 곳에 하공진을 파견하여 낮에는 동쪽 강안(江岸)을 감시하고 밤이 되면 내성에서 유숙하면서 경비를 담당하게 하였다. 『고려사』에도 994년에 이승건(李承乾)을 압강도구당사(鴨江渡句當使)로 삼았다가 얼마 후에 하공진을 보내 대신하게 하였다[39]는 기록이 보인다. 고려가 이 지역을 자국의 영토로 관할하려고 했음을 짐작케 한다. 고려는 덕종(德宗) 2년(1033)에 거란에 영토반환을 요구하였다가 관계가 악화되자, 관성(關城)을 쌓아[40] 거란의 침입에 대비하기도 하였다. 유소(柳韶)가 압록관새(鴨綠關塞)에 성을 쌓을 때에 거란의 군사가 와서 전투를 벌였다[41]는 기록이 찾아져, 1033년 8월 이후 어느 시기에 관성 수축으로 인해 거란과 무력충돌이 있었다는 사실을 짐작할 수 있다. 이 관성은 경계지역에 설치되어 거란을 막는 역할을 담당했을 것으로 여겨진다. 다음 기록을 보자.

〈나-3〉 지난번 벌죄(伐罪)하던 해를 당하여 입조(入朝)의 예(禮)가 중단되었다. 그러나 이미 흉역(凶逆)을 쳐서 없앴으니, 마땅히 조공을 계

---

37 『高麗史』 卷82, 兵志2 城堡 成宗 13年
38 許仁旭(2012), 앞의 학위논문, 41쪽
39 『高麗史』 卷4, 成宗 13年 是歲
40 『高麗史』 卷5, 德宗 2年 8月 戊午
41 『高麗史節要』 卷4, 靖宗 6年 6月

속하여야 할 터인데, 수년이 넘도록 옛 정의를 되찾지 않고 석성(石城)을 쌓아서 대로(大路)를 가로막고 목채(木寨)를 세워서 기병(奇兵)을 막으려고 하는 것이오.[42]

〈나-4〉 그러므로 성채(城寨)를 쌓아 우리나라의 봉강(封疆)을 방비한 것은 대개 변경 백성들을 안접(安接)하려 함이요, 황화(皇化)를 막으려는 것은 아니오. …… 지난날 사신으로 갔던 여섯 사신이 아직도 상국(上國)에 억류되어 있고, 선(宣)·정(定) 양 성(城)을 우리 강토에 들여 쌓았는데도 아직까지 돌려받지 못하고 있소이다.[43]

〈나-3〉은 정종(靖宗) 원년(1035) 5월에 덕종대 고려가 거란과의 외교관계를 단절된 이후, 거란의 내원성(來遠城)이 고려의 흥화진(興化鎭)에 문서를 보내 외교 재개를 요청하는 내용의 일부이고 〈나-4〉는 〈나-3〉에 대해 고려가 영덕진(寧德鎭)을 통해 거란에 보낸 회첩(廻牒)의 일부이다. 〈나-3〉에서 거란은 고려가 석성을 쌓아 양국의 통행로인 대로를 막고 사대의 예를 갖추지 않고 있다는 점을 언급하며 고려에 압박을 가하였다. 석성은 대로를 가로막고 있다고 한 점으로 볼 때, 덕종 2년에 쌓은 관성과 동일한 곳이 분명하다. 고려는 같은 해 9월에 서북로의 송령(松嶺) 이동에 장성(長城)을 쌓아 변구(邊寇)의 침입을 방비하였는데,[44] 이 또한 거란의 침입을 막기 위한 축성이었다. 고려는 거란의 대군이 진군해 올 가능성이 높은 대로 상에 관성을

---

42 "曷越數年 不尋舊好 累石城 而擬遮大路 堅木寨 而欲礙奇兵"『高麗史』卷6, 靖宗 元年 5月 甲辰
43 "是以列茲城寨 備我提封 盖圖其帖息邊氓 非欲以負阻皇化 …… 昨緣梯航 六使被勒留 於上國之中 宣·定兩城 致入築於我彊之內 未蒙還復"『高麗史』卷6, 靖宗 元年 6月
44 『高麗史』卷6, 靖宗 元年 9月

쌓고 그 앞에 목책을 세워 불시의 침입에 대비하였던 것이다. 그런데 압록강 이동의 점거지역인 의주(義州) 안에 거란이 선(宣)·정(定) 2성을 쌓았다는 사실을 들며, 고려가 거란에 반론을 제기하고 있다는 점을 고려하면, 거란 또한 마찬가지로 방어성을 쌓아 고려와의 충돌에 대비하고 있었음을 미루어 짐작할 수 있다.

현종 6년 이후부터 예종 12년까지 황토령이 양국의 직접 충돌을 막아주는 경계대 역할을 담당하였다. 이는 양국이 완충지역인 황토령을 사이에 두고 각자의 영향력이 미치는 최전방에 상대국의 침입에 대비한 방어성을 쌓았음을 시사한다. 앞서 언급한 내용들을 종합해보면, 당시 고려가 쌓은 방어시설은 길목을 막는 관성 형태였으며, 이 관성은 석성이라는 표현을 통해 돌로 쌓은 것임을 알 수 있다. 그리고 고려는 그 관성 앞에 다시 목책을 쌓아 이중의 방어선을 구축하였던 것이다.

거란은 고려가 외교를 단절하는 등 강경하게 대응을 하자, 정종 5년(1039)에 압강(鴨江) 동쪽에 성보(城堡)를 가축(加築)해 고려를 압박하였다. 거란의 태도에 위협을 느낀 고려는 가축성보를 파해 줄 것을 유선(庾先)을 보내 요구하였는데,[45] 이에 대한 거란의 반응은 다음과 같다.

〈나-5〉 여름 4월 초하루에 유선이 거란으로부터 돌아왔는데, 조서에, "아뢴 것을 살펴보니, 압강 동쪽 성벽이 농사짓는 데 방해가 될 것 같다는 점은 모두 상세하게 알았소이다. 이에 잇닿아 있는 성을 돌아보건대, 선묘(先廟)(의 전례)를 따라 설치한 것으로, (이는) 대개 변방의 일상적인 방비이니, (그대) 강역에야 무슨 손상될 것이 있겠소. 짐은 전례를 지키고자 힘쓰니, 지금은 고치기 어렵소이다. …… 그러니 땅을 개

---

[45] "丁卯 遣戶部郎中庾先謝安撫 仍請罷鴨江東加築城堡"『高麗史』卷6, 靖宗 5年 2月

간하여 농사를 짓는 것[간식(墾殖)]에 놀라거나 떠들썩해지는 것은 염려하지 마시오"라고 하였다.[46]

거란은 고려가 가축한 성벽의 철거를 요청하자, 이전부터 해오던 전례를 따른 것이므로, 굳이 철거할 필요를 느끼지 못한다는 뜻을 고려에 전달했다. 고려가 거란에 가축성보의 철거를 요청한 명분은 성보 가축이 농작물 경작에 방해를 줄 수 있다는 점 때문이었다. 이에 대한 거란의 답변은 경작행위에 방해될 만한 사항이 아니므로, 걱정하지 말라는 것이었다.

고려가 완충지역 내에서의 거란의 움직임을 군사활동으로 받아들이면서도, 그러한 활동보다는 경작행위에 대한 방해를 문제 삼는 것은 거란과의 충돌 가능성을 줄이려는 의도에서 비롯된 것이었다. 고려의 이러한 태도는 문종대(文宗代)에 가서 양국 간에 완충지역과 관련되어 갈등이 불거지면서, 좀 더 분명하게 드러난다.

문종(文宗) 8년(1054) 거란이 궁구문란(弓口門欄)을 포주성(抱州城) 동쪽 들에 설치하며,[47] 고려를 압박하기 시작하였다. 거란의 군사행위에 대한 고려 측의 반응을 알 수 있는 기록들을 정리해보면, 다음과 같다.

〈나-6〉 가을 7월 정사(丁巳) 초하루에 도병마사(都兵馬使)가 아뢰기를, "거란의 전(前) 태후황제(太后皇帝)가 조서(詔書)로 압강(鴨江) 동쪽으로 우리나라 경계를 봉해 주었습니다. 그런데 ㉮(거란이) 성교(城橋)를 만들거나 궁구란자(弓口欄子)를 설치하여, 점점 옛 한계를 넘어오니 이

---

46 "夏四月辛酉朔 庾先還自契丹 詔曰 省所告鴨江東城壁 似妨耕鑿事 具悉 乃眷聯城 置從先廟 盖邊隅之常備 在疆土以何傷 朕務守成規 時難改作 …… 厥惟墾殖 勿慮驚騷" 『高麗史』 卷6, 靖宗 5年 4月
47 『高麗史』 卷7, 文宗 8年 7月

것은 한이 없는 욕심이라 할 것입니다. 이제 또 우정(郵亭)을 세워서 우리 강토(疆土)를 잠식하니 …… 마땅히 국서(國書)를 (거란의) 동경유수에게 보내서, 그 옳지 않은 것을 전달하고, 만일 듣지 않거든 사신을 보내 고주(告奏)해야 합니다."라고 하였다. 이에 동경유수에 글을 보내 말하기를, "…… 또 근일에 미쳐 내원성(來遠城)의 군부(軍夫)들이 우리 성(城)과 가까운 곳까지 이르러 궁구문(弓口門)을 옮겨 세우고, 또 정사(亭舍)를 짓고자 재목과 돌을 쌓아 놓으니, 변민(邊民)이 놀라 두려워하고 있으니, (그) 뜻이 어디에 있는지 알지 못하겠습니다. …… 황제께 잘 아뢰어 전에 준 땅을 되돌려 주시고 그 성교(城橋)·궁란(弓欄)·정사(亭舍)를 모두 헐어버리게 하십시오"라고 하였다.[48]

〈나-7〉 대대로 봉지(封地)를 이어받아, 악토(樂土)로 삼아 살아왔는데 어찌 몇 대 만에 ㉮외우(外虞)를 방비한다 하여, 강물을 가로질러 배로 다리를 만들고 보루(堡壘)를 이어 동쪽의 경계에 들어올 줄 알았겠습니까. 이에 다시 나누어 돌려주시기를 빌고, 여러 번 빠짐없이 결정해주시기를 아뢰었으며, 더욱 해에 나아가는 정성을 굳건히 하여 바야흐로 황제께서 마음을 돌리는 희망을 기대하던 차, 근래에 또 더하여 정후(亭候)를 짓고 우체(郵遞)를 옮겼으며, 널리 전개하여 책(柵)을 두르고 나눠 구분한 곳을 넘어와 범하니 변비(邊鄙)가 더욱 두려워하고 여러 성이 한탄할 지경에 이르렀습니다. ㉯(성문을) 일찍 닫고 늦게 열게 되

---

[48] "秋七月丁巳朔 都兵馬使奏 契丹前太后皇帝詔賜鴨江以東爲我國封境 然或置城橋 或置弓口欄子 漸踰舊限 是謂不厭 今又創立郵亭 蠶食我疆 …… 宜送國書於東京留守 陳其不可 若其不聽 遣使告奏 於是 致書東京留守曰 …… 頃者 上國入我封界 排置橋壘 梯航納款 益勤於朝天 霄闥抗章 乞復其舊土 至今未沐兪允 方切禱祈 又被近日 來遠城軍夫 逼邇我城 移設弓口門 又欲創亭舍 材石旣峙 邊民騷駭 未知何意 …… 善奏齓聰 還前賜地 其城橋弓欄亭舍 悉令毁罷"『高麗史』卷7, 文宗 9年 7月

니[早荒晏開], 백성이 식량을 어디에서 의지할 수 있겠습니까. 천무(千畝)의 땅에서 봄에 갈고 가을에 수확하는 것이 폐하여졌습니다. ……
바라건대, 옛 땅을 환원하여 창성한 시대를 느끼게 해주기를 원합니다.[49]

〈나-8〉 (문종 11년 4월) 임술에 제하여 말하기를, "거년(去年)에 (거란에) 사신을 보내어 궁구문 밖의 우정(郵亭)을 없애도록 요청하였는데, 아직 철거하지 않았다. 또 ㉮(거란이) 송령(松嶺)의 동북쪽에 점점 간전(墾田)을 넓히고 혹은 암자(庵子)를 설치하여 사람과 물건을 둔축(屯畜)하니, 이는 반드시 장차 우리 경토(境土)를 침범하려고 하는 것이다. 마땅히 곧 파하기를 청하라"고 하였다.[50]

〈나-9〉 다만 지난해에 수변지장(守邊之將)이 신의 폐경(弊境)에 걸쳐 후정(候亭)을 짓는 바람에, ㉯가난하고 비천한 백성들로 하여금 땔나무를 하는 편의[樵蘇之便]를 얻지 못하게 하였고, ㉮부질없이 소방(小邦)으로 하여금 영토를 침삭당하는 우려[侵削之虞]를 품게 하는 것 같아, 전 번에 감히 봉장(封章)을 올려 정자를 헐어버리기를 간청하였더니, 봉조(鳳詔)로 특히 유지를 내리시어 웅번(雄藩)이 그대로 받들어 시행하였습니다.[51]

---

49 "歷及嗣封 居爲樂境 豈知間代 以備外虞 載流成浮鷁之梁 連轝入剪鶉之界 是祈割復 屢罄判陳 愈堅就日之誠 万企迴天之望 近又添營亭候 移以遞郵 廣展柵圍 踰千割分 以至邊鄙盆崇列城哇 早畝晏開 民食何依 千畝廢春耕秋穫 …… 願還舊壤 俾感昌辰"『東人之文四六』卷2, 事大表狀 ; 『東文選』卷47, 「乞還鴨江東岸爲界狀」
50 "制曰 去年遣使 請罷弓口門外郵亭 時未撤毁 又於松嶺東北漸加墾田 或置庵子 屯畜人物 是必將侵我疆也 當亟請罷之"『高麗史』卷8, 文宗 11年 4月 壬戌
51 "但緣往歲之間 守邊之將跨臣弊境構以候亭 遂致細民未獲樵蘇之便 謾令隘域如懷侵削

〈나-10〉 더욱이 근자에 와서는 ㉮깊이 들어올 것을 계획하여 역참의 형세를 전개하여 들녘을 감싸고 한계선을 넘어 우정(郵亭)을 세워 강토의 삭감이 점점 많아지니 마음을 편이하기에 어찌 겨를이 있겠습니까? …… 그러므로 지난해에 일개 사신을 달려 보내어, 두어 가지 변방의 소원을 아뢰었던 것입니다. 그래서 우조(優詔)를 내리셨으나, 소정(小亭)만을 철폐하는 데 그치고 ①오히려 경후(警候)는 제거하지 않고 있습니다. (거란이 경계를) 범하지는 않고 있지만, ㉯실로 농사를 짓고 나무하기도 염려되며[農樵之爲慮], 10년의 노장(老將)이 임기가 다해 교체해야 하는 약속을 기대하기 어렵고, 한쪽 경계의 피폐한 백성이 곡식을 의지하는 정을 이루지 못하여 모두 피눈물을 흘리기에, 들어주십사 아뢰는 것입니다.[52]

〈나-11〉 ㉮어찌 세대가 바뀌자 갑자기 주신 봉지(封地)를 넘어서 성보(城堡) 수비를 두어 더욱 엄하게 하고, 역참의 형세를 전개해서 깊이 들어왔습니다. 근년에 와서는 곧장 관문에 대어 궁구(弓口)를 설치하여 연락하면서 ㉯변방의 문을 열고 자란 것을 빼앗아 가니, 드디어 농사꾼은 쟁기를 던지게 되어 자못 들에 갈 마음이 없어지고, 수졸(戍卒)은 여장(女牆)에 올라서 방추(防秋)의 고초를 면하지 못했습니다. …… 어찌하여 이와 같이 다시 흥함이 성한 때에 한갓 외로운 성을 봉쇄해 버

之虞 是敢昨貢封章 式蘄毁圻 鳳檢特頒於兪旨 雄藩奠奉以施行"『東人之文四六』卷2, 事大表狀「謝毁罷鴨江前面亭子表」

52 "比及近來 以圖深入 展鋪形而寵野 踰界限以峙郵 疆削漸多 堵安奚暇 …… 故於往年 託單价之徑馳 部數條之邊願 然垂優詔 止撤小亭猶警候 以未觸 實農樵之爲慮 十年老將 及瓜之約難期 一境疲民 仰穀之情莫遂 爭零血泣 仰告叢聞"『東人之文四六』卷2, 事大表狀「乞抽毁鴨江城橋弓口狀」

리게 하십니까. ……[53]

〈나-12〉 삼가 생각하건대, 소국(小國)이 오래 황조(皇朝)를 받들어 속국의 예를 잃지 않았는데, ㉮강토(疆土)가 삭감(削減)되는 걱정이 있어 매번 간절한 소원을 말을 달려 알렸습니다. …… 또한 압록(鴨綠)으로 형태를 만들어, 제잠(鯷岑, 고려)의 한계를 그었는데, 강을 따라 터에 열을 지어 부여(夫餘)의 옛 수(戍)가 아직도 남아 있습니다. 그 땅을 하사하신 높은 은혜를 입었으며, 태후(太后)가 앞서 하셨던 말씀도 남아 있습니다. …… 점차로 (거란이) 국경을 넓히려고 하여, ㉯(고려의 백성들이) 나무하고 밭 가는 데에 크게 지장이 되었습니다. 이 때문에 옛 변방을 회복하기를 빌며 새 명령을 기다려 왔었는데, 뜻하지 아니하게 지난 계축년(癸丑年), 소국 백성들이 힘써 농사지어 어린 싹이 겨우 자란 초가을 밤중에 인마(人馬)가 달려들어 이를 모조리 짓밟았습니다. 주대(周代)에는 길가의 갈대라도 밟지 말라 하며, 인(仁)을 노래하였고, 초(楚)에서 오이에 해를 입히면 양(梁)의 사람이 슬그머니 물을 대어 원망이 없었습니다. 다만 백성들이 1년 동안 양식을 잃을까 걱정하였는데, 지난번에 명(命)이 대궐로부터 나와 사신을 보내, 소국의 간절한 충성을 어여삐 여기고 반드시 (땅을) 갈라 주심으로써 총애를 보이신다 하기에 감격하여 사신의 수레를 기다리고 기쁨이 일역(日域, 고려)에 가득하였습니다. …… 빌건대, 칙지(勅旨)를 내려, ㉰선의군(宣義軍)이 (칙지를) 받들어 연변(沿邊) 관사(官司)들을 금약(禁約)시켜 여진 등이 다시는 신(臣, 고려)의 경계를 침범하여, 암자(庵子)를 설치하고 해자를

---

[53] "詎圖間代 忽過賜封 置堡守以彌嚴 展鋪形而深入 況從近歲 直抵關門 設弓口以連羅 奪 被邊之關殖 遂使耕夫釋耒 殊乖狌野之心 戍卒登埤 未□防秋之苦 …… 何此中興之盛際 徒令外閉以孤城 ……"『東文選』卷48,「再乞抽毀鴨江城橋弓口狀」

만들어 밤낮으로 지키는 것을 하지 못하도록 해주시고, 이어서 성교(城橋)를 거두어들이고 강으로써 경계(境界)를 삼게 해 주십시오.[54]

〈나-6〉과 〈나-8〉은 각각 문종 9년(1055)과 문종 11년의 『고려사』 기록, 〈나-7〉은 문종 10년 6월에 고려가 고주사(告奏使) 강원광(姜源廣)을 거란에 파견해 영토의 반환을 요구한 「걸환압강동안위계장(乞還鴨江東岸爲界狀)」, 〈나-9〉는 문종 12년에 최유선이 찬한 「사훼파압강전면정자표(謝毀罷鴨江前面亭子表)」, 〈나-10〉은 문종 13년 2월에 고주사 상서공부원외랑(尙書工部員外郎) 최석진(崔奭珍)을 파견하면서 보낸 「걸추훼압강성교궁구장(乞抽毀鴨江城橋弓口狀)」, 〈나-11〉은 문종 14년에 다시 고려가 거란에 압록강 성교와 궁구를 철거해 달라고 하며 보낸 「재걸추훼압강성교궁구장(再乞抽毀鴨江城橋弓口狀)」, 〈나-12〉는 문종 29년에 박인량(朴寅亮)이 찬한 「상대요황제고주표(上大遼皇帝告奏表)」의 내용 일부분이다.[55] 앞서 인용한 기록들을 보면, 고려가 철거 요청의 명분으로 삼은 부분은 내용상 크게 ㉮와 ㉯로 구분된다. ㉮는 궁구문란이나 우정 등이 군사적인 위협이 된다는 전제하에 철거를 요청하는 것이고, ㉯는 그러한 군사시설로 인해 고려의 농민들이 경작을 할 수 없거나 피해를 보고 있다는 내용이었다.

㉮를 먼저 보자. 관련된 글은 모두 궁구문란 등의 설치에 대해 위협을 느

---

54 "竊念小國 久奉皇朝 不墮藩禮 削疆有患 每將懇願以馳聞 …… 且鴨綠之成形 劃鯷岑而作限 浴江列址 夫餘之古戍猶存 賜履爲恩 太后之前言不食 …… 漸圖恢拓 深礙樵耕 是以乞復舊隆 仰須新命 偶於癸丑年 力勤東作 跂待西成 和苗纔長於秋初 人馬踏傷於夜半 周之行葦 毛什以勿踐歌仁 楚乃搔瓜 梁人則竊灌無怨 唯憂百姓 失食一年 昨者命出妓宸 遺來顯使 謂曲憐於勤疑 必割示以寵宣 感望星軺 喜盈旦域 …… 乞下勅旨 仰宣義軍 禁約沿邊官司 更不令女眞等 侵越臣界 設菴子作隍 日夜抱守 尋令收入城橋 以江作限" 『東文選』 卷39, 「上大遼皇帝告奏表」

55 인용한 사료의 연도 비정에 대해서는 許仁旭(2012), 앞의 학위논문 IV장 참조

긴 고려가 승천황태후와의 협상내용을 지켜 군사시설을 철거하고 압록강 이동의 땅을 돌려달라고 하는 내용으로 이루어져 있다. 군사시설인 궁구문 란은 〈나-6〉에는 궁구란자와 궁구문·궁란 등으로 〈나-11〉에는 궁구로 표기되어 있는데, 명칭상 보주성지(保州城地)를 방어할 목적으로 거란이 설치한 일종의 색붕(塞棚·長棚)을 말하는 것으로 이해하고 있다.[56]

궁구문란의 구체적인 모습과 그 역할과 관련해서는 『요사(遼史)』 국어해(國語解)의 난자군(欄子軍)과 궁자포(弓子鋪)의 내용이 참고된다. 난자군은 선봉보다 20여 리 앞에서 가며 적군의 동정을 탐지하는 군대를, 궁자포는 군마가 멈춰 쉴 때에 군영이나 참호를 만드는 대신 나무들을 활처럼 조금씩 안으로 오게 하여 무리가 뭉쳐 모이도록 한 장소를 이른다[57]고 기록되어 있기 때문이다. 궁구문란은 궁구란자 또는 궁란으로 표기되었다는 점에서 궁구와 난자 즉, 궁자포와 난자군의 두 가지 기능을 겸비한 공간으로 파악된다. 이점은 뒤에 인용한 〈나-10〉①에서 '경후'는 제거하지 않고 있다는 내용을 통해서도 확인이 가능하다. 경후는 변경 초소를 지칭하는 것[58]이기 때문이다. 즉, 궁구문란은 고려의 동정을 살피고 정보를 획득하기 위해 만든 거란 병사들이 만든 변경 초소 정도로 보면 무방할 듯하다. 이러한 군사시설이 경계지역과 가까운 곳에 설치되는 것을 고려가 달갑게 생각하지만은 않았을 것이고, 성교·궁란·정사의 철거를 요구하게 되었다고 봐도 무방하다.

반면에 ㉯는 군사시설이 농사에 어려움을 준다는 부분(〈나-7·나-10·나-11·나-12〉)과 땔나무를 하는 데에 지장이 있다는 내용(〈나-9·나-10〉)으로

---

56 尹武炳은 궁구문란은 『遼史』 兵衛志에 보이는 弓子鋪가 보다 고정된 것이 아닌가 보고 있다[尹武炳, 앞의 논문(1953), 60~61쪽].
57 『遼史』 卷116, 國語解 兵衛志. 欄子軍·弓子鋪
58 『漢語大詞典』 11, 漢語大詞典出版社(1993), 413쪽

구분된다. ⓝ는 고려가 군사시설 문제를 거론하기보다는 이 문제를 들어 영토반환을 요구하는 방식을 택했음을 보여주는 기록들이다. 경작행위와 관련해서는 〈나-7〉ⓝ를 보면, 고려는 주간을 이용하여 관성의 문을 개방하여 백성들을 완충지역에 투입하여 농사를 짓고, 밤이 되면 다시 고려의 관성 안으로 철수하는 방식으로 운영되었다는 사실을 말해준다. 주간에 성문을 나갔다가 밤에 철수해 지키는 형태는 앞서 성종대 하공진으로 하여금 낮에는 압록강을 담당하였다가, 밤에는 내성에 들어와 지키게 한 사례(〈나-2〉)에서도 유사하게 나타난다. 완충지역의 경작은 일반 백성들의 경작이라기보다는 병사들의 군량 보급을 하는 둔전(屯田)의 형태가 아니었나 여겨진다. 경작행위는 앞서 언급한 〈나-5〉에서도 찾아진다. 경계대 내의 완충지역을 군사지역으로만 이용하지 않고 경작지로 활용하고 있었음을 보여주는 사례이다.

  고려에 있어 완충지역 내에서의 충돌이 갖는 가장 큰 문제는 군사시설의 이동이나 설치가 고려를 침입하기 위한 의도에서 비롯된 것이 아닌가 하는 염려였다. 하지만 실제 항의 내용은 여러 시설물들이 고려 측에서 농사를 짓거나 나무를 하는데 방해를 받는다는 내용이었다. 이러한 배경에는 고려가 거란의 의도를 직접 지적할 경우에 조장될 수 있는 충돌에 대한 우려가 존재했다. 고려는 거란의 강점 지역을 돌려받아 군사적 충돌 위협으로부터 벗어나는 것에 목적을 두었을 뿐이다. 그 목적을 달성하기 위해 고려는 직접적으로 군사시설임을 강조하기보다는 승천황태후와의 협의 내용을 언급하며 경작과 땔감을 구하는 것에 대한 어려움을 호소하는 간접적인 방식을 선택했다. 하지만 거란은 고려의 요구를 거절하지도 그렇다고 승낙하지도 않는 미온적인 태도를 취하였는데, 그 이유는 실효적 지배를 하고 있는 입장에서 굳이 돌려줄 필요가 없었을 뿐만 아니라, 그 지역이 송 혹은 여진과 교류하는 것을 막고 고려를 제어하기 위해서는 거란에게도 반드시 필요한 지

역이었기 때문이었다.[59]

그런데 경계대 내 완충지역에서의 경작은 앞서 언급했듯이 고려만이 하는 행위는 아니었다. 거란 또한 완충지역을 이용하여 농사를 지었기 때문이다. 이러한 점은 〈나-8〉㉮의 문종 11년 기록에서도 확인된다. 거란 또한 완충지역 내에 농경지 개간에 힘썼던 것이다.[60] 당시 거란이 송령의 동북쪽에 점점 간전을 넓히고 혹은 암자를 설치하여 사람과 물건을 둔축하자, 문종은 이러한 행위에 대해, 고려를 침입하려는 의도가 내재되어 있는 것으로 받아들이고 거란에 철거를 요청하려는 움직임을 보였다. 앞서 언급한 것처럼 송령은 정종 원년에 고려가 거란을 막기 위해 방어시설인 장성을 쌓은 곳이었다. 그러한 곳 가까이에 간전과 암자를 설치하였으니, 고려가 느끼는 부담이 매우 컸을 것임은 분명하다. 문종의 제안에 중서성(中書省)은 거란이 변경에서 현재 분란을 일으키고 있는 상황이 아님을 전제하며, 영토 문제를 제기하는 것은 옳지 않다[61]는 반대 의견을 제시했다. 이러한 중서성의 건의는 경작행위가 양국 사이에 크게 문제 되지 않는 상황이었기에 가능한 반론이었을 것이다. 이는 완충지역에서 서로 농사를 짓는 것에 대한 어떤 합의된 규정 즉, 경계대 운영에 관한 공식적인 합의나 암묵적인 동의가 있었음을 시사하는 것이기도 하다.

하지만 합의 규정을 직접 알려주는 기록은 찾아지지 않는다. 그로 인해 파악이 용이하지 않은 것도 사실이다. 하지만 이와 관련해 거란이 고려뿐만 아니라, 1004년에 송과도 영토문제가 포함된 단연지맹(澶淵之盟)을 맺었다는 사실에 주목해 볼 필요가 있다. 거란이 경계문제를 협의하면서 고려와

---

59 許仁旭(2012), 앞의 학위논문, 135쪽
60 金佑澤(2009), 앞의 논문, 10쪽
61 『高麗史』卷8, 文宗 11年 4月 壬戌

송에 별도의 항목을 거론할 가능성은 그리 높아 보이지 않기 때문이다. 따라서 거란과 송의 협상 내용을 살펴본다면, 고려와 거란의 협상 내용도 이를 통해 유추할 수 있다고 판단된다.

> 〈나-13〉 변경지역에 접한 주(州)와 군(軍)은 각 변경을 지키며 양쪽 지역의 사람들이 서로 침범해서는 안 됩니다. 혹 도적이 (다른 쪽으로) 도주한다면 쌍방은 체류를 허락하거나 숨겨주어서는 안 됩니다. (변경지역의) 농토에서 (작물을) 심고 수확하는 데 있어서 남조(南朝, 송)와 북조(北朝, 거란)는 소란 피우는 것을 허용하지 않습니다. 양쪽의 모든 해자는 이전과 같이 유지할 수 있으며, 해자의 준설과 수리는 모두 (이전의) 일반적인 예를 따릅니다. 그러나 성곽과 해자를 새로 축조하거나 하천의 길을 파는 것은 불가합니다.[62]

〈나-13〉은 거란과 송은 맹약을 맺으면서 양국 경계대 내의 완충지역에 관한 운영 내용을 담고 있는 「송진종서서(宋眞宗誓書)」의 기록 일부이다. 이 내용은 ①각자 자국의 경계를 지키되 서로 침범하지 말 것, ②상대국으로 도주한 이의 체류와 도피를 허용하지 말 것, ③경작을 서로 용인하고 이에 대한 피해를 주지 말 것, ④기존의 방어시설은 유지하되, 새로운 시설의 설치는 금지할 것으로 정리된다.

그런데 이 4가지 항목은 앞서 인용한 기록들에서 고려가 거란에 경계대의 반환을 요구하면서 언급한 내용들에서도 동일한 표현은 아니지만, 유사한 내용이 찾아진다. 자국의 경계를 지키되 서로 침범하지 말라는 ①항목

---

[62] "沿邊州軍 各守疆界 兩地人戶 不得交侵 或有盜賊逋逃 彼此無令停匿 至於壠畝稼穡 南北勿縱騷擾 所有兩地城池 並可依舊存守 淘濠完葺 一切如常 即不得創築城隍 開掘河道" 『契丹國志』 卷20, 「宋眞宗誓書」

의 경우에는 고려나 거란의 사료에서 직접 언급하고 있는 사료를 찾을 수 없다. 하지만 주권을 가진 국가라면 어느 나라든지 자국의 영토를 지키고 타국이 침범하려는 것을 막는 것이 당연하다는 점에서 양국의 합의 내용에 존재할 수밖에 없는 항목이다. 따라서 직접적인 사료는 없지만, 존재하고 있다고 보는 것이 타당한 이해인 듯하다. 혹 합의 내용에 포함되어 있지 않다고 하더라도 암묵적으로라도 서로 동의할 수밖에 없다는 점에서 그 존재 가능성은 매우 높다.

경작을 용인한 ③항목은 앞서 언급한 대로 고려와 거란 모두 완충지역에서 경작활동을 했다는 사실에서 양국 사이에서도 존재한 규정이었을 것으로 파악된다. 고려가 거란의 군사활동으로 인해 농작물 경작과 땔나무를 하는 것에 불편을 느낀다며 항의를 할 수 있었던 것도 양국의 합의가 있었기에 가능한 행동이었다고 판단되기 때문이다. 농사는 대개 긴 시간을 들여 1년에 한 차례 정도 수확을 한다. 따라서 경작이 서로 용인되지 않았다면, 1년이라는 수고를 경작에 들이지 않았을 것이다. 즉, 경작은 양국 간에 허용된 사항이었다고 이해해도 그리 잘못은 아니라고 여겨진다. 완충지역에서의 경작은 그 지역이 갖는 특성상 둔전의 기능을 담당했던 것으로 생각되는데, 이는 거란의 간전과 암자 설치를 군사행위로 인식한 〈나-8〉㉮의 내용을 통해서도 그러한 추론이 가능하다.

경계대 내 완충지역에서의 경작행위는 고려시대에 불쑥 등장한 내용이 아니라는 점에서도 그러한 생각을 가져볼 수 있다. 고려는 문종 27년(1073) 가을에 거란의 침입으로 경작물이 피해를 받자, 거란에 항의했는데 그때 거론한 사례가 전국시대 송취(宋就)의 관과(灌瓜) 고사(〈나-12〉㉯)였다. 이 고사는 양(梁)의 변방 관리 송취가 경계를 접하고 있는 초인(楚人)이 양인(梁人)의 경계 지역에 농사짓고 있는 오이에 해를 입히는 사건이 발생했지만, 송취가 보복하는 것을 막고 초인의 오이에 물을 주어 잘 자라게 해 양국이 우호관계를 맺었다고 한다.[63] 이미 전국시대부터 경계지역 사이에서 경작행위가 용인되었던 것이다. 고려와 거란의 경작도 이러한 전례에서 비롯된 것임은 의심의 여지가 없다. 따라서 이와 관련된 합의된 내용이 존재했을 것으로 이해해도 무방하다.[64]

기존의 성곽은 인정하되, 새로운 성과 해자의 설치는 인정하지 않는다는 ④항목과 관련해서는 거란이 성보를 가축하여 설치하거나, 궁구문란이나 우정 등을 고려 경계와 가까운 곳으로 옮겨 설치하는 것에 대해 고려가 이의를 제기한 내용에서 그 존재를 짐작할 수 있다. 군사시설 설치에 대한 항의는 거란도 마찬가지였다. 앞서 언급한 것처럼 덕종 2년의 관성 설치에 대해서 무력시위를 할 정도로 강하게 반발을 했으며, 정종대에 와서는 고려의 적대적인 태도와 관련해 문제를 제기하는 하나의 명분으로 석성 설치를 언급하기도 했다. 숙종(肅宗) 6년(1101) 8월에는 거란 동경병마도부서(東京兵馬都部署)에서 정주(靜州) 관내(關內)의 군영(軍營)을 철폐해줄 것을 고려에 요청하기도 했다.[65] 이러한 행동들이 가능한 배경에는 합의된 항목이 존재했기 때문에 가능한 일이었을 것이다.

④항목 가운데 해자 설치와 관련해서는 〈나-12〉㉰에서 고려가 경계를

---

63 『新書』 卷7, 退讓
64 앞서 인용한 자료들 가운데는 문종 14년 거란이 군사행동을 통해서 고려 측의 생산된 곡식을 빼앗아 농민들이 농사에 의욕을 잃었다거나(〈나-11〉), 문종 27년 가을에 거란의 人馬가 달려들어 추수할 곡식을 짓밟았다(〈나-12〉㉲)는 내용이 보여, 완충지역 내의 경작에 거란이 군사행동을 통해 방해한 경우가 나타나기도 한다. 이는 완충지역에서의 경작행위가 정말로 허용되었는가에 대한 의구심이 들게 하기도 한다. 하지만 경작을 방해한 사례를 문종대에 두 차례밖에 찾을 수 없다는 점에서 일상적인 행동으로 판단하기는 어렵고 그 행위도 고려와 송의 교류를 저지하려는 의도에서 비롯된 것이었을 뿐이다[許仁旭(2012), 앞의 학위논문, 128~131쪽]. 즉 경작허용문제와 연관 지을 만한 사안은 아니었던 것이다.
65 『高麗史』 卷11, 肅宗 6年 8月 乙巳

침범하여, 암자나 해자 설치를 하는 여진을 거란에 막아달라고 고려가 요청한 것에서 그 존재를 확인할 수 있다. 고려가 통제를 요구한 여진은 거란의 영향 아래 있는 집단이었음이 분명하다. 따라서 여진으로 표현하고는 있지만, 실상 거란에 대한 항의 내용으로 봐도 그리 큰 착오는 아닌 듯하다. 즉, 「송진종서서」의 ④와 동일한 항목인 것이다.

네 가지 항목 중 세 가지 항목이 합치하는데, 그렇다면 상대국으로 도주한 이의 체류와 도피를 허용하지 말라는 ②항목의 경우는 존재했을까. 이를 직접 알려주는 사료는 없다. 따라서 고려와 거란 사이에 존재했다고 단정하기는 쉽지 않다. 그러나 이 또한 고려와 거란의 경계대 운용 규정에 포함될 가능성이 높다고 추정된다. 이는 앞서 고종 34년에 동진이 경계대를 넘어 도망간 50인을 고려에 돌려보낼 것을 요구한 사례가 있기 때문이다. 당시 고려는 동진의 송환요구에 대해 불쾌하게 여겼는데, 이는 송환요구가 양국 간에 합의된 규정이 아니었기 때문이었을 것이다. 협의가 이루어지지 않았음에도 동진이 송환요구를 한 것인데, 이러한 행동이 가능했던 것은 그 이전시기부터 존재한 관례를 준수한 때문으로 이해된다. 동진은 금의 요동선무사(遼東宣撫使) 포선만노(浦鮮萬奴)가 세운 나라로, 고려와의 외교관계는 금의 제도를 준용했을 것으로 여겨진다. 그런데 그 금 또한 고려와의 외교관계는 거란의 구례(舊禮)를 본받았다.[66] 따라서 도망자의 송환과 관련된 항목은 고려와 거란 사이에 존재한 외교규정 가운데 하나로 이해해도 큰 잘못은 아닌 듯하다.

이러한 규정들이 존재하게 된 이유는 고려 측에서는 인정하지 않았지만, 황토령이라는 완충지역을 사이에 두고 경계가 오랜 기간 동안 고정되었다는 점에 있다. 실질적인 국경인 이상, 서로 발생할 수 있는 무력충돌을 미연에

---

66 『高麗史』 卷15, 仁宗 4年 9月 辛未

방지하고 평화관계를 유지해 나가야 할 필요가 존재했던 것이다. 물론 합의된 항목이 있다 해서 불화가 아예 발생하지 않은 것은 아니었다. 자국에 유리한 경우에는 상대국을 압박해 국익을 얻기 위한 수단으로, 불리할 경우에는 국면의 전환을 노리는 방편으로 경계문제를 이용하였기 때문이다.

  이상의 논의를 통해 고려와 거란 사이에 경계대의 운용원칙은 1004년에 거란과 송이 단연지맹을 맺으면서 합의한 항목과 유사했다고 판단된다. 물론 그렇다고 해서 거란이 송과 합의한 운용원칙을 고려와의 관계에 적용하였다고 보기는 어렵다. 단연지맹 이전에 고려와 거란은 993년에 이미 영토협상을 벌인 적이 있었기 때문이다. 시간상으로 생각하면, 거란이 고려와 협상한 내용을 송과의 관계에 적용했다고 보는 것이 좀 더 순리에 맞는 듯하다.

Ⅳ. 맺음말

　고려와 거란 사이에는 993년 성종대 무력충돌이 있은 이후에 요동 지역에 위치한 천황학주지성과 압록강의 한 지류(支流)인 일자별교지수의 사이를 완충지역으로 삼아 경계가 설정되었으며, 현종대에 가서는 압록강 이동을 거란이 강제로 점유하면서 새로운 경계대가 형성되었고 이 서북면 지역의 경계대는 거란이 멸망하기 직전까지 유지되었다. 반면 동북면에서는 완안부의 여진과는 이위계 상의 연산, 금이 건국된 이후에는 하천으로 그리고 동진과는 다시 산령으로 하는 등 경계대의 변화가 있었다.
　이러한 논의는 고려의 경계가 고정되어 있는 것이 아니라, 시기마다 국제 정세에 따라 여러 차례 변화가 있었으며, 그 기준은 하천이나 산령으로 하는 경계대였음을 말해준다. 고려와 거란은 경계대에 각각의 경계에 성을 쌓아 상대방의 침입을 방비하였는데, 경계대 내에는 군사시설을 설치하고 둔전을 두어 경작을 하기도 했다.
　고려와 거란은 경계대에서 충돌을 방지하고 평화롭게 이용하기 위해 운용규칙이 있었는데, 이는 1004년에 거란과 송이 단연지맹을 맺으면서 합의한 항목과 유사한 것으로 판단된다. 그 내용은 각자 자국의 경계를 지키면서 서로 침범하지 말 것, 상대국으로 도주한 사람의 체류와 도피를 허용하지 말 것, 경작을 서로 허용하고 이에 대한 피해를 주지 말 것, 협상 전의 기존 방어시설은 유지하되, 새로운 시설의 설치는 금지할 것이었다. 이 규칙은 거란과 송의 협상내용이 고려와의 관계에 적용되었다기보다는 성종대 거란 승천황태후와의 협상 내용에서 비롯된 것으로 판단된다.

참고문헌

사료

『高麗史』, 『高麗史節要』, 『東文選』, 『東人之文四六』, 『契丹國志』, 『遼史』, 『金史』, 『宋史』, 『乘軺錄』, 『三朝北盟會編』, 『續資治通鑑長編』, 『新書』

저서

김홍철(1997), 『국경론』, 민음사
李基白 外(1993), 『崔承老上書文研究』, 一潮閣
任德淳(1973), 『政治地理學 原論』, 一志社
洪始煥(1966), 『國防地理』, 육군사관학교

논문

구산우(2010), 「고려 현종대의 대거란전쟁과 그 정치·외교적 성격」, 『역사와 경계』 74
金九鎭(1976), 「公嶮鎭과 先春嶺碑」, 『白山學報』 21
金大淵(2007), 「高麗 顯宗의 卽位와 契丹의 侵略原因」, 『한국중세사연구』 22
김소영(2001), 「고려 태조대 대거란 정책의 전개와 그 성격」, 『白山學報』 58
김순자(2003), 「고려의 북방경영과 영토 정책」, 『한중관계사 연구의 성과와 과제』, 국사편찬위원회
김순자(2006), 「10~11세기 高麗와 遼의 영토 정책-압록강선 확보 문제 중심으로」, 『北方史論叢』 11, 고구려연구재단
金佑澤(2009), 「11세기 對契丹 영역 분쟁과 高麗의 대응책」, 『韓國史論』 55
羅鐘宇(2002), 「10세기 동아시아의 국제정세 속에서 고려와 거란관계」, 『軍史』 46
方東仁(1980), 「高麗의 東北地方境域에 關한 硏究-特히 尹瓘의 九城設置範圍를 中心으로」, 『嶺東文化』 1
宋容德(2005), 「高麗前期 國境地帶의 州鎭城編制」, 『韓國史論』 51
申安湜(2004), 「高麗前期의 北方政策과 城郭體制」, 『歷史敎育』 89
신안식(2005), 「高麗前期의 兩界制와 '邊境'」, 『한국중세사연구』 18
安周燮(2001), 「高麗-契丹 戰爭史 硏究」, 明知大學校 博士學位論文
유채영(2005), 「고려 선종대 대외정책 연구」, 『한국문화연구』 9
尹武炳(1953), 「高麗北界地理考」(下), 『歷史學報』 5
李美智(2003), 「高麗 宣宗代 榷場 문제와 對遼關係」, 『韓國史學報』 14

李貞信(2003),「江東6주와 尹瓘의 9城을 통해 본 고려의 대외정책」,『軍史』48
최희림(1983),「천리장성의 축성경위와 그 위치에 대하여」,『력사과학』1983-4
최희림(1986),「천리장성의 축성상 특징과 그 군사적 거점인 진성에 대하여」(1)·(2),『력사과학』1986-3·4
許仁旭(2012),「高麗·契丹의 압록강 지역 영토분쟁 연구」, 高麗大學校 博士學位論文
허인욱(2012),「고려 肅宗·睿宗代 女眞정벌과 高句麗舊地回復意識」,『北方文化研究』3
홍경남(2008),「고려초 대거란정책의 추진과 그 성격」,『學林』29
池內宏(1919),「德宗二年創置の關防と其の後の增築」,『東京帝大文學部紀要 第3 高麗時代の古蹟址』

2부

중국사에서의 변경기구와 외교

진한제국의 변경 이민족 지배와 부도위*

김병준 | 서울대학교

I. 머리말
II. 제국의 국경과 이민족의 분류
III. 제국 내 이민족 지배와 변경의 부도위
IV. 맺음말

I. 머리말

주지하듯이 운몽(雲夢) 수호지(睡虎地) 진간(秦簡)과 강릉(江陵) 장가산(張家山) 한간(漢簡)에서 발견된 율령에는 진한(秦漢)시기 수전제(授田制)와 작제(爵制), 사법체계 등이 정밀하게 체계화되어 있는 모습을 확인할 수 있고, 또 거연한간(居延漢簡)이나 리야진간(里耶秦簡)의 공문서를 통해서는 이러한 율령이 공문(空文)이 아니라 실제 충실히 시행되고 있었음이 증명되었다. 그런데 주목해야 할 부분은 이들 율령과 공문서가 이민족이 거주하고 있었던 변경 지역에서 출토되었다는 점이다. 즉 변경에서도 내군에서 실시되었던 율령체제가 상당 부분 거의 그대로 적용되고 있었다는 것이다.[1]

그런데 이렇게 일차사료에 의해 변경지역에서 군현지배가 관철되었다는 사실이 명백해졌는데도, 많은 연구들이 여전히 진한시대 변경에서의 이민족의 존재와 저항을 일방적으로 강조하고 변경에서의 군현지배 한계를 지적한다. 수당제국의 기미(羈縻) 지배나 명청제국의 토사(土司) 지배와 같은 경우에도 변경 이민족의 자율성을 인정하였을 뿐만 아니라 이러한 정책으로 말미암아 제국(帝國)이 장기적으로 지속될 수 있었다고 이해한다. 하지만 다른 한편으로 이러한 중국제국의 장기 지속 원인을 변경지역에서의 이원적(二元的) 지배에서 찾으려는 노력은 근본적으로 서양의 제국 개념의 영향을

---

* 이 글은 김병준(2013), 「진한제국의 이민족지배 – 部都尉 및 屬國都尉에 대한 재검토」, 『역사학보』 217집 중 1장 제국의 국경 부분과 2장 부도위 부분을 일부 보완·수정한 글임을 밝혀둔다.
1 김병준(2006), 「中國古代 簡牘資料를 통해 본 樂浪郡의 郡縣支配」, 『역사학보』 189 ; 김병준(2008a), 「낙랑군 초기의 編戶過程과 胡漢稍別」, 『목간과 문자』 1 ; 이성규(2006), 「中國 郡縣으로서의 樂浪」, 『낙랑문화연구』, 동북아역사재단

받았던 것이 아닐까 한다. 서양 제국의 고전적 개념이 다시 동양으로 수입되어 중국의 여러 제국에 그대로 적용된 것이라고 생각한다. 그러나 서양의 경우라고 하더라도 로마제국과 신성로마제국 혹은 페르시아제국의 경우가 다르듯이, 중국의 경우에도 수당제국의 돌궐 강호(降胡)에 대한 처리방식이라든가 명청제국의 개토귀류(改土歸流)를 보면 제국의 변경지배방식을 소위 기미정책으로 일괄해서 설명할 수 있을지 의문이다.

과연 이민족의 저항과 그에 따른 절충적 지배 혹은 기미지배라는 제국의 일반적 속성을 진한제국에 그대로 적용할 수 있을까. 진한제국의 장기 지속 원인을 이러한 이원적 지배에서 구해도 되는 것일까. 혹시 다른 지역, 다른 시기의 역사가 구성한 제국의 개념을 충분한 검토 없이 진한시기에 적용한 것은 아닐까. 필자는 그동안 별다른 의문 없이 받아들여져 왔던 진한제국의 변경지배 이해의 타당성 여부를 살펴보기 위해 그것을 뒷받침해 왔던 자료와 논리를 재검토하고자 한다.

진한제국의 변경지배를 고찰할 때 가장 근본적인 문제는 결국 이민족에 대한 정책이라고 할 수 있다. 필자는 다음과 같은 두 가지 측면에서 이민족 문제에 접근하고자 한다. 첫째, 지배대상이 되는 이민족의 범위를 명확하게 구분해야 한다. 많은 경우 이민족의 범위에 흉노와 같이 적국에 해당되는 자들도 포함하곤 한다.[2] 반면 또 다른 연구에서는 제국의 내부에 위치하는 남만(南蠻)이나 서남이(西南夷) 등을 대상으로 제국의 변경 정책을 논의한다. 논의의 대상을 구분하지 않고 토론할 경우, 그 결과가 크게 혼란스러워질 것은 자명하다. 둘째, 진한제국이 변경에 거주하는 이민족을 이원적으로 지배했다는 견해의 근저에는 이곳의 군현지배가 내군과 달리 다른 방식이 시행되었기 때문이라는 이해가 있는데, 그 근거는 부도위(部都尉)와 속국도

---

2 김한규(1982), 『古代中國的世界秩序硏究』, 일조각

위(屬國都尉)의 존재였다.³ 진률(秦律) 및 한률(漢律)의 발견으로 말미암아 변경에서의 율령지배가 확인되었음에도 불구하고, 부도위와 속국도위에 의한 변경지배는 내군의 것과 다른 특수한 성격이라는 생각이 변경에서의 군현지배 관철에 대해 회의하게 했던 것이다. 따라서 이에 대한 근본적인 재검토가 필요하다.

II. 제국의 국경과 이민족의 분류

1. 외경의 안과 밖

제국은 일반적으로 '외부를 향해 군사적 확장 경향을 가진 광역 국가'라고 이해되곤 한다.⁴ 그런데 문제는 그동안의 연구 중에 외부로 확장된 제국의 영역과 제국 내부의 영역, 즉 국경의 안과 밖을 구분하지 않는 경향이 크다는 점이다. 제국의 국경 바깥에 거주하는 이민족과 제국의 국경 안쪽에

3　嚴耕望(1974), 『中國地方行政制度史 上編』卷上, 秦漢地方行政制度 上冊, 臺北, 中央研究院歷史語言研究所；安作璋·熊鐵基(1985), 『秦漢官制史稿』, 濟南, 齊魯書社；김한규(1982), 앞의 책；工藤元男(1998), 「秦の領土擴大と國際秩序の形成」, 『睡虎地秦簡よりみた秦代の國家と社會』, 創文社；권오중(2004), 「漢代 邊郡의 部都尉」, 『동양사학연구』 88；김경호(2005), 「漢代 邊郡支配의 普遍的 原理와 그 性格」, 『동양사학연구』 91；渡邊信一郎(2010), 『中國古代の財政と國家』, 汲古書院

4　渡邊信一郎(2010), 앞의 책, 166쪽

거주하는 이민족을 동일한 범주에 넣어서 논의를 진행해 왔다는 것이다. 제국이 주변 국가에 군사적 영향력을 강력하게 미친다고 해도, 그곳의 이민족에 대한 정책은 국경 내부에 거주하는 이민족에 대한 정책과 현격한 차이를 보일 것임이 당연함에도 불구하고, 실제로는 양자를 일체화시킴으로써 많은 오해를 가져왔다. 진한제국도 예외가 아니었다.

진한제국은 스스로 국경을 명확히 인식하고 있었다. 돈황(敦煌) 양관(陽關)에서 감숙성(甘肅省) 황하(黃河) 서쪽까지, 그리고 북쪽으로는 거연택(居延澤)에 이르기까지 장성과 봉수가 이어져 있었는데, 이것들을 잇는 선이 당시의 국경[외경(外境)]이었다. 이 국경은 진한제국과 그 너머의 이적(夷狄)이 구분되는 선이었다. 이 국경은 국가에 의해 엄격히 통제되었는데, 국가에서 공식적으로 발급한 통행증을 소지한 자만이 이곳을 출입할 수 있었다.[5] 장가산한간 『이년율령(二年律令)』의 진관령(津關令)은 바로 이러한 국경의 설정과 그 엄격한 출입 통제를 여실히 보여주고 있다. 또 『한서(漢書)』 지리지(地理志)와 『후한서(後漢書)』 군국지(郡國志)에는 진한제국의 전체 영역이 상세하게 규정되어 있는데, 가령 『한서』 지리지 마지막 부분에는 전한말 한 제국의 동서, 남북의 길이 및 경작할 수 있는 땅과 경작할 수 없는 땅, 경작할 수 있는데 아직 개간하지 않은 땅 등의 면적을 제시하고 있다. 면적을 상정한다는 것은 곧 제국을 국경으로 둘러싸인 영역으로 파악하고 있다는 의미이다. 또한 이 영역은 군국(郡國) 103, 현읍(縣邑) 1314, 도(道) 32, 후국(侯國) 241로 구성되어 있다고 명기하고 있는데, 여기에 서역도호부(西域都護府)가 호령(護領)한 서역(西域)이라든가, 사흉노중랑(使匈奴中郎)·장호강교위(將護羌校尉)·호오환교위(護烏桓校尉)가 관장하는 남흉노(南匈奴)·서강(西羌)·오환(烏桓)이 포함되어 있지 않다는 점이 주목된다. 다시 말해 국경으로 둘러싸인 진한제

5 　송진(2005), 「漢代 通行證制度와 商人의 이동」, 『동양사학연구』 92

국의 영역에 남흉노·서강·오환은 물론 서역의 여러 나라도 포함되어 있지 않았음을 말해주는 것이다. 이처럼 현실상의 제국은 분명한 국경을 경계로 하여 그 바깥에 존재하는 독립적 이민족(異民族) 국가와 그 안에 존재하는 이민족을 구분하고 있었다.

그럼에도 불구하고 그동안 많은 연구는 이민족이 제국의 국경 안에 거주하며 진한제국에 편입된 존재인지 아니면 제국의 국경 바깥에 존재하는 독립적 국가인지를 묻기보다, 단지 이들 이민족이 한인(漢人)과 구분되는 이적(夷狄)이라는 점을 강조해 왔다. 대표적인 예가 진한제국의 이민족지배를 '기미(羈縻) 지배'로 보는 연구인데, 여기에서 기미의 대상은 한인(漢人)의 상대개념으로서의 이적 전체를 가리킨다. 그렇지만 진한시대 사료에서 '기미'라는 표현을 찾아보면, 기미의 대상은 대부분 국경 바깥의 독립적 국가를 일컫고 있다. 구체적으로 열거하면, (1)흉노와 같은 적국 (2)오환과 선비와 같이 내속과 이반을 반복하는 국가 (3)서역도호부에 속하는 서역의 국가 (4)대월지나 안식과 같이 서역도호부에도 속하지 않는 절역(絶域)의 국가가 기미의 대상이었다. 결국 기미지배를 진한제국 이민족지배의 원칙이라고 한다면, 이는 국경 바깥의 이민족을 대상으로 한 정책일 뿐이지 국경 내부의 이민족에 대한 대책과는 상관이 없는 것이다.

그렇다면 이러한 혼동을 가져온 것은 무엇 때문이었을까? 그 까닭은 제국을 국경을 가진 영역국가로 보지 않고, 관념상의 '천하(天下)'와 등치시켰기 때문이다. '천하'는 '하늘 아래의 모든 지상' 혹은 '천명을 받은 천자의 통치 질서가 구현되어야 하는 장소' 등으로도 쓰이지만, 일반적으로는 『天下=中國+四夷』, 『天下=王化文明의 세계(華=中國=內=人)+化外野蠻의 세계(夷=外=邊=禽獸)』라는 인식이 공유되어 있었다.[6] 이러한 천하에는 국경이라는

---

6   이성규(1992), 「中華思想과 民族主義」, 『哲學(한국철학회)』 1992 봄

개념이 개입할 수 없다. '중국(中國)'만이 아니라 '사이(四夷)'를 포함하는 천하를 천자가 통치해야 할 당위적 공간으로 이해하는 한, 그 안에 속하는 '사이' 즉 이적의 국가는 중국과 대등한 독립적 국가일 수 없고, 단지 천자에 의해 지배되어야 할 대상으로 규정될 수밖에 없다. 따라서 진한제국과 주변국의 외교적 관계로 설명되어야 할 것이 천하 내의 이민족 지배라는 포괄적 틀로 치환되어 애매하게 설명되었던 것이다.

그러나 주지하듯이 이러한 천하관은 이상적인 허구의 관념일 뿐, 현실세계 속의 진한제국의 모습은 아니다. 마땅히 그래야한다는 것과 실제 그렇다는 것은 구별되어야 한다. 결론적으로, 천하라는 이상적 세계가 아니라 진한제국의 변경지배라는 현실적 세계를 고찰하는 것이라면, 제국의 국경(외경) 바깥쪽의 이민족[외이(外夷)]은 제국의 안쪽에 편입된 이민족과 명확히 구분하여 설명되어야 한다.

2. 내경의 안과 밖

제국의 국경[외경(外境)] 안에도 또 다른 이민족의 세계가 존재했다. 이들 이민족의 세계와 중국의 경계가 곧 내경(內境)이다.[7] 한대의 서남이와 백월(百越)이 내경 바깥에[8] 위치한 이민족[내이(內夷)]에 해당된다. 제국의 외경 바

---

7 이성규(2005), 「中華帝國의 팽창과 축소」, 『역사학보』 186
8 外境과 달리 內境의 의미가 생소하므로 안쪽과 바깥쪽이라는 용어가 혼란스러울 수 있다. 이 글에서는 제국의 영역을 외경의 안쪽, 내경의 안쪽이라고 부르기로 한다. 따라서 내경의 바깥쪽은 외경의 바깥쪽처럼 제국의 영역에 속하지 않는 이민족의 세계를 가리킨다. 그림 1 참조

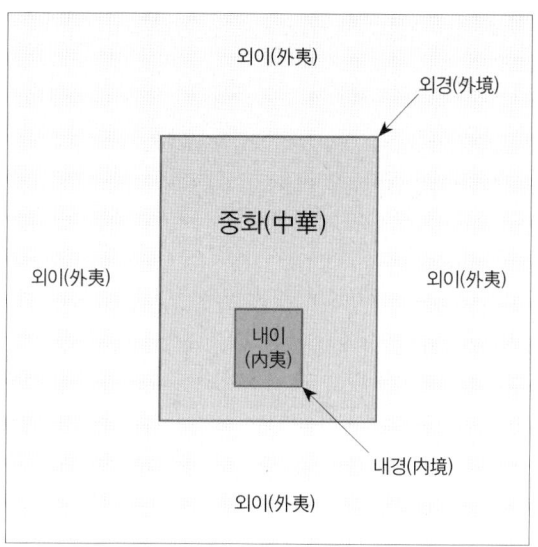

그림 1 내경과 외경 개념도. 이성규(2005), 앞의 글에서 인용.

깥쪽과는 달리 내경 바깥쪽에 거주하는 이민족은 커다란 규모의 독립적 국가를 이루지는 않았지만, 종족을 단위로 수장(首長)의 지배 아래에서 자신들의 세계를 유지할 수 있었다. 양자(兩者)의 유사성은 내경 바깥쪽 이민족에게 외경 바깥에 위치하는 이민족에 대해 적용한 기미(羈縻) 지배가 적용되었다는 것에서도 알 수 있다.[9] 그러므로 내경 바깥의 이민족은 외경 바깥에 위치하는 이민족과 마찬가지로 제국 내의 이민족과는 구분되어야 마땅하다.

그동안 외경 안쪽은 모두 제국의 영역이라는 것을 너무도 당연시했기 때문에 내경이라는 경계에 주목하지 않았고, 따라서 『후한서(後漢書)』 남만서남이(南蠻西南夷) 열전에 보이는 이민족의 세계는 제국의 질서를 피해 산속 깊숙한 곳으로 도망쳐 들어간 소수민족에 불과한 것처럼 이해했다. 단지 제

---

9 『漢書』 卷117, 司馬相如列傳, 3049쪽

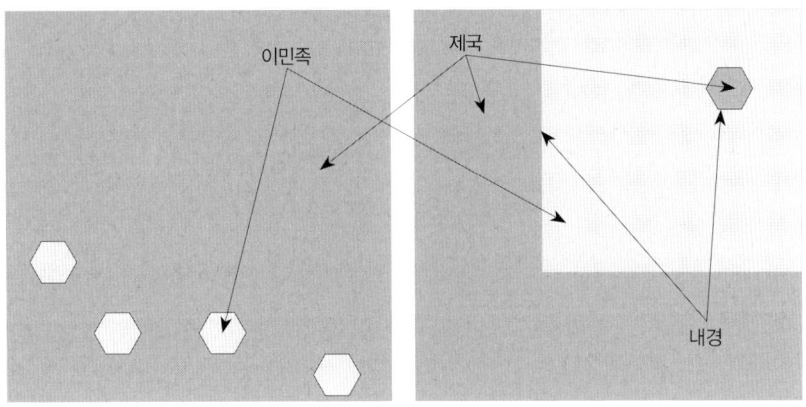

그림 2-1 기존의 '제국 내 이민족' 개념   그림 2-2 내경 개념을 적용한 '제국 외 이민족' 개념

국의 영역 안에 뿔뿔이 흩어져 있는 몇 개의 점으로 표현될 뿐이었다. 그러나 『후한서』 남만서남이 열전을 일람하면, 비록 이 지역 안에 군현이 설치되어 있기는 해도 대체적으로 이곳은 늘 이민족의 침략과 반란이 끊이지 않았던 곳이었으며, 군현에 속한 곳이 주요 지점에 몇 군데 존재하지만 군현에 속하지 않은 곳이 훨씬 넓게 면(面)으로 존재하고 있었다는 점을 쉽게 알 수 있다. 즉 제국의 영역에 이민족이 뿔뿔이 흩어져 있는 것이 아니라, 이민족의 세계에 한(漢) 제국의 현(縣)이 뿔뿔이 흩어져 고립적으로 존재하고 있었다는 것이다. 제국의 영역에 속하지 않은 이민족의 세계가 내경이라는 경계 바깥으로 널리 분포하고 있었던 것이다(그림 2-1, 2-2 참조).

외경이 거대한 장성(長城)과 봉수(烽燧)로 구분된다면, 내경에 해당하는 것은 관새(關塞)와 요(徼)였다. 한대 남군(南郡) 지역에서 발견된 장가산한간(張家山漢簡) 『이년율령(二年律令)』 흥률(興律)의 "乘徼, 亡人道其署出入, 弗覺, 罰金□□"의 '徼', 또는 사마상여(司馬相如)가 "故乃關沫, 若, 徼牂柯."[10]라고

---

10 『史記』 卷117, 司馬相如列傳, 3051쪽

설명한 '關' 및 '徼'가 내경에 해당될 것이다. 그리고 장성이 설치되었던 외경에 수졸을 보내어 그 바깥의 외적으로부터 제국을 지켜야 했듯이, 내경에도 수졸이 파견되었다. 최근 발견된 리야진간에는 지금의 호남성(湖南省) 용산진(龍山鎭) 리야현(里耶縣)에 진시황(秦始皇) 25년, 동정군(洞庭郡) 소속 천릉현(遷陵縣)이라는 현(縣)이 처음 설치되고 그 뒤 군현지배의 거점을 확대해가는 과정을 볼 수 있다. 그런데 이곳은 적국과 맞닿아 있는 진(秦)의 외경이 아니다. 이곳 동정군은 북으로는 남군(南郡), 서쪽으로는 파군(巴郡), 동쪽으로는 형산군(衡山郡), 남쪽으로는 영릉군(零陵郡) 등으로 둘러싸인 내지이며, 그 중에서도 천릉현은 더욱 안쪽에 위치한다. 바로 이곳 동정군 천릉현으로 다른 군현[양릉현(陽陵縣)]의 수졸이 파견되었다는 사실이 간독자료를 통해 확인되었다.[11] 국경이 아닌 곳에 수졸이 파견되지는 않는다. 지방군 혹은 치안을 위한 병졸은 수졸이라고 부르지 않는다. 그러므로 수졸이 파견된 이곳 동정군 천릉현은 내경에 해당되는 곳이라는 것이다.[12]

그런데 외경을 경계로 외경 바깥쪽의 이민족과 외경 안쪽의 이민족이 구분되어야 하듯이, 내경 바깥의 이민족과 내경 안쪽의 제국 내로 편입된 이민족도 구분되어 있었다. 리야진간이 발견된 천릉현성 주변에 파(巴)문화 유물이 발견된다는 것은 곧 진이 파족(巴族)을 진의 제국 질서에 편입해 갔

---

11 『里耶秦簡』[湖南省文物考古研究所編(2007), 『里耶發掘報告』, 長沙, 岳麓書社] 9-4 "卅三年四月辛丑朔丙午, 司空騰敢言之 : 陽陵孝里士伍夷有貲錢千三百卌四. 夷戍洞庭郡, 不知何縣署. 今爲錢校券一, 上謁言洞庭尉, 令夷署所縣責, 以受(授)陽陵司空. [司空]不名計, 問何縣官計, 付署, 計年爲報. 已訾償其家, [家]貧弗能入, 乃移戍所. 報署主責發, 敢言之."

12 『岳麓秦簡』(2013, 『岳麓書院藏秦簡(參)』, 上海, 上海辭書出版社) 奏讞書 제1안에서도 南郡 沙羨縣에 수로로 온 瑣 등 7명의 사례 및 癸·行을 衡山郡으로 수졸로 보내는 상황이 보인다. 이 안건은 秦王 25년(기원전 222) 4월에서 7월에 걸쳐 있으므로 전국의 통일 직전이지만, 이미 그 동쪽과 남쪽 등 주변을 점령한 상태라는 점에서 이곳이 외경이 아니라 내경에 해당한다는 점은 명백하다.

음을 말해준다. 장가산한간 주얼서(奏讞書) 안례(案例) 18에서도 창오군(蒼梧郡) 리향(利鄕)에서 반란이 일어나자 이곳의 신검수(新黔首)가 반란을 진압하러 가는 장면이 보이는데,[13] 여기에서의 신검수는 본래 이곳에 거주하고 있었던 이민족을 진의 호적에 편제시킨 자를 의미하는 것이다. 즉 군현이 설치된 내경 안쪽의 이민족은 호적 및 물질문화 등 여러 방면에서 제국의 질서에 편입되어 있었다.

반면 『후한서』 남만서남이 열전을 자세히 읽어보면, 이렇게 제국의 질서에 편입되지 않은 자들, 즉 내경 바깥에 위치한 이민족이 내경 안쪽의 이민족과 구분되어 서술되고 있다. 그 단서는 이민족의 침략을 서술하는 방식에서 드러난다. 첫째, 남만이 군현을 공격할 때 사용하는 용어가 동일하지 않다. 남만의 성격에 따라 그 용어가 선택적으로 쓰인다는 것이다. 어떤 경우에는 '反'이라는 용어가 사용되고, 어떤 경우에는 '寇', '掠'과 같은 용어가 쓰이고 있다. 그런데 '反'은 단지 소요를 일으킨다는 보통명사가 아니라, 특정한 법률적 개념을 갖춘 용어이다. '反'이라는 범죄행위를 구성하기 위해서는 그에 필요한 요건들이 필요하다. 우선 '反'의 전제로서 일단 한제국의 군현지배 속으로 편입되어야 한다. 이어서 모의 단계에 그치지 않고 직접 군사행동을 한 경우 '反'의 범죄가 성립한다. 반면, 한제국의 군현지배에 전혀 편입된 바가 없는 자들이 군현을 공격한다면, '反'이 아닌 '寇', '掠' 등의 용어가 주로 사용된다. 『후한서』 남만서남이 열전의 주요 내용이 후한시기 남만의 침공 행위이면서도, 열전의 앞부분에 상당한 부분을 할애하여 이곳이 원래 진대(秦代)·한대(漢代)에 군현으로 편입되었던 곳이라는 사실을 굳이 추가하여 기록한 것도 이들의 행위가 '反'에 해당된다는 것을 명시하려고 했

---

13 『張家山漢簡』[彭浩·陳偉·工藤元男 主編(2007), 『二年律令與奏讞書』, 上海, 上海古籍出版社] 奏讞書 18 "初視事, 蒼梧守竈, 尉徒唯謂隼：利鄕反, 新黔首往繫, 去北當捕治者多, 皆未得, 其事甚害難, 恐爲敗."

던 것이다. 이러한 '反'의 용법은 남만의 경우에 국한되지 않고, 흉노·남월·조선 등의 서술에서도 똑같이 확인된다.[14]

둘째, 남만의 종족을 명시할 때 그 표현방식에 차이가 나타난다. 한 측이 군사 행동을 위해 이미 한 측에 편입되어 있었던 자들을 초모(招募)하였는데, 그때 그 초모의 대상이 되는 남만 앞에는 군현에 편입되었던 존재라는 사실을 표시하기 위해 현명(縣名)이 붙는다. 가령 '募充中五里蠻精夫不叛者'의[15] 오리만(五里蠻)은 충현(充縣)에 편입된 이민족임을 표시하는 반면, 이러한 현명이 없는 경우는 편입된 바 없는 자들이라고 보아도 좋다.

셋째, 남만이 침공을 하게 된 원인을 적시한 부분에도 일정한 차이가 있다. 그 원인이 군현에 의해 부과된 요역이 불공평하다거나 과중하다고 표현한 것은 곧 그들이 일단 군현지배하에 들어왔음을 의미하는 반면, 이러한 내용이 동반되지 않은 경우는 내경 바깥의 이민족이 단순히 군현의 물자를 약탈하기 위해 침공한 것을 뜻한다.

물론 내경 안쪽인 제국으로 편입된 이민족을 내군의 한인과 똑같이 지배했다는 것은 아니다. 그러나 내경 바깥의 이민족 세계, 즉 제국의 영역 바깥쪽에 거주하는 이민족과 근본적으로 다른 취급을 했던 것도 명백하다. 무력에 의한 전쟁, 경제적 회유 등의 방식을 총동원하여 이들을 제국의 영역 안으로 편입시킨 뒤, 이들을 그대로 방치하여 편입 이전의 상태와 똑같이 취급했을 리 없기 때문이다. 남만서남이의 경우 이들을 제국의 영역 안으로 편입한 뒤 지배하는 방법은 대체로 다음과 같다. 첫째, 사민(徙民)을 통해 기존의 공동체질서를 해체하는 방법, 둘째, '세상진녀(世尚秦女)'와 같은 통혼(通婚) 방식을 통해 이들을 화하(華夏)의 질서로 끌어들이는 방법, 셋째,

---

14　김병준(2008b), 「漢이 구성한 고조선 멸망 과정 – 『史記』朝鮮列傳의 재검토」, 『한국고대사연구』 50

15　『後漢書』 卷86, 南蠻西南夷列傳, 2832쪽

기존의 군장(君長) 질서를 군현지배와 병존시키되 '무대군장(無大君長)'과 같은 방식으로 명목화시키는 방법 등이 동원되어 제국으로 편입된 이민족을 최대한 한인과 동화시키려 했던 것이다.[16]

　요컨대, 진한제국의 이민족은 제국의 영역 바깥에 위치하는 이민족(외경의 바깥과 내경의 바깥을 모두 포함)과 제국의 영역 안쪽의 이민족이 구별되었다. 그럼에도 불구하고 그간의 많은 연구들은 '천하(天下)'라는 이상적 개념을 제국이라는 현실적 개념과 혼동하였다. 그리하여 다양한 모습으로 존재하고 있었던 이민족을 한인과 대비되는 이적이라는 하나의 범주로 일체화시켰고, 그 때문에 적대적 이민족 국가에 대한 입장이 제국 내에 편입된 이민족 지배와 섞여 이해되면서 결과적으로 제국 내의 이민족 지배의 한계가 강조되었던 것이다. 진한제국의 영역 바깥에 위치하는 이민족과의 관계는 소위 기미질서 또는 적대적 관계였던 반면, 제국의 영역 안쪽에 편입된 이민족과의 관계는 군현지배가 관철되는 지배-피지배의 관계였던 것이다.

III. 제국 내 이민족 지배와 변경의 부도위

　그동안의 연구들이 변경 지역에서의 군현지배를 모두 부정했던 것은 아니다. 그럼에도 불구하고 변군의 군현지배는 내군의 군현지배와는 크게 다

16　김병준(2008a), 앞의 글, 174~182쪽

르다거나 혹은 변경의 군현지배는 변경에 거주하는 한인[漢人 : 수졸(戍卒), 사민(徙民) 등]에 해당될 뿐 이곳의 이민족에게는 적용되지 않는다고 보는 경향이 강하였다. 변군에서 발견되는 출토 간독에 의하면 철저한 군현지배가 실시되고 있다는 것이 너무도 분명해졌음에도 불구하고 이러한 경향이 아직도 뿌리 깊게 남아 있는 까닭은 부도위와 속국도위라는 두 조직에 대한 잘못된 오해가 지속되고 있기 때문이다. 그동안 국내의 많은 연구를 돌아보면, 이 두 조직이 변군에 산재되어 있었던 반면 내군에서는 거의 발견되지 않는데 그 까닭은 이민족을 전담 관리하기 위해서 그 지역을 분할하여 통할하는 치민(治民) 기관이기 때문이라고 이해하고, 또 부도위와 속국도위 간의 차이는 존재하지만 모두 내군의 율령지배와는 구별되는 특수한 지배이며, 그 지배는 내군과는 달리 느슨한 세역과 병역이 부과되었다고 보아왔다. 자연히 변경에서의 지배를 한인과 이민족에 대해 상이한 원칙을 적용하는 이원적 지배였다고 보았던 것이다. 이 글에서는 이 중 부도위를 중심으로 이러한 기존의 이해가 근본적으로 잘못되었음을 지적해 보겠다.

  사실 일찍이 한대의 정치제도를 정리한 엄경망(嚴耕望)의 초기 연구에 오해의 소지가 발견된다.[17] 엄경망은 한대의 도위제도를 설명하면서 내군의 도위와 변군의 도위를 구분하였다. 변군의 도위는 만이(蠻夷) 지역을 다스리기 위해['치(治)'] 설치되었으며, 초기에는 군(郡)을 설치하지 않고 도위만을 설치한 경우도 있고, 이후에는 부(部)를 나눠 '영현(領縣)'하여 군에 내속한 도위가 많아졌다고 한다. 다만 엄경망은 변군의 도위가 내군과 달리 이민족을 대처해야 하기 때문에 여러 개를 두었다고 했을 뿐, 이를 별도로 '부도위'라고 구분하지 않았다. 한편 엄경망 연구 이후 한대 관제사(官制史)를 정리한 안작장(安作璋)·웅철기(熊鐵基)의 연구에서는 새롭게 개척한 지역의 소수민

---

17 嚴耕望(1974), 앞의 책, 154~157쪽

족 통치를 강화하기 위해 부를 나누어 도위를 설치했다고 하고, 그 기능도 일반 도위와 크게 구분되지 않는다는 입장에서 무난하게 정리했던 것과는 달리,[18] 일본과 국내의 연구에서는 부도위에 대한 오해가 커져갔다.[19] 즉 첫째 부도위는 이민족 문제를 전담하는 조직이라는 것, 둘째 부도위는 군에 비해 느슨하고 완화된 조직이라는 것, 셋째 부도위는 도위와 다른 조직이라는 것, 넷째 일정한 지역을 분할하여 그 지역을 통치하는 치민 기관이라는 것이다.[20]

우선 부도위가 이민족을 전담하기 위해 설치된 특수기구라는 점에 대해서 살펴보자. 본래 변군이란 이민족이 살고 있었던 곳을 점령하고 설치한 곳인 이상, 변군에 많은 이민족이 거주하는 것은 당연하다. 그리고 변군에 부도위가 설치된 것도 맞다. 전한시대에 설치된 25개의 변군 중 거의 반수에 가까운 12군에 부도위가 설치되었다.[21] 그러나 반대로 25개의 변군 모든

---

18 安作章·熊鐵基(1985), 앞의 책, 87~89쪽
19 市川任三(1968), 「前漢邊郡都尉考」, 『立正大學敎養部紀要』 2, 2쪽에서는 '동화시키기 어려운 이민족을 대상으로 한 특수한 행정기관'이라고 주장하였으며, 鎌田重雄(1962), 「郡都尉」, 『秦漢政治制度の硏究』, 日本學術振興會, 318~319쪽에서 이민족을 '治民'한 것으로 주장했다. 이러한 일본의 연구가 한국에서의 연구에 큰 영향을 준 것으로 판단된다. 김한규(1982), 앞의 책 ; 권오중(2004), 앞의 글 ; 홍승현(2006), 「三國時期 孫吳政權의 樹立과 古代 中國의 疆域 變化」, 『中國史硏究』 44 ; 방향숙(2008), 「후한의 변군 운용과 요동·현도군」, 『요동군과 현도군 연구』, 동북아역사재단 ; 이성제(2010), 「낙랑의 군현 재편과 濊」, 『낙랑군 호구부 연구』, 동북아역사재단 등
20 권오중은 이 중 둘째 느슨하고 완화된 조직이라는 부분, 넷째 치민관이라는 부분과 어긋나는 자료가 있다는 점을 지적하고 있지만, 이를 지역에 따른 차이라고 설명한다[권오중(2004), 앞의 글]. 즉 東夷와 南夷 지역의 부도위는 이런 성격을 갖지만, 幷州와 涼州, 幽州 지역은 치민관이 아닌 군사적 측면이 강화된 성격을 갖는다는 것이다. 후술하듯이 부도위는 느슨하고 완화된 조직이라든가 치민관이 아닐뿐더러, 도위에 해당되는 국가 고위 관료의 직무가 지역마다 달라질 수 없음은 마치 태수가 지역마다 다를 수 없는 것과 같은 이치이다.
21 工藤元男(1998), 앞의 글, 93~94쪽

곳에 부도위가 설치된 것도 아니다.[22] 이민족이 존재하는 곳에 모두 부도위를 설치했던 것이 아니라는 것이다. 한편 전한 무제 천한(天漢) 4년 촉군(蜀郡)의 서부에 2개의 도위를 두고 그 중 하나는 요외(徼外)의 이(夷)를 주관하고, 다른 하나는 한인(漢人)을 주관하였다고 한다.[23] 이 기록은 부도위가 결코 이민족만을 대상으로 설치되는 것이 아니라는 것을 잘 보여준다.[24] 따라서 부도위 설치에는 이민족 여부가 아니라 이민족을 포함한 그 지역의 치안 상황이 중요한 기준이 되었다고 보아야 한다.

사실 부도위가 설치된 12군의 경우도 처음부터 부도위를 설치한 것이 아니다. 오히려 이민족이 내속할 때는 일반적인 군현을 설치하는 것이 원칙이었다. 가령 (1)동이(東夷) 예군남려(薉君南閭)가 내항(來降)하자 창해군(蒼海郡)을 설치했고,[25] (2)염방이(冄駹夷) 지역에는 문산군(汶山郡)을,[26] (3)작도이

---

22 김한규는 변군 전체가 外夷로 충당된 경우는 부도위를 설치하지 않았다고 보았다[김한규(1982), 앞의 책, 180쪽]. 그러나 이민족을 전담하기 위해 남부, 동부 등 여러 개의 部를 나눠야 할 정도였는데, 전 지역에 이민족이 널리 분포하는데도 하나의 도위만을 설치했다는 설명은 이해하기 어렵다. 한편 권오중은 부도위가 설치되지 않은 交州와 같은 지역에는 부도위를 대신하여 刺史가 이민족을 관리했으며 이는 조정으로부터 매우 먼 거리에 위치했던 지리적 특성에서 비롯되었다고 주장한다[권오중(2004), 앞의 글, 20~24쪽]. 그러나 다른 지역에도 刺史가 설치되어 있다는 점, 또 낙랑군이나 돈황군 역시 결코 거리가 가깝다고 할 수 없다는 점, 스스로 부도위를 완화된 조직이라고 하면서 거리가 멀어 완화된 지배를 펼쳐야 할 곳에 오히려 부도위를 설치않았다는 것을 이해할 수 없다는 점 등이 문제로 지적될 수 있다. 후술하듯 立郡賦重, 土地廣遠으로 인한 군사적 방어의 필요 등의 원인을 충족시키지 못했기 때문일 것이다.
23 『後漢書』卷86, 2854쪽. "至天漢四年, 幷蜀爲西部, 置兩都尉, 一居旄牛, 主徼外夷, 一居靑衣, 主漢人."
24 후술하듯 居延都尉를 부도위라고도 불렀는데, 居延漢簡에 의하면 거연도위는 각 지역으로 징발되어 온 수졸들을 주관하여 흉노를 방어했지, 이곳에 거주하는 이민족을 주관하기 위해 설치된 것이 아니다.
25 『漢書』卷6, 武帝紀, 169~170쪽
26 『後漢書』卷86, 南蠻西南夷列傳, 2857쪽

(莋都夷) 지역에는 침려군(沈黎郡)을,[27] (4)애뢰이(哀牢夷)가 내속할 때는 영창군(永昌郡)을,[28] (5)옥저(沃沮)와 예맥(濊貊) 지역에는 낙랑군(樂浪郡)을 설치하였다.[29] 이러한 원칙은 전한(1)(2)(3)과 후한의 경우(4) 모두 변함없었다. 그러다가 일정한 시간이 지난 뒤 다시 부도위로 재편되곤 하였다. (2)(3)은 무제 원정(元鼎) 6년에 군(郡)으로 편제되었다가 각각 선제 지절(地節) 연간과 무제 천한(天漢) 연간에 부도위가 설치되었으며, (5)의 경우에도 일단 현토군(玄菟郡)이 설치되었다가 나중에 부도위가 설치되었던 것이다. 부도위가 설치되었다고 하더라도 다시 군(郡)으로 환원되는 경우도 많다. (2)의 경우 처음 문산군(汶山郡)이었다가 촉군(蜀郡) 북부도위(北部都尉)로 되었지만 후한(後漢) 영제(靈帝) 때 다시 문산군으로 바뀌었으며, (4)의 경우 익주군(益州郡) 서부도위(西部都尉)가 영창군(永昌郡)으로 바뀌었다. 이렇게 군이 설치되었다가 부도위로 바뀌거나, 혹은 부도위가 설치되었다가 이를 폐지하고 다시 군으로 바뀐다는 사실은, 그 내부의 이민족 구성에 변함이 없는 이상 부도위가 이민족을 전담하기 위해 설치된 것이 아님을 말해준다.

부도위가 독립된 행정단위가 아니라 군 소속 기관이라는 사실이 분명하므로, 군이 폐지된 후 부도위로 바뀌었다고 해도 그 부도위 관할 지역은 독립된 행정단위가 되는 것이 아니라 인근의 군으로 편입되었다는 것을 의미한다. 따라서 상기한 여러 사례는 부도위의 설치와 폐지 여하에 상관없이 군에 소속되어 있었던 것이며, 군의 설치는 곧 현(縣)의 설치를 동반하므로 이민족이 내속한 이후 이들은 항상 군 휘하의 현에 소속되었음을 말한다. (4)의 경우 애뢰현(哀牢縣)과 박남현(博南縣)을 더 설치하고 기존의 6현과 합쳐

---

27 『後漢書』 卷86, 南蠻西南夷列傳, 2854쪽
28 『後漢書』 卷2, 明帝紀, 114쪽
29 『三國志』 卷85, 東夷列傳, 2817쪽

서 새로운 군을 만들었다는 것이나, (5)의 낙랑(樂浪) 동부도위(東部都尉)가 7현을 담당하고 있다는 등 부도위는 항상 현의 조직과 함께 언급되고 있다.

요컨대 이민족이 내속하는 경우 독립된 하나의 군을 만들어 그들을 현에 배속시켜 지배하는 것이 기본 원칙이었지만, 여러 가지 정황상 이것이 어려워지면 이를 인근의 군에 배속시키고 그 아래에 부도위를 두어 관리하도록 한 것이다. 다시 말해 이민족 지역에서 이민족 지배를 전담하기 위해 부도위가 시행되었던 것이 아니라, 그 지역을 어느 군에 소속시킬 것인가라는 정책적 판단에 의해 부도위 설치 여부가 결정되었다는 것이다.

둘째, 부도위는 군에 비해 느슨하고 완화된 조직이라는 문제에 대해 살펴보자. 신군이 폐지되고 난 뒤 부도위가 설치되었던 정황은 어떤 것이었을까? 그 이유로 (2)에서는 '立郡賦重'을 들고 있고, (5)에서는 '後以境土廣遠'을 들고 있다. 우선 이민족의 지역에 항상 '입군(立郡)'을 하게 되지만, 일부 군의 경우 '부중(賦重)'이라는 문제가 발생할 수 있다는 것이다.[30] 내속한 이민족을 중심으로 신군을 운영하게 되면, 군현의 행정을 유지하기 위해 엄청난 행정비용이 필요하다. 특히 신군의 경우 중앙정부 혹은 인근의 군현으로부터 행정에 필요한 각종 인적 자원과 물적 자원을 조달받아야 했다. 낙랑군의 경우 요동군(遼東郡)으로부터 리(吏)를 공급받았다는 문헌기록이 남아있지만,[31] 리야진간을 통해 동정군 천릉현의 경우도 인근 촉군(蜀郡)과 남군(南郡)으로부터 리원(吏員)과 형도(刑徒) 그리고 각종 물자를 조달받고 있었다는 사실을 확인할 수 있다.[32] 그런데 이러한 많은 지원은 곧 초기 군현 운

---

30 이민족 지역에 설치된 新郡이 모두 폐지된 것이 아님을 주의해야 한다. 이렇게 폐지되지 않은 郡에서만 특별히 賦를 가볍게 할 수 없는 것이므로, '立郡賦重'이라는 현상도 모든 新郡에 적용되는 현상이라고 할 수 없다.
31 『漢書』卷28下, 地理志, 1658쪽. "郡初取吏於遼東."
32 『里耶秦簡』[陳偉 主編(2012), 『里耶秦簡校釋』第一卷, 武漢, 武漢大學出版社] 8-269 "資中令陽里釦伐閱: 十一年九月隃爲史. 爲鄕史九歲一日. 爲田部史四歲三月十一日.

영에 그만큼의 많은 비용이 필요하다는 것을 보여주는 것이었다. 또한 언제까지 중앙이나 인근 군현의 도움을 받을 수는 없으며 조만간 이 비용의 대부분을 신군 내부에서 자체적으로 감당해야 하였는데, 그때가 되면 이 많은 비용은 결국 해당 군민(郡民)의 부담이 될 수밖에 없었다. 각 군의 재정은 자체적으로 해결하는 것이 원칙이기 때문이다. 리야진간에서도 점차 천릉현의 현민(縣民)에게 토지개간이 의무화되고 그에 해당하는 전조(田租)를 납부하도록 하는 모습이 확인된다.[33] 그런데 이제 막 신군(新郡)이 된 이민족 지역 중에는 비교적 험준한 지형이 많고 경지가 부족해 경제적으로 열악할 뿐만 아니라 인구도 매우 적은 곳이 많다. 적은 수의 인구와 열악한 경제 환경을 가진 상황 아래에서 상당한 규모의 군현 비용을 부담할 수밖에 없다면, 자연히 그 부담을 매우 무겁게 느낄 것임은 분명하다.[34] 결국 이러한 경비 부담을 감당하고 인적·물적 자원을 확보할 수 있는 변군은 그대로 군현을 유지하지만, 인구가 적거나 경작지 혹은 생산력이 뒤떨어진 곳에서는 과도한 부담['부중(賦重)']으로 인해 군현을 유지할 수 없게 되는 것이다.

이렇게 이민족의 불만이 커지게 되면 본래 내속한 이민족으로 독립된 군을 세운다는 원칙을 포기하고 이들을 인근의 군에 함께 편제할 수밖에 없었다. 그렇게 되면 군현의 운영에 필요한 전체 비용을 비교적 경제적으로 어느 정도 여유 있는 인근 군의 주민과 공동으로 부담할 수 있기 때문이다. 결과

爲令史 二月. □計. 年卅六. 戶計. 可直司空曹."

33 『里耶秦簡』8-1763 "…… 當墾田十六畝, …… 已墾田十九畝.";8-1519 "遷陵縣卅五年墾田輿五十二頃九十五畝, 稅田四頃十二畝, 戶百五十二, 租六百七十七石. 率之, 畝一石五斗少半斗, 戶嬰四石五斗五升, 奇不率六斗. 啓田九頃十畝 租九十七石六斗. 都田十七頃五十一畝, 租二百卅一石. 貳田卌六頃卌四畝, 租三百卅九石. 凡田七十頃十二畝, 租凡九百一十. 六百七十七石."

34 『史記』卷30, 平準書 1440 "而初郡時時小反, 殺吏, 漢發南方吏卒往誅之, 閒歲萬餘人, 費皆仰給大農. 大農以均輸調鹽鐵助賦, 故能贍之."

적으로 이민족의 입장에서는 독립된 군을 설치했을 때 부담해야 했던 부세(賦稅)보다 상대적으로 적은 양을 부담하게 되고, 한조(漢朝)로서도 상대적으로 안정된 군현지배를 계속 유지할 수 있었을 것이다.

그런데 기존의 연구에서는 이 '立郡賦重'을 근거로 부도위 체제가 군보다 주민의 부담이 완화된 형태라고 해석해 왔다.[35] 인근의 군에 편입된 결과, 그 이전에 비해 부세의 부담이 줄어들었던 것이 사실이다. 그러나 이것은 부도위 체제와는 상관이 없다. 이러한 오해는 부도위가 담당하고 있었던 지역이 마치 별도의 부세 체제에 속한 것처럼 이해한 데서 비롯한다. 신군이 폐지된 곳은 인근의 군에 소속되며, 그 군에 소속된 현은 다른 현과 함께 동일한 원칙에 의해 부세를 부담했던 것이다. 다만 이제는 군 내의 많은 현들과 군 전체의 비용을 공동부담할 수 있게 되었고, 또 군은 현의 인구수에 맞게 부세의 양을 부과했기 때문에 결과적으로 부담이 줄어든 것이다. 군의 규모가 커져서 이민족의 부담이 줄어들었다는 것이다.

그런데 일단 인근의 군으로 합쳐지게 되면, 또 다른 문제가 발생하는데 이것이 곧 (5)에서 언급된 '後以境土廣遠'이다. 즉 낙랑군은 다른 한사군(漢四郡)이 폐지되면서 그곳에 소속되어 있었던 현들이 모두 낙랑군으로 합쳐졌기 때문에 그 규모가 매우 커지게 되었다. 그로 말미암아 중심지인 군치(郡治) 주변에 위치해 있던 낙랑군의 도위가 단단대령을 넘어 매우 멀리 떨어진 지역까지 모두 관할하는데 비효율성이 발생하게 되었을 것이고, 이 때문에 낙랑군 전체를 몇 개의 부(部)로 나누어 도위를 추가 설치했던 것이다. 이 낙랑군의 사례는 다른 경우에도 똑같이 적용되었다. 촉군의 중심지는 성도평원(成都平原)에 위치하고 있었는데, 북쪽 염방이에 설치된 문산군과

---

35 김한규(1982), 앞의 책 : 권오중(1992), 『낙랑군연구』, 일조각 : 권오중(2004), 앞의 글

서남쪽 작도이 지역에 설치된 침려군이 폐지되고 촉군에 합쳐지게 되면서 촉군 전체의 영역이 크게 넓어졌을 뿐 아니라, 문산군과 침려군 지역은 모두 민산(岷山)산맥으로 이루어진 산지에 위치하고 있기 때문에 매우 멀고 교통도 크게 불편했다. 이런 지역을 성도평원의 중심부에 위치한 군도위(郡都尉)가 모두 관리할 경우 업무의 비효율성이 크게 증가될 것임은 분명하다. 그 때문에 북쪽과 서남쪽을 각각 부로 나누어 관리했던 것이다.[36]

셋째, 부도위가 도위와 다른 별개의 조직이라고 이해해 왔던 부분을 검토해보자. 먼저 '부(部)'의 의미를 살펴볼 필요가 있다. 기왕의 연구에서 부도위를 일반 도위와 다른 성격으로 이해했던 것은 결국 '部'라는 글자가 덧붙여졌기 때문이다. 문헌기록에서는 정부(亭部)와 향부(鄕部), 전부(田部)의 사례를 찾을 수 있다. 정부는 정장(亭長)의 관할 범위를 일컫는다. 정부의 범위에 속한 사람들의 조부(租賦)를 면제했던 사례가 있으며, 시어사(侍御史)가 정부에서 원왕(冤枉)을 처리하기도 하였다.[37] 향부(鄕部)도 향(鄕)이 관할하는 범위를 의미한다. 원칙적으로 지방행정조직은 향(鄕)-리(里)의 계통으로 이루어져 있으며, 정(亭)은 이와는 별개의 계통으로서 치안을 담당한다. 그런데 향부와 정부라는 표현이 동시에 사용되고 있으므로, 향부는 향성(鄕城)을 중심으로 한 지역을, 그리고 정부는 향성 사이에 위치하는 중간지역을 각각 의미하는 것이라고 보아야 한다. 전부(田部)라는 표현도 향부와 함께 쓰이는데, 장가산한간 전률(田律)에 향부[鄕部, 색부(嗇夫)]가 읍중(邑中)의

---

36 물론 전술했듯이 土地가 廣遠해도 部를 나누어 도위를 설치하지 않은 곳이 있다. 그 까닭은 도위가 군사를 관장하는 武職이라는 점을 상기하면 간단히 설명할 수 있다. 즉 실질적인 군사적 위협이 적었거나 지배하고자 하는 지역이 몇 개의 지점으로 국한되어서 郡 내부에 군사적으로 관할하려는 지역이 적었기 때문에 하나의 도위만으로 이들을 관장할 수 있다고 판단했기 때문일 것이다.
37 『後漢書』 卷3, 章帝紀, 153쪽;『後漢書』 卷8, 靈帝紀, 338쪽

도(道)를 담당하고 전부(색부)가 전도(田道)를 담당하다는 규정을 보면[38] 향부는 향읍(鄕邑)을 중심으로 한 지역을, 전부는 향성 바깥의 전지(田地)가 있는 지역이라는 것을 알 수 있다. 이처럼 '部'는 원래 전체 영역을 몇 개로 나눈 공간, 혹은 그러한 공간을 담당하는 관리로서 사용되었다.[39]

여기서 한 가지 주의할 점은 정부(亭部)가 일정한 영역을 의미하지만 그 영역에 거주하는 민(民)은 정(亭)에 편제된 것이 아니라는 것이다. 정부의 정장(亭長)은 일정한 지역의 치안을 책임지지만, 그곳에서 활동하는 자들은 향리(鄕里)의 체계로 편입되어 관리되었다. 전부(田部)의 전색부(田嗇夫)가 전지(田地)를 책임지지만, 그곳에서 경작하는 민(民)은 향부(鄕部)에 소속된다. 일정한 영역 공간을 표현하기 위해 모부(某部)라고 표현했던 것이며, 모부가 배타적으로 반드시 하나의 기관에 의해 관리될 필요는 없었다는 것이다. 이 점은 부도위가 관할하는 부(部)가 부도위에 의해서 배타적으로 관리된 것이 아니라, 행정적으로는 현(縣)에 의해 편제되었을 것이라는 이 글의 주장을 뒷받침해주는 것이기도 하다.

군정(軍政) 계통인 도위의 하부 조직으로 후관(候官) - 부(部) - 수(燧)가 있다. 도위 조직의 부는 민정(民政) 계통의 향(鄕)에 해당된다. 부에는 후장(候長)과 후사(候史)를 두었고 보통 6∼7개 정도의 수(燧)를 관리하였다. 즉 부는 많은 수의 수(燧)를 효과적으로 관할하기 위해 전체 후관(候官)을 몇 개의 지역으로 나눈 것을 말한다. 전체 영역을 몇 개의 공간인 부로 나누어 관리했다는 점은 향부·전부·정부와 동일하다.

이제 부도위(部都尉)의 부(部)를 살펴보자. 『한서』·『후한서』에 등장하는

---

38 『張家山漢簡』二年律令 "鄕部主邑中道, 田主田道" 簡 247∼248
39 『漢書』卷72, 貢禹傳, 3075쪽;『漢書』卷89, 黃霸傳, 3630쪽;『張家山漢簡』二年律令, 賊律 簡 5, 錢律 簡 201∼202, 戶律 簡 318, 戶律 簡 322, 戶律 簡 334∼335, 秩律 簡 450.

부도위는 기본적으로 동부·서부·남부·북부의 네 방위로 표현되고 있다. 모든 군(郡)이 4개의 방위로 나뉜 것이 아니라, 부도위를 설치할 필요가 있는 지역을 정하고 그곳의 위치를 보고 해당 방위를 덧붙이는 형태이다. 그런데 방위를 붙이지 않고 지명을 붙인 경우도 적지 않다. 방위를 표시하기 어려운 지역이거나 혹은 하나의 방위에 여러 개의 부도위를 설치해야 할 경우에는 지명을 붙였다. 거연도위부(居延都尉府)가 좋은 예이다. 『한서』 지리지에는 거연현(居延縣)에 도위치(都尉治)를 두었다고 되어 있다. 이를 부도위라고 부르지 않았지만, 거연한간은 이 도위가 곧 부도위임을 알려준다. 물론 그냥 거연도위(居延都尉)라고 되어 있는 경우가 많지만,[40] 아무런 가호(加號) 없이 도위라고만 표현한 경우는 물론,[41] 부도위라고 부른 경우도 어렵지 않게 찾아볼 수 있다.[42] 다시 말해 거연도위가 도위로 불리거나 혹은 부도위로도 불렸다는 것이다. 따라서 도위라고만 불렸다고 군도위라고 할 수 없다. 마찬가지로 거연한간에는 『한서』 지리지에는 보이지 않는 견수도위(肩水都尉)가 보이는데,[43] '견수북부도위(肩水北部都尉)'라고도 불렸다.[44] 견수도위라고만 되어 있다고 해서 군도위가 아니며, 지명이 붙어있어도 실제로는 부도위였음을 알 수 있다. 즉 부도위는 반드시 〈방위+부〉의 형태를 갖고 있어야

---

40 『居延漢簡釋文合校』[謝桂華 等編(1987), 文物出版社] 974:合44.16:『居延新簡』350:E.P.T5:125, 1458:E.P.T43:12

41 『居延新簡』[甘肅省文物考古研究所 編(1990), 文物出版社] 2966:E.P.T51:336A, 3013:E.P.T51:379, 521:E.P.T52:97

42 『居延新簡』2817:E.P.T51:202 "□武賢司馬如昌行長史事千人武疆行丞事 敢告部都尉卒人, 謂縣寫重如卒人/守卒史□守屬奉世"

43 『肩水金關漢簡』[甘肅省簡牘保護研究中心 等編(2012), 中西書局] 73EJT21:47

44 『居延漢簡釋文合校』8686:合502.10A "十二月乙巳張掖肩水都尉□兼行丞事□肩水北部都尉□":『肩水金關漢簡』73EJT22:29 "居延肩水北部都尉卒." 후자의 경우 '居延都尉와 肩水都尉와 北部都尉'로 읽을 수도 있으며, 이럴 경우 張液郡에는 居延都尉와 肩水都尉 외에 北部都尉가 별도로 있게 된다. 그래도 居延都尉와 肩水都尉가 部都尉라는 점에는 변함이 없다.

만 하는 것이 아니다. 거연한간에는 후성부도위(候城部都尉)라는 명칭도 보여,[45] 장액군(張掖郡) 내의 또 다른 부도위가 존재했음을 알 수 있다. 거연도위와 견수도위가 부도위로 불렸다는 사실은 곧 거연(居延)과 견수(肩水) 등과 같은 지명이 〈방위+부〉가 일정한 영역을 의미하는 것과 마찬가지로 그 지명 주변의 영역임을 뜻한다. 그런데『한서』지리지에 장액군 일륵현(日勒縣)에도 도위치가 있었다고 한 것을 보면, 일륵(日勒)의 도위도 거연도위처럼 부도위라고 불렸다고 여겨진다. 즉 장액군에 군도위가 별도로 존재한 것이 아니라, 군에 1개의 도위가 있을 경우에는 이를 군도위라고 부르지만, 그 뒤 인군(隣郡)의 병합 등과 같이 여러 개의 도위를 두어야 할 경우 그곳의 방위 혹은 지명을 도위 앞에 덧붙였던 것이다. 이처럼 부도위는 도위와 본질적으로 다른 특수기관이 아니었다. 장액군에는 일륵도위(日勒都尉), 거연도위, 견수도위, 후성도위(候城都尉), 북부도위(北部都尉)라는 여러 개의 도위가 존재하고 있었고, 이들은 종종 부도위라고도 불렸던 것이다.

　이러한 사실을 깨닫고 다시 기존의 문헌자료를 살펴보면, 부도위라는 명칭과 도위가 구별 없이 사용되었다는 사실을 알 수 있다. 가령 앞에서 전한 무제시기 촉군 서부에 2개의 '도위'를 두었다고 되어 있는 기록을 인용했는데, 부도위를 도위와 다른 것으로 보면 도위가 2개가 되어버려 이 기록을 설명하기 어렵다. 그러나 촉군이 서쪽 지역을 구분하여 그곳에 군사를 담당하는 부도위를 2개 두었다고 이해하면 별 문제가 없다. 또 회계군(會稽郡)에는 '東南一尉'라고만 되어 있는 것을 맹강(孟康)의 주석에 따라 동부도위라고 이해해야하는 것도 같은 맥락이다.[46] 그밖에 북지군(北地郡)에 북부도위와 함께 혼회도위(渾懷都尉)가 설치되어 있고, 상군(上郡)에는 흉귀도위(匈歸都

---

45 『敦煌漢簡』2032 : 敦TH.1755A
46 『漢書』卷87下, 楊雄傳, 3568쪽

尉)가 설치되어 있는데, 비록 도위라고만 되어 있으나 거연도위나 견수도위처럼 이들도 마찬가지로 부도위로 불렸을 것이다. 전한말 하후번(夏侯藩)에 의하면 성제(成帝) 수화(綏和) 연간 장액군에는 2개의 부와 3개의 도위가 있었다고 한 것이나, 후한 광무제 건무(建武) 6년 도위를 폐지할 때에도 모두 도위라고 칭할 뿐 부도위를 별도로 언급하지 않았다. 요컨대 군사적인 위협이 커져서 이들에 대응해야 할 필요가 발생하게 되면, 그곳을 부 혹은 지명으로 구분하여 그곳에 도위를 추가로 설치했던 것이며, 기본적 기능은 도위와 다를 바가 없었던 것이다.

넷째, 기존 연구에서 정의하는 부도위의 성격 중 중요한 또 한 가지는 부도위가 이민족을 '치민(治民)'했다는 것이다.[47] 즉 내군(內郡)에서는 태수(太守)가 치민하고 도위는 군사적 기능만을 담당했던 것과는 달리, 변군의 부도위는 독자적 통치영역을 위임받아 그곳의 이민족을 행정적으로도 통치하는 행정관의 역할도 갖고 있었다는 것이다. 부도위가 군의 태수와 분치(分治)했다는 것이다. 사실 위에서 지적한 것처럼 부도위가 도위의 일종이라는 점을 인정하면, 이러한 견해는 더 이상 성립할 수 없음이 명백하다. 도위는 군사 및 치안을 담당할 뿐 태수가 담당하는 민정을 담당할 수 없기 때문이다.[48] 설령 부도위가 도위와 다른 별개의 조직이라고 하더라도, 부도위가 '치민'했다는 주장을 정면으로 부정하는 사료가 부도위와 관련한 가장 기본적인 사료인 『한관의(漢官儀)』에 있다.

> 변군에는 부위(部尉), 천인(千人), 사마(司馬), 후(候), 농도위(農都尉)를 두었는데, 모두 치민(治民)하지 않았다.[49]

---

47 鎌田重雄(1962), 앞의 글 : 工藤元男(1998), 앞의 글
48 安作章·熊鐵基(1985), 앞의 책, 88~89쪽

이 사료는 변군의 부도위가 '치민'하지 않는다는 너무도 명백한 기록이다. 그런데도 기존의 연구자들이 줄곧 부도위가 '치민'했다고 본 까닭은 부도위가 '몇 개의 현(縣)을 분령(分領)한다'는 기록 때문이다. 옥저와 예맥 지역의 경우 낙랑 동부도위가 7현을 소령(所領)했고, 애뢰이 지역의 경우 익주서부도위(益州西部都尉)가 6현을 소령하고 있었다는 점을 들어, 부도위를 치민과 연결시켜 왔던 것이지만,[50] 몇 개의 현을 소령했다는 것은 도위의 군사 관할 영역을 표시하는 것일 뿐이다. 소령한다는 의미가 마치 현과 관련한 모든 것을 관장하는 것이라고 확대 해석할 필요가 없다는 것이다. 즉 장군과 같은 무관(武官)이 소령하는 것은 그 몇 개 현의 무사(武事)를 관장한다는 뜻으로서, 군현(郡縣)과 같은 지방관이 소령하는 경우와 구분해야 한다. 『동관한기(東觀漢記)』에는 내경(內境)에 해당하는 여강군(廬江郡)의 도위가 된 유창(劉敞)이 본연의 업무인 군사와 치안을 위해 여강(廬江)의 여러 현을 돌아다니며 감찰하는 중 민정과 관련한 사안을 들었을 때 이는 태수의 일이라고 거절했으나, 술을 먹다가 이를 언급하자 태수가 강하게 항의했던 사건이 기록되어 있다.[51] 이 경우는 부도위가 아니라 여강군 전역을 맡고 있었기

---

49 "邊郡置部尉千人司馬候農都尉, 皆不治民"『後漢書』志28, 百官志 3624쪽.『漢書』卷41, 靳歙傳, 如淳注 引用 漢儀注에는 "漢儀注邊郡置都尉·千人·司馬·候也."라고만 되어 있어 '不治民'이 보이지 않지만, 이는 '千人'이라는 부분에 대한 주석으로 部都尉에 소속된 자들을 설명하는 것이 주된 목적이었기 때문에 뒷부분을 옮겨 적지 않은 것뿐이다.

50 武帝시기 西夷의 邛·筰지역에 1都尉 10餘 縣을 설치하여 蜀郡에 속하게 했다는 기록, 또 西夷를 罷한 뒤 南夷 夜郎 지역에 1都尉 2縣을 설치했다는 기록을 근거로 도위가 이민족이 거주하는 몇 개의 현을 지배했다고 보고, 이것이 도위의 分郡·治民의 주요한 근거가 되곤 한다[권오중(2004), 앞의 글, 4쪽; 工藤元男(1998), 앞의 글, 94쪽]. 그러나 이 기록들은 그 지역에 설치된 都尉와 縣의 숫자를 언급하고 있을 뿐, 都尉와 縣의 統屬 및 지배 관계를 언급한 것이 아니다.

51 『後漢書』卷14, 宗室四王三侯傳, 560쪽. "東觀記曰, 敞臨廬江歲餘, 遭旱, 行縣, 人持枯稻, 自言稻皆枯. 吏強責租. 敞應曰, 太守事也. 載枯稻至太守所. 酒數行, 以語太守, 太守曰, 無有. 敞以枯稻示之, 太守曰, 都尉事邪."

때문에 굳이 몇 개의 현을 소령했다고 쓰지 않았지만, 실질적으로는 이처럼 본연의 무사 관련 업무를 위해 행현(行縣)하는 것이 부도위 소령의 의미에 해당될 것이다.

문헌기록에 나온 내용이 매우 간단해서 그것만으로 다른 의견이 제기될 수도 있지만, 거연한간에는 구체적인 부도위의 모습이 잘 드러나 있다. 전술한 바와 같이 거연도위는 부도위로도 불렸다. 그런데 이 거연도위부의 활동은 전적으로 군사조직의 범주에서 벗어나지 않는다. 액제납하(額濟納河)를 따라 설치된 방어선을 유지하기 위해 수졸을 관리하고 적군의 동태를 감시하는 것이 거연도위부의 전부였다. 한편 거연현에 거주하는 일반민들을 편제하고 세역을 거두는 모습은 없다. 도위가 관리하는 병사들은 군현에 그들의 본적을 갖고 있었으므로,[52] 거연현을 소령하고 있었다고 할 수 있지만, 거연도위는 그들이 군사로 징집되어 있는 기간 동안 군사 방어와 관련한 일에 집중할 뿐이다. 거연한간에는 병사의 가족에 대한 식량을 지급하고 있는 부분이 보이는데, 이들은 병사와 같이 후관(侯官)-부(部)-수(燧) 조직에서 거주하는 것이 아니라 현(縣)-향(鄕)-리(里)에 거주하고 있었기 때문에 마치 치민(治民)과 같이 보일 수도 있지만, 병사 봉급을 대신 수령하는 차원일 뿐이다. 병사 가족의 세역 등 기본적인 행정 지배는 도위가 아닌 군-현-향 조직에 의해 이루어졌다.

또 군사를 담당한 거연도위부는 거연현에 위치하지 않았다. 부도위로서의 거연도위부가 거연현에 대한 치민과 관련이 없었기 때문이다. 이와 마찬가지로『한서』지리지에 보이는 도위와 부도위도 대부분 현(縣)에 위치하지 않았다. 가령 북지군의 북부도위는 부평현(富平縣) 주변의 신천장(神泉障)

---

52 『肩水金關漢簡』73EJT14：3 "肩水都尉屬令狐賞葆屋蘭大昌里孫年廿八長七尺五寸 黑色."

에, 돈황군(敦煌郡) 중부도위(中部都尉)는 돈황현(敦煌縣) 주변의 보광후관(步廣候官)에, 돈황군(敦煌郡)의 의화도위(宜禾都尉)도 광지현(廣至縣) 부근의 곤륜장(昆侖障)에 치소(治所)를 두었다. 만약 부도위가 여러 현을 행정적으로 소령하여 지배하는 치민관(治民官)이었다면, 현에 치소를 두는 것이 마땅하다. 현민을 지배하는 치민관이 현민(縣民)의 거주지로부터 멀리 떨어진 곳, 그것도 군사적 요새에 해당되는 장새(障塞)에 치소를 둔다는 것은 상상할 수 없다.

이민족에 대한 군사적 업무 외에 이들에 대한 행정적 지배는 내군(內郡)과 마찬가지로 일반 군현에 의해 이루어졌다. 한대에 이민족을 대상으로 설치된 특별 조직은 속국(屬國)이 유일하다. 속국민에 대해서만 고속(故俗)을 인정해 주었다는 것은, 속국민이 아닌 이민족의 경우 일반 군현에서 한인(漢人)과 잡거(雜居)하며 군현의 지배를 받았음을 의미한다. 『한서』 백관공경표(百官公卿表)에 의하면 이민족이 거주하는 공간에는 도(道)가 설치되었다고 한다. 그러나 이곳은 이민족과 함께 한인이 함께 거주했던 곳이다. 또 진률이나 『이년율령』을 보면 현과 도가 연칭(連稱)되어 사용되고 있는데, 이는 곧 현과 도에 모두 기본적으로 동일한 율령이 적용되었다는 것을 말해준다. 한대(漢代)에 들어와 이민족의 지역에 더 이상 도가 설치되지 않고 현이 설치되었던 것도[53] 도의 지배가 현과 다르지 않다는 것을 뒷받침해 준다. 물론 한인과 이민족 간에는 약간의 차이가 있었던 것도 사실이다. 가령 『장가산한간』 주얼서 안례1에는 "남군(南郡) 이도(夷道)에 소속된 만이(蠻夷)인 무우(毋憂)가 해마다 56전(錢)의 종전(賨錢)을 내어 요부(徭賦)에 대신한다는 만이률(蠻夷律)의 적용을 받는다"고 되어 있다. 무우는 이 만이률의 내용을 "군장(君長)에 소속된 자로서 해마다 종전을 내면 요부에 대신할 수 있다"고 설

---

53 김병준(1997), 『中國古代 郡縣支配와 地域文化』, 일조각, 279~287쪽

명했다. 그러나 주의할 점은 군장을 통하지 않은 채 그를 군역(軍役)에 징발했다는 점인데, 이는 무우가 속해 있었던 도가 만이를 개별적으로 파악한 호적이 없으면 불가능한 것이다. 즉 남군 이도에 거주하는 만이는 군장에 소속되어 만이률의 적용을 받았지만, 동시에 도에 소속되어 현과 같은 내군의 율령지배를 받으면서 세역과 군역을 부담해야 했었다. 진률에는 이민족과 진인(秦人)의 통혼을 통해 어느 한편만이라도 진인인 경우 이를 모두 진인의 범주로 확대하려는 원칙을 갖고 있었는데, 이러한 동화 정책이야말로 한인과 이민족을 잡거시키고 최대한 내군(內郡)과 같은 군현지배를 강제함으로써 일원적인 지배를 실시하려는 노력의 일환이었다.[54]

이상에서 살핀 바와 같이 부도위에 대한 기존의 연구에는 근본적인 문제가 확인된다. 첫째 부도위는 이민족 문제를 전담하는 조직이 아니라, 군(郡)의 규모가 너무 커진 상태에서 군사적 필요가 발생한 군의 일부 지역을 나누어 군사 및 치안을 강화하려고 한 결과라는 것, 둘째 부도위는 군에 비해 결코 느슨하고 완화된 조직이 아니며, 그 관할 구역은 입군(立郡)하기에 경제적 부담이 너무 커서 인근의 군과 공동으로 부담하는 방식으로 부세(賦稅)를 약간 경감해 주었을 뿐이며, 오히려 군사적 통제라는 부담이 강화되었다는 것, 셋째 부도위는 도위와 다른 조직이 아니라, 군사적 업무를 담당하는 도위의 일종이라는 것, 넷째 일정한 지역을 분할하여 그 지역을 통치하는 치민 기관이 아니라, 몇 개의 현을 포함하는 지역을 부로 구분하여 그 지역에 대한 군사적 업무를 관장했다는 것이다.

---

54 김병준(2006), 앞의 글, 149~151쪽 ; 김병준(2008a), 앞의 글, 180~182쪽

IV. 맺음말

 그동안 진한시기 이민족에 대한 연구는 국경의 안과 밖을 구분하지 않았기 때문에 많은 혼동이 있었다. 진한제국은 국경(외경)에 의해 안과 밖이 나뉘어 있었다. 국경 안에는 또 다른 국경인 내경이 존재했으며, 그 내경을 경계로 역시 안과 밖이 존재했다. 그러나 이념적으로 천하의 통치를 자임한 황제에게는 이론상 국경이 존재할 수 없었고, 따라서 안과 밖도 존재하지 않았다. 그에게 이민족은 언제나 중국에 복속되어야 할 존재일 뿐이었다. 제국의 현실과 이상적 당위 사이에서 발견되는 이러한 모호함은 진한시대 사료에도 그대로 나타났다. 외경 바깥의 현실적 적국으로서 한(漢)보다 우월한 모습으로 등장하는 흉노도 이상적으로는 언제나 지배 대상이어야 했기 때문에 화친 혹은 기미라는 표현으로 그 관계를 포장하려고 했다. 내경 바깥의 이민족도 자신들의 고유한 세계를 갖고 있었던 자들임에도 불구하고 역시 기미로 그 어색한 관계를 설명하려고 했다. 문제는 후대의 연구자들이 천자(天子)의 이상적 지배를 마치 제국의 현실인 것처럼 그대로 받아들였다는 것이다. 내경 안쪽의 이민족을 종종 내경 바깥의 이민족, 나아가 외경 바깥의 이민족과 동일시해 왔다는 것인데, 그럴 경우 자연히 제국의 변경에서 이민족의 발흥과 저항, 그로 인한 군현질서의 방기라는 측면이 강조되기 마련이었다. 여기에는 제국에 대한 일반적 선입견, 즉 제국이 장기간 지속될 수 있는 것은 변방 이민족에 대한 자율권의 인정, 보편적 지배질서의 양보 때문이었다는 생각이 덧씌워졌던 까닭도 있다. 그러나 제국의 국경이 현실적으로 엄연히 존재하는 한, 그 국경의 안쪽에 해당하는 제국의 영역과 국경 바깥의 이민족은 구분되어야 마땅하다. 외경 바깥의 이민족은 독립적 국가였으며, 내경 바깥의 이민족도 비록 국가라고는 할 수 없을지라도 제국에 편입되었던 내경 안쪽의 이민족과는 근본적으로 달랐다. 사료상에도 이들은 구분되어 나타났다.

한편 내경 안쪽, 즉 제국의 영역에 포함된 지역에서도 내지의 보편적 지배가 관철되지 못하고 이민족의 통치질서를 인정하는 특수한 지배가 이루어졌다고 보는 견해가 주를 이루어 왔던 까닭은 부도위와 속국도위에 대한 잘못된 이해에서 비롯되었기 때문이다. 이 글에서는 이 중 부도위를 중심으로 기존의 이해에 결정적인 오해가 있었음을 밝혔다. 한제국의 기본 원칙은 이민족을 점령하거나 그들이 내속해 오면 군을 세워 그들을 군현지배에 편제시켜 내지의 보편적 질서를 실시하는 것이었다. 그러나 변경지역의 경우 종종 생산력이 부족해 입군에 필요한 각종 비용을 부담하기 힘들어 결과적으로 변경민에 대한 과도한 부담으로 전가될 위험이 컸다. 그래서 군을 폐지하고 그 대신 이들을 인근의 군으로 합치기도 하는데, 그 경우 인근의 군이 너무 넓어져 변경 방어에 어려움이 발생하게 된다. 본래 군의 도위는 1명이었지만, 이러한 상황 때문에 부(部)를 나누어 그 지역의 군사 방어를 담당하는 또 다른 도위를 두게 되었다. 이것이 곧 부도위이다. 사실 '部'란 단순한 영역을 의미할 뿐 이민족의 영역이라는 뜻을 갖고 있지 않았고, 도위는 근본적으로 치민(治民)하지 않았으며, 도위의 군사적 지배와 군현의 행정적 지배는 항상 동시에 시행되었다.[55]

요컨대 진한제국의 변군은 군현에 의한 행정적 지배가 바탕이 되는 한편, 여러 도위들에 의해 철저한 군사적 지배를 받았던 곳이었다. 이민족이 다수

---

55 진한시기 部都尉 문제는 낙랑의 동부도위와 남부도위, 나아가 예맥의 동향과 밀접한 관련을 갖고 있다. 따라서 필자가 주장한 대로 기존 부도위에 대한 이해에 중대한 오류가 있다면, 이에 근거해서 진행되어 온 낙랑군 및 예맥 관련 부분에 대한 연구도 일정 정도 수정이 불가피하다. 이 문제는 次稿에서 다루기로 하겠다.

거주하는 곳이라고 해서 그들의 저항을 염려해 보편적 지배질서를 포기하고 느슨하고 완화된 질서를 실시했던 것이 아니라, 정반대로 내지의 보편적 지배질서를 최대한 관철시키려고 했다. 변경의 생산력과 행정 비용을 감안하여 군을 독립 설치할 수 없게 되면, 그 차선책으로 인근의 군에 합치지만 군사적 방어와 군현지배를 포기하지 않았다. 진한제국의 경우 변경에서 이민족의 저항으로 인해 군현지배라는 보편적 지배질서를 포기하는 행태는 없었던 것이다.

참고문헌

자료

『居延新簡』[甘肅省文物考古研究所 等(1990), 文物出版社]
『居延漢簡釋文合校』[謝桂華 等編(1987), 文物出版社]
『肩水金關漢簡』[甘肅省簡牘保護研究中心 等編(2012), 中西書局]
『敦煌漢簡』[甘肅省文物考古研究所 編(1991), 中華書局]
『里耶秦簡』[陳偉 主編(2012), 『里耶秦簡校釋』第一卷, 武漢大學出版社]
『里耶秦簡』[『里耶發掘報告』(2007), 岳麓書社]
『岳麓秦簡』[『岳麓書院藏秦簡(參)』(2013), 上海辭書出版社]
『張家山漢簡』[彭浩·陳偉·工藤元男 主編(2007), 『二年律令與奏讞書』, 上海古籍出版社]

저서

권오중(1992), 『樂浪郡研究』, 일조각
김병준(1997), 『中國古代 郡縣支配와 地域文化』, 일조각
김한규(1982), 『古代中國的世界秩序研究』, 일조각
渡邊信一郞(2010), 『中國古代の財政と國家』, 汲古書院
安作璋·熊鐵基(1985), 『秦漢官制史稿』, 齊魯書社
嚴耕望(1974), 『中國地方行政制度史 上編』卷上 秦漢地方行政制度 上冊, 中央研究院歷史語言研究所

논문

鎌田重雄(1962), 「郡都尉」, 『秦漢政治制度の研究』, 日本學術振興會
工藤元男(1998), 「秦の領土擴大と國際秩序の形成」, 『睡虎地秦簡よりみた秦代の國家と社會』, 創文社
권오중(2004), 「漢代 邊郡의 部都尉」, 『동양사학연구』 88
김경호(2005), 「漢代 邊郡支配의 普遍的 原理와 그 性格」, 『동양사학연구』 91
김병준(2006), 「中國古代 簡牘資料를 통해 본 樂浪郡의 郡縣支配」, 『역사학보』 189
김병준(2008), 「낙랑군 초기의 編戶過程과 胡漢稍別」, 『목간과 문자』 1
김병준(2008), 「漢이 구성한 고조선 멸망 과정-『史記』 朝鮮列傳의 재검토」, 『한국고대사연구』 50
방향숙(2008), 「후한의 변군 운용과 요동·현도군」, 『요동군과 현도군 연구』, 동북아역사

재단

송진(2005), 「漢代 通行證制度와 商人의 이동」, 『동양사학연구』 92
市川任三(1968), 「前漢邊郡都尉考」, 『立正大學敎養部紀要』 2
이성규(1992), 「中華思想과 民族主義」, 『哲學(한국철학회)』 1992 봄
이성규(2005), 「中華帝國의 팽창과 축소」, 『역사학보』 186
이성규(2006), 「中國 郡縣으로서의 樂浪」, 『낙랑문화연구』, 동북아역사재단
이성제(2010), 「낙랑의 군현 재편과 濊」, 『낙랑군 호구부 연구』, 동북아역사재단
홍승현(2006), 「三國時期 孫吳政權의 樹立과 古代 中國의 疆域 變化」, 『中國史硏究』 44

당 전기의 변주 문제

쉬웨이웨이[許偉偉] | 닝샤대학[寧夏大學]
(번역) 정병준·조재우 | 동국대학교

Ⅰ. 머리말
Ⅱ. 당대 변주의 연원과 개념
Ⅲ. 당 전기 변주의 등급 및 상호관계
Ⅳ. 당 전기 변주의 분포상황
Ⅴ. 당 전기 변주의 변화
Ⅵ. 변주의 인구 상황으로 본 변주의 역사적 위치

I. 머리말

변주(邊州)는 당대 국가 제도에 명확하게 규정된 특정한 지방행정 기구이다. 당 전기 변주를 비교적 완전하게 기록한 『당육전(唐六典)』에 의하면, 변주는 지리적 분포에 한정된 것이 아니라 정치적으로 주변 민족 및 당대 변경 방위와 밀접한 관련이 있었다. 당(唐) 전기(前期) 변주는 도호부(都護府)·도독주(都督州)·자사주(刺史州) 세 등급이 있었고, 관내도(關內道)·하동도(河東道)·하북도(河北道)·농우도(隴右道)·검남도(劍南道)·강남도(江南道)·영남도(嶺南道)의 변경 지역에 분포하였다. 이들은 외적을 방어하고 내지를 지키는 기능과 함께 귀부한 민족을 안무하는 책임을 가졌다. 당 전기 변주의 숫자, 등급, 치소, 관할범위 등은 시기에 따라 변화하였는데, 이런 변화는 변경 지역의 정치·군사·민족 문제와 밀접하게 관련되었다. 변주의 인구는 당 전기에 단계별로 증감하였으나, 전체적인 추세는 균형을 유지하였다. 변주는 대부분 변경 지역에 위치하였고 그 인구는 전쟁의 영향을 비교적 크게 받았다. 당 조정은 변주의 인구를 유지하려는 정책을 추진하였는데, 이는 변주가 변경 방위의 책임을 지고 또 당조가 변경을 경영할 때 필요한 인력과 물자를 제공하는 등 당 전기 변주의 지위가 중요했기 때문이다.

II. 당대 변주의 연원과 개념

'변주'라는 명칭은 당대 이전에 이미 출현하였지만, 특정한 지방행정구획이 된 것은 당대가 최초인 듯하다. 당 고종 영휘 연간(650~655)에 편찬된 『당률소의(唐律疏議)』 권28, 포망율(捕亡律)14, '재관무고망(在官無故亡)' 조에 인용된 호부식(戶部式)에서는 "영(靈)·승(勝) 등 59주를 변주로 삼는다"[1]라고 한다.

하지만 현존 문헌에 기록된 '변주'는 간혹 구별하기가 매우 어렵다. 예를 들면 "변주에 별도로 경략사(經略使)를 설치하였다"[2], "변주에는 철야(鐵冶)를 설치하지 않았다"[3]라는 것 등과 같이 산발적으로 보이는 변주는 넓은 의미로 변경 지역의 주를 가리키는지, 혹은 앞의 『당률소의』 조문에 규정된 특정한 '변주'를 가리키는지 판단하기가 쉽지 않다. 변주가 특정한 주를 가리킨다는 것은 『당회요(唐會要)』 개원 18년(730) 11월 조의 칙문과 『당육전』에도 보이지만, 이처럼 문헌과 법률에 명확하게 규정된 특정한 지방행정 기구로서 당대 변주의 연원은 서한(西漢) 시기의 변군(邊郡)에까지 거슬러 올라간다.

일찍이 진(秦) 왕조가 군현제를 확대하기 이전인 전국시대 진국(秦國)의 소양왕(昭襄王)은 북쪽 변경에 장성을 쌓고 농서군(隴西郡)과 북지군(北地郡)을 설치하였다. 서한 초에 흉노가 남하하여 여러 차례 북지군·농서군을 침

---

1 『당률소의』 권28, 在官無故亡 조, "戶部式, 靈·勝等五十九州爲邊州"(中華書局, 537쪽)
2 『新唐書』 권49하, 職官志4下, 外官, 都督府 조, 中華書局, 1316쪽
3 『신당서』 권48, 百官志3, 少府, 掌冶署 조, 1271쪽

입하자, 한이 군대를 내어 반격하고 북쪽 변경에 대한 관리를 강화하면서 농서군·북지군은 서한 북변의 변군이 되었다. 또 그 후 한 무제가 서남 지역에 가장(牁牂)·월(越)·휴(嶲) 등의 변군을 차례로 설치하였는데, 이들 군은 '초군(初郡)'이라고도 불렀다.[4] 그리고 『사기(史記)』 권109, 이장군전(李將軍傳)을 보면 한대에 상군(上郡)이 변군이었음을 알 수 있다.

> 후에 [효경제(孝景帝) 때] 이광이 변군태수(邊郡太守)로 전임되어 상군으로 옮겼다. 일찍이 농서(隴西)·북지(北地)·안문(鴈門)·대군(代郡)·운중태수(雲中太守)가 되었는데, 매번 힘껏 싸운 것으로 이름이 알려졌다.[5]

또한 『한서(漢書)』 권79, 풍참전(馮參傳)을 보면 다음과 같은 기사가 나온다.

> 영시(永始) 연간에 파격적으로 대군태수(代郡太守)가 되었다. 변군으로 가는 길이 멀어 안정태수(安定太守)가 되었다.[6]

대군 역시 변군이라면 농서·북지·안문·운중군도 변군에 속하였을 것이다.

한(漢) 왕망(王莽) 시기에 이르면 변군에 대한 비교적 명확한 개념규정이

---

4 『사기』 권30, 平准書8, 中華書局, 1440쪽
5 『사기』 권109, 李將軍傳, "[孝景帝時]後廣轉爲太守, 徙上郡. 嘗爲隴西·北地·鴈門·代郡·雲中太守, 皆以力戰爲名" (2868쪽)
6 『한서』 권79, 馮參傳, "永始中, 超遷代郡太守. 以邊郡道遠, 徙爲安定太守" (中華書局, 3306쪽)

보인다. 즉 왕망이 하서(下書)하여 말하길 "속미(粟米)[를 내는 곳] 이내는 내군(內郡)이라 하고 그 바깥은 근군(近郡)이라 하며, 장요(鄣徼)가 있으면 변군(邊郡)이라 한다"라고 하였다. 이에 대한 안사고(顔師古)의 주(注)에서는 "『우공(禹貢)』을 보면, 왕성(王城)에서 400리까지는 조를 바치고 500리까지는 쌀을 바쳤다고 하는데, 모두 전복(甸服) 안쪽에 있다"고 한다.[7] 즉 전복의 바깥을 근군이라 하고, 그 중 장요가 있는 곳을 변군이라 하였음을 알 수 있다. 장요는 곧 군대를 가리키므로 변군은 변경 지역에 설치되어 군대를 두고 적을 방어하던 군(郡)이었음을 밝히고 있다.

변군에는 장사(長史)가 있어 병마(兵馬)를 관장하였는데, 질(秩)은 모두 600석이었다.[8] 또 앞에서 언급하였듯이 한(漢) 조정은 관원을 파견하여 변군태수로 임명하였으며, 변군의 행정제도와 관리 임명 등 많은 것이 내지(內地) 군과 다르지 않았다. 다만 전복 바깥에 위치했기 때문에 그 지위와 작용은 적을 제어하고 방어하는 특징을 지녔다.

당은 건국 초에 군(郡)을 주(州)로 고쳤다. 당대의 변주는 변경[연변(緣邊)] 지대에 설치되었는데, 이들은 한대 변군과 마찬가지로 행정구획의 기본단위가 되었고, 그 행정조직과 운용방식도 내지의 정주(正州)와 동일하였으며, 군(軍)·진(鎭)·수착(守捉)·성(城)이 많이 설치되었다.[9] 또한 무장(武將)과 명장(名將)이 변주자사(邊州刺史)와 도독(都督)에 임명된 일도 많았고,[10] 한대의 변군과 마찬가지로 외적을 막는 군사 역할을 수행하였다.

『당률소의』권28, '재관무고망(在官無故亡)'조에 인용된 호부식에 "영

7　『한서』권99中, 王莽傳中, "粟米之內曰內郡, 其外曰近郡, [師古曰:『禹貢』, '去王城四百裏納粟, 五百裏納米, 皆在甸服之內'] 有鄣徼者曰邊郡"(4136~4137쪽)

8　『한서』권19上, 百官公卿表上, 742쪽

9　『唐會要』권78, 諸使中, 節度使, 上海古籍出版社, 1686~1696쪽

10　郁賢皓(2000),『唐刺史考全編』, 安徽大學出版

(靈)·승주(勝州) 등 59주를 변주로 삼는다"고 하였는데, 이는 해당 규정이 당대 법전에 명문화되었음을 나타낸다. 하지만 이 규정에서는 이들 주가 어떻게 하여 '변주'로 지정되었는지, 또 영주와 승주 이외에 어떤 주가 '변주'에 속했는지가 불분명하다. 이에 『당회요』 권24, 제후입조(諸侯入朝)에 실린 현종 개원 18년(730) 11월 칙문을 보면 변주가 나열되어 있다.

> 靈·勝·涼·相·代·黔·巂·豐·洮·朔·蔚·嬀·檀·安東·疊·廓·蘭·鄯·甘·肅·瓜·沙·嵐·鹽·翼·戎·愼·威·西·牢·當·郎·茂·驩·安北·庭·單于·會·河·岷·扶·拓·安西·靜·悉·姚·雅·播·容·燕·順·忻·卞·靈·臨·薊 등 59주를 변주로 삼는다.[11]

이 칙문에서는 변주의 총수를 '59주'라고 하지만 실제로 세어보면 55개이다. 즉 '영주(靈州)'가 두 번이나 보이고 4개 주가 빠져있는데, 아마도 옮겨 적으면서 누락된 때문일 것이다. 또 이 중 척주(拓州)는 『구당서』·『신당서』 지리지에 보이지 않는데, 아마도 자주(柘州)의 오기일 것이다. 칙문에는 영주와 승주 등 많은 주가 명확하게 변주로 규정되어 있고, 변주의 숫자도 앞의 호부식과 일치한다. 또한 칙문에 가장 먼저 적힌 것도 '영주와 승주' 두 주이므로 두 기록 사이에는 일정한 연계성이 있다. 하지만 칙문에 적힌 변주의 순서는 일정한 원칙이 없는데, 예를 들면 양주(涼州)는 감주(甘州)·숙주(肅州)·사주(沙州)와 함께 하서(河西) 지역에 위치하였지만, 영주·승주와 상주(相州)·대주(代州) 사이에 들어 있어 일정한 계통성을 찾기 어렵다.

또 일부 해석하기 매우 어려운 문제도 있다. 예를 들면 임주(臨州)와 조주(洮州)는 같은 변주였지만 관련 사료를 보면 개원 18년(730)에 두 주는 결코

---

11 『당회요』 권24, 諸侯入朝, "靈·勝 …… 臨·薊等五十九州爲邊州"(537쪽)

동시에 존재할 수 없었다. 『구당서』 권40, 지리지3, 조주 조에 의하면 고종 영휘 원년(650) 조주에 도독부가 설치되었다가 현종 개원 17년(729)에 폐지되면서 민주(岷州)에 병합되었고, 이때 임담현(臨潭縣)에 임주(臨州)가 설치되었다가 개원 27년(739) 다시 조주로 바뀌었다.[12] 또 『신당서』 권40, 지리지4, 조주·임조군(臨洮郡) 조에 다음과 같은 기사가 나온다.

> 개원 17년 주가 폐지되고 현(縣)은 민주에 소속되었다. 개원 20년 다시 설치되면서 임주로 명칭이 바뀌었다. 개원 27년 다시 옛 이름(즉 조주라는 명칭)을 회복하였다.[13]

이로 볼 때 두 기록에 약간의 차이는 있으나. 어쨌든 개원 18년(730) 단계에서 임주와 조주 양자는 결코 동시에 존재할 수 없었음에도 불구하고 칙문에 병렬되어 있는지 의문이다.

이외에도 칙문에 보이는 변주 가운데 신주(愼州)·위주(威州)·연주(燕州)순주(順州)는 『구당서』 지리지2에 보이듯이 귀부한 거란(契丹)·해(奚)를 안치하기 위해 무주(武周) 이래 유주(幽州) 일대에 설치한 주이다. 그 중 신주와 위주는 기미주(羈縻州)라는 명확한 기록이 없지만, 『신당서』 권43, 지리지7하에 이들 주가 유주도독부(幽州都督府)에 예속된 기미주라고 명확하게 기록되어 있다. 이렇게 정주가 기미주와 함께 혼재되어 있는 상황은 당 초와 매우 비슷하다. 즉 『괄지지(括地志)』 서략[序略, 『초학기(初學記)』 권8, 주군부(州郡部)에서 인용][14]에 채록된 정관 13년(639)의 '대부(大簿)'에 의하면, 무릇 주부(州府)가

---

12 『구당서』 권40, 지리지3, 隴右道, 洮州 조, 1636쪽

13 『신당서』 권40, 지리지4, 洮州·臨洮郡 조, "開元十七年州廢, 以縣隸岷州, 二十年復置, 更名臨州, 二十七年復故名"(1043쪽)

14 [역자주] 『初學記』 권8, 州郡部, 總敍州郡, 中華書局, 165~166쪽

358개였는데 그 안에 기미주인 신주와 위주가 들어있다. 그리고 후세 사람인 하차군(賀次君)이 교정·보완한 '대부'에서도 잘못된 사실이 있는데, 예를 들면 풍주(豐州)는 정관 8년(634) 폐지되었다가 정관 22년(648)에 다시 설치되었으므로 정관 13년(639)에는 마땅히 풍주가 존재하지 않았음에도 불구하고 존재한 것으로 교정되어 있다.[15] 또 『구당서』 권41, 지리지4, 송주(松州) 조에는 거주(岷州)·의주(懿州)·차주(嵯州) 등 25주가 기미주로 기록되어 있고[16] 또한 원래의 '대부'에도 그 명칭들이 보이는데, 당 초에는 아직 정주와 기미주가 명확하게 구분되지 않았음을 나타낸다. 또한 개원 18년(730) 칙문에 정주와 기미부주가 같은 변주로 동등하게 취급된 것은 그때까지 당인(唐人)들이 변주 문제를 인식할 때 여전히 정주와 기미부주를 엄격하게 구분하지 않았음을 말한다.

이러한 상황은 얼마 후 변화하였다. 『당육전』 권3, 호부랑중(戶部郞中)·원외랑(員外郞) 조에 기록된 당대 변주들을 보자.

安東·平·營·檀·媯·蔚·朔·忻·安北·單于·代·嵐·雲·勝·豐·鹽·靈·會·涼·甘·瓜·沙·伊·西·北庭·安西·河·蘭·鄯·廓·疊·洮·岷·扶·柘·維·靜·悉·翼·松·當·戎·茂·巂·姚·播·黔·驩·容을 변주로 삼았다.[17]

15　賀次君, 『括地志輯校』 卷首, 序略, 中華書局, 1~5쪽
16　[역자주] 『구당서』 권41, 지리지4, 劍南道, 송주 조, "武德元年, 置松州. 貞觀二年, 置都督府, 督岷·懿·嵯·闊·麟·雅·叢·可·遠·奉·嚴·諾·蛾·彭·軌·蓋·直·肆·位·玉·璋·祐·臺·橋·序二十五羈縻等州. 永徽之後, 生羌相繼忽叛, 屢有廢置. 儀鳳二年, 復加整比, 督文·扶·當·柘·靜·翼六州. 都督羈縻三十州, 硏州·劍州·探那州·忙州·昆州·河州·幹州·瓊州·犀州·拱州·龕州·陪州·如州·麻州·霸州·礷州·光州·至涼州·蠶州·曄州·梨州·思帝州·戍州·統州·穀州·邛州·樂客州·達違州·卑州·慈州. 據天寶十二載簿, 松州都督府, 一百四州, 其二十五州有額戶口, 但多羈縻逃散, 餘七十九州皆生羌部落, 或臣或否, 無州縣戶口, 但羈縻統之. 天寶元年, 改松州爲交川郡. 乾元元年, 復爲松州. 據貞觀初分十道, 松·文·扶·當·悉·柘·靜等屬隴右道. 永徽之後, 據梁州之境, 割屬劍南道也."(1699쪽)

이들 50개 변주 가운데 45주는 개원 18년(730)의 변주와 완전히 일치한다. 그리고 이『당육전』기록에는 상(相)·신(愼)·위(威)·뇌(牢)·낭(郞)·아(雅)·연(燕)·순(順)·임(臨)·계(薊) 10주가 빠졌고, 그 대신 영(營)·운(雲)·이(伊)·송(松)·유(維) 5주가 증가되었다. 이 시기의 50개 변주는 원칙적으로 모두 정주이며, 이전에 정주와 기미부주가 혼재되어 있던 상황과 다르다. 이는 변주에 대한 당시 사람들의 인식과 개념이 이미 바뀐 것을 말한다.

『구당서』권58, 예문지(藝文志)2에 의하면, 『당육전』편찬은 개원 10년(722)에 개시하여 개원 26년(738)에 완료되었다. 그렇다면『당육전』에 기록된 변주는 마땅히 개원 18년(730)에서 26년(738) 사이의 상황을 반영해야 한다. 그러나 여기에도 역시 문제가 있다. 예를 들어 조주(洮州)는 앞서 언급하였듯이『구당서』·『신당서』지리지에 개원 17년(729)에 폐지되고 임담현(臨潭縣)에 임주(臨州)가 설치되었다가 개원 27년(739)에 다시 조주로 바뀌었다고 한다. 그러나『당육전』에서는 오히려 조주가 50개 변주의 하나로 기록되어 있다. 이는『당육전』이 완성된 시점과 관련 지리지 내용의 연대 편년 문제와 관계가 있는데, 이에 대해서는 구지광[谷霽光]이 전론(專論)을 발표하여 검토하였으므로[18] 여기서는 더 이상 다루지 않겠다.

『당육전』권3, 호부랑중·원외랑 조에 의하면, 당의 정구(政區)는 10도(道)로 구분되었고, 각 도는 일정한 숫자의 주를 관할하였으며 주는 보주(輔州)·망주(望州)·웅주(雄州)·변주(邊州) 등으로 나뉘었다. 각 주가 보주·망주·웅주·변주로 구분된 이유는 주별 지위의 특수성 때문이었다. 웡쥔슝[翁俊雄]은「당대적주현등급제도(唐代的州縣等級制度)」[19]에서『당육전』에 기록된

---

17 『唐六典』권3, 戶部郎中, 員外郞 조, 中華書局, 73쪽

18 谷霽光(1996),「『唐六典』中地理志記述志疑 – 兼論『唐六典』的修撰和成書的年」, 『谷霽光史學文集』4, 江西人民出版社·江西教育出版社, 312~319쪽

19 翁俊雄(1991),「唐代的州縣等級制度」,『北京師範學院學報』(社會科學版) 1991-1,

보주·망주·웅주의 함의를 분석하였는데, 즉 보주는 경조부(京兆府) 좌우의 두 날개 주라는 의미이고, 망주는 웅주와 비슷하게 동도(東都)의 울타리 또는 인구가 많고 지리적 위치가 매우 중요한 주라고 하였다. 해당 논문에서는 변주의 의미에 대해 언급하지 않았지만, 그 명칭으로 볼 때 변주는 연변 지역[강역변연(疆域邊緣)]에 설치된 주라는 것을 알 수 있다.『당육전』에 기록된 변주들을 살펴보면, 동북·북방·서북·서남 변경과 주변민족[외족(外族)]의 경계 지역에 많이 설치되었고, 또 육로 및 주변민족과 연결[교통(交通)]되는 연변주(緣邊州) 중의 일부 정주에 많이 설치되었다.

이들 '변주'는 행정구획 개념이었으며, 지리적 변경[강계(疆界)]으로서의 '변'주 개념과는 차이가 있었다.[20] 탄치샹[譚其驤]이 작성한 개원 29년(741) 강역도(疆域圖)[21]에 의하면 어떤 주는 변경에 위치하였으나 변주에 들지 않았는데, 그 주된 것으로 검남도(劍南道)의 공주(恭州)·여주(黎州)·아주(雅州), 관내도(關內道)의 봉주(奉州), 하북도(河北道)의 유주도독부와 계주(薊州), 영남도(嶺南道)의 안남도호부(安南都護府)와 애주(愛州) 등이 있다. 이와는 반대로, 어떤 주는 변경과 매우 멀리 떨어져 있었으나 변주가 되었는데, 예를 들면 하동도(河東道)의 흔주(忻州)·남주(嵐州), 강남도(江南道)의 파주(播州)·검주(黔州)가 있다. 이로 볼 때『당육전』에 규정된 변주는 전적으로 지리적 분포만이 아니라 정치적 차원의 의미가 매우 중요하게 고려되었다고 생각된다. 즉 주변 민족의 분포와 당조의 변경 방위 정책 등과 밀접한 관련을 가진 특정한 지방행정 기구였던 것이다.

변주의 숫자는 당 초에 59개였으나 개원(713~741) 중기에는 50개였는데,

9~18쪽

20 張偉然(2003),「唐人心目中的文化區域及地理意象」, 李孝聰 主編,『唐代地域結構與運作空間』, 上海辭書出版社, 307~412쪽, 395~396쪽 주석

21 譚其驤(1982),『中國歷史地圖集』권5(隋唐五代十國時期), 地圖出版社

당 전기 변주에 일부 변화가 있었음을 나타낸다. 하지만 이렇게 변주의 총수가 전후로 차이가 있다고 해도 당 전기 변경의 총체적 상황으로 보면 변주의 주된 내용은 크게 바뀌지 않았다. 즉『당육전』에 기록된 50개 변주 중 45개는 개원 18년(730) 칙문에 열거된 것과 완전히 일치하는 것이 이를 나타낸다. 『당육전』에 기재된 것이 비교적 완전하기 때문에 본문에서는 주로 『당육전』에 기재된 개원 연간의 변주에 의거하여 당 전기 변주의 관련 상황을 기술하겠다.

III. 당 전기 변주의 등급 및 상호관계

『당육전』권3에 기재된 변주는 대체로 도호부(都護府)·도독부주(都督府州)·자사주(刺史州) 3등급으로 나눌 수 있다.

도호부는 한(漢)의 서역도호(西域都護)에서 기원하였다. 당은 태종 정관 14년(640) 고창(高昌)을 평정한 후 안서도호부(安西都護府)를 처음 설치하였고, 중종(中宗) 시기에 이르면 안서(安西)·북정(北庭)·안북(安北)·선우(單于)·안동(安東)·안남(安南) 6대도호부(大都護府)가 설치되었다. 『당육전』권3에 의하면 "선우·안서·안북은 대(大)도호부이고, 안남·안동·북정은 상(上)도호부이다"[22]라고 하는데, 이 중 안남도호부를 제외하면 모두 변주에 속하였

---

22 『당육전』 권3, 호부랑중·원외랑 조, 72쪽

다. 또 『당육전』 권30에 의하면 "대도호는 종2품"이므로, 대도호부는 내지의 대도독부 등급에 상당하였다. 상도호부는 정3품이었다. 그리고 "도호·부도호의 직무는 제번(諸蕃)을 위무하고, 외적의 침입을 평정하며, 간악한 흉계를 정탐하고, 반란을 정벌하는 일을 관장하는 것이고, 장사(長史)·사마(司馬)는 차관이며, 각 조(曹)의 [직임은] 주·부의 직임과 같다"[23]고 한다. 이른바 "제번을 위무한다"는 것은 당조에 귀부하여 "새외(塞外)에 기대어[傍]" 거주하는 이적(夷狄) 부족을 관리하고 또 관할 기미주부(羈縻州府)를 다스리는 것을 말한다. "외적의 침입을 평정한다"는 것은 변경을 경략하고 이민족의 침입을 방어하고 격퇴하는 것으로 군사적 성격을 지녔다. 예를 들면 돌기시(突騎施)가 발환성(撥換城)과 대석성(大石城)을 포위하고 [안서(安西)]4진(鎭)을 취하려고 하자, 안서부대도호(安西副大都護) 탕가혜(湯嘉惠)가 "바로 삼성(三姓) 갈라록(葛邏祿) 병사를 발동하여 [아사나(阿史那)]헌(獻)과 함께 공격하게 하였다"[24]는 일을 들 수 있다.

도호부는 당의 변경 지역에 설치되어 주로 민족 사무를 관리하던 최고 군정기구였다. 안서도호부가 서주(西州)에 설치되었을 때 안서도호는 서주자사를 겸임하였고 이주(伊州)·서주(西州)·정주(庭州) 세 주의 군사(軍事)를 통괄하였다. 예컨대 시철위(柴哲威)는 정관 23년(649)에서 고종 영휘 2년(651)까지 "칙사(勅使)·사지절(使持節)·서이정삼주제군사(西伊庭三州諸軍事)·겸안[서]도호(兼安[西]都護)·서주자사(西州刺史)"[25]였다.

---

23 『당육전』 권30, 三府督護州縣官吏, 上都護府 조, "都護·副都護之職, 掌撫慰諸蕃·輯寧外寇·覘候姦譎·征討攜離, 長史·司馬二焉, 諸曹如州府之職"(755쪽) [역자주] 김택민 주편(2008), 『역주 당육전』 하, 신서원, 477쪽
24 『신당서』 권215하, 突厥傳下, "方冊拜突騎施都督車鼻嗢蘇祿爲順國公, 而突騎施已圍撥換·大石城, 將取四鎭, 會嘉惠拜安西副大都護, 卽發三姓葛邏祿兵與獻共擊之."(6065쪽) [역자주] 동북아역사재단 편(2011), 『신당서 외국전 역주』上, 동북아역사재단, 225쪽

『신당서』권37, 지리지1을 보면, 당조의 판도는 도호부를 기준으로 삼고 있다.

> 하지만 당(唐)의 전성기를 살펴보면, 개원(開元)·천보(天寶) 시기[際]에 동쪽으로 안동(安東)에 이르고 서쪽으로 안서(安西)에 이르고 남쪽으로 일남[日南, 즉 안남도호부 관하의 환주(驩州)]에 이르고 북쪽으로 선우부(單于府)에 이르렀다.[26]

도호부가 관할한 범위는 주변민족[외족(外族)] 부락의 내부와 이반 및 주현의 설치와 실함(失陷)에 의해 세력 범위가 항상 변화하였는데, 그 중에서도 안서·안동도호부의 변화가 가장 컸다.

변주 도호부에서 도호는 당 현종 개원 4년(716)부터 왕실의 친왕(親王)이 요령(遙領)하였고[27] 실제 사무는 부도호(副都護)나 다음 등급인 장사(長史)가 관리하는 경우가 많았다. 그 관원(官員)은 조정에서 임명하여 파견하였으나, 도호부에 예속된 기미도호부·도독부·주의 관원은 당조가 책봉(冊封)하여 번족(蕃族) 수령 혹은 부락 추장을 세습시켰다. 예를 들어 『자치통감』권211, 개원 4년(716) 8월 조에 다음과 같은 기사가 보인다.

> 신미일에 거란 이실활(李失活)과 해 이대포(李大酺) 부락이 내항하였다. 제서를 내려 이실활을 송막군왕(松漠郡王)·행좌금오대장군(行左金吾大

---

25 柳洪亮(1997),「安西都護府初期的幾任都護」,『新出吐魯番文書及其研究』1, 新疆人民出版社, 355~362쪽(원래는『新疆歷史研究』1985-3에 게재)

26 『신당서』권37, 지리지1, "然擧唐之盛時, 開元·天寶之際, 東至安東, 西至安西, 南至日南(즉 安南都護府 관하의 驩州), 北至單于府"(960쪽)

27 『資治通鑑』권211, 현종 개원 4년(716) 정월 조, "陝王嗣升爲安西大都護 …… 二王皆不出閤. 諸王遙領節度自此始"(中華書局, 6715~6716쪽)

將軍)·겸송막도독(兼松漠都督)으로 삼고 그 8부락 추장을 자사로 배수하였다. 또 장군(將軍) 설태(薛泰)에게 군대를 감독하여 진무(鎭撫)하게 하였다.[28]

도독 제도는 조위(曹魏)에서 시작되었는데, 처음에는 군대를 두면서 설치되었다. "진(晉) 태강(太康) 연간(280~289)에 도독은 군사를 관장하고 자사는 인민을 다스렸다"[29]고 하고, 또 "군대의 일을 침범한 것이 아니면 도독을 거치지 않는다"[30]고 한다. 도독과 자사는 각각 군(軍)과 민(民)을 나누어 관할하였던 것이다. 그러나 도독은 항상 두 주 이상을 겸통(兼統)하였고 자사는 한 주의 행정장관이었기 때문에 군사상으로 자사는 모두 도독에게 속하였다. 이에 도독이 권한을 넘어 민사를 아울러 다스리는 상황이 나타나 서진 말에 이르면 도독이 치소가 있는 주의 자사를 겸임하게 되었다.[31] 이때부터 도독이 군·민을 함께 다스리는 것이 일종의 지방 행정제도가 되었다. 이러한 도독은 특히 경제가 발달한 지역과 연변 요지에 많이 설치되었고, 또 시기에 따라 그 설치 상황과 숫자가 다소 달랐다. 당 고조 무덕 7년(624)에 다시 총관부(總管府)를 설치하여 도독부를 대신하게 하였는데,[32] 당 초에 도독부는 대·중·하의 등급 구분이 있었으며 현종 시기 다시 상·대·중·하로 구분되었다.

『당육전』에 기재된 변주에서는 양(涼)·영(靈)·풍(豐)·대(代)·융(戎)·평

---

28 『자치통감』 권211, 개원 4년(716) 8월 조, "契丹李失活·奚李大酺所部來降. 制以失活爲松漠郡王·行左金吾大將軍兼松漠都督, 因其八部落酋長, 拜爲刺史. 又以將軍薛泰督軍鎭撫之(6720쪽)

29 『南齊書』 권16, 百官志, "晉太康中, 都督知軍事, 刺史治民"(中華書局, 328쪽)

30 『晉書』 권83, 顧和傳, "非犯軍戎, 不由都督"(中華書局, 2165쪽)

31 嚴耕望, 「魏晉南朝都督與都督區」, 『歷史語言研究所集刊』 27, 49~105쪽

32 『구당서』 권38, 지리지1, 1384쪽

(平)·승(勝)·영(營)·송(松)·조(洮)·선(鄯)·서(西)·무(茂)·휴(巂)·요(姚)·검(黔)·용주(容州) 등의 도독부주가 있다. 『구당서』 직관지(職官志), 도독부 조에 의하면, 도독부의 장관은 도독이라 칭하고 그 아래에 장사(長史)·사마(司馬)·별가(別駕) 등의 상좌(上佐)가 있으며 녹사(錄事)와 공(功)·창(倉)·호(戶)·병(兵)·법(法)·사(士) 등의 6조참군(曹參軍)이 있었다. 도독은 일반적으로 치소가 있는 주의 자사를 겸임하였는데, 예를 들어 양주도독(涼州都督)은 양주자사를 겸하고 서주도독(西州都督)은 서주자사를 겸하였다. 또한 도독부는 대부분 몇 주를 통할하였는데, 예를 들면 양주도독부(涼州都督府)는 양(涼)·감(甘)·과(瓜)·사(沙)·숙(肅)·이주(伊州) 등의 주를 관할하였다. 극소수 도독부만이 1주를 통할하였는데, 예를 들면 서주도독부(西州都督府)는 서주만을 관할하였다.

당조는 주변에서 내속한 제번만이(諸蕃蠻夷) 부락에 주현을 열치(列置)하였는데, "비록 공부(貢賦)와 판적(版籍)은 대부분 호부(戶部)에 올리지 않았으나, 교화[성교(聲敎)]가 미치는 곳은 모두 변주도독과 도호가 다스렸다. [관련 법규는] 영식(令式)에 규정되었다"[33]고 한다. 변주 도독과 도호는 모두 부속된 기미주를 안무하고 관리하는 직책을 지녔음을 알 수 있다. 그러나 주의할 것은 여기서 말하는 변주가 전적으로 국가[전장(典章)]제도에 규정된 [제도상의] 변주를 가리키는 것은 아니라는 점이다. 하주도독부(夏州都督府)는 비록 『당육전』에 기재된 변주가 아니었지만 연변주부(緣邊州府)로서 기미주를 관할하였고,[34] 유주도독부(幽州都督府)는 요주(要州)로서 항호주(降胡州) 등을 관할하였다.[35] 하지만 변주에 포함된 도독부의 직책이 관하 정주

---

33 『신당서』 권43하, 지리지7하, 羈縻州 조, "雖貢賦版籍, 多不上戶部, 然聲敎所暨, 皆邊州都督·都護所領, 著於令式"(1119쪽). [역자주] 정병준(2012), 「『신당서』 권43하, '羈縻州' 역주」, 『역사와교육』 14, 202~203쪽 참조
34 『신당서』 권43하 지리지7하, 기미주 조, 1120쪽

(正州)를 관리하고 아울러 예속된 기미부주를 관리하였음을 부정하지는 않는다.

『신당서』 지리지7에 의하면 변주와 관하 기미주부는 단지 번한주(蕃漢州)[36]라는 차이가 존재하였을 뿐이지만, 그 정치적 직무를 보면 변주도독과 도호는 조정을 대신하여 기미주에 대한 봉상(封賞)을 행하고 봉록(俸祿)을 지급하였다. 현종 천보 원년(742) 정월 정사일에 "석국왕(石國王)이 사신을 보내 표문을 올려 장남인 나거차비시(那居車鼻施)에게 관(官)을 제수해 주길 청하자, 조서를 내려 대장군에 배수하고 1년의 봉료(俸料)를 하사하였다"[37]고 한다. 또 『신당서』 서역전을 보면, 중앙아시아의 식닉국왕(識匿國王) 질실가연(跌失伽延)이 천보 6년(747) 발률(勃律)을 토벌하는 데 종군하였다가 전사하자, 그 아들을 도독·좌무위장군(左武衛將軍)으로 발탁하여 "녹(祿)을 지급하고 울타리[藩]가 되게 하였다"고 한다.[38] 다시 말하면 질실가연의 아들이 비록 번주(蕃州) 도독이 되었지만, 정주 관원과 마찬가지로 조정으로부터 봉록을 받았던 것이다. 또 『책부원구』 권965를 보면, 천보 12년(753) 9월 갈라록(葛邏祿) 엽호(葉護) 돈비(頓毗)[伽]가 아포사(阿布思)를 사로잡자 당조가 바로 조서를 내려 "개부의동삼사(開府儀同三司)를 제수하며 금산왕(金山王)에 봉하고 이전처럼 엽호에 충임하였으며, 봉록은 북정(北庭)에서 지급하게 하였다"고 한다.[39] 갈라록 엽호가 북정도호부(北庭都護府)로부터 봉

---

35 『당회요』 권24, 諸侯入朝, "揚·益·幽 …… 十二州爲要州"(537쪽); 『신당서』 권43하, 지리지7하, 1125~1126쪽

36 [역자주] 蕃州와 漢州, 또는 한주와 번주라는 의미로 이해된다.

37 『冊府元龜』 권975, 外臣部, 襃異2, 천보원년 정월 조, "石國王遣使上表, 乞授長男那居車鼻施官, 詔拜大將軍, 賜一年俸料"(中華書局, 11457쪽)

38 『신당서』 권221하, 西域傳下, 識匿 조, "天寶六載, 王跌失伽延從討勃律戰死, 擢其子都督·左武衛將軍, 給祿居藩"(6254쪽) [역자주] 동북아역사재단 편(2011), 『신당서 외국전 역주』 하, 동북아역사재단, 824쪽

록을 지급받은 것으로 보아, 변주는 조정을 대신하여 관하 번주(蕃州) 장관의 봉록을 지급하는 임무를 지녔음을 알 수 있다.

이외에도 기미주부와 관련된 일련의 정치적 의례 사항이 많았다. 예를 들면 기미주부 수령의 상장(喪葬)은 반드시 변주도독이 관여하였다. 개원 6년 (718) 거란 송막도독(松漠都督) 이실활(李失活)이 죽자, "황제가 깊은 애도를 표하며 친히 거애(擧哀)하고 사신을 보내 조문하게" 하고 동시에 "영주도독 (營州都督) 송경례(宋慶禮)에게 상장을 검교하게"⁴⁰ 하여 구체적으로 상장의 일을 돌보게 하였다.

『당육전』에 규정된 변주는 앞에서 언급한 변주 도호부와 도독부 외에도, 가장 기본적인 자사주가 있었는데, 이들은 대부분 가까운 도독부가 통할하였다. 변주의 장관은 자사라고 칭하고 그 아래에 별가·장사·사마 등의 상좌가 있었으며, 또 녹사 및 사공(司功)·사창(司倉)·사호(司戶)·사병(司兵)·사법(司法)·사사(司士) 등의 6조 참군사가 있었지만, 자사주와 도독부는 등급과 기구 설치에 있어서 큰 차이가 있었다. 또한 어떤 변주는 당연히 기미주현(羈縻州縣)의 사무를 관장하였는데, 예컨대 농우도의 변주인 조주(洮州)는 기미현인 밀공현(密恭縣)을 관할하였다.⁴¹ 이들 변주와 도호부·도독부는 모두 공동으로 변경민족의 사무를 관리하고 변경 지역의 안정을 유지하였다.

당대 변주 도호부·도독부·자사주 간의 관계를 주목할 필요가 있다. 앞에서 언급하였듯이 도호부는 대부분 관할 민족 지구의 사무를 관리하였다. 예컨대 북정도호부 같은 극소수 도호부는 정주(庭州)를 관리하면서 관하 기

---

39 『책부원구』 권965, 외신부, 封冊3, 천보12재 9월 조, "葛邏祿葉護頓毗伽生擒阿布思. 制曰, '…… 可開府儀同三司, 封金山王, 依舊充葉護, 俸祿於北庭給. ……'"(11350쪽)

40 『책부원구』 권974, 외신부, 포이1, 개원6년 5월 조, "甲子, 以契丹松漠都督李失活卒, 帝深加憫悼, 親爲擧哀, 使使弔祭, …… 營州都督宋慶禮簡校喪葬"(11446쪽)

41 『신당서』 권43하, 지리지7하, 1132쪽

미부주도 관리하였다. 도호부와 정주 도독부가 어떠한 관계였는지는 불분명하다. 안서도호부(安西都護府)와 서주도독부(西州都督府)의 관계를 보면, 전자가 서주에 치소를 두었을 때는 도호가 서주자사를 겸임하였지만, 안서도호부가 고종 현경 3년(658)에 서쪽의 구자(龜茲)로 옮겨가면서 서주는 다시 도독부로 바뀌었고 서주도독이 서주자사를 겸임하였다. 현재 학계에서는 일반적으로 안서도호부가 토번(吐蕃)의 침입으로 인해 다시 서주로 옮겼다고 본다. 그러나 안서도호부가 서주로 되돌아온 후 원래의 서주도독부는 어떻게 되었을까? 양자는 동시에 병존하였을까? 왕샤오푸[王小甫]는 "안서도호부가 서주로 돌아온 후 서주도독부는 주로 바뀌었고 도호가 자사를 겸임하였다"[42]라고 한다. 하지만 리팡[李方]은 「시론당서주도독부여서주정부적관계(試論唐西州都督府與西州政府的關系)」[43]에서 이 관점에 동의하지 않았다. 즉 도호부가 서주로 물러난 후 도호부는 최고 군정 권력을 행사하고 도독부는 민정[政府] 직책을 수행함에 따라 양자는 근본적으로 어떠한 모순과 충돌도 존재하지 않았다고 인식하였다. 다시 말하면 양자는 서주에 함께 병존하였다는 것이다. 이러한 견해는 자못 신선하지만, 의문도 남는다. 투르판[吐魯番] 출토문서에는 아직 안서도호부와 서주도독부가 서주에 병존하였음을 말하는 기록이 보이지 않는다. 투르판에서 출토된 「당고종의봉삼년도지주초(唐高宗儀鳳三年度支奏抄)·4년금부지부(四年金部旨符)」에 적힌 아래 내용을 보자.[44]

---

42 王小甫(1992), 『唐·吐蕃·大食政治關系史』, 北京大學出版社, 53쪽

43 李方(2002), 「試論唐西州都督府與西州政府的關系」, 『中國邊疆史地研究』 2002-2, 13~25쪽

44 大津透(1997), 「唐律令國家的預算-儀鳳三年度支奏抄·四年金部旨符試釋」, 蘇哲譯文, 『敦煌研究』 1997-2, 86~111쪽, 94쪽에서 인용. [역자주] 大津透(1986), 「唐律令國家の豫算について-儀鳳三年度支奏抄·四年金部旨符試釋」, 『史學雜誌』 95-12, 15쪽

14   尚書省

15   西州主者：奉　旨如右. 州宜任

16   旨應須行下, 任處分. 符到奉行.

17   主事劉滿

18   金部郎中(   )統師 令史

19   書令史人□

20   儀(鳳四年正月)□日下□

　이 문서는 중앙의 상서성이 의봉 4년(679) 정월 서주(西州)로 내려보낸 공문이다. 리팡(李方)은 안서도호부가 의봉 3년에 서주로 되돌아왔다는 왕샤오푸(王小甫)의 관점에 동의하였다. 그런데 만약 리팡의 관점에 따르면, 의봉 3~4년 안서도호부는 서주에 주둔하며 해당 지역 최고 군정기구가 되었고 서주도독부와 동시에 병존하였다. 그러나 앞의 출토 문서에서는 상서성이 서주에 하달한 공문이 안서도호부가 아니라 '서주(西州) 주자(主者)'에게 보낸 것이라 명확히 밝히고 있는데, 이는 안서도호부가 당시 서주에 주둔하지 않았음을 나타낸다. 반면, 현경 3년(658) 이전 안서도호부가 서주에 주둔했을 시기에 상서성에서 안서도호부로 문서를 직접 발송한 사례가 보인다. 예를 들면, 투르판 아스타나(阿斯塔那) 221호묘(墓)에서 출토된 「唐貞觀二十二年(648)安西都護府承敕下交河縣符爲處分三衛犯私罪納課違番事」에서는 수신인을 "안서도호부 주자(主者)"라고 하고,[45] 또한 같은 묘에서 출토된 「唐永徽元年(650)安西都護府承敕下交河縣符」[46]는 안서도호부가 조정에서 보낸 칙령을 접수한 후 일을 처리한 공문서였다. 이들은 모두 안서도호부가 서주에 설

---

45 『吐魯番出土文書』 7冊, 文物出版社, 1986, 5쪽
46 『吐魯番出土文書』 7冊, 文物出版社, 1986, 19~22쪽

치되었던 시기에 해당 지역 최고 군정기구였음을 나타낸다. 안서도호부와 서주도독부는 일종의 병렬 관계였지 통속관계가 아니었으므로 양자는 동시에 서주에 존재할 수 없었다.

또 리팡의 논문에서는 서주도독부와 서주 정부의 관계에 대해서도 검토하였는데, 서주 주부(州府)는 실제로 존재하였고 도독부와 주부의 관계는 "관청을 합쳐 사무를 처리한[合署辦公]" 관계였다고 한다. 그녀는 관련 문서와 묘지명에 의거하여 서주 주부 역시 자신의 관료기구를 가졌다고 지적하였다. 필자는 이와는 약간 다른 견해를 가지고 있다. 예를 들면 그녀는 「당고좌위유[승]부군묘지명(唐故左衛劉[僧]府君墓誌銘)」에 "아들 [유(劉)]현의(玄意)는 당 좌응양위랑장(左應揚衛郎將), 황조(皇朝) 서주도독부(西州都督府) 사마(司馬), 서주장사(西州長史), 숙주자사(肅州刺史)였다"[47]라는 구절을 인용하면서 이때의 '서주장사'는 '서주도독부 장사'의 약칭일 수 없다고 말한다. 즉 만약 서주도독부 장사가 생략된 것이라면 '서주도독부 사마' 다음에 '장사(長史)'라고 적으면 되기 때문이라는 것이다. 묘지명의 이런 서술은 단지 유현의가 도독부와 주 정부 두 기구에서 직무를 맡았음을 말할 뿐이다. 그런데 서주는 중도독부이고 사마는 정5품하였으며, 설령 서주가 상주(上州)였다고 해도 장사는 종5품하이다. 그리고 묘지에서는 일반적으로 역임한 주요 관직을 낮은 것에서부터 높은 것으로 순서대로 기록하기 때문에, 앞의 '서주장사'는 서주도독부 장사로 이해하는 것이 더 타당할 듯하다. 또한 일반적으로도 대체로 서주에는 서주도독부 기구와 관리(官吏)만 있었고 이외의 주부(州府) 기구와 관리는 존재하지 않았다고 여기고 있다. 서주도독이 서주자사를 겸임한 것은 단지 도독이 군정을 함께 다스린 것을 나타낼 뿐이며, '서

---

47 『全唐文補遺』 5, 「唐故左衛劉[僧]府君墓誌銘」, "子玄意, 唐左應揚衛郎將, 皇朝西州都督府司馬, 西州長史, 肅州刺史"(三秦出版社, 209~210쪽)

주' 자체는 특별한 함의가 없었다.

투르판 아스타나 230호묘에서 출토된 「唐儀鳳三年(678)中書門下支配諸州庸調及折造」[48]라는 문서의 첫 번째 조각에 다음과 같은 것이 보인다.

```
7    擬報諸蕃等物, 並依色數送□. 其交州
8    都督府報蕃物於當府折□□□□□用, 所
9    有破除, 見在, 每年申度□□部. 其安北都
10   護府諸驛賜物, 於靈州都督府給, 單于大
11   □護府諸驛賜物, 於朔州給, 並請准往
12   例相知給付, 不得            安北都護府(下略)
```

문서의 제7행과 제8행에 보이는 '번물(蕃物)'은 마땅히 기미주부에서 헌상한 것을 가리키는데, 제8행을 통해 도독부가 이들 번물을 사용[折用]할 경우에는 상부에 보고해야 했음을 알 수 있다. 제9행을 보면 도독부에서 보고[申度]한 대상이 □□部라고 하는데, 중앙의 금부(金部) 혹은 비부(比部)일 가능성이 매우 크다. 기미주는 "비록 공부(貢賦)와 판적(版籍)은 대부분 호부(戶部)에 올리지 않았다"고 하지만 번족이 공물을 바쳐 도독부에 귀속[交歸]된 것은 도독부가 사용하였던 것을 알 수 있다.

앞 문서로부터 연변 도호부와 도독부의 재정상 관계도 알 수 있다. 문서 제9행~제11행을 보면, 안북도호부의 역참[驛]들에서 필요한 물품[賜物]은 영주도독부(靈州都督府)가 공급하고 선우도호부의 역참들에서 필요한 물품은 삭주(朔州)가 제공하고 있다. 말하자면 도호부의 역참과 역로에서 필요한 물자는 인접한 변주도독부와 변주가 제공하였던 것인데, 변주 간의 재

---

48 『吐魯番出土文書』 8冊, 文物出版社, 1987, 136~143쪽

정적 관계가 밀접하였음을 잘 보여 준다. 무주(武周) 시기에 진자앙(陳子昂)은 하서(河西) 제주(諸州)의 군사적 지위와 경제상황을 다음과 같이 설명하였다.

> 양주(涼州)는 매년 6만 곡(斛)을 소비하는데, 둔전(屯田)에서 거둔 것으로는 능히 부족분을 메울 수 없다. …… (이에 비해) 감주(甘州)는 40만 곡을 쌓아놓고 있는데, 그 산천을 보면 진실로 하서의 요충지여서 북쪽으로 구성(九姓)에 이르고 남쪽으로 토번에 인접[逼]하지만, 헤아릴 수 없는 간악함으로 우리 변경의 틈을 엿보고 있다. 그러므로 감주는 땅이 넓고 곡식[粟]이 많으나 좌우로 적의 위협을 받고 있는 것인데, 호(戶)가 3천에 지나지 않고 정예 병사가 적음에도 불구하고 둔전을 널리 행해 창고가 가득 차기 때문에 과(瓜)·숙(肅) 이서는 모두 감주가 제공하는 양식에 의지한다. ……[49]

양주는 인구가 많고 둔전을 경영하지만 식량이 부족하고, 감주는 반대로 인구가 적지만 땅이 넓고 곡식이 풍족한 반면 좌우로 적의 위협을 받고 있다고 한다. 이에 진자앙은 또 「상서번변주안위사(上西蕃邊州安危事)」라는 글에서 이렇게 밝혔다.

> 양부(涼府)는 비록 웅번(雄藩)이라고는 해도 실제로는 매우 부실[虛竭]하기 때문에 이적(夷狄)이 난을 일으키면 능히 군대를 일으킬 수 없고

---

[49] 『신당서』 권107, 陳子昂傳, "涼州歲食六萬斛, 屯田所收不能償墾. …… 甘州所積四十萬斛, 觀其山川, 誠河西喉咽地, 北當九姓, 南逼吐蕃, 姦回不測, 伺我邊隙. 故甘州地廣粟多, 左右受敵, 但戶止三千, 勝兵者少, 屯田廣夷, 倉庾豐衍, 瓜·肅以西, 皆仰其餫, ……"(4072~4073쪽)

하서(河西) 제주(諸州) 또한 스스로 지키기 어렵다. 지금 과(瓜)·숙진(肅鎭)의 방어는 식량을 감주에 의지하고 있는데, 열흘을 공급하지 않으면 바로 굶주린다. 그러므로 하서의 목숨은 지금 모두 감주에 달려 있다.[50]

이로 볼 때 하서 지역에서 감주가 차지하는 경제적 지위는 매우 중요하였다. 하서의 양(涼)·감(甘)·과(瓜)·숙(肅) 등의 주는 토번이 항상 침입하던 지역이었기 때문에 이들 변주는 군사적으로 서로 협력하였을 뿐만 아니라 경제적으로도 서로 지원하며 위급한 상황에 대비해야 하였다.

---

50 『全唐文』 권211, 陳子昂, 「上西蕃邊州安危事」, "涼府雖曰雄藩, 其實已甚虛竭, 夷狄有變, 不堪軍興, 以河西諸州, 又自守不足. 今瓜肅鎭防禦, 仰食甘州, 一旬不給, 便至饑餒, 然則河西之命, 今竝懸於甘州矣"(中華書局, 2141~2142쪽)

IV. 당 전기 변주의 분포상황

　당 전기의 변주는 주로 하북도(河北道)·하동도(河東道)·관내도(關內道)·농우도(隴右道)·검남도(劍南道)·강남도(江南道)·영남도(嶺南道)에 분포하였다. 『전당문(全唐文)』 권28, 원종황제(元宗皇帝), 「조제번이사의조(條制番夷事宜詔)」를 보자.

　그 검남·적서·관내·농우·하동은 북쪽으로 연(燕)·계(薊)와 통하고 변경 귀퉁이와 인접하여 이적(夷狄)을 막고 있다. 산천의 험하고 긴요한 곳에 의지하고 적군[寇賊]의 다소를 헤아려 군대를 나누어 배치하여 방비하다가 유사시는 적에게 달려가 썩은 나무를 꺾듯이 무찌르고 아무 일 없이 사람들을 기르니 멀리서 투석하는 것과도 같다.[51]

　당 전기의 변경 방위를 위한 군사력이 대체로 변주의 주요 분포 지역에 분포되어 있는데, 이러한 것을 통해 변주 분포의 군사적 특징의 일부를 살펴볼 수 있다. 이제 각 도(道)별로 변주의 분포 상황을 기술해 보겠다.
　하북도에는 안동(安東)·평(平)·영(營)·단(檀)·규(嬀) 등의 변주가 있었다. 이들 변주는 유주도독부 북쪽에 분포하고 동에서 서로 일자로 배치되어 서로 보완·의지하며 유도(幽都)의 울타리가 되었다. 그 중 평주는 또한 유도의 북문 역할을 하였다. 고조우(顧祖禹)가 논평한 것을 보자.

51　『전당문』 권28, 「條制番夷事宜詔」, "其劍南·磧西·關內·隴右·河東, 北通燕·薊, 旣接邊隅, 是防夷狄. 據山川險要, 量寇賊多少, 分置軍旅, 足成修備, 有事赴敵, 可以拉朽摧枯, 無事養人, 可以拔距投石"(320쪽)

[평주(平州)]부(府) 서쪽은 계문(薊門)과 접하고 동쪽은 유관(渝關)에 이르며, 산을 등지고 바다로 가로막혀 있어 사새(四塞)가 험하고 견고하다. …… 황씨(黃氏)가 말하길 "영주(營州)를 잃으면 유관의 험준함에 의지할 수 있으나, 평주를 잃으면 유주(幽州) 이동은 울타리[藩籬]의 경계가 없다"라고 하였다.[52]

당대 동북 변경 지역 번족은 다양하였지만, 당에 대한 위협이 비교적 컸던 번은 해와 거란이었다. 무주(武周) 만세통천 원년(696) 송막도독 이진충(李盡忠)과 귀성주자사(歸誠州刺史) 손만영(孫萬榮)이 관하 거란인을 이끌고 반란을 일으켜 영주를 함락시킴에 따라 영주는 유주에 교치(僑治)하였다. 이후 당 조정은 한편으로 책봉과 화친 정책을 채용하여 해와 거란의 무리를 안무하여 내부하게 하고, 다른 한편으로는 개원 5년(717) 다시 영주를 유성(柳城)으로 옮겨 영(營)·평(平)·단(檀)·규주(嬀州)를 하나의 방어선으로 삼아 유주도독부와 함께 두 번(蕃)을 막고 격퇴하게 하였다. 영주는 개원 8년(720) 어양(漁陽)로 치소를 옮겨 동북 전선에서 한 번 후퇴하였지만, 개원 11년(723) 변주 형세가 호전되자 다시 유성으로 치소를 옮겼다. 그 후 안동도호부도 다시 영주 지역으로 치소를 옮겨 동북의 변경 방위 부서 역할을 맡았다.

하동도에는 울(蔚)·운(雲)·대(代)·삭(朔)·람(嵐)·흔(忻) 등의 변주가 있었는데, 그 목적은 태원부(太原府)를 호위하는 것이었다. 주지하듯이 태원부는 당의 발원지로 그 지위가 매우 중요하였으므로 개원 연간에 북도(北都)

---

52 顧祖禹, 『讀史方輿紀要』 권17, 直隷8, 永平府 조, "(平州)府西接薊門, 東達渝關, 負山阻海, 四塞險固 …… 黃氏曰, "失營州, 渝關之險猶可恃. 失平州, 則幽州以東無復藩籬之限矣"(中華書局, 749~750쪽)

가 되었다.[53] 하지만 하동도는 평소 북적(北狄)인 돌궐·거란이 빈번하게 침입하는 지역이었고 또 민족 부락의 내부도 비교적 많았기 때문에 통치가 비교적 어려운 곳이었다. 이곳은 황량한 사막이나 천혜의 장애물이 없었으므로 당조는 태원부 북쪽에 6개의 변주를 설치하여 울타리로 삼았다. 그 중 울·운 2주는 바깥 층차, 대주·삭주는 중간 층차, 남주·흔주는 안쪽 층차가 되어 태원부를 보위하였다.

관내도의 변주는 안북·선우 2대도호부, 영(靈)·풍(豐)·승(勝) 3도독부, 염(鹽)·회(會) 2변주가 있었다. 이들 변주는 관내도 북방의 울타리가 되어 귀부한 북적 부족을 다스리고 또 돌궐의 남하를 저지하여 경기 지역이 위험에 빠지는 것이 막았는데, 이로 인해 당 초에 겪었던 파교(灞橋)의 치욕을 되풀이하지 않았다. 이것은 풍주(豐州)의 설치 과정을 통해 설명할 수 있다. 풍주는 당 초에 설치되었다가 한 차례 폐지된 적이 있었다. 그 후 영순 연간(682~683)에 돌궐이 이곳을 공격하여 심하게 파괴하자 대신들이 폐지를 논의하였다. 하지만 당휴경(唐休璟)이 불가하다고 여기고 글을 올려 "풍주는 황하를 끼고서 적을 가로막기 때문에 실로 요충지이다. 진·한 이래 군현이 설치되었으며, 땅이 기름져서 농사와 목축에 매우 적합하다"[54]라고 하였다. 풍주의 지리적 위치를 살펴보면, 관내도 북부에 위치하여 음산(陰山)의 입구와 북쪽 사막과 연접하고, 남쪽으로 황하를 지나 중원(中原)으로 들어갈 수 있으며, 서쪽으로는 낭산(狼山)에 가로막히고, 동북쪽으로는 오랍산(烏拉山)에 의해 단절되어 있어 북방민족이 남하하고 남방민족이 북상하며 동방민족이 서천하고 서방민족이 동진하는 요충지이자 남북 교통의 통로였기 때

---

53 『전당문』 권22, 「竝州置北都制」, "其竝州宜置北都, 改州爲太原府, 刺史爲尹"(258~259쪽)
54 『구당서』 권93, 唐休璟傳, "豐州控河遏賊, 實爲襟帶, 自秦·漢以來, 列爲郡縣, 時田良美, 尤宜耕牧"(2978쪽)

문에, 그 지리적 위치가 매우 중요하였다. 이에 당휴경이 "지금 만약 풍주를 폐지한다면 황하 부근의 땅은 다시 적(賊)의 차지가 되고, 영(靈)·하(夏) 등 주의 사람들은 편안히 생업에 종사할 수 없게 될 것이므로 국가에 이롭지 않다"[55]라고 말하였다. 당 조정이 그의 의견에 동의하면서 풍주는 다시 보존되었다.

농우도의 변주는 비교적 넓게 분포하여 양(涼)·숙(肅)·감(甘)·과(瓜)·사(沙)·이(伊)·서(西)·북정(北庭)·안서(安西)·하(河)·난(蘭)·선(鄯)·곽(廓)·첩(疊)·조(洮)·민(岷) 등 16개 변주가 있었다. 옌경왕[嚴耕望], 『당대교통도고(唐代交通圖考)』 2책(冊)에서 당대 하농적서구(河隴磧西區)를 고증한 것에 의하면, 과주(瓜州)에서 상락현(常樂縣)에 이른 후 제5도(第五道)를 따라 이주(伊州)에 이르거나, 혹은 사주(沙州)에서 옥문고관(玉門故關)에 이른 후 삭간도(矟竿道)를 따라 이주에 이르렀다. 이주에서 서북쪽으로 가면 정주(庭州)가 있고 서남쪽으로 가면 서주(西州)가 있는데, 모두 역로(驛路)를 이용할 수 있었다. 정주에서 서쪽으로 가면 윤대(輪臺)[縣]이 있었는데, 천산 이북의 쇄엽성(碎葉城)으로 통하는 길이 있고, 서주 교하성(交河城)에서 서남쪽으로 언기(焉耆)를 지나 서쪽으로 가면 천산 이남의 구자(龜茲)로 통하는 길이 있었다.[56] 이들 변주는 길이 서로 이어져 있어 공동으로 적을 방어하기에 편리하였다. 따라서 정주와 이주는 양주(涼州)에서 서북 변경으로 가는 교통선상에서 매우 중요하였다.

당대 서북 지역의 변주는 띠 형상으로 서쪽 지역으로 펼쳐져 있어 돌궐의 남하와 토번 등의 북상을 막을 수 있고, 또 서방의 토번·토욕혼과 북방

---

55 『구당서』 권93, 당휴경전, "今若廢棄, 則河傍之地復爲賊有, 靈·夏等州人不安業, 非國家之利也"(2978쪽)
56 [역자주] 嚴耕望(1985), 「長安西通安西驛道(下)」, 『唐代交通圖考』 第二卷(河隴磧西區), 臺灣商務印書館, 423~426·436~478·487~494쪽

의 서돌궐 등이 연합하는 것을 차단할 수 있었다. 서주자사(西州刺史)를 지낸 적이 있는 원재(元載)는 대종(代宗) 시기에 "농우 땅[의 군대]를 들어 안서(安西)에 이르면 서융(西戎)의 정강이[脛]를 자르는 것과 같으므로 조정은 가히 편안해 질 것이다"[57]라고 말하였는데, 당대 서북 변경 지역은 바로 비단길에 위치하였기 때문에 이곳에 변주를 설치하여 서역을 경영하는 것은 비단길의 원활한 소통을 담보하는 것이었다.

검남도에는 부(扶)·자(柘)·유(維)·정(靜)·실(悉)·익(翼)·송(松)·당(當)·융(戎)·무(茂)·휴(巂)·요(姚) 등의 변주가 있었는데, 서남 지역의 요주(要州)인 익주도독부(益州都督府)와 더불어 서남 지역의 안정을 유지하는 역할을 하였다. 당 전기의 서남 지역은 상대적으로 안정된 지역이다. 이는 진·한 이래 역대 정권이 모두 서남 변경 통치를 중시하였고, 또 당시 서남 변경 지역의 부족들이 당에게 심각한 위협이 되지 않았기 때문이었다. 서남 지역의 육조(六詔)는 천보 연간(742~755) 말에 이르러서야 통일되었다. 따라서 무주(武周) 시기에 진자앙은 "아주(雅州) 변경의 강족(羌族)은 국초 이래로 일찍이 하루도 도적이 된 적이 없었다"[58]라고 말하였다.

『신당서』권143, 고적전(高適傳)에 "무(茂)[주(州)]에서 서쪽으로 강중(羌中)·평융(平戎) 등의 성(城)을 지나면 토번 경계에 이른다"[59]고 한다. 또 『태평환우기(太平寰宇記)』권78에서는 무주를 설명하여 "서북쪽으로 가면 토번의 서계성(棲雞城) 아래에 이른다"고 하고, 유주(維州)에 대해서는 "동남쪽으

---

57 『구당서』 권118, 元載傳, "舉隴右之地以至安西, 是謂斷西戎之脛, 朝廷可高枕矣"(3412쪽). [역자주] 檢校左僕射 田神功이 이 주장에 대해 "夫興師料敵, 老將所難, 陛下信一書生言, 舉國從之, 聽誤矣"라고 하여 저지시켰다.

58 『구당서』 권190중, 文苑中, 陳子昻傳, "雅州邊羌, 自國初已來, 未嘗一日爲盜"(5021쪽);『자치통감』 권204, 수공 4년(688) 12월 조, "雅州邊羌, 自國初以來未嘗爲盜"(6455쪽)

59 『신당서』 권143, 高適傳, "由茂[州]而西, 經羌中·平戎等城, 界吐蕃"(4680쪽)

로 160리를 가면 토번 경계에 이른다"고 한다.[60] 이처럼 검남(劍南) 제주(諸州)는 토번과 바로 이웃하였는데, 관련 사료에서도 토번이 무(茂)·유(維)·송(松)·당(當)·실(悉) 등의 주로 군대를 보내 검남을 공격한 것이 많이 보인다. 예를 들어 『신당서』 권2, 태종본기, 정관 12년(638) 8월 조에 의하면, 토번이 송주(松州)를 침략하자 후군집(侯君集)이 당미도행군대총관(當彌道行軍大總管)에 임명되어 세 총관 군대를 이끌고 토벌하였다.[61] 또 고종 함형 연간(670~673)에 토번이 자주 변경을 침략하자 당(當)·실(悉) 등 주의 제강(諸羌)이 모두 항복하였고, 상원 3년(676)에는 토번이 선(鄯)·곽(廓) 등 주를 침략하여 인리(人吏)를 살해하고 약탈하였으며, 장안 2년(702)에는 토번의 찬보(贊普, 즉 국왕)가 무리 만여 명을 이끌고 실주(悉州)를 침략하였다고 한다.[62]

평한용[馮漢鏞]은 일찍이 검남도에서 서쪽으로 토번과 서역에 통하는 노선도를 고찰하였다. 이에 의하면 민강(岷江) 상류에서 토번으로 가는 노선은 '서산로(西山路)'·'영관로(靈關路)'·'화천로(和川路)'가 있었는데, 서산로를 제외하고는 토번에서 다시 서역으로 도달할 수 있다고 한다.[63] 『원화군현도지(元和郡縣圖志)』 권32, 검남도, 무주(茂州) 조에는 다음과 같이 나와 있다.

[무주 문천현(汶川縣)의] 옛 도관(桃關)은 현의 남쪽 82리에 있는데, 멀리 서역으로 통한다. 공(公)·사(私)가 경과하는 곳으로는 이 길이 유일하다. 관(關)의 북쪽은 풍혈(風穴)에 닿는데, 그 1~2리 중간은 주야로 바람이 불어 모래를 날리고 돌을 굴린다.[64]

---

60 『太平寰宇記』 권78, 劍南道7, 茂州 조, "西北至吐蕃棲雞城下"(中華書局, 1573쪽); 同, 維州 조, "東南至吐蕃界一百六十裏"(1578쪽)
61 『신당서』 권2, 태종본기, 정관 12년(638) 8월 조, 38쪽
62 『구당서』 권196중, 吐蕃傳上, 5223~5226쪽
63 馮漢鏞(1982), 「唐五代時劍南道的交通路線考」, 『文史』 14, 中華書局, 41~66쪽

즉 무주는 검남에서 서북 지역으로 연결되는 요충지로 당조가 반드시 군대를 두어 진수(鎭守)해야 하는 중요한 지역이었다. 그리고 검남도는 또 재정적으로도 중요한 위치에 있었는데, 무주 시기에 진자앙은 이렇게 말했다.

> 엎드려 생각건대 국가의 재부는 파촉(巴蜀)에 있으니 천부(天府)의 창고이다. 농우에서 하서(河西) 제주(諸州)에 이르기까지 군국(軍國)에서 필요로 하고 우역(郵驛)에 공급하는 물자 및 상려(商旅)는 모두 촉(蜀)에서 취하지 않는 것이 없다.[65]

또 진자앙의 「간아주토생강서(諫雅州討生羌書)」에서는 이렇게 말하고 있다.

> 신이 살펴보건대 촉은 서남의 일대 도회지이며 국가의 보고(寶庫)이다. 천하의 진귀한 화물이 그곳에 모였다가 출하된다. 또 사람들이 부유하고 곡식이 많으므로 이곳에서 양자강을 따라 내려가면 가히 중국을 모두 차지할 수 있다.[66]

검남도가 풍요로웠기 때문에 역대 통치자들이 검남도 경영을 중시하였는데, 당조 역시 마찬가지였다. 당이 건국된 직후인 고조 무덕 3년(620) 익주자사(益州刺史)가 남녕(南寧)의 서찬만(西爨蠻)을 초치하여 항복시켰고, 무덕

---

[64] 『元和郡縣圖志』 권33, 검남도2, 무주, 汶川縣 조, "故桃關, 在縣南八十二裏, 遠通西域, 公私經過, 惟此一路. 關北當風穴, 其一二裏中, 晝夜起風, 飛沙揚石"(中華書局, 812쪽).

[65] 『전당문』 권211, 陳子昂, 「上蜀川軍事」, "伏以國家富有巴蜀, 是天府之藏, 自隴右及河西諸州, 軍國所資, 郵驛所給, 商旅莫不皆取於蜀"(2133쪽).

[66] 『전당문』 권212, 「諫雅州討生羌書」, "臣竊觀蜀爲西南一都會, 國家之寶庫, 天下珍貨, 聚出其中, 又人富粟多, 順江而下, 可以兼濟中國"(2149쪽).

4년에는 이해(洱海) 지역의 곤미(昆彌) 또한 부족을 들어 귀부하였다. 이는 당시 당의 세력이 이미 윈난성 동쪽[滇東]과 서쪽[滇西]까지 미쳤음을 말한다.[67] 같은 해 당조는 조주(洮州)를 설치하였는데, 이것은 윈난성 북쪽[滇北]의 제부족(諸部族)·부락(部落)을 통제하고 또한 융주(戎州)·휴주(嶲州)와 각각 기각지세를 이루며 서찬(西爨) 제부(諸部)와 송외(松外) 제만(諸蠻)을 제어하기 위해서였다.[68] 당조는 조주도독부를 설치한 후 토번 등이 검남도를 침입한 것에 빈틈없이 대비하고 방어하였다.[69]

현종 개원 연간에 이르러 남조(南詔)가 점차 강대해지고 토번이 수시로 남하하여 검남도를 침입하자, 당조는 검남도에 군(軍), 진(鎭), 수착(守捉)을 증치하였다. 『당회요』 권78, '절도사(節度使)'에 의하면 개원 연간에 홍원군(洪源軍), 곤명군(昆明軍), 천보군(天保軍)이 증설되었다.[70] 당조가 검남도에 많은 군대를 두어 방어한 까닭은 검남도의 지리적 위치가 중요하였을 뿐만 아니라 재정적으로도 그 지위가 나날이 높아졌고 아울러 변경의 남조 세력이 강대해져 검남도의 안위를 위협할 상황이었기 때문이다. 당조는 부득불 그에 상응하는 방어 조치를 취하였던 것이다.[71]

강남도에서는 검주(黔州)와 파주(播州)가 변주였다. 검주와 파주는 내지(內地)에 치우쳐져 있었지만, 관내에 많은 기미부주가 있었다. 두 변주가 설

---

67 『자치통감』 권188, 무덕 3년(620) 8월 조, 5887쪽 ; 『자치통감』 권189, 무덕 4년 12월 조, 5941쪽
68 『전당문』 권285, 張九齡, 「敕嶲州都督許齊物書」, 2895쪽
69 『雲南志校釋』(中國社會科學出版社, 29·32쪽)
70 [역자주] 정병준(2012), 「『唐會要』·『通典』·『新唐書』의 '節度使' 기사 검토」, 『중국고중세사연구』 28, 390~391쪽. 그리고 그 전후에 설치되었던 軍과 守捉, 城 및 그 병력 등에 관해서는 이 글, 417~419쪽 등 참조
71 馮漢庸(1982), 「唐代劍南道的經濟狀況與李唐興亡的關系」, 『中國史研究』 1982-1, 79~92쪽

치된 것은 강남도의 민족 문제를 관리하기 위해서였다.

　영남도에는 만찬(蠻爨) 민족이 많이 살았는데, 비록 당 초 이래 많은 주현이 설치되었으나 실제로는 잘 관리되지 못하였다. 특히 영남도 서부는 당 전기에 개발이 비교적 덜 이루어지고 발전이 늦었기 때문에 관련 문헌에 그 인구에 대한 기록이 매우 부족하다. 그리고 영남도 남쪽 변경은 바다에 접하였으며, 다만 서남 변경에 환주(驩州)가 있어 임읍(林邑)·진석국(眞臘國)과 인접하였다. 상대적으로 영남도는 주변민족[外族]의 위협이 적은 지역이었기 때문에 환(驩)·용(容) 두 변주만이 설치되었다.

　이상으로 볼 때, 당조는 지역에 따라 서로 다른 숫자의 변주를 설치하고 아울러 변경 형세의 변화에 맞추어 그에 상응하는 대책을 마련하였다. 즉 한편으로는 당대 변경관리[治邊] 정책의 융통성을 알 수 있고, 다른 한편으로는 당 전기 변경관리 정책이 적극적이고 주동적으로 행해졌음을 알 수 있다.

　당 전기 변주의 분포는 주변 지역 각 소수민족의 분포에 상응하여 존재하였으며, 각 지역별로 서로 다른 방비 대상이 있었다. 전체적으로 변주는 동북·북부·서북 세 지역의 연변 일대에 주로 집중되었으며, 이들 변주는 대략 부채꼴 형태로 해당 도의 울타리를 이루어 장안을 중심으로 한 관중(關中)과 그 주변 지역을 보호하였다. 그러나 연변 지역 민족의 성쇠(盛衰)는 또 당조의 내정과 외교정책에 큰 영향을 미쳤다. 천인췌[陳寅恪]은 당조의 내정(內政)과 외환(外患) 관계를 다음과 같이 설명하였다.

　　당 태종과 고종 두 전성기에 중국(中國)의 역량을 다 모아 고구려를 취하였다. 하지만 얼마 지나지 않아 곧바로 물러난 것은 기실 토번의 강성으로 인해 당조가 서북 강적의 견제를 받아 부득이하게 동북방에 대해 소극적인 퇴수(退守) 정책을 취해야 했기 때문이다. 그런즉 토번은 고구려와 영토를 접하지 않았으나, 양자 간의 연환(連環) 관계는 실로 중국[中夏] 수백 년 국운(國運)의 흥성과 쇠퇴에 영향을 주었다.[72]

토번이 서북 지역에서 강성해지면서 특히 7세기 말과 8세기 초에 끊임없이 대규모로 당을 침입하였고, 이는 당조의 군사 배치에 큰 영향을 미쳤다.[73] 당 고종 이후 당조는 부득이하게 동북 지역에 대해 소극 정책[守勢]을 취하고 서북 지역으로 중심을 옮겨 토번에 대처하였다. 이에 따라 서북·서남 지역에 설치된 변주들은 전투태세를 엄중히 하여 유사시에 대비하였기 때문에, 일시 함락된 경우도 있었지만 이전대로 설치되고 더욱 공고한 태세를 취하였다.

과주(瓜州)의 경우를 보자. 개원 14년(726) 토번의 대장 실낙라(悉諾邏)가 갑자기 군대를 이끌고 대두곡(大斗谷)으로 진입하여 감주(甘州) 성향(城鄕)을 불태웠고, 개원 15년(727)에는 공격 목표를 과주로 바꾸어 과주성을 함락시키고 윤9월 재차 과주로 진공하였다. 개원 16년(728) 가을 7월에는 토번의 실말랑(悉末朗)이 다시 과주를 침략하였다. 이에 같은 해 8월 좌금오장군(左金吾將軍) 두빈객(杜賓客)이 기련성(祁連城) 아래에서 토번을 격파하였다. 하지만 개원 17년(729) 토번은 석보성(石堡城)을 함락시키고 또 과주 서북 1천 리에 설치된 묵리군(墨離軍)을 함락시켰다. 이처럼 개원 연간 중기에 토번이 과주 일대를 빈번하게 침략하자, 당조는 변경 지역 전투에 익숙한 장수규(張守珪)를 과주자사로 임명하여 토번에 대해 적극적으로 반격하였다. 장수규는 과주자사로 있으면서 토번에게 파괴된 관청[廨宇]과 제방·도랑[堰

72　陳寅恪(1982), 『唐代政治史述論稿』, 上海古籍出版社, 139~140쪽
73　『구당서』 권196상, 토번전상 참고

渠]을 복구하였다.[74]

검남도의 유주(維州)와 요주(姚州) 역시 이와 같았다. 유주는 기미주에서 정주(正州)로 승격되고 심지어 폐지되었다가도 다시 설치되었는데, 그 이유는 이곳에 한족이 비교적 많았던 점이 고려되었을 것이다. 그러나 더욱 중요한 원인은 유주가 지리적으로 험준하고 중요하였기 때문이다. 한편, 요주는 본래 기미주였고, 당 초에 설치된 이래 조공이 끊이지 않았다. 그 후 남녕주도독부(南寧州都督府)를 나누어 요주도독부를 설치하였는데, 그 시기는 대략 고종 용삭 연간(661~663)이다. 그리고 인덕 연간(664~665)에 요주는 치소를 농동천(弄棟川)으로 옮겼으며,[75] 이미 서남 지역의 중요한 변주도독부가 되었다. 그 설치 목적 또한 날로 강대해지는 토번 세력의 남하에 대응하기 위한 것이었다.

74 『구당서』 권103, 張守珪傳, 3194쪽
75 『구당서』 권41, 지리지4, 검남도, 요주 조, 1697쪽

V. 당 전기 변주의 변화

　변주의 변화란 변주의 증치와 폐지, 예속관계의 변화, 명칭 변경, 등급 조정, 치소 이동 및 이에 따른 관할구역의 변화 등을 말한다. 『당회요』, 『원화군현도지』, 『구당서』・『신당서』 지리지 등 현존 문헌에는 당 전기 변주의 폐지와 증치, 등급 조정 등의 변화가 기록되어 있다. 웡쥔숑〔翁俊雄〕은 당 전기와 후기 주현의 등급과 구역 변화를 고찰하면서 변주의 일부 변화에 대해서도 언급하였다.[76] 또 라이칭셔우〔賴青壽〕는 이를 기초로 당대 주현 등급의 변천을 더욱 상세하게 고증・보충하였다.[77] 하지만 두 사람은 주로 당대 변주가 관할한 현(縣)의 상황에 대해서만 언급하였다. 이 절에서는 기존의 연구 성과를 바탕으로 당 전기 변주의 변화 및 그 원인에 대해 기술해 보겠다.

　앞에서 언급하였듯이 『당률소의』에 인용된 호부식에는 영휘 연간에 59개의 변주가 있다고 하였지만, 『당육전』에 이르면 그 숫자가 50개로 감소하였다. 반면, 『당육전』에 적힌 변주 중에는 고종 영휘 연간 이후에 새로 연이어 설치된 것들이 있는데, 즉 북정(北庭)・선우(單于)・안동도호부와 자주(柘州), 유주(維州), 정주(靜州), 실주(悉州) 등이 그것이다. 이로 볼 때 당 전기 변주는 유동적이었다. 그 중 변주가 설치되거나 폐지된 상황을 보면, 다음 몇 가지 경우가 있다.

　우선 변주에서 분할되어 변주가 된 경우이다. 그 주된 것은 풍주(豊州), 당주(當州), 실주(悉州), 정주(靜州) 등이다. 이 중 실주는 원래 익주(翼州, 즉

---

[76] 翁俊雄(1991), 「唐代的州縣等級制度」, 『北京師範學院學報』 1991-1, 9~18쪽

[77] 賴青壽(1995), 「唐代州縣等第稽考」, 『中國歷史地理論叢』 1995-2, 191~241쪽

변주) 좌봉현(左封縣)이었는데, 현경 원년(656) 이곳에 실주가 설치되었다. 정주는 원래 당주 실당현(悉唐縣)이었는데, 현경 원년 설치되었다.

또, 기미주에서 변주로 전환된 경우이다. 유주(維州), 요주(姚州), 안북도호부, 선우도호부 등이 이에 해당한다. 이 중 요주는 당 건국 초에 "조공이 끊이지 않았다"[78]고 하여 당시 기미주였음을 나타내고 있다. 그러다가 고종 용삭 연간에 도독부가 설치되고, 인덕 연간에 치소를 농동천(弄棟川)으로 옮기며 남녕주도독부(南寧州都督府) 관하 기미주부를 분치(分治)하였다. 이는 요주가 이 단계에서 이미 중요한 정주(正州)가 되었음을 나타낸다. 『구당서』 권91, 장간지전(張柬之傳)을 보면 "매년 병모(兵募) 500인을 차출하여 요주에 보내 진수(鎭守)하게 하였다"[79]라고 하는데, 그 목적은 토번의 남하를 막고 해당 지역 기미부주의 안정을 유지하는 것이었다. 앞에서 인용한 개원 18년(730) 칙문 및 『당육전』에서는 모두 요주를 변주라고 하였다. 또 검남도의 유주(維州)는 토번과 인접하고 전쟁이 자주 일어났기 때문에 폐지와 설치를 반복하였으며, 어떤 때는 기미주가 되었고 또 어떤 때는 정주가 되었다. 개원 18년(730) 칙문에는 유주가 보이지 않지만, 『당육전』에서는 유주를 변주로 규정하고 있다.

기미주와 정주는 항상 변경 지역 형세 변화에 따라 서로 바뀌었다. 당조는 지역 형세에 따라 기미부주를 증치하거나 폐기하고 혹은 이동시켰는데, 가장 두드러진 예는 당 북방의 선우도호부와 안북도호부이다. 양자는 처음 설치되었을 때에는 기미도호부였다. 그 변화 과정을 보면, 정관 21년(647) 태종이 연연도호부(燕然都護府)를 설치하여 막북과 막남의 광대한 기미주부를 관할하게 하였다. 그리고 고종 영휘 3년(652)에 이를 나누어 연연(燕然)·

---

[78] 『구당서』 권41, 지리지4, 요주 조, 1697쪽

[79] 『구당서』 권91, 張柬之傳, "每歲差兵募五百人往姚州鎭守"(2939쪽)

선우(單于)·한해(瀚海) 세 도호부를 설치하였다[한해도호부는 막북의 철륵(鐵勒) 회흘부(回紇部)에 설치됨]. 이어 고종 용삭 3년(663) 연연도호부와 선우도호부는 한해도호부로 통합되고 그 명칭이 운중도호부(雲中都護府)로 바뀌었다. 인덕 원년(664)에 이르면 운중도호부의 명칭이 다시 선우대도호부로 바뀌며 기미도호부가 정주 성격의 도호부로 전환되었다. 그리고 총장 2년(669) 한해도호부 역시 최종적으로 기미도호부에서 안북도호부로 전환되면서 양자 모두 진정한 정주가 되었던 것이다.[80]

어떤 주는 폐지되었다가 다시 설치되고, 설치되었다가 다시 폐지되는 등 설치와 폐지가 무상하였다. 그 주된 것은 풍주(豐州)·운주(雲州)·유주(維州)·요주(姚州)·송주(松州)·영주(營州)·조주(洮州) 등인데, 이 중 송주는 영휘 연간 이후 생강(生羌)이 잇따라 이반하면서 자주 폐지되고 설치되었다. 유주와 요주는 기미주에서 전환된 주이지만, 혹 폐지되거나 혹 기미주로 강등되었다가 다시 정주가 되었고, 또 다시 변주가 되었다.

이외에, 변주 등급의 승강 상황을 통해 그 변화의 일부 특징을 살필 수 있다.

관내도를 보자. 염주(鹽州), 풍주(豐州), 승주(勝州) 등은 당 전기에 모두 등급이 올라가거나 내려가는 변화를 겪었다. 염주는 무덕 원년(618) 설치되었는데, 『구당서』·『신당서』 지리지에는 도독주라는 기록이 없지만 『당육전』 권3에 도독주라고 하므로 염주는 당 전기에 자사주였다가 도독주로 바뀐 것으로 보인다. 풍주는 정관 4년(630) 돌궐 항호[降附]로 풍주도독부를 설치하였다가 11년(637) 폐지하였으며, 정관 23년(649) 다시 바꾸어 풍주를 두었다. 『당육전』 권3에 의하면 풍주는 개원 시기에 하도독부였다. 승주는 무덕 연간(618~626)에 설치되었고 『당육전』 권3에 하도독부였다고 한다.

---

80 『구당서』·『신당서』 지리지 참조

농우도 역시 상황이 비슷하다. 선주(鄯州)는 처음에 자사주였으나 정관 연간(627~649)에 도독부가 되었다. 난주(蘭州)는 무덕 8년(625) 도독부가 설치되었다가 현경 3년(658) 자사주로 강등되었다. 조주(洮州)는 영휘 원년(650) 도독부가 설치되었고 개원 17년(729) 폐지되어 민주(岷州)로 편입되었다가 개원 27년(739) 다시 조주가 설치되었다. 『당육전』권3에 조주는 하도독부였다고 하므로 조주는 당 전기에 등급이 승격·하강되는 변화를 겪었다. 민주는 정관 12년(638) 도독부가 폐지되었다. 첩주(疊州)는 정관 13년(639) 도독부가 되었다가 영휘 원년(650) 도독부가 폐지되었다. 양주(涼州)는 함형 원년(670) 대도독부로 승격되었다가 상원 2년(675) 중도독부가 되었다. 숙주(肅州)는 무덕 8년(625) 도독부가 되었다가 정관 원년(627) 도독부가 폐지되었다. 과주(瓜州)는 무덕 8년(625) 도독부가 폐지되었다가 정관 연간에 다시 도독부가 되었다. 그러나 『당육전』권3에는 과주가 도독부라는 기록이 없는데, 개원 중기 이후 다시 도독부주에서 자사주로 강등된 것으로 보인다. 사주(沙州)는 대종 영태 2년(766) 도독부로 승격되었다.[81] 서주(西州)는 『구당서』·『신당서』 지리지와 『원화군현도지』 권40, 농우도, 서주 조에 모두 중도독부라고 하지만 『당육전』 권3에는 하도독부라고 적혀 있다. 서주도독부는 아마도 중도독부에서 하도독부로 강등된 것으로 보인다.

검남도의 익주(翼州)는 함형 3년(672) 도독부가 되었다가 상원 2년(675) 도독부가 폐지되었다.

강남도의 파주(播州)는 경룡 4년(710) 도독부가 되었다가 선천 2년(713) 도독부가 폐지되었다. 검주(黔州)는 무덕 원년(618) 검주가 되었고 정관 4년(630) 도독부가 되었다가 정관 11년(637) 도독부가 폐지되었으며, 선천 2년

---

[81] 劉安志(2004), 「關於唐代沙州升爲都督府的時間問題」, 『敦煌學輯刊』 2004-2, 59~66쪽.

(713) 다시 도독부가 설치되었다.

영남도의 환주(驩州)는 정관 2년(628) 환주도독부가 되었다. 용주(容州)는 개원 연간에 도독부로 승격되었는데, 『당육전』 권3에 하도독부라고 하여 서로 부합된다.

변주가 폐지되거나 다시 설치되는 것은 전쟁으로 인한 경우가 많았지만, 한편으로 조정의 정책에 따른 것이기도 하다. 이는 변주 자체의 등급 변화를 통해 살펴볼 수 있다. 앞에서 언급한 양주(涼州)는 『구당서』 권40 지리지 3, 양주중도독부 조에 "[무덕] 7년(624) [양주총관부가] 도독부로 바뀌었다. 함형 원년(670) 대도독부가 되었다. …… 상원 2년(675) 중도독부가 되었다"[82]라고 한다. 함형 원년에 대도독부로 승격된 까닭은 같은 해 윤9월 좌상(左相) 강각(薑恪)이 양주로 출진(出鎭)한 것과 밀접한 관련이 있다. 즉 당조가 토번의 침입에 대응하여 하서 지역의 군사 방어력을 강화하기 위한 중요 조치였던 것이다. 그리고 상원 2년 다시 양주가 중도독부로 강등된 것도 하서 지역에 대한 토번의 위협이 경감된 것과 관련이 있다.[83] 이로써 양주도독부의 등급이 바뀐 것은 모두 변경 방어를 위한 목적 때문이며, 또 변경 형세와 밀접한 관련이 있음을 알 수 있다.

이외에, 사주(沙州)는 『당회요』 권70, 주현분망도(州縣分望道)에 '새로 승격된 도독부' 부류로 나누며 "사주는 영휘 2년(651) 5월 승격되었다"[84]고 한다. 그러나 『구당서』・『신당서』 지리지에 관련 기록이 없고, 또 『당육전』 권3에 열거된 개원 시기의 도독주 안에도 사주도독부가 보이지 않는다. 리우안

---

82 『구당서』 권40, 지리지3, 하서도, 양주도독부[중] 조 "武德七年, [涼州總管府]改爲都督府. 鹹亨元年, 爲大都督府, …… 上元二年, 爲中都督府"(1640쪽)

83 劉安志(2001), 「從吐魯番文書看唐高宗鹹亨年間的西域政局」, 『魏晉南北朝隋唐史資料』 18, 武漢大學出版社, 106~126쪽

84 『당회요』 권70, 州縣分望道, 농우도 조, "新升都督府；沙州, 永徽二年五月升"(1465쪽)

즈[劉安志]는 돈황(敦煌) 문서와 관련 문헌에 의거하여 사주의 행정편제를 고찰하였는데, 개원·천보 연간 이전에 사주는 줄곧 자사주였음을 지적하고 나아가 문연각(文淵閣) 사고전서본(四庫全書本) 『당회요』 권70에 의거하여 대종 영태 2년(766) 5월 사주가 도독부로 승격되었음을 확인하였다. 그리고 이러한 변화는 같은 해 하서절도사가 사주로 서천(西遷)한 것과 관련이 있다고 한다.[85]

이상의 고찰을 통해 제도(諸道) 가운데 농우도 변주의 변화가 가장 컸고, 또 이러한 변화는 해당 지역 변경민족의 형세와 밀접한 관련이 있으며 특히 토번의 침입이 큰 영향을 미쳤음을 알 수 있다. 이러한 것은 그 지역의 복잡다변한 상황을 반영하는 동시에 당대 해당 지역의 역사적 지위를 알게 한다. 즉 해당 지역은 결국 관중 지역의 서쪽 울타리이자, 당조 통치자들이 반드시 힘을 다해 경영하고 관리해야 할 곳이었음을 알 수 있다.

변주의 변화를 고찰할 때 치소의 이동 문제는 특히 주목할 필요가 있다. 당 전기 변주 도호부는 그 치소가 비교적 안정적이었던 북정도호부를 제외하면[86] 나머지 도호부는 모두 치소를 이동하였다. 치소의 이동은 군사 방어 등의 필요에 따른 것이며, 이러한 이동은 관할 범위의 변화를 반영한다.

안동도호부를 예로 보자. 당조는 고구려를 통일한 후 "그 땅을 나누어 9도독부, 42주, 100현을 설치하고 안동도호부를 두었다. 추호(酋豪) 가운데 공이 있는 자를 발탁하여 도독·자사·현령에 제수하고 중국인 관리[華官]와 함께 다스리게 하였다"[87]고 한다. 이것은 바로 당 고종이 고구려를 평정한

85　劉安志(2004), 「關於唐代沙州升爲都督府的時間問題」, 『敦煌學輯刊』 2004-2, 59~66쪽
86　王永興(1994), 「唐滅高昌及置西州·庭州考論」, 『唐代前期西北軍事研究』, 中國社會科學出版社, 106~119쪽
87　『신당서』 권220, 東夷, 高麗傳, "剖其地爲都督府者九, 州四十二, 縣百. 復置安東都護府, 擢酋豪有功者授都督·刺史·令, 與華官參治"(6197쪽)

후 안동도호부가 관할한 범위이다. 『구당서』권38, 안동대도호부 조에 의하면 그 후 상원 3년(676) 2월 안동도호부를 요동군(遼東郡)으로 옮겼다가 의봉 2년(677) 신성(新城)으로 옮겼고, 개원 2년(714)에 다시 평주(平州), 또 천보 2재(743) 요서고군성(遼西故郡城)으로 옮겼다고 한다.[88]

주목할 것은 『구당서』지리지에 안동도호부가 개원 2년(714) 평주로 옮겼다가 다시 천보 2재(743) 요서고군성으로 옮겼다는 점이다. 그런데 그 중간에 안동도호부가 다른 곳으로 옮겼다는 기록이 있다. 『당회요』권73, 영주도독부 조에 "개원 11년(723) 3월 6일 영주(營州)의 옥전(玉田)·어양(漁陽) 2현을 유주(幽州)에 예속시키고, 안동도호부를 연군(燕郡)으로 되돌렸으며, 평주는 예전대로 설치하였다"[89]라고 한다. 그렇다면 개원 11년(723) 안동도호부의 치소는 연군에 있었던 것이라 할 수 있다.

연군은 북위(北魏) 시기에 설치된 후 수대(隋代)에 폐지되었다가 곧이어 탁군(涿郡)으로 개편되었다[현재 북경(北京) 남쪽의 대흥구(大興區) 서남쪽].[90] 즉 당대의 하북도 유주도독부이다. 개원 11년(723) 동북 변경 형세가 완화되면서 영주는 다시 옛 지역으로 돌아갔고 더 이상 유주 어양현에 임시 치소를 두지 않았다. 안동도호부 역시 필시 영주 서남쪽의 평주에서 변경 지역으로 이동하여 민족 사무를 관리하였을 것인데, 그때 치소를 유주에 두었을까?

이에 앞선 개원 5년(717) 해(奚) 수령 이대보(李大輔) 등이 입조하여 예전처럼 유성(柳城)에 영주도독부를 설치할 것을 청하였다.[91] 당 현종은 이 건의

---

88 『구당서』권38, 지리지2, 안동대도호부 조, 1526쪽

89 『당회요』권73, 영주도독부, 개원 11년 3월 조, "營州玉田·漁陽兩縣卻隸幽州, 安東都護府卻歸燕郡, 平州依舊置"(1565쪽)

90 『中國古今地名大辭典』, 商務印書館香港分館, 1982, 1226쪽

91 『구당서』권199하, 北狄, 奚傳, 5355쪽

를 받아들여 같은 해 영주를 어양에서 유성으로 옮겨 해부(奚部) 등을 관할하고, 아울러 영주 관내에 평로군(平盧軍)과 연군(燕郡)·여라(汝羅) 등 6개 수착성(守捉城)을 설치하여 군사 통제력을 강화하였다. 그렇다면 앞의 『당회요』에 보이는 연군은 유주가 아니라 바로 영주 관내의 연군수착성을 가리킬 가능성이 매우 크다.

또한 『신당서』 지리지7에 의하면, 안동도호부의 치소가 옛날 한(漢) 요동군 양평성(襄平城)에 있었던 시기에 "영주에서 동쪽 180리에 연군성(燕郡城)이 있으며, 또 여라수착을 지나고 요수(遼水)를 건너 안동도호부에 이르는 거리가 500리이다"고 한다.[92] 연군수착성은 영주 동쪽에 있었으므로 만약 안동도호부가 연군수착성으로 치소를 옮겼다면, 방위상으로 안동도호부는 변경을 방어하는 최전방에 위치하였는데, 이곳은 유주 지역에 비해 동북 변경의 기미주부를 관리하기가 더욱 용이하였다.

『구당서』 권39, 지리지2, 영주도독부 조를 보면 "개원 4년(716) 다시 유성으로 돌아왔다. 개원 8년(720) 또 어양으로 옮겼다가 개원 11년(723) 다시 유성의 옛 치소로 돌아왔다"[93]고 한다. 영주는 개원 11년에 유성으로 돌아왔으나 안동도호부는 같은 해 평주에서 연군으로 옮겼던 것인데, 두 사안은 분명히 일정한 관련이 있었을 것이다. 개원 7년(719) 당조는 영주에 설치된 평로군사(平盧軍使)를 평로군절도사(平盧軍節度使)로 승격시켰고, 안동도호부는 평로군절도사의 지휘를 받게 되었다. 『신당서』 권66, 방진표(方鎭表)3에 의하면 "[개원 7년] 평로군사를 평로군절도(平盧軍節度)·경략(經略)·하북지도(河北支度)·관내제번급영전등사(管內諸蕃及營田等使)로 승격시키고, 안동

---

92 『신당서』 권43하, 지리지7하, "營州東百八十裏至燕郡城, 又經汝羅守捉, 渡遼水至安東都護府五百裏. 府, 故漢襄平城也"(1146쪽)

93 『구당서』 권39, 지리지2, 하북도, 영주 조, "開元四年, 復移還柳城. 八年, 又往就漁陽. 十一年, 又還柳城舊治"(1521쪽)

도호부 및 영(營)·요(遼)·연(燕) 3주를 겸령하게 하였다"[94]고 한다. 평로군이 영주를 다스린 것은 동북 군사 문제에서 영주의 지위가 중요하였음을 나타낸다. 개원 8년(720) 12월 영주도독 허흠담(許欽澹)은 안동도호 설태(薛泰)로 하여금 날쌔고 용감한 병사 500인을 이끌고 해왕(奚王) 이대포(李大酺)와 함께 거란왕 [이(李)]사고(娑固)를 도와 거란의 가돌간(可突干) 부락을 토벌하게 하였으나 패배하였다. 이대포와 이사고는 모두 가돌간에게 살해되고 설태는 사로잡혔기 때문에 영주가 위험에 처하였다. 허흠담은 마침내 군대를 유관(渝關)으로 후퇴시켜 지켰다.[95] 영주도독 허흠담이 안동도호를 군사적으로 동원할 수 있었던 것은 마땅히 그가 평로군절도사였던 것과 관련이 있다.[96] 즉 해당 군사행동은 영주도독 허흠담이 평로군절도사 자격으로 진행한 것이다.[97]

옌경왕[嚴耕望]은 그 지리적 형세를 다음과 같이 고증하였다. 유관은 만리장성 최동단에 위치하며 산으로 둘러싸이고 바다에 임하여 지세가 험준하였으며, 평주(平州)·영주(營州) 간 교통의 요로이자 중원에서 동북 새외로 나가 요동·발해·한반도에 이르는 가장 주요한 요충지였다. 따라서 개원·천보 연간에 유관수착(渝關守捉)을 설치하여 군사 3,000인, 말 100필을 거느리고 지키게 하였다. 유관을 나와 동북쪽으로 480리를 가면 영주의 치소인 유성현에 이르렀는데, 이곳은 동북 새외로 나가는 교통의 중요한 간선도로였다.[98]

---

94 『구당서』 권66, 方鎭表3, "升平盧軍使爲平盧軍節度, 經略河北支度·管内諸蕃及營田等使, 兼領安東都護府及營·遼·燕三州"(1833쪽)

95 『자치통감』 권212, 현종 개원 8년(720) 12월 조, 6743쪽

96 『당회요』 권78, 절도사 조, "平盧軍節度使, …… [開元]八年四月, 除許欽澹, 又帶管内諸軍諸蕃及支度營田等使"(1692쪽)

97 『구당서』 권38, 지리지1, "平盧軍節度使, 鎭撫室韋·靺鞨, 統平盧·盧龍二軍·渝關守捉·安東都護府"(1387쪽)

허흠담이 유관으로 물러난 것은 영주가 변경을 방어하고 다스리는 데 아직 실력이 부족했음을 나타낸다. 영주는 개원 8년 어양에 기치(寄治)하였다. 그 후 가돌간은 이사고의 종부제(從父弟)인 울우(鬱干)를 군주로 세우고, 당조에 사신을 보내 죄를 청하였다. 영주의 형세가 완화되면서 동북 변경의 방어가 안정되었다. 개원 10년(722) 당조는 여요현주(餘姚縣主)[의 딸] 모용씨(慕容氏)를 연군공주(燕郡公主)로 삼아 거란왕 [이]울우에게 시집보내자, 양자 관계가 진일보 개선되었다.[99] 이듬해 영주는 다시 치소를 유성으로 옮겼고, 안동도호부 역시 영주의 연군수착성으로 옮겨가 동북 변경 지역의 기미주부를 관리하는 것이 더욱 편리해졌던 것이다.

앞 절에서도 언급하였듯이 영주는 거란과 해의 위협으로 여러 차례 치소를 옮겼다. 즉 696년 거란의 이진충이 영주를 함락시키자 유주(幽州)에 임시 치소를 두었다가 개원 5년(717) 다시 유성으로 돌아갔다. 하지만 개원 8년(720) 영주는 다시 어양으로 옮겼고, 개원 11년(723) 유성으로 돌아갔다.

안동도호부의 치소는 함형 원년(670) 이후 평양성에서 요동주(遼東州)로 옮겼다가 상원 3년(676) 양평성으로 옮겼고, 의봉 2년(677) 다시 신성(新城)으로 옮겼다. 그리고 개원 2년(714) 평주에 치소를 두었다가 개원 11년(723) 아마도 영주 연군성(燕郡城)으로 옮겼고, 천보 2재(743) 요서고군성(遼西故郡城)으로 옮겼다. 즉 당대 동북 변경 지역의 군사·정치 형세의 변화에 따라 안동도호부의 치소가 계속 이동하였던 것이다.

이외의 일반 변주 역시 당 전기에 치소를 이동한 현상이 보인다. 규주(嬀州)는 정관 8년(634) 규주로 바뀌었는데, 장안 2년(702) 옛 청이군성(淸夷軍

98　嚴耕望(1985), 『唐代交通圖考』 第5卷(河東河北區), 中央研究院歷史語言研究所, 1751쪽
99　『자치통감』 권212, 현종 개원 10년(722) 윤월 조, 6750쪽

城)으로 치소를 옮겼다. 평주(平州)는 무덕 2년(619) 임유(臨渝)에서 비여(肥如)로 옮겼다. 제도(諸道) 가운에 검남도의 변화는 매우 현저하였다. 요주(姚州)는 무덕 4년(621) 설치되어 요부(姚府) 구성(舊城) 북쪽 백여 보 지점에 치소를 두었는데, 인덕 원년(664) 농동천(弄棟川)으로 옮겼다. 당주(當州)는 의봉 2년(677) 봉구교(逢囗橋)로 이치하였다. 실주(悉州)는 함형 원년(670) 좌봉(左封)으로 이치하였다가 재초 원년(689) 비평천(匪平川)으로 옮겼다. 익주(翼州)는 무덕 원년(618) 좌봉(左封)에서 익침(翼針)으로 옮겼다가 함형 원년(672) 도독부가 설치되면서 실주성(悉州城) 안으로 옮겼다. 조주(洮州)는 원래 조양성(洮陽城)에 있었는데, 정관 5년(631) 홍화성(洪和城)으로 옮겼다가 그 뒤 다시 조양성에 두었다.

요컨대, 당 전기 변주의 변화는 변경 방어와 민족문제로 야기된 경우가 더 많았는데, 이는 내지 정주(正州)의 경우와 다른 것이다. 내지 정주의 경우는 대부분 인구와 경제 변화로 인해 각종 변화가 야기되었다.[100] 당대 주현의 변화를 논할 때는 마땅히 변주의 변화 및 그 특징에 대해서도 충분히 주의를 기울여야 할 것이다.

---

100 賴靑壽(1995), 「唐代州縣等第稽考」, 『中國歷史地理論叢』 1995-2, 191~241쪽; 許正文(2002), 「唐代我國西部政區的演變」, 『中國歷史地理』, 126~133쪽. 양자 모두 당대 주현의 등급 변화 및 주현의 폐치·예속관계 변화 등의 원인을 다루고 있는데, 주로 인구·경제 등의 요소가 그 원인이라고 하였다.

VI. 변주의 인구 상황으로 본 변주의 역사적 위치

지금까지 변주의 개념, 구성, 분포 및 변화 등 일련의 문제에 대한 고찰을 통해 변주가 당 전기 행정구획상 일정한 특성을 지닌 것을 알 수 있었지만, 이 외에도 당 전기 변주의 인구 상황 역시 주목할 필요가 있다.

당대 인구에 대해서는 많은 연구가 나와 있는데,[101] 많든 적든 변주의 인구 문제를 다루고 있다. 하지만 이들 연구에서는 변주가 있던 구역만 언급할 뿐 깊이 있게 다루지는 않았다. 변주의 인구는 내지주(內地州)에 비해 상대적으로 적었고 또 끊임없이 변화하였기 때문에 인구의 자연 증가[增長]를 가지고 변주의 인구를 분석하기는 매우 어렵다.

둥궈둥(凍國棟)의 『중국인구사(中國人口史)』 권2[수당오대권(隋唐五代卷)]를 보면 『원화군현도지』, 『구당서』·『신당서』 지리지에 기재된 정관·개원·천보 연간의 호(戶)가 연도별로 자세히 설명되어 있다. 여기에 실린 관련 통계에 의거하여 당 전기 각 도(道)별로 변주의 호수(戶數) 증감 상황을 살펴보면 다음과 같다.[102] 정관 연간에서 개원 연간까지 변주의 호수는 대부분 상승 추세에 있었고 그 증가 숫자도 비교적 많았다. 하지만 개원 연간에서 천보 연간까지 20여 년간의 짧은 시기에는 농우도와 검남도에서 호수가 증가하거나 감소한 경우가 비교적 많다. 또 관내도와 하동도는 인구발전이 비교적 안정적이었고 지속적으로 증가하였다. 그러나 내지의 정주(正州)에 비교하

---

101 凍國棟(2002), 『中國人口史』 권2(隋唐五代時期), 復旦大學出版社, 3~11쪽
102 貞觀戶는 정관 13년(639)에, 開元戶는 대략 개원 17년(729)에서 18년(730)에, 天寶戶는 천보 11재(752)에 정해졌다. 변주 중에서 安東·安北·單于·安西는 관할 기미부주가 많고 실제 호는 없어서 비교대상에 포함시키지 않았다.

거나 혹은 같은 도 안에서 인접한 경기 지역 및 내지의 중요한 주와 비교해 보면 그 호수의 증가속도가 훨씬 낮았다. 『통전(通典)』 식화지(食貨志)에 기재된 정관 연간에서 개원·천보 연간까지의 전국 호구는 절대적 상승 추세에 있었으나, 변주의 인구 상황은 이에 크게 미치지 못하였던 것이다.

변주는 외지고 먼 곳에 위치하여 인가가 희소하고 인구도 적었다. 또한 변주는 대부분 변경 지역에 위치하여 생산 조건과 경제력이 상대적으로 크게 달랐다. 더욱이 변경 지역은 전쟁이 많아 사람이 다치거나 죽는 경우를 피하기 어려웠고, 또 인접한 주변민족[外族]이 인구를 약탈하고 생산을 파괴하는 일이 많았기 때문에 인구 증가가 매우 제한적일 수밖에 없었다. 이러한 것은 앞에서 언급한 당 전기 검남도 변주의 분포에서 미루어 짐작할 수 있다.

주의할 것은 당조가 변경 지역 민족에 대해 추진한 안무정책이 변주의 인구 증가에 일정한 영향을 끼쳤다는 점이다. 예를 들면, 내부하여 변주 가까운 곳에 기미부주로 편제된 민족부락 이외에도, 일부 호족(胡族) 귀족이 자원하여 한인 거주지에 정주하였고, 또 일부 호상(胡商)이 경도(京都)와 변주의 번화한 도시에 정주하였다. 정관 6년(632) 글필하력(契苾何力) 모자(母子)가 철륵 부락 6천여 가(家)를 이끌고 사주(沙州)에 이르러 귀부하자, 태종이 글필하력을 좌령군장군(左領軍將軍)에 임명하고 그 부락을 동쪽의 감(甘)·양주(涼州) 지역[間]으로 옮겨 안치하였다.[103] 정관 10년(636) 돌궐의 아사나사이(阿史那社爾)가 설연타(薛延陀)에게 패해 남은 무리 만여 가가 내항하자, 조서를 내려 그 부락을 영주(靈州) 북쪽 지역에 거주하게 하였다.[104] 그 후 많은 부락민족이 차례로 변경 지역으로 귀부하였는데, 대부분 변주 경내에 안치

---

103 『자치통감』 권194, 태종 정관 6년(632) 11월 조, 6099쪽
104 『자치통감』 권194, 태종 정관 10년(636) 정월 조, 6118쪽

되었다. 그 중 일부는 호적에 등재되어 당의 편호(編戶)가 되었다. 예를 들면 현종 시기의 명장인 이광필(李光弼)은 그 선조가 거란의 추장이었지만, 그는 영주(營州) 유성인(柳城人)이 되었다.[105] 이는 정주(正州)에 정주하여 이미 호적에 등재되어 편호가 된 것을 나타낸다. 또한, 당대에 민족부락이 내부하여 정주하는 방식의 하나로 성방(城傍) 제도가 있었는데, 즉 내부한 번족을 군성(軍城) 인근에 안치하여 부락을 보전시키고 수렵 생활을 유지하게 하면서 전시에 군대로 징발하는 제도이다. 그리고 번족은 "무릇 내부한 이후 태어난 자식은 백성과 같게 하고 번호(蕃戶)로 다루지 않는다"는 규정이 있었다.[106] 즉 변주 안의 군성 성방으로 편제된 번족의 자손은 모두 변주의 편호가 되었던 것인데, 이 역시 변주의 호적 인구를 일정하게 증가시켰다고 할 수 있다.

이외에도 인구 증가가 비교적 많은 변주는 그 인구 증가가 당조의 경영정책에 힘입은 바가 컸다. 당조는 백성들에게 변주로 이주하도록 장려하였고, 사람을 모집하여 변주를 채웠다.[107] 이렇게 하여 촉진된 변주로의 이민은 변주의 인구 상황을 변화시켰다. 변주의 생산활동은 내지민의 이주만이 아니라 당 전기 군사제도의 변화 즉 부병제에서 모병제로 전환되면서 군인들이 계속 방어 지역에 주둔한 것으로 인해 유발되었다. 개원 연간 이후에는 군둔(軍屯) 병사들이 또 가족[家口]을 동반하는 현상이 나타났다.[108] 아울러 전

---

105 『구당서』 권110, 李光弼傳, "李光弼, 營州柳城人. 其先, 契丹之酋長"(3303쪽)
106 李錦繡(1997), 「城傍與大唐帝國」, 朱雷 主編, 『唐代的歷史與社會』, 武漢大學出版社, 198~235・224쪽. [역자주] 李錦繡(1998), 「城傍與大唐帝國」, 『唐代制度史略論稿』, 中國政法大學出版社, 256・273~275・282~283쪽). 『당육전』 권3, 호부랑중・원외랑조의 原注, "凡內附後所生子, 卽同百姓, 不得爲蕃戶也"(77쪽)
107 凍國棟(1993), 『唐代人口問題硏究』, 武漢大學出版社, 252~254쪽; 凍國棟(2002), 『中國人口史』 권2(隋唐五代時期), 제5장 「隋唐五代的人口遷移」, 311~312쪽
108 吳松弟(1997), 『中國移民史』 권3(隋唐五代時期), 福建人民出版社, 206쪽

문적으로 둔전에 종사하는 군인이 생겨났으며 어떤 군둔은 이미 이민의 성격을 지녔다. 변경 지역의 병사들은 "이미 모름지기 진압(鎭壓)해야 하고 또 둔전을 설치하는데, 모든 일을 병사들에게 의지하며 한마음 한뜻이 되어야 한다"[109]라고 한다. 병사들은 군대를 따라 이동하며 주둔지에서 경작하였다. 두보(杜甫)의 시에 "혹자는 열다섯에 북쪽에서 황하를 지키다가, 마흔이 되어서는 서쪽으로 가 영전(營田)을 한다"라는 구절이 보인다.[110] 규정된 교대 시기[番期]가 되어도 집으로 돌아가지 못하고 오랜 시간 동안 변경 지역에서 경작하며 전쟁을 치러야 했다. 이는 변경 지역의 생산을 발전시켜 변경 지역 군대의 식량과 의복 공급 문제 등을 완화시키기 위한 조치였지만, 병사들이 오래도록 변경에 주둔하며 집으로 돌아가지 못한 상황 및 가족을 동반하였던 것은 객관적으로 변주의 인구를 증가시켰다.

변주의 인구 보충 문제를 이해할 때 유배[流放] 인구도 홀시할 수 없는 부분이다. 변주는 인가가 드물어 호수가 1만 호에 달하는 곳이 매우 적었는데, 당이 건국된 초기부터 유배인[流人]이 계속 변주로 보내졌다. 무주 시기에 "월왕(越王) [이(李)]정(貞)이 여남(汝南)에서 거병했다가 패하였는데, 연좌(緣坐)된 사람이 600~700인이었고 적몰된 사람이 5,000인이었다. …… [무측천이] 특별히 칙서를 내려 그들을 사면하고 풍주(豐州)로 유배[配流]보냈다"[111]고 한다. 서주(西州)와 풍주로 유배된 경우 이외에 휴주(嶲州), 북정(北庭), 정주(靜州) 등의 변주로도 유배되었다. 무주 시기 원범(元範)은 "[배(裵)]염(炎) 사건으로 인해 휴주로 유배되어 죽었다"[112]고 하고, 배주선(裵伷先)은

---

109 『구당서』 권84, 劉仁軌傳, "旣須鎭壓, 又置屯田, 事藉兵士, 同心同德"(2794쪽)
110 『全唐詩』 권216, 杜甫, 「兵車行」, "或從十五北防河, 便至四十西營田"(中華書局, 2254쪽)
111 『구당서』 권89, 狄仁傑傳, "時越王貞稱兵汝南事敗, 緣坐者六七百人, 籍沒者五千口, …… 特敕原之, 配流豐州"(2887쪽)

양주(瀼州)로 장기간 유배되었으나 1년여가 지나자 도망쳐 돌아왔다가 후에 다시 체포되어 북정(北庭)으로 유배되었다.[113] 경룡 연간(707~710)에 엄선사(嚴善思)는 초왕(譙王) 이중복(李重福) 사건에 연루되어 하옥[制獄]되었다가 뒤에 "정주(靜州)로 유배되었다"[114]고 한다. 이처럼 변주로 유배된 사람들은 의심할 바 없이 변주 인구 구성의 간과할 수 없는 부분이다. 그리고 『신당서』 권56, 형법지(刑法志)에 의하면, 유배인에 관한 규정 가운데 "부친과 조부의 자손 중에서 동행하려는 자가 있으면 금하지 않는다"[115]라는 내용이 있다. 이 역시 변주의 인구 숫자를 일정 정도 증가시키는 역할을 하였을 것이 분명하다. 예를 들면 봉상청(封常淸)은 본래 포주(蒲州) 의씨현(猗氏縣) 사람이었는데, 외조부가 죄를 범해 안서(安西)로 유배되면서 외조부를 따라 안서로 들어가 살았다.[116]

변주의 인구 상황은 비교적 복잡하였다. 투르판 아스타나 509호묘에서 출토된 「唐開元二十一年(733)石染典買騾契」[117] 문서를 보면, 원래 관내도에 적관(籍貫)을 둔 장화명(蔣化明)이 북정[도호부] 금만현(金滿縣) 사람이 된 정황이 적혀 있다.

102 化明辭, 被問先是何州縣人? 得共郭林驅驢? 仰答, 但化明

103 先是京兆府雲陽縣嵯峨鄉人, 從涼府與敦元倈驅馱至北庭. 括

104 客, 乃卽附戶爲金滿縣百姓. (후략)

---

112 『신당서』 권117, 裴炎傳, "以炎故, 流死巂州"(4249쪽)
113 『신당서』 권117, 裴仙先傳, "長流瀼州. 歲餘, 逃歸, 爲吏蹟捕, 流北庭."(4249쪽)
114 『구당서』 권191, 方伎, 嚴善思傳, "及譙王下獄, 景龍元年, 大理寺奏, '善思與逆人重福通謀, 合從極法'. …… 竟免善思死, 配流靜州."(5103~5104쪽)
115 『신당서』 권56, 刑法志, "父祖子孫欲隨者, 勿禁"(1417쪽)
116 『구당서』 권104, 封常淸傳, 3207쪽
117 『吐魯番出土文書』 9冊, 61~62쪽

이 내용은 장화명이 개원 시기에 괄호(括戶) 정책이 단행될 때[118] 새로 북정 금만현 호적에 등재되면서 경조부(京兆府) 사람에서 변주 주민이 되었다는 것이다.

요컨대 이상과 같은 당조의 일련의 정책과 조치로 인해 변주의 인구는 전체적으로 균형을 유지하였다. 비록 이러한 균형의 유지는 당 전기 내지주(內地州)의 지속적인 인구 증가에 비하면 크게 뒤떨어지는 것이지만, 이것이 바로 변주 인구 상황의 특징이었다.

앞에서 언급하였듯이 당조는 변주의 인구 문제를 중시하여 적극적인 정책과 조치로 변주의 인구를 보충하였는데, 이는 변주가 변경 방어에 있어서 중요한 위치를 차지하였기 때문이었다. 그러나 변주의 인구는 필요한 인력과 물자를 제공하여 해당 지역을 공고히 하고 외적을 방어하기에는 충분하지 못했기 때문에, 당조가 일련의 정책과 조치를 행하였던 것이다.

당조가 서주(西州)를 설치하였을 때도 이와 같았다. 당조는 고창(高昌)을 멸망시키고 8,000호를 얻었는데,[119] 『구당서』 지리지에는 서주의 정관호(貞觀戶)가 6,466호라고 한다. 후자를 전자와 비교하면 호수가 다소 줄어든 것인데, 아마도 당조가 고창을 멸망시킨 뒤 고창 왕족과 적지 않은 대족(大族)을 내지로 이주시켰기 때문일 것이다.[120] 그 후 내지에서 "매년 천여 인을 징발하여 그 땅을 지키게 하였다"[121]고 한다. 또 정관 16년(642) 서주에 대해 특별한 칙령이 내려졌다. 즉 『구당서』 권3, 태종본기하, 정관 16년(642) 정월조를 보면 "신미일에 조서를 내려 경사 및 제주(諸州)의 사죄(死罪) 수감자를

---

118 [역자주] 礪波護(1986), 「唐の律令體制と宇文融の括戶」, 『唐代政治社會史研究』, 同朋舍, 292·308쪽 등 참조. 유문융의 괄호정책은 개원 9년 정월부터 시작되었다.
119 『구당서』 권198, 高昌傳, 5295쪽
120 陳國燦(1980), 「跋 '武周張懷寂墓志'」, 『魏晉南北朝隋唐史資料』 2, 18~21쪽
121 『구당서』 권80, 褚遂良傳, "每歲調發千餘人防遏其地"(2736쪽)

서주로 보내어[配] 호(戶)로 삼고, 유배인 중에서 아직 유배지에 이르지 않은 자를 옮겨 서주를 지키게 하라"[122]고 하였다. 또한 같은 해 정월 을축일에 사신을 보내 서주를 안무하고, 무진일에는 "서주에 수자리할 자를 모집하는데, 이전에 유(流)·사(死)[죄(罪)]를 범한 뒤 도망가 숨은 자가 자수하여 응모하는 것을 허락한다"[123]라고 하였다. 그러므로 곽효각(郭孝恪)이 안서도호(安西都護)·서주자사(西州刺史)로 있었던 시기에 서주는 "그 지역은 고창의 옛 도읍이었는데, 사대부[士流]와 유배자[流配] 및 수자리 병사들[鎮兵]이 뒤섞여 살았다"[124]고 한다. 이때 인구 구성상 중원에서 온 이주민이 이미 그 지역 인구의 중요한 부분이 되었던 것이다.

또 고종 현경 3년(658) 5월 안서도호부가 서주에서 구자(龜玆)로 이주한 뒤, 서주는 서주도독부로 바뀌었고 안서도호였던 국지담(麴智湛)은 서주도독이 되었다. 즉 『책부원귀』 권964, 외신부, 봉책2에 그 기록이 나와 있다.

[현경 3년] 5월 좌효위대장(左驍衛大將)·겸안서도호(兼安西都護)·천산현공(天山縣公) 국지담을 서주도독으로 삼아 고창의 옛 땅을 다스리게 하였다.[125]

---

122 『구당서』 권3, 태종본기하, 정관 16년(642) 정월 조, "辛未, 詔在京及諸州死罪囚徒, 配西州爲戶. 流人未達前所者, 徙防西州"(54쪽)

123 『신당서』 권2, 태종본기, 정관 16년(642) 정월 조, "募戌西州者, 前犯流死亡匿, 聽自首以應募" 41쪽.

124 『구당서』 권83, 郭孝恪傳, "貞觀十六年, 累授金紫光祿大夫·行安西都護·西州刺史. 其地高昌舊都, 士流與流配及鎭兵雜處, 又限以沙磧, 與中國隔絶, 孝恪推誠撫禦, 大獲其換心"(2774쪽). 『신당서』 권111, 곽효각전, "其地高昌舊都, 流徙罪人與鎭兵雜"(4132쪽)

125 『책부원귀』 권964, 외신부, 봉책2, "(顯慶三年)五月, 以左驍衛大將·兼安西都護·天山縣公麴智湛爲西州都督, 統高昌之故地"(11340쪽)

말하자면 태종 시기에 내지로 옮겨졌던 국지담을 중심으로 한 옛 고창 대족(大族)들의 일부는 다시 서주로 돌아갔다. 개원 시기에 서주 인구가 11,647호로 증가한 것은 이러한 것과 어느 정도 관련이 있었을 것이다.

장과다(張廣達)의 고증에 의하면, 고창국의 인력은 매우 한정되었음에도 불구하고 당조는 서주에 주(州)·현(縣)·향(鄕)·리(里)를 건립하였다. 그러나 절충군부(折衝軍府)와 도호부에서 많은 인력을 필요로 하였기 때문에[126] 당조는 적극적으로 서주의 인력을 보충하여 서주를 공고히 하고, 나아가 서북 형세의 변화에 대응하고 변경 경영을 위해 인력과 물적 자원을 제공하였다. 바로 이러한 상황으로 말미암아 서주 등 변주는 당대 변경 지역의 정치·군사상에 있어서 누구도 대신할 수 없는 지위를 가졌던 것이다.

총괄하면, 당대에 연변(緣邊) 지역에 설치된 변주는 당조의 변경과 민족 문제와 관련되었기 때문에 그 지위가 매우 중요하였다. 즉 변주는 당 왕조가 변강을 경영하고 주변 지역의 소수민족을 관리하는 데 매우 중요한 역할을 맡았다. 따라서 당대 변주 문제는 앞으로 계속 주의를 기울이고 깊이 연구해야 할 과제라고 할 수 있다.

---

126 張廣達(1995), 「唐滅高昌國後的西州形勢」, 『西域史地叢稿初編』, 上海古籍出版社, 113~173쪽

참고문헌

사료

『舊唐書』·『新唐書』,『唐律疏議』,『唐六典』,『唐會要』,『雲南志校釋』,『元和郡縣圖志』,『資治通鑑』,『全唐文』,『冊府元龜』,『通典』,『史記』,『漢書』,『晉書』

저서

顧祖禹 撰, 賀次君·施和金 點校(2005),『讀史方輿紀要』, 中華書局
谷霽光(1996),『谷霽光史學文集』, 江西人民出版社和江西敎育出版社
譚其驤(1982),『中國歷史地圖集』5冊, 地圖出版社
唐長孺(1981~1991),『吐魯番出土文書』全10冊, 文物出版社
唐長孺(1993),『魏晉南北朝隋唐史三論』, 武漢大學出版社
凍國棟(1993),『唐代人口問題硏究』, 武漢大學出版社
凍國棟(2002),『中國人口史』第2卷(隋唐五代時期), 復旦大學出版社
松田壽男 著, 陳俊謨 譯(1987),『古代天山歷史地理學硏究』, 中央民族學院出版
嚴耕望(1985),『唐代交通圖考』, 中央硏究院歷史語言硏究所
王小甫(1992),『唐·吐蕃·大食政治關係史』, 北京大學出版社
王永興(1994),『唐代前期西北軍事硏究』, 中國社會科學出版社
王永興(2003),『唐代前期軍事史略論稿』, 昆侖出版社
李錦綉(2001),『唐代財政史稿』下, 北京大學出版社
張廣達(1995),『西域史地叢稿初編』, 上海古籍出版社
前田正名 著, 陳俊謨 譯(1993),『河西歷史地理學硏究』, 中國藏學出版社
程存潔(2002),『唐代城市史硏究初編』, 中華書局
陳守忠(1993),『河隴史地考述』, 蘭州大學出版社
陳寅恪(1982),『唐代政治史述論稿』, 上海古籍出版社

논문

嚴耕望(1969),「唐代岷山雪嶺地區交通圖考」,『香港中文大學中國文化硏究所學報』, 1969-2
劉安志·陳國燦(2006),「唐代安西都護府對龜玆的治理」,『歷史硏究』, 2006-1
張偉然(2003),「唐人心目中的文化區域及地理意象」, 李孝聰 主編,『唐代地域結構與運作空間』, 上海辭書出版社
陳國燦(1980),「跋'武周張懷寂墓志'」,『魏晉南北朝隋唐史資料』2輯
許正文(2002),「唐代我國西部政區的演變」,『中國歷史地理論叢』, 2002-4

당 현종의 변경 지역 외교 책략
– 개원 연간을 중심으로

후바오화[胡寶華] | 난카이대학[南開大學]
(번역) 최해별 | 이화여자대학교

Ⅰ. 머리말
Ⅱ. 개원 초기 변경 지역의 형세
Ⅲ. 화친을 위주로 한 동북 지역의 안무 책략
Ⅳ. 개원 연간 돌기시와의 관계
Ⅴ. 서역 및 중앙아시아에 대한 현종의 경영
Ⅵ. 개원 연간 당과 토번의 화의와 전쟁
Ⅶ. 맺음말

I. 머리말

중원(中原) 정권과 주변의 여러 다른 민족 정권과의 관계는 역대로 중국 왕조가 진지하게 다루어야 했던 중요한 문제였고, 수당시기 역시 예외는 아니었다. 수(隋) 문제(文帝), 당(唐) 고조(高祖), 당 태종(太宗)은 모두 재위 기간 돌궐(突厥)이 대거 침입했던 위급한 국면을 맞기도 했다. 당시 조정은 변경으로부터 오는 위기를 잘 넘겼지만 그 교훈은 뼈저린 것이었고, 쉬이 잊기 어려운 것이었다. 당대 전기 "정관(貞觀)의 치(治)", "개원(開元)의 치(治)"라는 이상적 국면이 연이어 나타날 수 있게 된 것은 내부적으로 사회가 안정되고 경제가 회복 발전했기 때문이며, 외부적으로 성공적인 군사 전략과 융통성 있는 외교 책략이 있었기에 가능했다. 이 글은 당 현종(玄宗) 개원시기(713~741)를 중심으로 중앙이 실시한 "사이(四夷)" 정책과 외교 책략에 대해 고찰하고자 한다. 이 방면에 대해서는 중국 내 이미 많은 연구가 있지만 여기서는 그 가운데서도 몇 가지 대표적 성과들을 간략하게 언급하고자 한다.

20세기 말 중앙아시아와 당대의 변경 민족 관계에 관한 연구에서 주목할 만한 성과로는 1992년 출판된 왕샤오푸[王小甫]의 『당(唐)·토번(吐蕃)·대식(大食)정치관계사』가 있다.[1] 중국의 저명한 학자인 지시엔린[季羨林]과 장광다[張廣達]이 모두 이 책의 서문을 썼는데, 특히 7~9세기 서역에서의 당과 토번, 대식 그리고 돌궐의 세력 확장과 쇠퇴 그리고 상호 간의 역할과 영향에 대한 분석을 높이 평가하였다. 저자 왕샤오푸는 한문 자료, 티베트어와

---

1 王小甫(1992), 『唐·吐蕃·大食政治關係史』, 北京大學出版社

아랍어 자료 및 둔황 투루판 문서의 관련 문헌들을 활용하여, 역사상의 주요 사실(史實)들에 대해 상세하고 실증적인 고증을 하였다. 즉, 당 초 안서사진(安西四鎭)의 설치, 총령(葱嶺) 지역 여러 정치세력들 간의 각축, 서역에서의 당과 토번의 세력 비교 및 안사의 난 이후 서역 형세의 발전 변화 등 문제들에 대해 세밀한 고찰과 논증을 거쳐 당대 군사 외교 분야 연구에서 중요한 성과를 내었다.

그 다음으로 중국사회과학출판사(中國社會科學出版社)에서 나온 두 권의 학술 저작을 주목할 수 있다. 왕용싱[王永興]이 쓴『당대전기서북군사연구(唐代前期西北軍事研究)』와 우위궤이[吳玉貴]가 쓴『돌궐한국여수당관계사연구(突厥汗國與隋唐關系史研究)』이다.[2]

왕용싱은 당제국의 서쪽 및 서북 지역에서의 군사적 세력 구도는 태종시기 만들어졌고, 무주(武周)시기와 현종 재위시기에 완성되었다고 지적했다. 그는 둔황 투루판 문서를 이용하여 당대 전기 군사 방어의 중점이었던 서북의 군사적 형세와 안서(安西), 북정(北庭), 하서(河西), 삭방(朔方) 등 절도사의 설치 배경 및 그 구체적 운영 과정과 군사적 의의 등에 대해 상세한 고증과 해석을 가하여 당대 서북지역 군사를 연구하는 데 있어 중요한 성과를 내었다.

우위궤이는 대량의 문헌 자료를 통해 수당 교체시기 돌궐한국(突厥汗國) 및 서돌궐한국(西突厥汗國)과 수당제국의 정치 관계에 대해 세밀한 고찰을 하였다. 저자는 돌궐한국과 내지 정권의 관계를 조망함으로써 남북조 후기에서 당초에 나타난 중대한 문제들에 대해 새로운 관점을 제기하였다. 예를 들면, 주(周)·제(齊)에서 수(隋) 초 동아시아 정세의 변천과 돌궐한국과의 관

---

2 王永興(1994),『唐代前期西北軍事研究』, 中國社會科學出版社 ; 吳玉貴(1998),『突厥汗國與隋唐關系史研究』, 中國社會科學出版社

계, 수 양제(煬帝)의 서역 경영 활동과 돌궐과의 연계 등을 고찰하였고, 또 돌궐한국에게 신하라 칭했던 당조가 북방의 여러 할거 세력들을 통일하는 과정에서 돌궐 정권과 충돌하고 투쟁했던 상황 및 그 변화 과정 등을 고찰하였다. 이 책은 수당시기 돌궐한국의 역사 연구에 있어서 새로운 경지를 열었다.

이 밖에 2003년 왕샤오푸가 주편한 『성당시대여동북아정국(盛唐時代與東北亞政局)』[3] 역시 주목할 만하다. 이 책은 정치사, 민족사, 관계사, 고고학 등 네 부분으로 나누어져 있으며, 주로 수당시기 중앙정권과 발해(渤海)를 둘러싼 지역과의 관계, 고구려와의 전쟁 화의 등 교류 관계, 그리고 신라와의 관계 및 신라 통일 후 당과 일본의 관계 등을 논하였다. 또한 동북아의 문화적 교류 방면에 대해서도 어느 정도 연구를 진행하였다. 이 책의 가장 중요한 특징은, 『신당서(新唐書)』「사이전(四夷傳)」의 "당이 흥하자 만이(蠻夷)는 그 성쇠(盛衰)가 바뀌었다. 일찍이 중국과 맞섰던 네 개의 세력들이 있었는데, 돌궐·토번·회골(回鶻)·운남(雲南) 등이 바로 이들이다"라는 기록에서 시종 언급되지 않았던 동북(東北)의 거란(契丹)·해(奚)·흑수말갈(黑水靺鞨)·발해 등 민족을 연구대상으로 삼았다는 것이다. 사실상 수당시기 당의 중앙은 일관된 "관중본위정책(關中本位政策)"을 시행하여 서북에 대한 전략이 우선적인 지위를 가지고 있었지만, 그렇다고 당 중앙과 동북아지역의 관계가 결코 이로 인해 소원해지지는 않았다. 쌍방은 시종 밀접한 관계를 유지하고 있었다. 만약 하북(河北) 양번(兩藩：거란·해)에 대한 당의 심혈을 기울인 경영이 없었다면, 동북아 지역의 상대적 안정은 없었을 것이고, 당 전기 출현한 두 차례의 "치세(治世)" 및 개원(開元), 천보(天寶) 연간에 나타난 "성세(盛世)의 기상"은 상상할 수 없었을 것이다.

---

3   王小甫 編(2003), 『盛唐時代與東北亞政局』, 上海辭書出版社

이 방면에 대한 적지 않은 논문도 발표되었다. 여기서는 이 글과 관련된 두 편의 논문을 주목하고자 한다. 하나는 췌이밍더[崔明德]의 「당여거란(唐與契丹), 해화친공주고술(奚和親公主考述)」이다.[4] 이 논문은 주로 당 현종시기 동북의 해, 거란과 화친한 공주의 신분과 화친의 경과에 대해 상세한 연구를 하였다. 하지만 화친의 시대적 배경에 대해서는 상세한 검토가 이루어지지 않았다. 다른 하나는 리옌핑[李彦平]의 「당조여동북소수민족거란(唐朝與東北少數民族契丹), 해적화친(奚的和親)」이다.[5] 이 논문은 당대 변경 이민족 정권에게 화친으로 시집보낸 공주가 모두 23명이며, 이 중 당 현종시기 동북과 화친으로 시집간 공주가 7명이라고 지적하였다. 또 이 논문은 당과 동북 지역의 화친의 영향과 의의에 대해 분석하여 논술하였다. 이 외 당대 화친에 관한 연구 성과는 췌이밍더이 「근오십년래화친연구적회고여전망(近五十年來和親硏究的回顧與展望)」에서 상세히 정리하였다.[6]

상술한 대로 각 학자들의 연구는 대부분 특정 주제를 대상으로 각각의 주제에 대해 토론을 진행하여 소기의 성과를 거두었다. 여기서는 이전 연구자들의 성과를 바탕으로 우리에게 잘 알려진 "개원의 치"가 이루어진 시기 당의 중앙이 변경 지역 정권에 대해 취한 외교적 책략에 대해 전체적 국면에 대한 통관적인 고찰을 시도하고자 한다. 이로써 "개원의 치"가 형성되던 시기의 외교적 환경에 대한 전반적인 이해를 심화시키고자 한다. 정확하지 않은 부분에 대해서는 질정을 해주기 바란다.

---

4 崔明德, 「唐與契丹, 奚和親公主考述」, 『西北民族學院學報』 1988-2, 56~61쪽
5 李彦平, 「唐朝與東北少數民族契丹, 奚的和親」, 『社會科學戰綫』 1996-3, 220~223쪽
6 崔明德, 「近五十年來和親硏究的回顧與展望」, 『社會科學管理與評論』 1999-3, 31~37쪽

II. 개원 초기 변경 지역의 형세

당 초 이래 변경지역에서의 전쟁은 계속되었다. 북방의 동돌궐은 630년 당에 의해 평정된 후 무측천(武則天), 중종(中宗)시기에 이르러 다시 점차 흥하기 시작했다. 예종(睿宗) 경운(景雲) 연간(710~711)에 그들은 "동서로 만여 리에 걸쳐, 군사 40만을 거느렸으며",[7] "사이(四夷) 중에서도 돌궐이 크다"[8]고 일컬어지는 등 강한 세력으로 성장했다. 특별히 돌궐은 동북의 해·거란과 연합하여 "여러 차례 변경의 우환이 되었다."[9] 선천(先天) 원년(712) 6월, "유주대도독(幽州大都督) 손전(孫佺)은 해의 우두머리 이대포(李大酺)와 냉형(冷陘)에서 싸웠는데, 전군(全軍)이 패하였다." 11월, "해·거란 2만여 기병은 어양(漁陽)을 침략하였는데, 유주(幽州) 도독 송경(宋璟)이 성을 닫고 나오지 않자 적군은 크게 노략질하고 갔다."[10] 개원 2년(714) 2월, 돌궐은 출병하여 북정도호부(北庭都護府)를 침략하였는데, 우효위장군(右驍衛將軍) 곽건관(郭虔瓘)이 출병하여 그들을 패퇴시켰다.[11] 7월, 병주대도독부장사(幷州大都督府長史) 설눌(薛訥) 등은 병사 6만을 이끌고 단주(檀州)를 나와 거란을 공격하였는데, 그 결과 "당병(唐兵)은 대패하고 죽은 자가 10의 8~9였다."[12]

---

7 『舊唐書』卷194上,「突厥傳」, 中華書局, 5172쪽
8 『資治通鑑』卷212, "玄宗開元十三年四月"條, 中華書局, 6764쪽
9 『구당서』卷93,「薛訥傳」, 2984쪽
10 『자치통감』卷210, "玄宗先天元年六月, 十一月"條, 6672·6678쪽
11 『구당서』卷8,「玄宗紀」, 172쪽
12 『자치통감』卷211, "玄宗開元二年七月"條, 6702쪽. 살피건대, 『구당서·전』의 기록에 의하면, 이때 이끌고 나간 병사가 2만이라고 했다. 「考異」와 『구당서·본기』는 모두 6만이라 기록하고 있으며, 이는 『자치통감』의 기록과 같다. 여기서는 6만을 따른다.

같은 해 현종은 일찍이 재상 요숭(姚崇) 등에게 명해 16만 군대를 결집시키고, 8만 필의 전마(戰馬)를 대동해 북의 돌궐에 대한 공략을 준비하게 했다. 후에 여러 가지 원인으로 북으로의 공략은 성사되지 못했다.[13] 개원 4년(716), 현종은 다시 설눌에게 명해 병사 15만을 이끌고 북으로 돌궐을 공격하도록 했지만,[14] 이 전쟁의 구체적 정황에 대해서는 사서(史書)에서 그 기록이 상세하지 않아 알 수 없다.

이 외에 서남쪽에 위치한 토번은 당과 서역을 다투었던 주된 경쟁 상대 중 하나였으며, 원래 "서융(西戎)의 땅에서는 토번이 강하다"[15]라고 하기도 했다. 토번은 중종(中宗) 신용(神龍) 연간 화친(和親)을 맺은 후 비록 "여러 해 공물을 바쳤지만, 그러나 또한 수시로 서쪽 변경을 침략했다."[16] 예종(睿宗) 이후 "이때부터 다시 반란하여 병사를 이끌고 들어와 노략질하기 시작하였다."[17] 개원 초 토번은 스스로의 군대가 강하다는 것을 믿고 매번 표소(表疏)를 통해 "적국(敵國)의 예(禮)"로 대해주기를 요구했으며, 언사가 심히 오만하였다. 개원 2년(714) 토번의 대장 분달연(坌達延), 걸력서(乞力徐)는 정예병 십만을 이끌고 임조(臨洮)를 공격하고, "또 난주(蘭州), 위주(渭州)를 오가며 침략하고 여러 지역을 노략질하였다."[18] 그의 영향을 받아 서남 지역 여러 민족들은 이래저래 변경을 들쑤시며 침범하여 일을 만들었다. 개원 3년(715) 당 현종은 우효위장군(右驍衛將軍) 이현도(李玄道)에게 명하여 병사 3만을 이

---

13 『唐大詔令集』 卷130, 「討伐·命姚崇等北伐制」, 商務印書館, 705~706쪽
14 『당대조령집』 卷130, 「討伐·命薛訥等與九姓共伐默啜制」, 706~707쪽
15 『구당서』 卷196下, 「吐蕃傳下」 "贊曰", 5267쪽
16 『唐會要』 卷97, 「吐蕃」, 上海古籍出版社, 2053쪽. 살피건대, 『자치통감』 卷208은 이 일을 景龍 원년 4월에 기록하고 있다. 『자치통감』 卷208 "景龍元年四月"條, 6610쪽. 고증이 필요하다.
17 『구당서』 卷196上, 「吐蕃傳上」, 5228쪽
18 『구당서』 卷93, 「薛訥傳」, 2984쪽; 『구당서』 卷8, 「玄宗紀」, 173쪽

끌고 출격하게 하는 동시에 토번을 친정(親征)하여 토벌할 것을 준비하였다.[19]

상술한 대로 개원 초 현종 정권이 맞닥뜨린 상황은 크고 작은 침략과 전쟁이 일어나고 있었던 긴장감이 고조된 상황이었다. 위에서 언급한 당조의 토벌에서 당의 군대가 승리하긴 했지만, 관보(關輔) 지역은 이로 인해 "무릇 정장(丁壯)들은 대부분 전장에 나가 보이지 않을 정도"였다.[20] 개원시기 조정은 이러한 상황에 대해 주목하지 않을 수 없었다. 당이 주변 각 민족들과의 관계를 잘 해결할 수 있느냐 여부는 "개원의 치"의 완성에 매우 직접적으로 영향을 미치게 되었다. 개원 4년(716) 6월, 돌궐가한(突厥可汗) 묵철(默啜)은 구성(九姓)의 발예고힐략(拔曳固頡略)에게 피살되었는데 돌궐은 이로 인해 내부 분열이 나타났다. 묵철 형제의 아들 궐특륵(闕特勒)은 정변을 일으켰는데, 그는 묵철의 아들 소가한(小可汗) 및 다른 아들들 그리고 측근들을 죽이고 좌현왕(左賢王) 묵극연립(默棘連立)을 옹립하였는데, 이가 비가가한(毗伽可汗)이다. 이러한 우연한 사건은 당 조정이 사방으로 대치하고 있던 당시의 상황을 벗어날 수 있는 절호의 기회가 되었다. 돌궐에 속했던 여러 부(部)들이 하나하나 당으로 귀부하였을 뿐만 아니라 동북의 해·거란 역시 이에 따라 당 조정으로 귀부하였다. 특히 중요한 것은 비가가한이 즉위 후 전조(前朝)의 아관(衙官)이었던 돈욕곡(暾欲谷)을 책사로 기용했다는 것이다. 돈욕곡은 돌궐과 당의 관계를 처리하는 데 있어서, "당의 군주는 영민하고 무공이 뛰어나며 백성들은 평화롭고 해마다 풍년이 들어 아직 틈을 보이지 않으니 공략할 수 없다. 우리 무리는 막 새로이 모여 아직 피로하고 힘이 없으니, 반드시 3년 이상을 쉬고 나야 비로소 상황을 살펴 도모할 수 있을 것이

---

19 『자치통감』 卷211, "玄宗開元三年九月"條, 6712쪽
20 『구당서』 卷103, 「郭虔瓘傳」, 3188쪽

다"[21]라고 여겼다. 그의 이러한 주장으로 개원 6년(718) 비가가한은 사신을 보내 화해를 구했고, 당과 돌궐 사이에 휴전의 국면이 나타났다. 당 현종은 이러한 유리한 기회를 포착했고, 일련의 합종연횡의 외교활동과 군사 조치를 취하여 개원 초와 같은 긴장 국면이 다시 나타나지 않도록 막았다.

III. 화친을 위주로 한 동북 지역의 안무 책략

중국 역사상 통혼을 수단으로 통치 집단의 세력 범위와 영향력을 확대하고 공고히 했던 사례는 매우 많다. 개원 연간(714~741)의 당 현종 역시 이러한 책략을 사용했다. 그러나 주목해야 할 것은, 당 현종시기의 화친 정책[22]은 그 대상이 확실히 동쪽 지역으로 이동했다는 것이다. 그 이전 당 정관(貞觀, 627~649)·신용(神龍, 705~707)시기 화친의 대상은 주로 서북·서남쪽에 위치한 소수민족 부락이었다. 예를 들면, 정관 10년(636) 당태종은 여동생 남양공주(南陽公主)를 돌궐 처라가한(處羅可汗)의 둘째 아들 아사나사이(阿史那社爾)에게 시집보냈다.[23] 정관 13년(639), "토욕혼의 왕 낙갈발(諾曷鉢)이 와서 조견(朝見)하자 종녀(宗女)를 홍화공주(弘化公主)로 삼아 처로 삼게 했

---

21 『구당서』 卷194 上, 「突厥傳上」, 5174쪽

22 [역자주] 唐代의 和親에 관해서는 管彦波(2013), 「唐朝와 변경민족 간 정치관계의 두 가지 중요 방식」, 류스루이 역, 『역사와교육』 16, 322~328쪽 등 참조

23 『자치통감』 卷194, "太宗貞觀十年春正月"條, 6117쪽

다."²⁴ 정관 14년(640) 10월, 토번의 찬보(贊普)가 사신을 보내 혼인을 청하자 "태종은 문성공주(文成公主)를 처로 삼도록 허락했다."²⁵ 중종 신용 3년 (707), 다시 금성공주(金城公主)를 보내 토번과 화친하였다.²⁶ 그러나 당 현종 즉위 이후부터 화친의 상대는 동북으로 바뀌었다. 첫 번째 화친은 개원 4년 (716)이었으며, 그 상대는 막 돌궐의 지배를 벗어나 당에 귀부한 해와 거란 이었다. 당 현종은 조를 내려 종실녀 양씨(楊氏)를 영락공주(永樂公主)로 봉하고 거란 수령 이실활(李失活)의 처가 되게 하였다. 이와 동시에 이실활을 송막군왕(松漠郡王)으로 봉하고, 좌금오위대장군(左金吾衛大將軍)·겸송막도독(兼松漠都督)에 배수하였다.²⁷ 또 조를 내려 종실의 종외생녀(從外甥女) 신씨(辛氏)를 고안공주(固安公主)로 봉하고, 해의 수령 요악군왕(饒樂郡王)·좌금오원외대장군(左金吾員外大將軍)·요악주도독(饒樂州都督) 이대보(李大輔)에게 시집보냈다.²⁸ 두 번째는 개원 10년(722)의 일이다. 현종은 "종매(從妹)의 남편 솔경령(率更令) 모용가빈(慕容嘉賓)의 딸을 연군공주(燕郡公主)로 봉하여 거란 수령 울우(鬱于)의 처가 되게 하였다."²⁹ 아울러 당 성안공주(成安公主)의 딸 위씨(韋氏)를 동광공주(東光公主)로 하고 해의 수령 노소(魯蘇)에게 시집보냈다.³⁰ 세 번째는 개원 13년(725)이다. 거란에서 내란이 일어났을 때,

---

24 『자치통감』 卷195, "太宗貞觀十三年十二月"條, 6150쪽
25 『자치통감』 卷195, "太宗貞觀十四年十月"條, 6157쪽
26 『당회요』 卷6, 「和蕃公主」, 86쪽
27 『구당서』 卷199下, 「契丹傳」, 5351쪽; 『당회요』 卷6, 「和蕃公主」(86쪽)는 永樂公主의 화친이 "開元二十五年十一月三日"의 일이라 잘못 기록하고 있다.
28 『구당서』 卷199下, 「奚傳」, 5355쪽
29 『구당서』 卷199下, 「契丹傳」, 5352쪽; 『당회요』 卷6, 「和蕃公主」(86쪽)는 이 일을 "開元十五年"의 일이라 기록하고 있고, "鬱于"를 "鬱子"로 기록하고 있는데, 모두 잘못 기록한 것이다.
30 『구당서』 卷199下, 「奚傳」, 5355쪽; 『당회요』 卷6, 「和蕃公主」(87쪽)는 "成安公主"를 "咸安公主"라고 썼다.

아관(衙官) 가돌간(可突干)은 이소고(李邵固)를 수령으로 삼았다. 현종은 상주를 본 후 이미 벌어진 상황을 인정해 주었을 뿐만 아니라 조를 내려 이소고에게 좌우림군원외대장군(左羽林軍員外大將軍)·정석군경략대사(靜析軍經略大使)로 배수하고 광화군왕(廣化郡王)으로 고쳐 봉해 주었다. 이와 동시에 황종외생녀(皇從外甥女) 진씨(陳氏)를 동화공주(東華公主)로 봉하여 그에게 처로 삼게 하였다.[31] 이렇듯 연이은 화친으로 안무(安撫)를 강화하였다. 네 번째는 천보 4년(745)의 일이다. 당 현종은 종녀(宗女) 독고씨(獨孤氏)를 정락공주(靜樂公主)로 삼아 거란의 대수령 이회수(李懷秀)에게 시집보냈고,[32] 외생녀(外甥女) 양씨(楊氏)를 의방공주(宜芳公主)로 삼아 요악도독(饒乐都督) 회신왕(懷信王) 이연총(李延寵)에게 시집보냈다.[33]

사료의 기록에 따르면, 당 현종이 재위기간 변경의 각 민족과 화친을 맺은 것이 모두 9차례라고 되어 있다. 이중 개원 10년(722) 교하공주[交河公主, 금하공주(金河公主)라고도 함]를 돌기시가한(突騎施可汗) 소록(蘇祿)에게 시집보내고,[34] 천보 3년(744) 종실녀 화의공주(和義公主)를 서역 영원국(寧遠國) 봉화왕(奉化王) 아실란달간(阿悉爛達干)에게 시집보낸 것[35] 외에 나머지 7차례는 모두 동북의 해·거란과 행해진 것이다. 이와는 반대로 현종과 북방의

---

31 『구당서』 卷199下, 「契丹傳」, 5352쪽.
32 『新唐書』 卷219, 「契丹傳」, 中華書局, 6172쪽 ; 『당회요』 卷6, 「和蕃公主」(87쪽)는 "李懷秀"를 "李懷節"로 쓰고 "崇順王"을 "懷順王"으로 적고 있다.
33 『당회요』 卷6, 「和蕃公主」, 87쪽.
34 『자치통감』 卷212, "玄宗開元十年十二月"條, 6754쪽. 당시의 화친 시점에 대해, 『당회요』 卷6, 「和蕃公主」(87쪽)는 다음과 같이 기록하고 있다. "交河, 十姓可汗阿史那懷道女. 開元五年十二月, 出降突騎施可汗蘇祿." 이에 대해 沙畹 著·馮承鈞 譯(1958), 『西突厥史料』, 中華書局, 260쪽의 기록에 의하면, 719년(開元 7年) 蘇祿을 忠順可汗으로 책봉하고, 722년(開元 10年) 阿史那懷道의 딸을 交河公主로 봉하고 그의 처로 삼게 했다고 되어 있다. 『당회요』가 기록한 시간이 잘못된 것이다.
35 『신당서』 卷221下, 「寧遠傳」, 6250쪽.

돌궐은 시종 "진진(秦晉)의 우호" 관계를 맺지 못하였다. 여기에 크게 불만을 느낀 돌궐가한은 당의 사절인 원진(袁振)에게 다음과 같이 물었다. "돌궐은 전후로 화친을 맺자고 계속 청하였는데 유독 승낙을 받지 못하였으니, 무엇 때문인가?"[36]라고 물었다. 당 현종은 왜 돌궐과의 화친을 거절하였으며, 왜 화친의 중심을 동북에 두었는가? 필자가 생각하기에 다음과 같은 몇 가지 이유와 관계가 있어 보인다.

첫째, 역사적 원인을 보자면『신당서』권215상「동돌궐전(東突厥傳)」의 기록은 다음과 같다.

> 묵철은 승부를 가림에 중국을 가벼이 여기며, 교만한 뜻이 있었다. …… (무측천) 장안(長安) 3년, 사자(使者) 막하달간(莫賀達干)을 보내 딸을 바쳐 황태자의 아들에게 시집보내기를 청하자, 무측천은 평은군왕(平恩郡王) 중준(重俊), 의흥군왕(義興郡王) 중명(重明)으로 하여금 옷을 차려입고 조정에 나오게 하였다. 묵철은 다시 대추장 이력탐한(移力貪汗)을 보내 말 1,000필을 헌상하고 허혼을 감사하니, 무측천이 후한 예로 그 사신을 맞았다. 중종이 즉위하자 (묵철이) 명사(鳴沙)를 침략하였고 이에 영무군(靈武軍) 대총관(大總管) 사타충의(沙吒忠義)가 전쟁을 하였는데 이기지 못했고 죽은 자가 몇 만에 이르렀다. 이들은 마침내 원(原), 회(會)로 들어와 목마(牧馬)를 대거 가져갔다. 황제는 조를 내려 절혼(絶婚)을 선언했다. 또 현상을 걸어 묵철을 죽인 자를 왕으로 삼고 국관(國官) 제위대장군(諸衛大將軍)으로 삼겠다고 했다. 묵철이 우리 사자인 홍려경(鴻臚卿) 장사언(臧思言)을 죽이니 좌둔위대장군(左屯衛大將軍) 장인단(張仁亶)을 삭방도대총관(朔方道大總管)으로

---

36 『구당서』卷194上,「突厥傳」, 5175쪽

삼아 변경에 주둔하게 하였고, 다음 해 하외(河外)에 삼수강성(三受降城)을 쌓기 시작하여 그들이 노략질하는 길을 막았다. …… 예종 즉위 초, 또다시 화친을 청하였다. 조를 내려 송왕(宋王) 성기(成器)의 딸을 금산공주(金山公主)로 삼아 시집보내기로 했다. 마침 좌우림대장군(左羽林大將軍) 손전(孫佺) 등이 해와 냉형에서 전쟁을 하였는데, 해에게 잡혔고, 해는 이를 묵철에게 보냈다. 묵철이 그를 죽이자 형부상서(刑部尙書) 곽원진(郭元振)이 휴경(休璟)을 대신했다. 현종이 즉위하면서 화친을 끊었다.

위의 사료를 통해 보건대, 무주 이래 돌궐과 당의 관계는 매우 불안정했다. 돌궐은 때때로 적극적으로 혼인을 청하여 딸을 무측천의 손자에게 시집보내기를 원했다. 때로는 다시 대적하는 행동을 하여 출병시켜 명사(鳴沙)를 공격 점령하였고, 이에 중종은 "절혼(絶婚)"의 조를 내리기도 하였고, 고관의 자리와 작위를 걸어 능히 묵철을 죽일 수 있는 자를 찾았다. 예종의 즉위 후에도 비슷한 상황이 반복되었고, 묵철은 예종이 화친을 동의했는데도 다시 당의 좌우림대장군 손전을 참살하였다. 이러한 잔혹한 과거의 교훈으로 당 현종은 즉위한 이후 돌궐과의 화친을 끊는 결정을 내리게 된 것이다. 그러나 개원 원년(713) 8월, "묵철은 아들 양아지특륵(楊我支特勒)을 보내 숙위(宿衛)로 들어가게 하고 간곡히 혼인을 청하였으며" 현종은 그 성의에 감동하여 "촉왕(蜀王)의 딸 남화현주(南和縣主)를 그의 처로 삼게 하였고 서(書)를 보내 가한(可汗)을 위로했다."[37] 아울러 그 사자에게 "상을 무수히 내렸고, 모든 군진(軍鎭)이 엄중한 경비를 풀게 되어"[38] 어느 정도 평화의 분위

---

37 『신당서』 卷215上, 「突厥傳」 6047쪽; 『자치통감』 卷210 "玄宗開元元年八月"條, 6686쪽.
38 『冊府元龜』 卷980, 「外臣部·通好」, 中華書局, 11510~11511쪽.

기가 연출되었다. 마침 화친하기로 한 날이 다가왔을 때, 묵철가한은 또다시 "입으로는 화평을 말하나 마음으로는 배신을 하는"[39] 양면적 수법을 사용해 당의 허점을 틈타 북정도호부를 공격하였다. 현종은 이를 듣고 크게 노하였고, 이후로 돌궐이 여러 차례 혼인의 뜻을 구했지만, 현종은 시종 이를 허락하지 않았다.

둘째, 개원 4년(716) 이후 돌궐은 내란으로 당에 대한 침략을 멈추었고, 아울러 당 조정과 관계를 회복하였다. 그러나 현종은 돌궐에 대한 경계와 긴장을 시종 늦추지 않았다. 북방 지역 방어의 중심지는 여전히 돌궐이었다. 이것은 개원시기 군의 배치를 통해서도 알 수 있다. 일찍이 선천(先天) 원년(712) 8월 현종 즉위 초, 하북(河北) 막주(漠州, 鄚州로 쓰기도 한다) 북쪽 경계 지역에 발해군(渤海軍), 항양군(恒陽軍)을 설치하였다. 위주(僞州) 경계에 회유군(懷柔軍)을 설치하였다. 삼군(三軍)에 모두 15만 병력을 배치하여 돌궐의 침략에 대비하게 했다. 개원 5년(717) 돌궐 구성(九姓)이 항복 후 태원(太原) 이북 지역에 흩어져 살고 있었는데, 병주(幷州) 장사(長史) 장가정(張嘉貞)이 주를 올려 "중병(重兵)을 머물게 하여 진수하게 해야 한다"고 청하였다.[40] 현종이 듣고, 병주(幷州)에 천병군(天兵軍)을 설치하여 병사 8만을 모으게 하고 장가정(張嘉貞)을 천병군대사(天兵軍大使)로 삼았다. 이듬해 다시 원래 하북 울주(蔚州)에 주둔하고 있었던 횡야군(橫野軍)을 고대군(古代郡) 대안성(大安城) 남쪽으로 이동시켜 3만의 병력을 주둔하게 하고 구성(九姓)을 지원하여 돌궐의 침략에 대비하게 했다.[41] 개원 13년(725), 현종은 태산에 제를 지내기 위해 준비하였는데, 돌궐이 "이 틈을 타 침략해 올 것"을

---

39 『책부원귀』 卷980, 「外臣部·通好」, 11511쪽
40 『자치통감』 卷211, "玄宗開元五年七月"條, 6728쪽
41 『책부원귀』 卷992, 「外臣部·備禦五」, 11651쪽. 살피건대, 『자치통감』은 河北三軍의 군대가 모두 5만이라고 적고 있는데, 이와 일치하지 않는다.

걱정해 따로 대신들을 소집해 대책을 논의했다.[42] 이에 하북의 정(定)·긍(恆)·막(莫)·역(易)·창(滄)의 다섯 주에 상비군 5만을 배치해 돌궐에 대비하게 했다.[43] 이러한 군의 배치에서 개원 전기 당 중앙의 군사방어에서 돌궐이 차지하는 비중을 알 수 있으며, 북방의 주요 병력이 모두 돌궐을 방어하기 위해 설치된 것이었다고 볼 수 있다. 당시 하동(河東)·삭방(朔方) 두 절진(節鎭)이 이와 같았을 뿐만 아니라 심지어 유주(幽州) 절진 역시 이러한 임무를 겸하고 있었으며, 적어도 개원 중기 이전까지 그랬다. 상대적으로 개원 전기 동북 지역 해, 거란을 방어하기 위해 당 중앙이 투입한 군사는 매우 적었다. 예를 들면, 개원 6년(718) 장설(張說)은 「유주론융사표(幽州論戎事表)」에서 다음과 같이 말했다.

> 신이 익히 듣기로 유주(幽州)의 병마(兵馬)는 수가 적고 약하니 마침내 대비를 하려고 하여도 바로 전쟁을 치를 수 없습니다. 성(城) 안 창고의 양식도 비축된 것이 없어 만약 공격을 당한다고 한다면, 신은 실로 매우 걱정스럽습니다.[44]

개원 18년(730), 해와 거란은 일찍이 한 차례 당에 반기를 들고 돌궐에 항복한 적이 있는데, 이때 중서사인(中書舍人) 배관(裴寬)은 관내(關內), 하동(河東), 하남(河南), 하북(河北)에서 용맹한 병사를 모집한 적이 있다.[45] 이를 통

---

42 『자치통감』 卷212, "玄宗開元十三年四月"條, 6764쪽
43 『자치통감』 卷213, "玄宗開元十四年四月"條(6772쪽)에는 "置北平, 恆陽, 高陽, 唐興, 橫海五軍"이라 적고 있다. 『唐六典』 卷5 「兵部」는 "每軍萬人"이라 注하였다.
44 『文苑英華』 卷614, 「幽州論戎事表」, 中華書局, 3188쪽 ; 『全唐文』 卷224, 「論幽州邊事書」, 中華書局, 2257쪽
45 『자치통감』 卷213, "玄宗開元十八年五月"條, 6789쪽

해 당시 당 조정이 동북 지역에 배치한 병력이 해·거란의 반란을 진압하는 데 매우 부족한 상황이었음을 알 수 있다. 유주절도사가 병사 9만을 거느리고 전문적으로 "해와 거란을 제어하는 일"[46]을 담당한 것은 개원 후기의 일이었다. 결론적으로, 개원시기는 역량을 집중시켜 북의 돌궐에 대항해야 했기에 당 현종은 동북과는 통혼 정책을 채택해 돌궐을 고립시키는 외교 책략을 사용했던 것이다.

당 현종은 동북의 여러 민족과 화친을 하는 과정에서 종종 해·거란의 두 수령에게 그들이 무주 신공(神功) 원년(697) 이후부터 여러 차례 돌궐의 공격을 받아 온 역사적 사실을 상기시키며 과거의 쓴 교훈을 잊지 말라고 각성시켰다. 그는 거란의 도독 이례(泥禮)에게 보내는 편지에서 다음과 같이 명확히 밝혔다. "지난날 굴렬돌간(屈烈突干)은 흉악하여 백성을 걱정하는 마음이 없어 우리를 배반하고" 마침내 "백성들로 하여금 밭을 갈지 못하게 하고 우마(牛馬)가 자라지 못하게 하였고", 돌궐에 귀부한 후에는 "세금과 역이 또한 너무 많아 부락들은 한숨을 쉬며 탄식하였다."[47] 현종의 뜻은 분명 거란과 돌궐의 갈등을 심화시키는 동시에 거란과 당의 감정상의 거리를 좁히고자 하는 데 있었다. 동시에 현종은 거란 내부에서 정변이 끊이지 않은 혼란한 국면에 대해서도 걱정하지 않은 바가 아니었다. 새로운 수장에 대해 연이어 책봉은 해주었지만 조서에서는 종종 책망의 뜻을 드러냈다. 정변을 통해 즉위한 이례에게 보내는 편지에서 다음과 같이 말했다.

> 경들의 번법(蕃法)에는 대부분 군장(君長)에 대한 의리가 없는데, 이는 예부터 그랬음을 짐 역시 잘 알고 있다. 그러나 [이(李)]과절(過折)은 경

---

46 『자치통감』 卷215, "玄宗天寶元年正月"條, 6849쪽
47 『曲江張先生文集』 卷9, 「敕契丹都督泥禮書」, 商務印書館, 51쪽

의 왕이었는데 싫어하여 마음대로 그를 죽인다면, 이렇게 왕이 된 자 또한 어렵지 않겠는가! 다만 경이 왕이 되었고 후대 사람들 역시 그러할까봐 걱정이 된다. 항상 스스로를 지키지 못하는데 누가 왕이 되고 싶어 하겠는가! 역시 뒷일을 방비하고 걱정해야 하니, 어찌 목전의 일만 빨리 해결되길 바랄 수 있겠는가?[48]

이례에게 신중하게 임해야 한다고 권고하면서, 마음대로 살육하는 구습을 고치고 내부의 안정을 꾀하라고 했다. 현종은 해와 거란에 대해 화친으로 안무하였을 뿐만 아니라 그들에게 일정한 군사적 보호도 해주었다. 개원 23년(735), 돌궐은 해와 거란에 대해 출병하였다. 현종이 이 소식을 듣고는 즉시 평로절도사(平盧節度使) 오지의(烏知義)에게 조를 내려 병사를 이끌고 지원해주라고 했다. 현종은 조서에서, "양번(兩蕃)이 이미 우리에게 귀부하였는데도 돌궐이 감히 침범하니 이는 그들이 순종하지 않은 것이며 진실로 (그들을) 섬멸해야 한다", "거란과 해는 한 마음으로 우리에게 귀부하였으니 보호해주지 않으면 어찌 왕도(王道)라 일컬을 수 있겠는가?"라고 말했다.[49] 당군의 출병과 지원 아래, 비록 돌궐이 "흉악함을 다하여 멀리서 공습해 왔다." 하지만 해와 거란 "두 지역은 덕을 품고 목숨을 다할 것을 맹세하며 귀부하였다. 삼군(三軍)이 나라의 명을 받들어 일제히 명령에 따르니, 마침내 전쟁에서 이길 수 있었다."[50]

개원 연간 현종은 동북 민족들과 통혼을 맺는 정책을 통해 기본적으로 소기의 목적을 이루었다. 개원에서 천보에 이르는 시기, 개원 18년(730) 거

---

48 『자치통감』 卷214, "玄宗開元二十三年十二月"條, 6813쪽
49 『곡강장선생문집』 卷9, 「敕平盧使烏知義書」, 52·56쪽
50 『곡강장선생문집』 卷14, 「賀東北累捷狀」, 85쪽

란이 한 차례 반기를 들고 돌궐에 항복한 것 외에 동북 각 민족들이 연맹하여 당에 반기를 들었던 경우는 없었다. 이후 거란과 당은 비록 전쟁은 있었지만, 그 중 대부분은 당 장수가 공을 쌓아 상을 얻고자 하여 충돌했던 것이다. 이는 이 글의 주제와는 관련이 없으므로 따로 언급하지 않겠다.

부연하여 언급할 것은, 돌궐을 고립시키는 책략에서 당 현종은 돌궐의 서북쪽에 위치한 삼성갈라록(三姓葛邏祿) 역시 포섭하여 취해야 할 세력으로 주목했다는 것이다. 당시의 갈라록은 서쪽 변경에서 "병력이 강하고 용맹스럽게 싸우는 것"으로 잘 알려져 있었고, 돌궐 역시 그들에 대해 항상 두려워하는 마음을 가지고 있었다.[51] 개원 3년(715) 돌궐의 묵철가한이 병사를 출동시켜 여러 차례 갈라록을 공격하였을 때, 현종은 즉시 북정도호 탕가혜(湯嘉惠)에게 명하여 정변도대총관(定邊道大總管) 아사나헌(阿史那獻)과 함께 협공으로 출병하여 그들을 도우라고 했다.[52] 개원 4년(716) 현종이 크게 병사를 일으켜 북으로 돌궐을 공격하고자 했을 때, 일찍이 갈라록부(葛邏祿部)에 사신을 보내 연락을 취하였는데, "묵철은 흉악하고 잔인하여 신이 노하고 하늘이 멸망시킬 것이니, …… 복수하여 치욕을 씻으려면 지금이 바로 그때다"[53]라며 그들이 돌궐 토벌에 출병하여 참가해 줄 것을 부추겼다. 후에 돌궐의 내란으로 이 계획은 무산되었다. 결론적으로, 개원 초기 당 현종은 갈라록을 포섭하고 이용하는 책략에서 적지 않은 수확을 얻었다. 즉 이들 세력을 통해 돌궐에 대한 일정한 견제를 할 수 있었고, 아울러 안서사진에 대한 방어에서도 중요한 결과를 얻을 수 있었다. 이 점은 개원 5년(717) 돌기시와 대식·토번이 사진(四鎭)을 공격 점령하려고 했던 전쟁

---

51 『당회요』 卷100, 「葛邏祿國」, 2124쪽.
52 『자치통감』 卷211, "玄宗開元三年五月"條, 6710쪽; 『신당서』 卷215下, 「突厥傳下」, 6065쪽.
53 『책부원귀』 卷992, 「外臣部·備禦五」, 11650쪽.

을 통해 더욱 명확하게 드러난다.[54]

IV. 개원 연간 돌기시와의 관계

돌기시는 본래 서돌궐 부락 중의 하나이며, 당의 서북 변경에 위치해 있다. 개원 초 동돌궐이 쇠락함에 따라 점차 흥기하기 시작했다. 소록이 가한으로 즉위한 이후 "자못 안무를 잘하여 십성부락(十姓部落)이 점차 그에게 귀부하였고, 20만 무리를 이끌며 마침내 서역에서 호령하였다."[55] 그 땅은 동쪽으로는 돌궐과 이웃하고, 남으로는 농우(隴右)를 사이에 두고 남북으로 토번과 호응하는 형세를 띠었다. 더욱이 중요한 것은 돌기시와 당의 안서사진은 상호 의존하는 관계에 있었다는 점이다. 주지하다시피 안서사진은 서역에서 당의 중요한 군사적 요충지였다. 변경 방어에 있어서 안서사진의 의의는 "번국(蕃國)의 요충을 막고 번국의 힘을 분산시켜 그들이 군대를 연합하여 동으로 침략하지 못하게 하는 것"에 있었다.[56] 가령, "무릇 사진을 지키지 못하면, 오랑캐 군사는 반드시 서역에 들어올 것이며, 서역이 흔들리면 남강(南羌)을 두려워 떨게 하여 남강이 연횡할 것이니, 하서는 반드시 위

---

54 『책부원귀』 卷992, 「外臣部·備禦五」, 11651쪽

55 『구당서』 卷194下, 「突厥傳下」, 5191쪽

56 『구당서』 卷97, 「郭元振傳」, 3043쪽

험해질 것이다. …… 이서(伊西)·북정·안서의 제번(諸蕃)은 모두 잃게 될 것이다."[57] 당 중종 경용(景龍) 2년(708), 돌기시는 한 차례 "안서를 함락시키고 사진의 길을 끊어"[58] 당에 커다란 위협이 되었다. 돌기시의 지리적 위치가 매우 중요했기 때문에 돌기시와의 관계를 처리하는 문제는 당 현종의 외교 책략에서 매우 중요한 위치를 점한다. 개원 초 돌기시는 자주 안서사진을 침범하였다. 예를 들면, 개원 5년(717) 4월, "돌기시의 추장 좌우림대장군 소록의 무리는 점차 강성해져, 비록 바치는 공물은 모자람이 없었지만 몰래 변경을 넘보고자 하는 뜻을 가지고 있었다. 5월 십성가한(十姓可汗) 아사나헌은 갈라록의 군대를 보내 그들을 공격하려 하였지만 현종이 이를 허락하지 않았다." 7월, 안서부대도호(安西副大都護) 탕가혜가 주를 올려, "돌기시는 대식·토번을 끌어들여 사진을 취하고자 도모하여 발환(鉢換)과 대석성(大石城)을 포위하였고 이에 이미 삼성갈라록의 군대를 일으켜 아사나헌과 함께 공격하게 했다"고 하였다.[59] 당시 당의 군사 외교 방어의 중심은 돌궐에 있었기 때문에 돌기시의 여러 차례 걸친 변경 침략 행위에 대해서 당 현종은 주동적으로 출격의 태도를 보이지 않았다.

개원 연간 돌기시에 대해 현종이 취한 방침은 기본적으로 안무를 위주로 한 것이었다. 개원 초 소록이 거듭 사단을 일으키기도 하였지만, 현종은 적어도 표면적으로는 보복을 준비하는 모습을 보이지 않았다. 개원 6년(718), 현종은 소록을 좌우림대장군·순국공(順國公)으로 봉하고 금방도경략대사(金方道經略大使)로 임명했다. 이듬해 10월, 다시 그를 "충순가한(忠順可汗)"

---

57 『신당서』 卷216上, 「吐蕃傳上」, 6079쪽.
58 『자치통감』 卷209, "中宗景龍二年十一月"條, 6629쪽.
59 『자치통감』 卷211, "玄宗開元五年四月"條, 6727쪽; 『자치통감』 卷211, "玄宗開元五年七月"條, 6728쪽.

으로 책봉하였다.⁶⁰ 개원 10년(722) 12월 당은 다시 돌기시와 화친을 맺어 당과 돌기시의 우호관계는 최고조를 향했다. 그러나 몇 년 후 아주 우연한 사건으로 쌍방의 관계는 나빠지기 시작했다. 때는 개원 14년(726)의 일이다.

> 돌기시는 안서에서 말을 팔았는데, 사자(使者)가 와서 도호(都護) 두섬(杜暹)에게 [교하공주의 지침을 전하자, 섬(暹)이 노하여 말하기를, "아사나(阿史那)의 딸이 감히 가르치려고 드느냐?"라고 하였다. 그 사자를 매질했고, 돌려보내지 않았다. 소록이 화가 나서 몰래 토번과 결탁하여 군대를 일으켜 사진을 약탈하고, 안서성(安西城)을 포위하였다.⁶¹

그 결과는 다음과 같다.

> 사진의 백성들과 가축 그리고 비축한 양식은 모두 소록에 노략질 당하였고, 안서만 겨우 남았다. 얼마 지나지 않아 소록은 섬이 조정에 들어가 재상이 되었다는 것을 듣고, 군대를 점차 물리었으며, 곧 사신을 보내 입공(入貢)하였다.⁶²

이후 현종은 관대한 태도를 보이며, 그 어떤 군사적 행동도 취하지 않았다. 현종이 돌기시에 대해 조심스러워 했던 태도는 아래의 사례에서도 볼 수 있다.

---

60 『자치통감』 卷212, "玄宗開元七年十月"條, 6737쪽. 이 사료는 앞에서 인용했던 『西突厥史料』[沙畹 著·馮承鈞 譯(1958), 260쪽]에도 보이는데, 719년(開元 7年) 可汗으로 책봉되었다고 했다. 시간이 『자치통감』의 기록과 부합한다.
61 『신당서』 卷215下, 「突厥傳下」, 6067쪽
62 『자치통감』 卷213, "玄宗開元十四年十二月"條, 6776쪽

개원 18년(730), 돌기시의 소록은 사신을 보내 공물을 바쳤고, 현종은 단봉루(丹鳳樓)에서 연회를 베풀어 주었다. 당시 돌궐 사신 역시 연회에 참석하였는데, 자리 문제로 소록 사신과 시비가 붙었다. 돌궐 사신이 말하기를, "돌기시는 나라도 작고 본래 돌궐의 신하이니 윗자리에 앉는 것이 적당하지 않다"라고 하였다. 소록의 사신이 반박하며 이르기를, "오늘의 연회는 나를 위한 것이다. 내가 아래 자리에 앉는 것은 합당하지 않다"고 하였다. 이에 현종은 중서문하(中書門下) 및 백관들에게 상의하게 한 후 마침내 동서로 두 개의 막사를 설치에 각각 한 자리씩 차지하게 했다.[63]

결론적으로, 현종은 돌기시가 서역에서 토번과 대식을 견제하는 역할을 해주기를 바랐다. 그래서 돌기시와의 관계에서 극도로 자제하는 태도를 취했으며 화친을 통해 위무하였다. 그러나 현실은 결코 현종이 바라는 방향으로 발전하지 않았다. 오래지 않아 당과 돌기시의 관계는 결국 막바지까지 치달고 말았다. 원래 돌기시는 당과 화친함과 동시에 소록은 또 사신을 보내 "남으로는 토번과 통했고, 동으로는 돌궐에 붙었다."[64] 이렇게 한 주된 이유는 개원 22년(734) 토번 찬보(贊普)가 "왕의 누이 등을 여러 차례 돌기시 가한에 시집을 보냈고",[65] 돌궐 역시 딸을 소록에게 시집보냈기 때문이다.[66] 이에 다각적으로 이루어진 통혼 관계의 복잡한 국면이 나타나게 된 것이다. 뿐만 아니라 소록은 토번과 통혼을 맺은 후 즉시 출병하여 당의 북정과 안서의 발환성(撥換城)을 약탈했다.[67] 토번의 대장 망포지(莽布支) 역시 병사를 이끌고 서쪽으로 나와 연합하여 사진 등지를 포위 공격하고자 기도했

---

63 『구당서』 卷194下, 「突厥傳下」, 5191~5192쪽
64 『구당서』 卷194下, 「突厥傳下」, 5192쪽
65 王堯, 「《敦煌古藏文歷史文書》漢譯初稿選」, 『歷史學』 1979-3
66 『구당서』 卷194下, 「突厥傳下」, 5192쪽
67 『자치통감』 卷214, "玄宗開元二十三年十月"條, 6812쪽

다. 사진의 안위는 당이 오래전부터 이루어 온 서역 경영에 직접적으로 영향을 미치는 것이다. 그래서 이 돌발적 사건이 터지자 현종의 서역 외교는 위험한 균열이 나타났다. 이 사건이 터지기 이전 현종은 돌기시와 문제를 처리할 때 극도의 신중함과 자제하는 모습을 보였다면, 이 사건 이후에 현종은 또한 비슷한 신중한 태도를 보이면서도 동시에 신속하고 정밀하게 돌기시에 반격할 수 있는 작전 계획을 세우게 되었다. 현종은 우선 사이(四夷)에 대해 분화를 일으키고 이간질하는 일련의 활동들을 진행하였다. 소록과 연맹한 토번일지라도 예외는 아니었다. 토번 찬보에게 보낸 칙서에서 현종은 다음과 같이 썼다.

> 짐이 저들 나라와는 이미 오랜 세월 가까이 지냈고, 최근에는 또 맹약을 맺어 이렇게 관계가 단단히 맺어졌는데도 여전히 시기와 원망함이 있었다. …… 찬보가 경계를 넘어 그와 혼인을 하고 …… 다시 또 망포지가 서쪽으로 출정하여, …… 공격하고 점령하려고 했다. 전후로 거짓으로 속이며 말과 행동이 어긋났다. …… 저들 돌기시는 인면수심(人面獸心)의 나라로, 편벽하고 먼 황무지 땅이며, 이익을 보면 배신을 하니 더불어 가까이 지내기가 실로 어렵다. 찬보가 짐이 베풀어준 오랜 은혜를 배반하고 저들과 더불어 서로 친하게 지내는 것은 마땅히 장기간의 책략이 아니니, 깊이 생각해 보라. …… 지금 돌기시와 화친을 하고 몰래 서로 결탁하여 은밀히 서로를 도와 가까스로 좋은 사람인 척 하고 있다. 이렇게 몰래 도모하는 것도 멀리 보는 계책은 아니다. 짐이 성심으로 화평을 맺는 것은 변경 사람들을 편안하게 하고자 함이다. 군국(君國)의 마음은 잊어서는 안 되는 것이다. 또한 찬보와는 누대에 걸친 오래된 친분이니 다행히 큰 연유가 없다면 가벼이 끊어서는 안 된다.[68]

현종은 토번과 돌기시가 모의하여 사진을 공격하려고 했던 음모를 폭로하는 동시에 그 이해득실을 알려주면서 돌기시가 이익을 보고 배신을 해 그와의 협력은 장기적인 계책이 될 수 없음을 지적하였다. 그 후 현종은 비슷한 내용을 돌궐에게도 전했다. 개원 24년(736) 동돌궐 가한에게 보내는 칙서에서 다음과 같이 말했다.

> 아들인 돌궐의 가한에게 칙서를 내린다. …… 아들은 작년 겨울 토벌을 하였다(개원 23년 동쪽으로 해와 거란을 침략한 것을 가리킨다). 비록 먼저 한 말이 있었지만, 양번(兩蕃)은 이미 귀부하여 또한 침략하기에 마땅하지 않다. 짐은 이미 아들과 친밀해져 마침내 이를 마음에 담아두지 않았다. 거란과 해의 제번(諸蕃)은 가난하여 토지는 방목하기에 적당하지 않고 양마(羊馬)는 탐을 내어 구하여도 구할 수 없다. 멀리서 힘들게 군대를 끌고 칼끝을 무릅써 적으로 겨누면 이겨도 무공(武功)이라 볼 수 없고 이기지 못하면 위험하다. 이로써 말하건대, 마땅히 그 큰 것에 힘써야 한다. 돌기시는 본래 귀한 종족이 아니며, 이성(異姓)에서 나왔고, 오직 간사한 수술에 능하여 여러 오랑캐들을 유혹했다. 십수 년 동안 또한 나라의 비호를 받았고 그 땅이 멀고 황무지라 마침내 유지할 수 있었다. 근래 감히 더더욱 덕을 배반하였고 또한 아들의 뜻도 그들을 무너뜨리고자 한다는 것을 안다. 앞서 먼저 간 가한에게 애도를 표할 때도 그 사신은 울려고 하지도 않았다. 당시 사양하며 거절한 것은 저들의 사신도 다 알고 있다. 아들이 만약 병사를 데리고 서쪽으로 출정한다면 짐도 군대를 보내 호응할 것이다. 안서(安西)·한해(瀚海)가 근래 이미 군대를 보태어 그들을 멸하고자 하고 있으니 다시 무

---

68 『곡강장선생문집』 卷12, 「敕吐蕃贊普書」, 70~71쪽

엇이 어렵겠는가? 만약 일이 성사되어 이기는 날에는 양마와 토지를 모두 아들에게 줄 것이며, 그 백성들과 옥백(玉帛)은 따로 더 후하게 상으로 줄 것이다. 장기적 계책이라 믿을 수 있으니 가히 심사숙고할 만한 것이다. 아들에게 정을 느껴 말이 여기까지 미쳤을 뿐이다.[69]

위의 사료는 돌기시의 반란이, 현종이 개원 초부터 몰두하여 운영해오던 변경 방어 체계에 엄청난 영향을 가져왔음을 매우 생동감 있게 기록하고 있다. 그래서 사건이 발생한 후 현종은 즉시 외교 책략을 조정하였고, 모든 수단과 방법을 동원하여 시종 화친을 하지 않았던 돌궐에게도 이례적으로 '부자(父子)의 정'을 들먹이며 "양마와 토지, 그 백성들과 옥백"을 아끼지 않고 대가로 치러 돌궐가한의 출병을 약속받고자 하였다.

토번·돌궐에 대한 노력과 더불어 현종은 또 서역 및 중앙아시아 각국과 연계를 맺고자 하였다. 여러 나라의 왕들에게 다음과 같이 말했다.

돌기시는 무도하여 매년 노략질을 하였고, 우리 변경의 진(鎭)이 항상 이를 걱정하였다. 여러 곳이 공격 포위당해 모두 굳게 지켰다. 그 틈을 기다려야 그들을 주살할 수 있다. …… 경들은 항상 이를 예상하여 여유 있게 그들에 대비하라.[70]

안서절도사(安西節度使) 왕곡사(王斛斯)에게 보내는 칙서에서 다음과 같이 명확히 밝혔다. 대식 동면장군(東面將軍) 나산가밀(邏散珂密)이 "만약 능히 나라를 도와 적을 파해 복수를 할 수 있다면, 그 원정의 공로를 헤아려

---

69 『곡강장선생문집』 卷11, 「敕突厥可汗書」, 64~65쪽
70 『곡강장선생문집』 卷12, 「敕諸國王葉護城使等書」, 73쪽

특별히 상을 내릴 것이다."[71] 이에 이르러 당 현종은 돌기시의 반란 후 먼저 그 연맹국들 사이에서 일련의 외교활동을 진행하였는데 그 연맹을 와해시키고자 했다. 국내적으로 안서·북정·하서의 여러 절도사의 군대를 출동시켜 안서·북정에게 "그 동정을 살펴 유리한 형세를 타라"고 명령했다.[72] 또 "사진은 목과 같아서 만약 적의 수중으로 들어가면 일이 매우 긴박해 진다"는 이유로 특별히 서주도독(西州都督) 장대빈(張待賓)에게 칙을 내려 "요충지에 출병하여 구원을 보내라"고 하였다.[73] 또 하서절도사 우선객(牛仙客)에게 명해 여러 군주(軍州) 및 부근의 여러 군(軍)에서 날쌔고 힘센 병사를 골라 안서 병사와 더불어 만여 인을 모아 안서로 구원을 가라고 했다. 또 따로 칙을 내려 3만 군대로 하여금 구원을 가게 했다. "크게 위세를 떨치며 멀리까지 두려워 떨게 하였다."[74] 당 현종의 세밀한 계획 아래 연이어 "3년에 걸친" 반복된 공격 속에 개원 24년(736) "(정월) 북정도호 개가운(蓋嘉運)은 돌기시를 공격하여 그 군대를 대파시켰다."(『자치통감』 권214) 돌기시는 패하였고 화평을 구하였다.[75] 오래지 않아 현종은 다시 그 내란을 틈타 출병하여 돌기시 가한을 체포하였다. 이때부터 돌기시로부터 조성된 서쪽 전선의 위협은 근본적으로 해결될 수 있었다.

---

71 『곡강장선생문집』 卷10, 「敕安西節度王斛斯書」, 59쪽
72 『곡강장선생문집』 卷8, 「敕澣海軍使蓋嘉運書」, 48쪽
73 『곡강장선생문집』 卷12, 「敕西州都督張待賓書」, 71~72쪽
74 『곡강장선생문집』 卷12, 「敕河西節度副大使牛仙客書」, 72쪽
75 『곡강장선생문집』 卷10, 「敕河西節度王斛斯書」, 60쪽 ; 『자치통감』 卷214, "玄宗開元二十四年正月"條, 6813쪽

V. 서역 및 중앙아시아에 대한 현종의 경영

　8세기 초, 서역과 중앙아시아는 정치적으로 민감한 지역이었다. 동방 각국이 이 지역을 차지하고자 격렬하게 다투었던 곳이다. 당·토번·대식의 세 세력은 이 지역을 향해 침투하는 과정에서 매우 복잡한 세력 구도를 전개해 나갔다. 당시 토번은 서북 및 서남으로 그 세력 범위를 확대시키고자 하였다. 대식은 총령(葱嶺)을 넘어 동쪽의 일에 한 발짝 더 간섭하고자 호시탐탐 노리고 있었다. 당은 "총령을 중점으로 서로는 대식을 제어하고 남으로는 중앙아시아 여러 나라들을 취하고자 하는 토번에 대항하였으며",[76] 중앙아시아에서의 당의 지위와 영향력을 지키고 다른 세력들의 방해를 받지 않고자 온 힘을 다하였다. 개원 초의 대식은 횡으로 유라시아 대륙을 잇고 40만 병사를 소유한 국가였다. 서역에 위치한 강(康), 석(石) 등 나라가 모두 그에게 복속되어 있었다.[77] 개원 5년(717), 대식은 일찍이 돌기시·토번과 연합하여 안서사진을 공격해 긴장 국면을 조성하기도 했다. 이 때문에 당과 대식은 비록 인접하여 있지는 않았지만 외교 책략에서 당의 통치자는 그를 소홀히 다룰 수 없었다. 이에 대해 당 현종은 돌기시에 대해 화친으로 안무하는 방법 외에 다음의 두 가지 방면에서 활동을 동시에 전개하였다.

　첫째, 서역 및 중앙아시아의 여러 작은 나라들을 연합하여 대식을 견제하였다. 개원·천보시기 대식은 국력이 강성하다는 것을 믿고 종종 주위의 약소국들을 괴롭혔다. 이 때문에 당시 당 조정에게 출병하여 구원해주기를

76　沙畹 著·馮承鈞 譯(1958), 앞의 책
77　『구당서』 卷198, 「大食傳」, 5316쪽

요청하는 상서(上書)가 매우 많았다. 예를 들면, 개원 7년(719) 안(安), 석(石), 강(康), 조(曹), 토화라(吐火羅), 구밀(俱密), 남개축(南開竺) 등 나라들은 대식이 "매년 침략하여 나라가 편하지 않다"고 하면서 연이어 서를 올려 현종이 돌기시에게 칙을 내려 대식을 토벌할 것을 명하도록 요청하였다.[78] 개원 15년(727), 토화라 엽호(葉護)는 사신을 보내 다음과 같은 표를 올렸다.

> 지금 대식의 강한 군대에게 능멸당한 고통이 매우 깊어 만약 천가한(天可汗)의 구원을 얻지 못하면 저희들은 스스로 살지 못할 것이다. 나라의 땅은 필시 무너져 흩어지게 될 것이며 천가한의 서쪽 관문을 지키려 해도 그렇게 할 수 없을 것이다.[79]

그러나 개원 연간 중앙아시아 각국이 대식의 압박을 받는 상황은 시종 근본적인 해결을 보지 못했다. 천보 연간 조(曹)는 다시 또 중앙아시아의 9개 나라와 연합하여 표를 올려 "흑의대식(黑衣大食)을 같은 마음으로 무찔러 줄 것"을 구하였다.[80] 이렇게 대식의 침략을 받아온 중앙아시아의 여러 나라들은 당조가 출병하여 보호해줄 것을 바랐다. 그러나 이러한 국가들의 구원요청에 대해 현종은 시종 아무런 행동을 취하지 않았다. 그 원인은 여러 가지 측면에서 찾을 수 있을 것이다.

우선, 개원 초 당과 돌기시의 관계는 명령을 내려 마음대로 부릴 수 있는 단계로 발전하지 못한 상황이었다. 사서가 기록한 대로 돌기시는 "순수하게 당조에 신하로 복종하지 않았"으며,[81] 이것이 당시 쌍방의 관계를 알려주는

---

78 『책부원귀』 卷999, 「外臣部·請求」, 11722쪽
79 『책부원귀』 卷999, 「外臣部·請求」, 11723쪽
80 『당회요』 卷98, 「曹國」, 2079쪽
81 『신당서』 卷215下, 「突厥傳下」, 6067쪽

사실적 기록이다. 그래서 현종은 돌기시에게 출병하여 대식을 토벌하라는 명령을 내리지 못했다. 그 다음으로, 개원 초 토번은 여러 해 변경을 침략하여, 당조는 군대를 파견해 중앙아시아 지역을 원조할 여력이 없었다. 이러한 상황에 비추어 보면, 현종은 상황을 유리한 방향으로 몰고 가 대식과 대립하는 중앙아시아 각국들을 친당세력으로 만들고자 시도하였던 것이다. 개원 8년(720) 4월, 현종은 대식과 인접하고 있는 나라들에 대해, "대식이 선동하고 부추기며 학대를 해도 함께 지키며 따르지 않는" 오장국(烏長國), 골돌국(骨咄國)에게 책봉을 해주고 이로써 표창하고 격려해주었다. 그 후 다시 연이어 호밀(護密), 개실밀(箇失密), 사이(謝䫻), 계빈(罽賓), 남천축(南天竺) 국왕들을 책봉했다.[82] 아울러 본래 "토지가 비옥하여 벼를 기르기에 적합하고 좋은 말이 나며 병력은 여러 나라들에 비해 강하다"[83]고 이름 난 소무제성(昭武諸姓), 그리고 "남북으로 1,000여 리에 이르며, 동서로 3,000여 리이고, 동으로는 총령을 막고 있고, 서로는 파자사(波剌斯)와 접해 있는"[84] 정예 병사 10만의 토화라[85] 등의 나라에도 책봉을 해주었다. 그리하여 당은 책봉의 방식을 통해 서역·중앙아시아 지역의 나라들과 관계를 돈독히 했다. 게다가 겉으로 보기에 당과 대식 사이에는, 토화라를 최전방으로 하고 남으로는 사이에 이르고 북으로는 소무구성(昭武九姓), 서로는 타발사단(陀拔斯單)에 이르고 동으로는 계빈·개실밀에 이르는, 일정한 친당 색채를 가진 지리적 바람막이가 형성되었다. 이것은 개원 연간 대식이 동으로 당을 침략하지 못하도록 견제하는 역할을 하였다. 안타까운 점은, 천보 연간 안서절도사 고선지(高仙芝)가 석국(石國)의 신뢰를 잃어 석국의 왕자가 "대식으로 가 병

---

82 『책부원귀』 卷964, 「外臣部·封冊二」, 11343쪽

83 『신당서』 卷221下, 「康國傳」, 6243쪽

84 『大唐西域記校注』 卷1, 「覩貨邏國故地」, 中華書局, 100쪽

85 『신당서』 卷221下, 「吐火羅傳」, 6252쪽

사를 요청해 달라사성(怛羅斯城)을 공격하게 하고 선지의 군대를 패퇴시키고 이때부터 (석국이) 대식에 복종하는"[86] 새로운 국면이 나타났다는 것이다. 서역의 여러 나라들 역시 이에 따라 대식에 귀부하게 되었고, 서역과 중앙아시아에 대한 당의 제어 능력과 영향력도 이와 더불어 쇠퇴기로 접어들었다.

둘째, 당 현종은 상술한 각 나라들을 위무함과 동시에 대식에 대해서도 무턱대고 소원한 태도로만 일관하지 않았다. 상술한 바와 같이 돌기시를 토벌하는 과정에서 대식의 지지를 받은 적이 있다. 게다가 사서의 기록으로 보건대, 현종의 재위기간 대식이 전후로 사신을 보내 조공을 한 것이 20여 차례나 되었다.[87] 이는 당시 당과 대식의 교류가 빈번했음을 보여주며, 외교 관계 역시 기본적으로 정상적이었음을 말해준다. 바로 이러한 이유 때문에 현종은 중앙아시아 여러 나라가 당을 향해 출병하여 대식을 공격해줄 것을 요구한 것에 대해 시종 동의를 표하지 않았던 것이다. 그와 반대로 현종은 교묘하게 쌍방의 모순 관계를 이용하여 당이 유리한 위치를 점하도록 했고, 상당히 긴 시간 동안 당은 서역과 중앙아시아 지역의 외교에서 우세한 위치를 점할 수 있었으며, 서부 변경 지역의 사회적 안정도 어느 정도 도모할 수 있었던 것이다.

---

86 『신당서』 卷221下, 「石國傳」, 6246쪽
87 『책부원귀』 卷971, 「外臣部·朝貢四」, 11405~11411쪽 ; 『책부원귀』 卷975, 「外臣部·襃異二」, 11448~11457쪽

VI. 개원 연간 당과 토번의 화의와 전쟁

개원·천보시기 당의 서남쪽 변경의 위협적 세력은 주로 토번이었고, 당과 군사적 충돌도 가장 많았다. 이 때문에 현종은 토번과의 관계를 처리하는 과정에서 군사를 위주로 하고 종횡으로 연합·분열을 택해 보완하는 책략을 폈다. 이에 대해 진인각(陳寅恪)은 다음과 같이 말한 바 있다.

> 무릇 중국과 토번은 이미 여러 민족들의 상호 관계 속에 복잡한 환경에 놓이게 되었다. 중국과 토번만의 단선적 관계가 아니었다. 그래서 당 황실의 군주와 신하가 토번에 대해 시행한 책략은 역시 이러한 여러 민족들의 상호관계를 이용하는 것이었다. 바꿔 말하면, 토번에 인접해 있는 여러 민족들과 결합하여 사방으로 둘러싸 공격하고 포위하는 계책을 취하였다.[88]

사실, 이러한 방침은 상술한 서역과 중앙아시아 지역에서의 외교활동에서도 똑같이 적용되었다. 개원 연간, 당 현종이 책봉한 서역과 중앙아시아 여러 나라 중에는 당과 토번이 시종 격렬하게 싸워 얻고자 했던 소발률국(小勃律國)이 있으며,[89] 또한 일찍이 토번에 예속된 적이 있던 호밀국(護密國)도 있다.[90] 그 가운데 어떤 나라는 서쪽으로는 대식을 막고 동으로는 토번에

88　陳寅恪(2001), 「外族盛衰之連環性及外患與內政之關係」, 『唐代政治史述論稿』下篇, 三聯書店, 331쪽
89　『신당서』卷221下, 「小勃律傳」, 6251~6252쪽
90　『신당서』卷221下, 「護密傳」, 6255쪽

대비하는 이중 임무를 맡았던 나라도 있었다. 예를 들면 사이(謝䫻), 개실밀 등인데, "당시 이 두 나라는 서로 밀접하게 의존하고 있었으며, 중국은 대식을 막는 데 이들을 이용하였을 뿐만 아니라 토번에 대항하는데 활용하기도 했다."[91] 개원 연간 개실밀은 당에 사신을 보내 표를 올려 다음과 같이 말했다.

> 나라가 생긴 이래 모두 천가한의 신하가 되었고, 징발에 응하였습니다. 우리나라는 상(象)·마(馬)·보(步)의 삼종(三種) 군대가 있습니다. 신이 몸소 중천축왕(中天竺王)과 더불어 토번의 다섯 개 큰길을 막고 그 출입을 못하게 하였으며, 전쟁을 벌여 번번이 이겼습니다. 만약 천가한의 군대가 발률(勃律)에 이르면 비록 무리가 20만이라도 능히 양식을 보내 도울 수 있습니다.[92]

주동적으로 군대와 군량으로 당과 토번의 전쟁을 돕겠다고 나섰다. 또 예를 들면, 일찍이 "코끼리와 병마로써 대식과 토번을 토벌하기를 청하면서, 그 군대에 이름을 지어주기를 청했던"[93] 남천축 역시 두 임무를 띠고 있던 나라였다. 이렇게 적극적으로 협력하는 나라들에 대해 현종은 물론 그냥 지나치지 않았다. 그 왕들을 책봉해주었을 뿐만 아니라 그 군대를 "회덕군(懷德軍)"으로 명해 안무의 뜻을 보여주었다. 동시에 당 중앙은 적극적으로 운남에서 남조(南詔)를 도우면서, 남조와 연합하여 토번을 막아내는 외교 방침을 실행하였다. 천보 9년(750) 이전 당과 남조는 시종 우호적인 협력

---

91 沙畹 著·馮承鈞 譯, 앞의 책
92 『신당서』 卷221下, 「箇失蜜傳」, 6256쪽
93 『당회요』 卷100, 「天竺國」, 2132쪽

관계를 유지하였다. 당은 토번을 "사방으로 둘러싸 공격하고 포위하는" 책략을 실행할 때, 토번의 멸시를 받았던 작은 나라들을 보호하는데 주의를 기울였다. 천보 연간 서역의 소비국(蘇毗國) 왕은 당조에 귀부하려고 하였는데, 불행하게도 토번에 의해 피살되었다. 그 "아들 실락(悉諾)이 수령들을 이끌고 농우로 도망쳤고, 절도사 가서한(哥舒翰)이 이들을 궐까지 호송하니, 현종이 그들을 후한 예로 맞았다."[94] 결론적으로 토번과의 전쟁에서 현종은 연합할 수 있는 모든 민족과 나라들을 확보하고자 노력했고 당을 중심으로 토번을 막아내는 연맹의 범위를 확대시키고자 했다.

개원·천보 연간 중앙아시아 지역에서의 당과 토번의 쟁탈은 주로 발률 지역을 둘러싸고 전개되었다. 당시 소발률(小勃律)은 당이 안서사진과 연결될 수 있는 교통의 요지였고, 또한 서역 중앙아시아 각 나라들과 왕래할 때 꼭 경유해야 하는 지역이었다. 개원 초 소발률은 "나라가 토번의 압박을 받으며 여러 차례 곤궁에 처하게 되었다." 토번이 일찍이 그들에게 말하기를, "우리는 너희 나라를 도모하려는 것이 아니다. 길을 빌려 사진을 공격하고자 할 따름이다"라고 하였다. 현종은 소발률 문제와 관련하여 한 치도 양보하지 않고 팽팽하게 맞서는 방침을 견지하였다. 개원 10년(722) 토번은 그 구성(九城) 땅을 빼앗았고, 소발률 왕 몰근(沒謹)[망(忙)]은 당조에 구원을 청하였다. 소륵(疏勒)의 부사(副使) 장사례(張思禮)가 명을 받들어 출병하여, 소발률과 함께 토번을 크게 파하여 구성의 잃어버린 땅을 수복하였다.[95] 개원 25년(737) 토번은 재차 소발률을 공격하였다. 이에 "(현종은) 토번에게 병사를 물릴 것을 명령하였는데, 토번이 이 조를 받들지 않고 마침내 발률을 무찌르자 황제가 크게 노하였다." 하서절도사 최희일(崔希逸)은 군대를 이끌

---

94 『신당서』 卷221下, 「蘇毗傳」, 6257쪽
95 『신당서』 卷221下, 「小勃律傳」, 6251쪽

고 공격하여 이겼다.[96] 이때부터 소발률은 시종 당의 통제 아래 있게 되었다. 그러나 토번은 당과 소발률의 연맹이 서역과 중앙아시아 지역에서 그들이 세력을 확장시키는 데 커다란 장애가 된다는 것을 알았고, 이에 소발률에 대한 공격적 책략을 바꾸어 혼인 관계를 맺는 방법을 채택해 딸을 소발률 왕의 처로 보냈다. 그 결과, "서북쪽 20여 나라들이 모두 토번에게 신하의 예를 갖추니 공납이 들어오지 않게" 되었다.[97] 이에 대해 현종은 전후로 여러 차례 출병하여 토벌하고자 하였지만 모두 결과 없이 돌아왔다. 천보 6년(747)에 이르러서야 비로소 고선지가 군대를 이끌고 공격해 소발률을 수복하였다. 당은 토번과 소발률을 두고 쟁탈전을 계속했을 뿐만 아니라 토번이 손을 뻗고자 한 다른 지역에 대해서도 군사상의 원조를 해주었다. 천보 8년(749), 토화라의 엽호는 "인접한 갈사(羯師)가 토번을 끌어들여 토화라를 공격하자" 마침내 안서절진(安西節鎭)에게 구원을 청하였다. 현종은 즉시 "출병하여 멸하라"고 명령했다.[98]

상술한 대로 현종의 토번에 대한 책략은 돌궐에 대한 방침과 기본적으로 비슷하다. 즉 "화평할 수 있을 때는 화평하고, 그렇지 않을 경우 전쟁을 불사하는" 입장이었다. 돌기시 문제에 있어서 현종은 상당히 인내하고 관용적인 태도를 보여 여러 번 참았다고 한다면, 돌궐과 토번과의 관계에 있어서는 거의 그런 모습을 보이지 않았다.

---

96 『자치통감』 卷214, "玄宗開元二十五年二月"條, 6826쪽.
97 『신당서』 卷221下, 「小勃律傳」, 6251쪽.
98 『신당서』 卷221下, 「吐火羅傳」, 6252쪽.

VII. 맺음말

　사실 현종의 변경 지역 "사이(四夷)"에 대한 책략에서 가장 중심이 된 기조는 "중고(中古)시기"라는 한계를 넘어서기 어려웠다. 그러나 적어도 개원 전기 주변 정권과의 관계를 처리하는 과정에서 현종은 일찍이 그가 놓을 수 있는 몇 가지 수를 벗어나기도 했다. 우선, 과거의 "사이가 신하를 칭하며 아들을 인질로 보냈던" 방식을 바꾸었다. 현종이 개원 2년(714) 반포한 조령에는 다음과 같은 기록이 있다.

> 우리나라는 천하를 통일하고 여러 해 발전하여 구이(九夷)가 한 나라 사람이 되었고 사방에서 사람들이 몰려왔다. …… 지금 외번(外蕃)의 자제들이 오랫동안 수도에 있었다. 비록 위엄과 은혜가 미치어 멀리서부터 왔으나 타향살이하는 이의 마음은 쉬이 이곳으로 옮길 수 없다. 마땅히 관련 부서에 명해 제축(諸蓄)의 질자로 온 숙위 자제(子弟) 등을 심사하고 헤아려 본국으로 돌아가게 하라. …… 그들이 오면 조알(朝謁)의 예를 받고, 그들이 가면 그 생육지심(生育之心)에 따르게 하라. 나를 추대함에 정성을 다하고, 저들을 존중하여 크게 따르게 하며, 너그러이 포용하여 베푸니 그 덕이 이보다 후할 수 있겠는가.[99]

　여기에서 특별히 강조하고 싶은 것은, 이 조령의 반포시기이다. 바로 "북

---

99 『책부원귀』卷996, 「外臣部·納質」, 11694쪽

쪽 오랑캐가 갑자기 놀라게 하여, 서쪽 군(軍)이 힘을 떨치지 못했던"[100] 동란시기로, 이러한 형세 아래에서 인질을 그 나라로 돌려보낸 것은, 현종이 가지고 있던 정치적 패기와 앞을 내다볼 수 있는 탁견이 있었기에 가능했던 것이며, 감탄을 자아내는 부분이다. 이 역시 성세(盛世)를 열게 된 군주가 갖추어야 할 자질이라 볼 수 있다. 그 다음으로, 개원 초 항번(降蕃)을 안치했던 주군(州郡)에서 몇몇 당의 장수들이 "그 마음이 공정하지 못하고 오직 이익만 추구하여 부곡(部曲)에서 방종하고 자제들을 차별하여" 항번의 소동이 끊이지를 않았다. 이에 현종은 다음과 같은 조를 내렸다.

> 지금 제번(諸蕃)이 귀순하고 항복하니 그 종류가 다양하다. 번(蕃)에 있는 자들은 한관(漢官)의 관할이며 들어와 귀부한 자는 혹 변경에 안치되는데, 풍속이 다르고 언어가 통하지 않아 축양(畜養)에 있어서 실로 안무하고 위로하는 데 힘써야 한다. 마땅히 소재한 군주(軍州)의 관리와 장수들에게 명해 더욱더 긍휼하라고 하라. 그 원망을 풀어주고, 그 이치를 다하고, 그 병과 고통을 위로하고, 배고픔과 추위를 이해하라. 공사(公私)를 구분하며, 크고 작은 일들에 반드시 걱정이 없게 하라.[101]

항번을 대하는 이러한 현종의 생각은 개원시기 항번 안치의 기본 원칙이 되었다. 이는 비교적 안정되고 편안한 변경 지역의 분위기를 만들어 "개원의 치"를 실현할 수 있게 하는 데 큰 역할을 하였다.

마지막으로 강조해야 할 것은, 개원 연간 조정의 군주와 신하가 제정한 "사이(四夷)"에 대한 책략 중 주요한 사상은 "이이제이(以夷制夷)"라는 것이

---

100 『당대조령집』 卷102, 「求訪武士詔」, 521쪽
101 『책부원귀』 卷157, 「帝王部·誡勸二」, 1903쪽

다. 이 역시 역대 군주가 사용했던 방침이다. "이적(夷狄)이 서로 싸우는 것이 중국에게는 복(福)이다"[102]라는 기조가 개원시기에도 성공적으로 운용되었던 것이다. 개원 초 돌기시가 대식·토번과 연합해 안서사진을 공격했을 때, 북정의 부대도호 탕가혜가 삼성갈라록의 병사를 출병시켜 제압한 것이 아주 전형적인 사례이다. 당시 현종은 일찍이 왕혜(王惠)를 파견해 경략에 참여하게 하였다. 재상인 송경(宋璟)은 이에 반대하며 간언하기를, 돌기시의 반란을 갈라록이 토벌하는 것은 "이는 이적이 스스로 서로 싸우는 것이며 당초 조정이 파견하여 보낸 것이 아니다. 힘센 자는 상처를 받겠고, 약한 자는 멸하여질 것이니 모두 나라에 이익이 되는 것이다. 왕혜를 사신으로 보내면 그저 위무나 하게 하지 병사(兵事)에 참여하게 해서는 안 됩니다"라고 하였다.[103] 현종은 마침내 이 의견을 받아들였다.

마찬가지로 동돌궐을 제압하는 군사의 배치에 있어서도 이러한 특징은 여실히 드러난다. 개원 6년(718) 2월, 당은 "울주 횡야군을 산북(山北)으로 이동시켜 병사 3만을 주둔하게 하고 구성(九姓)에게 구원을 해주었다." 아울러 발예고(拔曳固)·동라(同羅)·습(霫)·회흘(回紇)·복고(僕固) 오도독(五都督)이 각기 출동시킨 기병을, 전(前)·후(後)·좌(左)·우군(右軍) 토격대사(討擊大使)로 삼고, 동시에 발실밀(拔悉密), 견곤(堅昆), 거란, 해 등과 돌궐 장병(將兵)을 합하여 모두 "이하(夷夏) 군사 30만"을 출동시켰다.[104] 이로써 보건대, 동돌궐을 제압하는 병력으로 "사이(四夷)"의 군대를 주로 활용했던 것이다.

동북 지역의 당과 돌궐의 전쟁에서도 종종 "번기(蕃騎)가 선봉이 되게 하고 한군(漢軍)은 성을 굳게 지키며 앉아서 성패를 지켜보며 만이들 끼리 전

---

102 『陳伯玉文集』 卷8, 「上西蕃邊州安危事」, 商務印書館, 74쪽
103 『신당서』 卷215下, 「突厥傳下」, 6065~6066쪽
104 『자치통감』 卷212, "開元六年二月"條(6732쪽) 및 이 조에서 인용한 『實錄』. 『新唐書』 卷215下, 「突厥傳」, 6052쪽

쟁을 하게 하는"[105] 전략 방침을 썼다. "양변(兩蕃)이 우리에게 귀부하면, 변경을 막는 데 이용한다"[106]는 말은 당 현종의 변경 방어 책략의 기본 원칙을 딱 한 마디로 정확히 설명한 것이다. 당이 해·거란과 끊임없이 화친한 것도 그 목적은 여기에 있었다.

　결론적으로, 개원시기의 조정은 변경 각 민족과의 관계를 처리하는 과정에서 형세를 잘 살피면서 융통성 있는 외교 책략을 활용하였기에 상당히 긴 시간 동안 변경 지역의 사회적 안정을 보장할 수 있었고, 이는 당대 사회의 안정과 경제 발전의 필요조건을 충족시켰다. 이와 동시에 중서(中西) 교통에 있어서도 막힘이 없게 되어, 당과 서역 중앙아시아 및 동북아 지역의 문화교류를 촉진시켰다. 당 "개원의 치"는 바로 이러한 외부적 환경의 조건 아래 형성된 것이다.

---

105 『곡강장선생문집』 卷14, 「賀破突厥狀」, 84쪽
106 『곡강장선생문집』 卷14, 「賀破突厥狀」, 84쪽 ; 『전당문』 卷37, 「答張九齡賀破突厥批」

참고문헌

사료

『曲江張先生文集』

『舊唐書』

『唐大詔令集』

『唐會要』

『大唐西域記』

『文苑英華』

『新唐書』

『資治統鑑』

『陳伯玉文集』

『冊府元龜』

저서

沙畹(1958), 『西突厥史料』, 中華書局

吳玉貴(1998), 『突厥汗國與隋唐關系史研究』, 中國社會科學出版社

王小甫 編(2003), 『盛唐時代與東北亞政局』, 上海辭書出版社

王小甫(1992), 『唐·吐蕃·大食政治關系史』, 北京大學出版社

王永興(1994), 『唐代前期西北軍事研究』, 中國社會科學出版社

陳寅恪(2001), 『唐代政治史述論稿』, 三聯書店

논문

王堯(1979), 「《敦煌古藏文歷史文書》漢譯初稿選」, 『歷史學』(1979-3)

李彦平(1996), 「唐朝與東北少數民族契丹, 奚的和親」, 『社會科學戰綫』(1996-3)

崔明德(1988), 「唐與契丹, 奚和親公主考述」, 『西北民族學院學報』(1988-2)

崔明德(1999), 「近五十年來和親研究的回顧與展望」, 『社會科學管理與評論』(1999-3)

명청시기 중국 동북 지역의
지도·지리지와 조선 관방지도의 관계

이명희 | 경희대학교

Ⅰ. 머리말
Ⅱ. 조선의 관방지도에 이용된 중국의 자료들
Ⅲ. 기타 조선의 관방지도와 중국 자료
Ⅳ. 맺음말

I. 머리말

　관방도(關防圖)는 군사적으로 중요한 지역을 묘사한 지도로 우리나라에 남아 있는 관방도는 다른 종류의 고지도와 마찬가지로 모두 조선시대의 것이다. 조선시대의 관방지도(關防地圖)는 북방관방도(北方關防圖), 연해관방도(沿海關防圖), 주요 요해지의 산성도(山城圖), 봉화도(烽火圖) 등으로 나눌 수 있다.[1] 그 중 많은 부분을 차지하고 있는 것이 압록강과 두만강 유역을 중심으로 그 남북쪽의 형세를 묘사하고 있는 북방관방도이다. 또 이 북방관방도는 압록강·두만강 이남의 국경지대 주변을 주로 그린 지도와 그 북쪽의 중국 영토까지 포함해서 그린 지도로 나눌 수 있다.

　조선의 평안도와 함경도를 비롯한 압록강·두만강 유역은 고려시대부터 전통적으로 매우 중요한 군사적 요충지이며 외부세력과의 끊임없는 충돌과 교역이 이루어졌다. 중국 동북지역에 대한 지리적 정보를 얻기 위한 노력은 조선 건국 이후에도 계속되었다. 특히 두만강과 압록강 유역을 개척하는 과정에서 새로운 영토에 대한 군사적·지리적 관심이 높아졌다. 또 조선은 북방의 조선 측 영토뿐 아니라 중국과의 변경지역에 대한 관심도 높아 중국의 지리지와 지도 등의 자료를 확보하려는 노력을 끊임없이 했다. 이런 노력의 결과로 탄생된 북방 지역에 대한 지리지나 지도는 조선과 중국의 관계에서 여러모로 유용하게 사용되었다.

　현재 우리나라에 남아 있는 조선과 중국의 변경지역을 같이 그린 관방도는 모두 조선 후기에 제작된 것이다. 조선이 북방 변경지역에 대한 지도를

1　이찬(1991), 『한국의 고지도』, 범우사, 373~375쪽

제작하기 위해서는 중국의 자료를 입수하는 것이 필수적이었다. 중국의 자료를 입수하는 것은 구할 수 있는 자료의 종류와 경로가 명과 청의 국내 상황, 조선과의 관계에 따라 조금씩 달랐는데, 이 글에서는 조선시대 북방관방지도 제작에 이용된 중국의 자료를 살펴보고 조선시대 관방지도의 중국 자료 이용의 특징을 살펴보고자 한다.

II. 조선의 관방지도에 이용된 중국의 자료들

조선에서는 언제나 중국의 지리지와 지도를 입수하려고 노력했지만 쉽지 않았다. 명대 중국은 북방 민족과 여러 차례 충돌을 겪으면서 만리장성까지 쌓으며 북방 지역 방어에 힘을 기울였고 그 지역에 대한 다양한 지리지, 군사 서적 등이 출판되었다. 하지만 이것은 국가 기밀에 해당되어 조선 사신이 쉽게 들여올 수 있는 것이 아니었다.

명의 동북쪽에 생활 터전을 잡고 있던 만주족의 청이 들어서고 나서도, 중국 동북 변강에 대한 자료는 쉽게 얻을 수 있는 것이 아니었다. 왜냐하면 이쪽 지역은 만주족의 발상지이기도 하고 북쪽과 서쪽으로는 몽고(蒙古), 남쪽으로는 조선과 맞닿아 있는 여전한 국방의 요충지이기 때문이었다. 하지만 청의 건립 이후 국가적으로 대규모 편찬 사업이 시작되자 명대에 편찬되었던 동북 지역에 대한 지리지가 거의 대부분 금서로 지정되어 현재도 남아있지 않아 어떤 내용인지 확인하기가 어렵다.

조선에서 이용할 수 있는 중국 측 자료는 한계가 있었고 그마저도 공식적인 경로를 통해서 들여오기는 쉽지 않았다. 입수에 어려움은 있었지만 중국에서 새로운 자료가 편찬될 때마다, 조선은 필요한 자료를 생각보다 단시간 내에 입수했으며 들어온 자료는 매우 다양하게 활용하였다. 그 결과 이 자료들은 조선에서 제작된 지도에도 반영되었고, 시대의 변화에 따라 자료 또한 꾸준히 갱신되었다.

다음은 조선에서 이용한 그리고 많은 영향을 미쳤던 중국의 대표적인 지리지이다. 이들 문헌이 어떻게 이용되었는지 살펴보겠다.

1. 『대명일통지』

『대명일통지(大明一統志)』는 명대의 대표적인 관찬 지리지이다. 명(明) 천순(天順) 5년(1461)에 완성되었다. 전체 90권으로 이루어져 있으며 2경(京) 13포정사사(布政使司)를 기준으로 소속 부(府) 아래 행정구역의 건치(建置), 연혁(沿革), 군명(郡名), 형승(形勝), 풍속(風俗), 산천(山川), 토산(土産), 공서(公署), 학교(學校), 서원(書院), 궁실(宮室), 관진(關津), 사관(寺觀), 사묘(祠廟), 능묘(陵墓), 고적(古跡), 명환(名宦), 유우(流寓), 인물(人物), 열녀(烈女), 선석(仙釋) 등을 설명하고 있다. 책 말미에는 주변 지역과 국가의 지리 형세 또한 기록했다. 명대의 행정구획에 따른 지리 정보를 비교적 체계적으로 정리했기 때문에 참고자료로서의 가치가 매우 높았지만 지역별 정보를 자세히 얻기에는 부족함이 많았다. 하지만 이 책은 조선에서 구할 수 있는 거의 최고 수준의 지리지였으며 명대는 청대에 비해 이런 지리지 종류의 외부 유출을 더욱 금했기 때문에 이 보다 상세한 자료를 얻는 것은 거의 불가능했다.

실제로 『조선왕조실록』을 보면 『대명일통지』를 이용한 기록이 나오는데 연산군 시기 명나라 사신이 조선에 와서 공식적으로 『대명일통지』를 바치기 전에도 조선에서는 이미 여러 차례 이 책을 이용한 기록이 있다.[2]

또 중종 연간에는 윤희평(尹熙平)이 『대명일통지』의 지리도(地理圖)를 그려 바친 기록이 있다.[3] 『대명일통지』 안에 수록된 지도들은 매우 간략한 형태로, 베껴 그리기도 간단했기 때문에 현재 남아 있는 조선시대의 중국지도첩 중 상당 부분이 『대명일통지』의 지도를 이용한 것이다. 또 이 책에 수록된 지도의 윤곽이나 내용이 매우 간략해 자세한 사정을 살피기 어려웠기 때문에 책 속의 다른 내용을 참조해서 필요에 따라 지도의 내용을 수정·보충하는 경우도 많았다.

2. 『성경통지』와 조선의 북방관방지도

현전하는 조선의 관방지도는 종류도 다양하고 수량도 매우 많지만 모두 병자호란 이후의 것으로 그 이전의 것은 전하지 않는다. 하지만 전하지 않는다고 만들어지지 않은 것은 아니다. 특히 서북지역이라 불리던 조선의 평안도, 함경도 지역은 고려 시대부터 매우 중요하게 생각했던 지역이었고 조선 초기에도 이 지역을 개척하면서 새로운 지도들이 많이 제작되었다. 어떠한 지도들이 있었는지 지금은 기록을 통해서 알 수 있다.

---

2 『조선왕조실록』 연산 1년(1495) 6월 19일, 첫 번째 기사
3 『조선왕조실록』, 중종 33년(1538) 6월 2일, 첫 번째 기사

1) 조선의 북방관방지도의 변화

조선 초기에 여러 차례 있었던 서정(西征), 북정(北征)은 여진(女眞)족과의 충돌에서 북방 지역을 좀 더 안정적으로 확보하기 위한 군사 행동이었다. 서정은 평안도 일대와 압록강 유역의 여진족을, 북정은 함경도 일대와 두만강 유역의 여진족에 대한 정벌을 뜻했다.[4]

조선 시대 본격적으로 지도가 제작된 것은 태종·세종 시기부터였는데 특히 세종은 군사 행동 전에 그 지역의 지리 정보를 자세하게 담은 지도를 장수들에게 나누어 주었다. 또 각 군현의 수령에게 관사의 배치와 산천의 형세, 도로의 원근과 이수(里數), 이웃 고을의 사표(四標) 등을 자세히 그려 바치게 하는 등 통치와 군사 행동에 지도를 적극적으로 이용했다.[5]

문헌에 기록된 조선 초기의 대표적인 관방지도로는 정척(鄭陟)이 그린 양계 지역의 대도(大圖)·소도(小圖) 외에 양성지(梁誠之)의「여연무창우예삼읍도(閭延茂昌虞芮三邑圖)」,「연변성자도(沿邊城子圖)」,「양계연변방술도(兩界沿邊防戍圖)」, 안철손(安哲孫)의「연해조운도(沿海漕運圖)」, 어유소(漁有沼)의「영안도연변도(永安道沿邊圖)」, 이순숙(李淳淑)의「평안도연변도(平安道沿邊圖)」, 허종(許琮)의「평안도연변도(平安道沿邊圖)」,「서북면연변도(西北面沿邊圖)」, 성준(成俊)의「영안도연변도(永安道沿邊圖)」, 한치형(韓致亨)의「의주지도(義州地圖)」, 연산군 때 이극균(李克均)의「서북지도(西北地圖)」, 중종 때 황형(黃衡)의「함경도지도(咸鏡道地圖)」, 이지방(李之芳)의「여연무창형세도(閭延茂昌形勢圖)」 등이 있다.[6]

4　양보경(1997),「조선 후기 고지도와 북방인식」,『지리학연구』제29집, 103~122·105쪽
5　양보경(1997), 위의 글, 106쪽
6　이상태(1991),「조선시대 지도 연구」, 동국대학교 박사학위논문, 11~12쪽

문헌에 남아 있는 조선 전기 관방지도 목록을 보면 알 수 있듯이 조선 전기에 그려진 관방지도는 주로 조선의 서북 변경지역을 대상으로 했다. 조선 초기 아직 완전히 통제하지 못했던 압록강과 두만강 유역을 4군 6진으로 확보하면서 자연히 그 지역에 대한 군사적 활동과 행정적 이해에 지도가 필요했기 때문에 새로 개척한 지역을 중심으로 지도가 많이 그려진 것이다.

또 조선과 명은 전반적으로 우호적인 관계를 유지하고 있었고 당시 압록강과 두만강 북쪽 지역에서 활동하고 있었던 여진족과는 충돌보다 평화적인 교역으로 교류하고자 했기 때문에 조선 전기에는 이 지역에 대한 군사적 위협이 비교적 덜했다고 볼 수 있다. 따라서 조선은 압록강·두만강 이남 지역을 중심으로 한 국내에 더욱 관심을 기울여, 조선 전기의 북방 지도는 대부분 압록강·두만강 북쪽의 중국 영토는 거의 포함하지 않고 그 남쪽 지역에 그리고 새로 개척한 지역을 중심으로 그려지게 되었다.

조선 후기 관방지도는 조선 초기에 비해 종류와 수량이 매우 증가했다. 특히 병자호란을 거치며 북방 지역의 방어가 대두되면서 조선 후기에는 압록강·두만강 이남의 국내 영역에만 관심을 둔 것이 아니라 그 이북의 청의 영토에도 많은 관심을 기울였다. 또 이 지역은 조선 사신이 중국을 왕래하며 항상 지나는 길이기 때문에 군사적으로도 교통로로도 매우 중요했다. 때문에 조선은 이 지역에 대해 항상 관심을 기울이고 많은 정보를 수집하고자 노력했다.

조선 후기에 제작된 대표적인 북방관방지도는 남구만(南九萬)의 『성경도(盛京圖)』를 시작으로 이이명(李頤命, 1658~1722)의 『요계관방지도(遼界關防地圖)』, 『서북피아양계만리일람지도(西北彼我兩界萬裏一覽之圖)』, 『서북계도(西北界圖)』 등이 있다.

2) 남구만의 『성경도』

남구만이 그렸다는 『성경도(盛京圖)』는 현재 남아 있지 않다. 다만 기록을 통해 남구만이 1697년 청에 사신으로 갔을 때 『성경지(盛京志)』를 구입해 돌아왔고 이 책 앞쪽에 있는 몇 폭의 지도들을 합해 『성경도』를 그렸다는 것을 알 수 있다.[7]

『숙종실록』에는 남구만이 왜 『성경지』를 들여와 『성경도』를 제작하게 되었는지가 분명하게 나와 있다. 중국에서 변고가 생길 경우 만주족은 영고탑(寧古塔) 지역으로 되돌아가려고 할 텐데 심양(瀋陽)을 거쳐 영고탑으로 가는 길은 멀고 험하기 때문에 만약 그들이 조선의 서북 변경 지역을 통과해 돌아가려 할 가능성이 크고 조선은 거기에 대비해야 한다는 것이다.

여기서 남구만이 주장한 것이 바로 '영고탑 회귀설'로 정리되는 것인데 청의 건국 초기에 조선에서는 여전히 청이 몰락할 가능성을 염두에 두고 만약 그들이 몰락한다면 만주족은 당연히 그들이 본래 살던 곳으로 돌아갈 것이라고 예측해 거기에 방비하고자 했던 것이다. 사실 이 영고탑 회귀설은 남구만이 처음 주장한 것은 아니었고 그 이전부터 조선의 조정에서 종종 대두되던 설이었다.

숙종 17년(1691)에 병조판서 민종도(閔宗道)는 미리 방비할 것을 주장하였다.

> 신(臣)은 근년에 북변(北邊)에서 귀양살았으므로 모든 일을 잘 압니다. 심양은 몽고·여진 지방과 서로 잇닿았으므로, 궁박한 때를 당하여 영고탑으로 들어가려 하여도 돌아갈 길이 막히면, 그 형세가 반드시 우

---

7 『조선왕조실록』, 숙종 23년(1697) 5월 18일, 두 번째 기사

리나라로 몰려오게 될 것인데, 전에 장효례(張孝禮)가 나왔을 때 다녀본 곳의 지도를 보인 것에서도 깊은 염려가 있음을 알 수 있습니다. 연전의 소요는 맹랑한 것이었다 하나, 만일에 급한 변이 생겨서 양덕(陽德)·맹산(孟山) 등에서부터 가득 차기 시작하여 우리나라에서 쌓아둔 곡식을 먹는다면, 장차 어떻게 꾀하겠습니까?[8]

조정은 민종도의 주장이 타당하다고 여겨 그 대책을 논하도록 했다. 이런 조선의 근심은 주로 청 건국 초기의 불안함을 감지하고 대비하고자 했던 것인데 청이 안정기에 접어들어서도 한동안 조선은 경계를 게을리하지 않아 영조 초반기까지도 청의 소란에 대비해야 한다는 주장이 계속되었다.[9]

남구만이 『성경지』를 가져와 『성경도』를 그린 두 번째 이유는 그 전까지 주로 이용했던 『대명일통지』의 요동(遼東) 지역 기록이 너무 소략해서 조선이 필요한 정보를 얻을 수 없었기 때문이었다. 따라서 조선은 남구만이 청에서 『성경지』를 구해오기 전해(1696)에도 『성경지』를 구입하려고 했다. 하지만 자금이 부족해 사올 수 없었고 그 다음해(1697)에 사본(私本)을 구해 비변사에 비치했던 것이다.

남구만은 『성경지』의 내용을 면밀히 살펴보았는데 특히 심양에서 오라(烏喇), 오라에서 영고탑까지의 역참과 노정을 자세히 연구한 결과, 청나라에 혹시 변고가 생겼을 때 자국의 익숙한 길을 버려두고 낯선 조선의 변경을 통하는 노선을 택할 가능성은 지극히 희박하다고 여겼다.

남구만은 자신이 연구한 결과를 『성경지』에 수록된 여러 지도들을 넓혀서 큰 폭으로 만들어 거기에다 이수(里數)를 긋고 산천(山川)·주현(州縣)·참

---

8 『조선왕조실록』, 숙종 17년(1691) 2월 24일, 두 번째 기사
9 『조선왕조실록』, 영조 6년(1730년) 12월 17일, 두 번째 기사

로(站路)의 이름을 갖추어 기재하였다. 또 그림 아래 역대(歷代)의 연혁(沿革)과 지금 설치한 관청을 대략 기록하여 두루마리로 싸서 붙여 두었다. 이것이 남구만이 그린『성경도』이다. 이로써 조선은 그 전의『대명일통지』식의 간략한 정보보다 훨씬 더 상세하고 정확한 지리 정보를 이용할 수 있게 되었다.

남구만이『성경도』를 그린 세 번째 중요한 이유는 바로 역사인식이다. 남구만의 영고탑 회귀설에 대한 견해는 그가『성경지』를 면밀히 살펴본 후로 바뀌게 된다. 그는『성경지』를 살핀 결과 설사 만주족이 북경에서 쫓겨나 원래의 활동지역인 동북쪽으로 달아나게 되어도 조선의 서북쪽을 경유해서 돌아갈 가능성은 현실적으로 매우 떨어진다고 판단하였다. 즉 영고탑 회귀설이 그다지 현실성이 없다는 것을 깨달은 것이다. 그럼에도 불구하고 조선이 이 지역에 대해 깊은 관심을 가지고 계속 새로운 지도의 제작에 힘쓴 또 다른 이유는『성경지』에 묘사된 지역이 이성계의 조상이 활동했던 지역과도 밀접한 관련이 있고, 또 기자조선(箕子朝鮮), 고구려(高句麗), 진한(辰韓) 등의 역사와도 깊은 관련이 있었기 때문이었다. 그 밖에도 압록강과 두만강의 발원지인 백두산 부근 역시『성경지』에 비교적 자세히 나와 있었고, 중국 사람들이 국경을 넘어 인삼 등을 갈취하는 등의 현실적인 문제도 있었기 때문에 꼭 영고탑 회귀설이 아니어도 조선에게 이 지역은 충분히 중요한 지역이고 자세히 지도로 그려 남겨둘 만한 가치가 있었다.

정리하자면 당시 조선이『성경지』를 입수하려고 노력한 것은 그 전부터 조정의 대신들이 주장하던 영고탑 회귀설 등의 위기방지대책이 원인이었지만, 남구만이『성경지』를 입수해 면밀히 검토한 후『성경도』를 그린 근본적인 이유는 영고탑 회귀설이 아니라『대명일통지』류의 정보 부족을 극복하고, 압록강과 두만강 일대의 국경지역을 좀 더 잘 이해하고자 하는 성격이 더 강했으며 더불어 이 지역이 역사적으로 이성계의 조상이 활동하던 무대였다는 상징적 의미도 매우 컸기 때문이다. 남구만이 그렸다는『성경도』는 현재 남아 있지 않지만, 그의 지도는 이후 출현한 『서북피아양계만리일람지도(西北彼我兩界萬裏一覽地圖)』 계열의 모본이 되었을 가능성이 높다.

『성경지』에는 15장의 지도가 있었는데 각각의 지역으로 나뉘어 있어 지도를 통해 이 지역을 살피기엔 약간의 불편함이 있었다. 따라서 조선에서는 『성경지』에 수록된 여러 지도를 한 장에 합치고 평안도·함경도 북부의 주요 요충지와 교통로 등의 내용을 더해 『성경여지전도』를 만들었다. 이렇게 조선에서 새로 제작된 지도는 조선의 북방 지역과 중국의 동북 지역을 한 번에 이해하기에 아주 적합했다. 또 지도에는 『대명일통지』, 『성경지』에 기록된 주요 정보를 따로 기재해 지도의 내용을 한층 더 잘 이해할 수 있도록 했다. 이 지도는 군사적 요충지뿐만 아니라 중국으로의 사행로 또한 상세히 표현해 실제적으로 매우 유용한 정보가 있을 뿐 아니라 이후의 관방지도에도 많은 영향을 주었다.

하지만 남구만이 그렸다는 『성경도』는 전하지 않고 다른 종류의 『성경여지전도(盛京輿地全圖)』나 관방지도 등을 통해 남구만의 원도가 어떠한 모습이었는지 미루어 짐작할 뿐이다. 현전하는 『성경여지전도』와 『서북피아양계만리일람지도』를 비교해 보면 압록강 북쪽 지역에 대한 묘사는 『성경여지전도』가 더 상세한 편인 대신 압록강 남쪽에 대한 묘사는 『서북피아도』 계열이 더욱 상세한 것을 알 수 있다.

남구만이 『성경지』를 가져와 『성경도』를 그린 이후, 조선에서는 여기에 조선의 서북방 지역의 지도를 합해 『서북양계지도』 계열의 관방지도를 제작하기 시작했다. 따라서 남구만이 가져온 『성경지』 안에 수록된 여러 지도들이 조선 후기 북방관방지도의 모본이 되었다고 할 수 있다.

3) 『성경여지전도』와 『성경통지』

　현재 미국국회도서관에는 채색본『성경여지전도』한 폭이 보관되어 있다. 이 지도는 18세기 중반 조선에서 만든 것으로 보이는 180.0×151.0cm의 지도이다. 지도는 청의 성경(盛京)·영고탑·흑룡강(黑龍江) 3장군(將軍) 관할지의 산천지세, 성진, 도로, 변장, 역참 등과 그 사이의 거리 등을 표시했다. 지도는 크게 두 부분으로 나누어 볼 수 있는데 위쪽은 도설(圖說)과 봉천성도 부분으로, 도설은 성경 등 3장군 관할지의 건치 역사, 장백산·혼동강 등의 주요 산맥·하류의 지리적 위치와 방향 등을 설명하고 있다. 지도의 아랫부분은 3장군 관할지 전부의 모습을 표현하고 있다.[10]

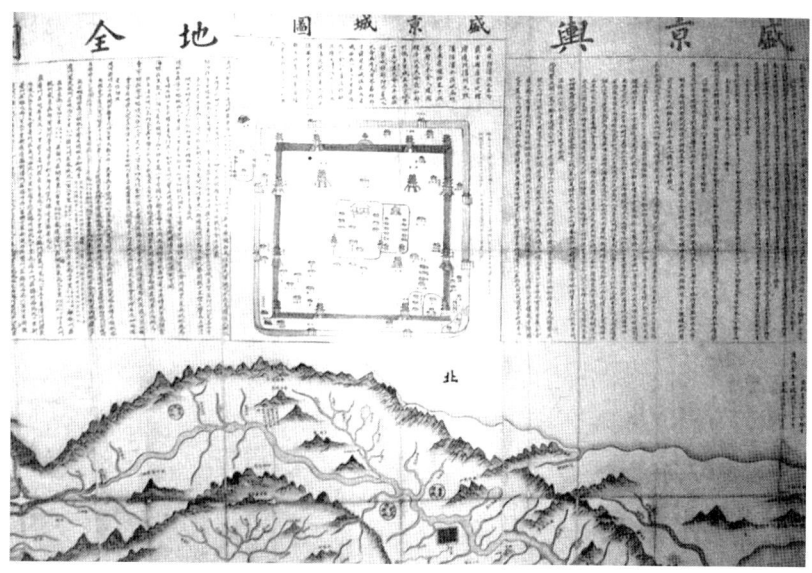

그림 1　『성경여지전도』의 도설과 「성경성도」 부분

10　李孝聰(2004), 『美國國會圖書館藏中文古地圖敍錄』, 文物出版社, 71~72쪽

그림 2 『성경여지전도』 일부

 조선과 청은 1712년 백두산정계비를 세우며 국경을 정했는데 이후 만들어진 지도 대부분의 북방 지도는 이 정계비가 표현되어 있다. 하지만 이 지도에 고려시대 윤관이 세웠다는 선춘령비는 지도상으로는 두만강의 오른편, 실제적으로는 두만강의 북쪽에 해당하는 지역에 표시되어 있지만, 백두산정계비는 표현되어 있지 않다. 백두산은 다른 지도와 마찬가지로 크게 강조되어 있고 백두산과 장백산이 나란히 표기되어 있지만 1712년 세워진 조선과 중국 간의 국경 표시인 정계비는 없는 것이다. 따라서 이 지도는 1712년 이전에 만들어진 지도로 보인다.

 그리고 이 지도는 『서북피아양계만리일람지도』와 달리 중국 지역은 비교적 상세하게 표현한 반면 조선에 해당하는 내용은 압록강과 두만강 변의 성진(城鎭)과 파수(把守)뿐이다. 지도의 이름과 같이 성경 지역을 표현하는 데 집중했고, 특히 중국의 『성경통지(盛京通志)』 앞부분에 있는 지도들을 충실히 반영한 것을 알 수 있다.

『성경통지』는 청 강희 연간에 처음 편찬된 이래로 수차례 수정·보충되었다. 제일 처음 판본은 강희 22년(1683) 6월에 편찬을 시작해 강희 23년(1684) 초에 완성되었다. 다음 수정본은 강희 50년(1711)에 완성되었다. 이 책은 모두 32권으로 이루어져 있으며 제일 첫 권은 '도(圖)'로 다른 권들은 '지(志)'로 구성되어 있다. 특히 권두의 지도 중에는 「여지도(輿地圖)」, 부(府), 주(州)의 지도 외에 「경성도(京城圖)」, 「궁전도(宮殿圖)」 및 「장백산도(長白山圖)」까지 매우 다양한 지도들이 첨부되어 있어 해당 지역의 지리적 상황을 시각적으로도 잘 이해할 수 있게 했다. 이후 편찬된 『성경통지』들은 모두 강희 연간에 편찬된 판본을 기초로 증수한 것이다.[11]

그 다음의 『성경통지』는 옹정 12년(1734)에 편찬되었는데 역시 강희 연간의 『성경통지』를 증수한 것이다. 기본적인 형식은 강희 23년의 『성경통지』를 따르고 있으며 전체 33권으로 구성되어 있고 첫 부분은 '도(圖)'로 나머지는 '지(志)'로 이루어진 것도 같다. 지도 중 「흑룡강형세도(黑龍江形勢圖)」, 「만수정도(萬壽停圖)」 등이 보충되었다.

다음으로는 건륭 원년(1736)에 『성경통지』가 다시 한 번 편찬되었는데 이번에는 48권으로 이루어졌다. 그 후 건륭 13년(1748)에 다시 한 번 32권으로 편찬되었고, 건륭 38년(1773) 『사고전서(四庫全書)』를 편찬하기 시작해 건륭 43년(1778) 『사고전서』의 편찬 사업이 막바지에 다다랐을 때 건륭은 다시 한 번 『성경통지』를 편찬할 것을 명하고 건륭 54년(1789)에 마지막 『성경통지』가 완성된다.

---

11 『盛京通志』, (淸)董秉忠等修, 孫成 等撰, 淸康熙 23年(1684)
　『盛京通志』, (淸)董秉忠等修, 淸康熙 50年(1711)
　『盛京通志』, (淸)呂耀曾等修 淸乾隆 元年(1736)刻 刻本
　『盛京通志』, (淸)阿桂等修 武英殿, 淸幹隆 48年(1783) 聚珍本

4) 『성경통지』의 조선 유입과정

예로부터 중국에서 조선 사신들의 책 구입은 아주 유명한 일이었다. 조선의 사신들은 매번 북경으로 파견될 때마다 다량의 중국 서적을 구입했는데 공식적인 구입과 비공식적인 구입이 모두 이루어졌다. 특히 지리서나 지도 등은 국가기밀에 속해 청 정부가 국외 반출을 금지하고 있었으므로 공식적인 경로로 조선에 들어오기는 쉽지 않았다. 하지만 조선의 사신들은 언제나 중국의 지리서와 지도의 구입에 관심을 기울여 몰래 반입하는 경우가 많았다.

조선에 『성경통지』를 처음 들여온 것은 남구만이 『성경도』를 그려 바치던 1697년이었는데 이때는 청 강희 36년으로 청에서 『성경통지』가 처음 편찬되고 아직 두 번째 증수본이 나오기 전이므로 조선에서 가져온 『성경통지』는 청나라에서 편찬된 첫 판본으로 생각된다. 그 후 1712년 조선과 청이 국경 담판을 할 때 조선에서는 『성경통지』의 내용으로 국경을 정하는 증거로 삼을 것을 의논했는데, 문제는 당시 조선이 가지고 있던 『성경통지』가 청에서 반출을 금하고 있던 서적이었기 때문에 만약 상대방이 어디서 구득한 것인지 힐문한다면 사고가 생길 것을 염려하고 있다. 그 후의 담판은 순조롭게 진행되어 조선은 『성경통지』를 내보일 필요가 없었다.[12] 그 후 영조 17년(1741)에 조선은 새로운 『성경통지』가 편찬된 것을 알고 역시 들여와 그 안의 내용을 면밀히 검토한다.[13] 이때 들여온 것은 건륭 원년(1736)의 판본으로 보인다.

이렇게 들여온 『성경통지』는 남구만의 경우처럼 책 속의 주요 지도와 내

---

12 『조선왕조실록』, 숙종 38년(1712) 3월 24일, 첫 번째 기사
13 『조선왕조실록』, 영조 17년(1741) 2월 27일, 네 번째 기사

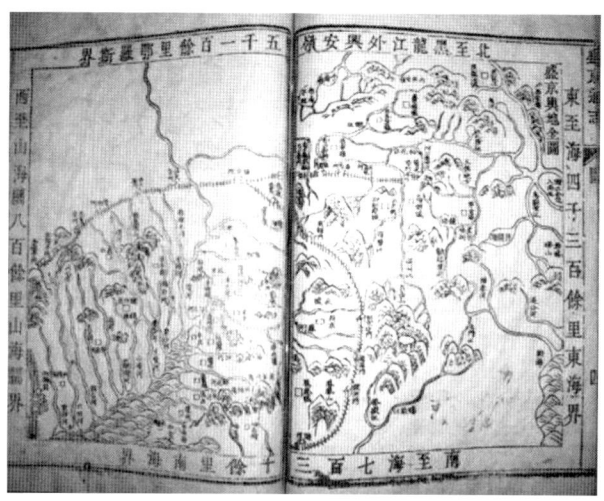

그림 3 『성경통지』의 「성경여지전도」 부분

용을 적절히 편집해 새로운 지도로 탄생되었다. 『성경통지』에는 「성경성도(盛京城圖)」, 「성경여지전도(盛京輿地全圖)」, 「봉천장군소속형세도(奉天將軍所屬形勢圖)」, 「봉천부형세도(奉天府形勢圖)」, 「금주부형세도(錦州府形勢圖)」, 「영고탑장군소속형세도(寧古塔將軍所屬形勢圖)」, 「흑룡강장군소속형세도(黑龍江將軍所屬形勢圖)」, 「장백산도(長白山圖)」를 비롯한 15장의 지도가 실려 있다.

조선은 이 책을 통해 쉽게 얻을 수 없는 중국 변경지역에 대한 자세한 정보를 얻을 수 있었다. 현재 남아 있는 『성경여지전도』를 보면 『성경통지』의 안의 봉천·영고탑·흑룡강 장군의 관할지를 아우르고 있으며 이 책의 봉천(奉天), 금주(錦州), 영고탑, 흑룡강 부분도를 합한 것이 『성경여지전도』와 대략 일치한다.

『성경통지』의 조선과 중국 국경 부분의 묘사는 그다지 정확하지 않다. 따라서 조선에서 『성경여지전도』를 제작할 당시 이런 부분을 보충해 압록강과 두만강 연안을 좀 더 정확하게 수정했다. 조선에서 그린 『성경여지전도』는 『성경통지』의 내용을 비교적 충실하게 반영했다. 하지만 일부 지명의 표기가 불일치한 점도 보이고 장백산과 백두산을 병기하는 등 지도의 제작 과정에서 조선의 입장을 반영한 부분도 찾아볼 수 있다.

『성경통지』와 『성경여지전도』의 가장 큰 차이점은 교통로의 표현에 있다. 『성경여지전도』에는 3개 장군 관할지까지의 교통로가 표현되어 있다. 하나는 조선의 의주(義州)에서 시작해 요양(遼陽), 성경(盛京), 영원(寧遠)을 지나 산해관(山海關)에 이르는 길인데 이 길은 조선의 사신단이 북경을 왕래하던 노선과 기본적으로 일치한다. 당시의 사행노정은 일명 '공도(貢道)', '조선공도(朝鮮貢道)'라고도 불렸다. 두 번째 길은 개원(開遠)에서 시작해 영길주(永吉州)를 지나 영고탑에 이르는 길이다. 세 번째 길을 오라(烏喇) 부근에서 개원과 영길주 사이의 길이 서북쪽으로 장녕(長寧)을 지나 제제합이(齊齊哈爾)에서 양쪽으로 갈라져 서쪽으로는 호륜지(呼倫池)에 이르고 동북쪽으로 흑이근(黑耳根)을 지나 흑룡강에 이르는 길이다.

조선에서는 이렇게 『성경통지』의 지도와 내용을 이용하는 한편 여기에 필요한 내용을 더해 지도를 제작했다. 위와 같은 내용은 바로 남구만이 말한 『성경도』의 필요성에 대한 내용과 일치하는 것이며 이는 미국국회도서관 소장본 『성경여지전도』가 남구만의 『성경도』의 원래 모습에 가깝다는 것을 말해주고 있는 것이라 하겠다. 그리고 이후 만들어진 『서북피아양계만리일람지도』는 위와 같은 지도에 조선 부분을 좀 더 상세하게 더해 만들어졌을 것이다.

조선에 유입되어 관방지도 제작에 가장 큰 영향을 미친 중국 지리지가 『성경통지』이다. 『성경통지』는 강희 연간에 처음 편찬된 이래로 여러 차례 증수되었고 그때마다 조선 역시 새로운 책을 구하기 위해 많이 노력해 『성경여지전도』, 『서북피아도』 계열의 지도 제작에 많은 영향을 주었다.

III. 기타 조선의 관방지도와 중국 자료

1. 이이명의 『요계관방지도』

서울대학교 규장각에 소장된 『요계관방지도』는 1706년 이이명이 『주승필람(籌勝必覽)』, 『산동해방지도(山東海防地圖)』, 『성경지』 등을 참조해 만든 139.0×635.0cm의 대형 지도이다.[14]

이 지도는 현전하는 조선의 관방지도 중 예술성이 가장 뛰어난 지도라고 할 수 있는데 제작 연대는 남구만이 『성경도』를 제작한 후 10여 년이 지나 만들어졌다. 남구만의 지도가 주로 『성경지』의 내용에만 의존해 만들어졌다면, 이 지도는 『성경지』를 비롯해 『주승필람』, 『산동해방지도』 등 다른 자료들을 함께 참조해 제작했으며, 다른 서북지역의 관방지도와 비교해 매우 독특한 특징을 갖고 있다.

이이명이 지도를 완성하고 숙종에게 바친 글을 통해 이 지도의 제작 과정과 제작 목적 등을 알 수 있다.

> 위의 요·계 관방도는 신이 연경(燕京)에 사신으로 나갔을 때 사서 가져온 것인데, 명(明)나라의 직방랑(職方郞) 선극근(仙克謹)이 저작(著作)한 것으로, 승산(勝算)을 계획할 때엔 반드시 보아야 할 책입니다. 신이 이미 옮겨 써서 올리라는 명을 받들고, 또 청인(淸人)이 편찬한 『성경지』에 기재되어 있는 오라지방도(烏喇地方圖) 및 우리나라의 지난날 항

---

14 김기혁 등(2008), 『한국의 옛지도』, 문화재청, 292쪽

해(航海)로 조공을 바치던 길과 서북(西北)의 강과 바닷가 경계를 취하여 합쳐 하나의 지도를 이루었습니다. 대개 우리나라가 서북쪽은 요동과 계구(薊丘)로 통하고, 북쪽은 야인(野人)과 가까우며 서쪽으로는 발해(渤海)에 이어졌으니, 살펴보아야 할 것은 다만 요·계관방(遼薊關防)에만 있는 것이 아닙니다. 또 그 지세가 서로 연하여 붙었으므로 합쳐서 하나로 만들었으니, 이와 같지 않으면 강장(疆場)의 대세(大勢)를 분변하여 풍한(風寒)의 있는 바를 알 수가 없을 것입니다.[15]

이이명은 선극근(仙克勤, 1562~1642)의 『주승필람』 등을 이용해 지도를 그렸는데 선극근은 만력(萬曆), 숭정(崇禎) 연간에 직방사랑중(職方使郎中)을 비롯해 변경의 여러 지역을 돌며 관직을 역임했으며 이런 경험을 바탕으로 『삼진주의(三晉奏議)』, 『중변도제고(中邊圖制考)』, 『주승필람』 등을 저술했다.[16] 그가 저술한 변방에 관한 책들은 지금은 전하지 않는데 18세기 후반 청에서 『사고전서』를 편찬할 당시 청조에 불리한 사실이 있거나 불경한 내용을 포함하고 있다고 판단된 책들은 모두 금서로 지정해서 없애버렸기 때문이다. 특히 선극근의 『주승필람』류의 북방의 군사·지리 서적이 많이 포함되었는데 이들 책에는 만주족을 오랑캐라고 표현하는 등 청조의 심기를 건드리거나 민감한 표현이 많았기 때문이었다.

이이명이 이 책을 중국에서 구입한 것은 1706년 무렵으로 강희 후반기에 해당하며 청은 초반의 혼란기에서 벗어나 국가의 제도를 정비하고 안정기에 접어들 무렵이었다. 또 『고금도서집성』이나 『사고전서』 등의 대규모 수집·편찬 사업이 시작되기 전으로 아직 책 속의 청이나 만주족에 대한 표현에 많

---

15 『조선왕조실록』, 숙종 32년(1706) 1월 12일, 두 번째 기사
16 王庸(1956), 『中國地理圖籍叢考』, 常務印書館, 87쪽

이 민감하지 않은 시절이었다. 또 이이명이 숙종에서 이 책이나 『산동해방지도』 등을 어떻게 입수했는지 자세히 보고하지는 않았지만 『성경지』와는 달리 이 책은 청대에 만들어진 것이 아니라 명대의 것으로 민간의 서점에서 비교적 쉽게 구할 수 있었을 것으로 짐작된다.

앞서 남구만은 『성경지』의 내용을 면밀히 살펴본 결과 청에 변고가 생길 경우라도 조선에서 우려하던 것처럼 만주족이 조선의 변경지역을 통해 영고탑으로 돌아갈 거라는 의견에 회의적으로 돌아섰다. 하지만 이이명은 다시 한 번 지도의 제작목적에 '영고탑 회귀설'을 강조하고 있는데 이를 통해 숙종 연간만 하더라도 남구만처럼 생각하는 경우보다 청이 언제든지 무너질 수 있으며, 그 결과로 조선의 변경지역이 어지러워질 가능성이 높기 때문에 이에 철저히 대비해야 한다고 생각하던 경우가 많았다.

> 또 더구나 신이 연경(燕京)을 왕래할 때에 가만히 청인(淸人)을 보건대, 내외(內外)의 성채(城砦)는 수축하지 않고 다만 심양과 영고탑에선 성담을 증축하며 재물을 저축하고 있으니, 의심컨대, 또한 스스로 백 년의 운기(運氣)를 기대하지 않고 항상 수구영굴(首丘營窟)하는 계획만 하고 있습니다. 또 가만히 들건대, 국경 밖의 여러 추장(酋長)은 종락(種落)이 날로 번성하여 청인이 해마다 금과 비단을 수송하는 것이 거의 억만으로 계산한다고 하니, 또 어찌 아골타(阿骨打)와 철목진(鐵木眞)의 무리가 오늘날에 나지 않아서, 저들이 마침내는 영고탑과 심양으로 돌아가게 될 줄을 알겠습니까? 승국(勝國)이 여진이나 몽고에게 두 번이나 괴로움을 당한 것이 사세(事勢)가 또한 이와 같은 것이니, 어찌 이러한 염려가 없다고 하겠습니까? …… 지금 신이 이 도(圖)를 올리는 것은 감히 천하가 액새(阨塞)함을 알아서 장차 큰일을 할 수 있다는 것이 아니요, 또한 국력을 다하여 변방에 전심하려고 하는 것도 아닙니다. 다만 원하

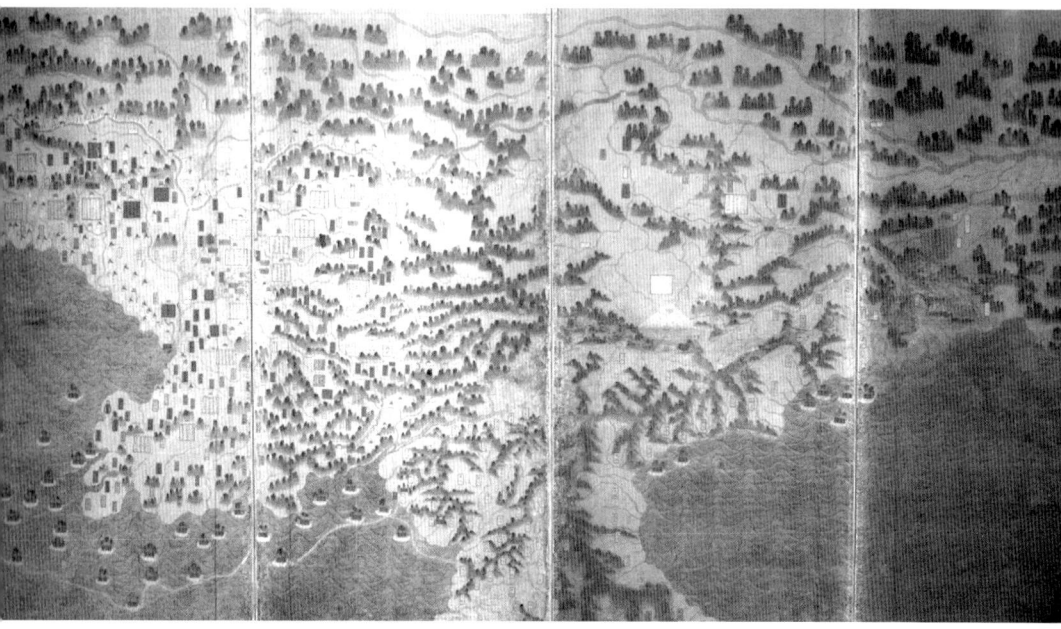

그림 4 「요계관방지도」

건대, 성명께서는 변계의 지키기 어려운 것과 관방(關防)의 믿을 수 없는 것을 깊이 살피셔서, 환난을 염려하기를 항상 강구(強寇)가 국경을 억압하는 것과 같이 여겨, 공검(恭儉)하고 절약해서 백성의 생활을 넉넉하게 하여 나라 사람으로 하여금 수족이나 두목의 의리가 있는 줄 알게 하며, 선왕이 다하지 못한 지사(志事)를 추구하고 명나라 말년의 복철(覆轍)을 경계로 삼으신다면, 국가의 매우 다행한 일이겠습니다.[17]

『요계관방도』는 구하기 어려운 자료들을 바탕으로 조선의 조정에서 상당히 공을 들여 그려진 지도이다. 『성경여지전도』나 후의 『서북피아도』 계열의

17 『조선왕조실록』, 숙종 32년(1706) 1월 12일, 두 번째 기사

지도가 계속 모사되어 유사한 지도가 많이 남아 있는 것과 달리『요계관방도』는 유사한 지도가 남아 있지 않다. 이것은 이 지도가 구하기 힘든 자료로 매우 공들여 그려졌고, 크기도 매우 대형이라 모사하기가 쉽지 않아 처음 그려진 이후 밖으로 유출되지 않았기 때문으로 보인다.

2.『서북피아양계만리일람지도』

『서북피아양계만리일람지도』는 18세기 중반에 그려진 작자미상의 142.0×192.0cm 크기 관방지도로, 우리나라의 관북·관서 지방과 만주·몽고·러시아의 연해주를 포함하고 있다. 제작연대는 백두산의 정계비가 있으므로 1712년 이후이고, 정조 즉위년(1776)에 초산으로 개명된 이산이 개명 이전의 명칭으로 있는 것으로 보아 1776년 이전에 제작된 것으로 추정된다. 우리나라의 북부 지방은 하계망과 산맥 및 주요 산, 군현, 도로망과 주요 요충지를 자세하게 표시했는데, 특히 압록강과 두만강 국경지대의 세밀한 교통망과 군사요지가 표시되어 있다. 만주지방은 우리나라 부분과 같이 자세하지는 않지만 청나라가 몽고족의 침입을 막기 위해 설치한 유조변장(柳條邊墻), 즉 목책장성(木柵長城)과 만리장성(萬裏長城)의 일부가 표시되어 있다. 의주, 봉황성(鳳凰城), 성경을 거쳐 산해관에 이르는 입연로(入燕路)와 도중의 관(關), 참(站), 보(堡) 등의 요지를 자세히 표시하고 있다. 이러한 지도의 내용으로 미루어 우리나라 서북방의 군사적 필요에 의해 만들어진 대표적인 지도의 하나이다. 지도의 여백에는 만주지방의 간략한 연혁과 우리 민족의 옛터임을 밝히고 청조(淸朝)에 의해 심양, 요양, 건주를 각각 성경, 동경, 흥경으로 개명했음을 적고 있다. 의주에서 산해관까지의 자세한 이정(里程)

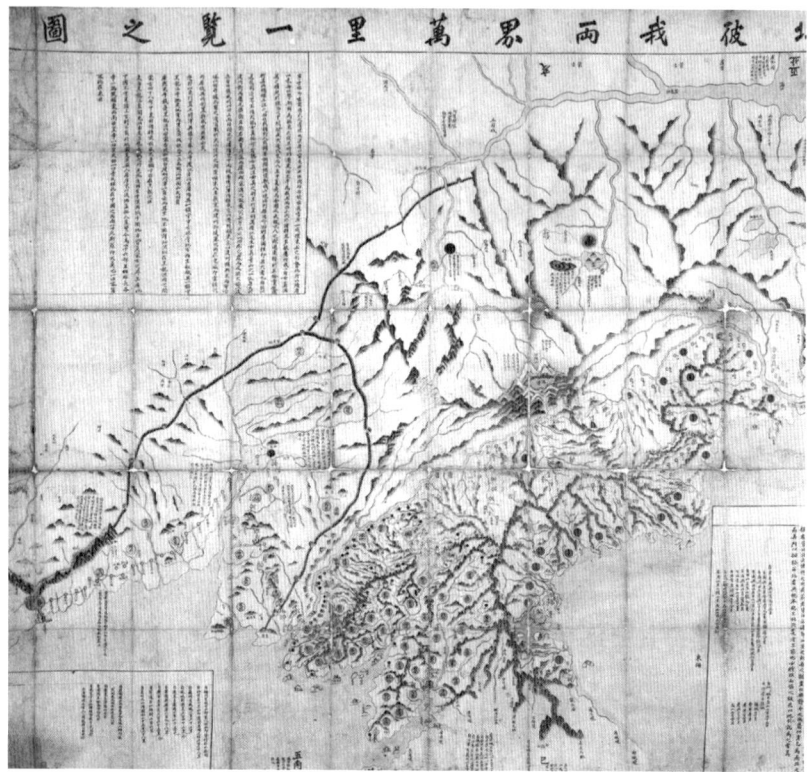

그림 5 『서북피아양계만리일람지도』

과 우리나라 북부 지방의 자세한 지형과 하계, 그리고 국경지대의 이정이 기록되어 있다.[18]

이 지도는 역시 『성경여지전도』와 마찬가지로 『성경통지』를 기반으로 만들어진 것으로 보이는데 청의 변경지역보다는 압록강·두만강 이남의 조선 변경지역을 더욱 자세히 표현했으며 이 지도부터 조선의 북방관방지도에서 양국의 변경지역이 본격적으로 함께 묘사되기 시작했다.

18 이찬(1991), 앞의 책, 383~384쪽

3. 『고금도서집성』의 수입

『성경통지』와 함께 조선의 관방지도에 큰 영향을 미친 것은 다름 아니라 『고금도서집성(古今圖書集成)』의 수입이다. 조선은 정조 원년(1777)에 청에 사신으로 갔던 서호수(徐浩修, 1736~1799)를 통해 이 책을 구입해 오게 된다. 『고금도서집성』은 당시 청의 거의 모든 분야를 망라한 백과사전이라 볼 수 있는데 조선에서는 이 책을 통해 뜻밖의 귀중한 정보를 얻게 된다. 이것이 바로 『고금도서집성』의 「직방전(職方典)」에 수록된 각 성과 군현지도들이다. 게다가 『고금도서집성』에 수록된 이 지도들은 강희 연간에 제작된 『황여전람도』를 기초로 재편집한 것이기 때문에 이전의 어떤 중국지도와 비교해도 가장 정확하고 상세한 정보를 갖추고 있었다.

『고금도서집성』은 청 옹정 3년인 1725년에 완성된 유서(類書)이다. 「역상휘편(曆象彙篇)」, 「방여휘편(方輿彙篇)」, 「명륜휘편(明倫彙篇)」, 「박물휘편(博物彙篇)」, 「이학휘편(理學彙篇)」, 「경제휘편(經濟彙篇)」 등 6편으로 구성되어 있는데 그 중 「방여휘편·직방전」에 각 성(省), 부(府), 주(州), 현(縣)의 지도들이 실려 있다. 여기에 포함된 지도들은 강희 연간에 경위도 측량으로 제작된 『황여전람도(皇輿全覽圖)』(1717)의 다른 판본으로 내용과 표현은 거의 같지만 지도 위의 경위선을 제거하고 주·현 지도를 첨가한 것이다. 따라서 당시 청 조정이 보유하고 있던 가장 정확하고도 상세한 청 전국 각지의 지도가 『고금도서집성』에 실린 것이다.

『고금도서집성』의 수입으로 그동안 접근하기 어려웠던 중국의 지리적 정보를 한 번에 얻을 수 있었을 뿐 아니라 남구만이 『성경통지』를 가져온 이후 별다른 소득이 없었던 중국 동북지역에 대한 최신 자료를 얻을 수 있었다는 점에서 조선의 입장에서는 새로운 북방관방지도를 제작하는데 매우 중요한 계기가 되었다. 확실히 『고금도서집성』 수입 후에 제작된 북방관방지도는

「직방전」에 수록된 동북지역 지도의 영향을 받은 것을 확인할 수 있다.

조선은 『고금도서집성』을 수입하면서 당시 중국에서 구할 수 있는 가장 상세한 지도를 같이 수입한 셈이다. 이런 상황은 아주 간략한 『대명일통지』조차 쉽게 반출하지 않았던 명이나 『성경통지』의 반출에 대해 비교적 민감한 반응을 보이던 강희 시대와는 다른 청의 입장 변화를 나타내는 것이며 수입 당시 청과 조선의 관계가 확실하게 안정적인 관계였음을 보여주는 예이다. 조선은 이를 계기로 『서북계도(西北界圖)』라는 이전과 비교해 청의 변경지역이 훨씬 자세하게 묘사된 또 다른 종류의 북방관방지도를 만들 수 있었다. 하지만 『고금도서집성』의 다른 지역 지도를 이용해 중국전도 혹은 지역도를 만든 예는 보이지 않는 것으로 보아 그 안의 자료는 주로 조선의 서북지역 관방지도를 제작하는 데 이용된 것으로 보인다.

IV. 맺음말

조선 시대 천하도 혹은 관방도 등 중국이 포함된 지도를 제작할 때는 일정한 특징이 있었다. 바로 중국의 지도를 들여와서 조선의 지도와 합쳐 새로운 지도를 만든다는 점이다. 어떻게 생각하면 다른 나라의 지도를 제작할 때 해당 지역의 자료를 이용하는 것이 당연한 것이다. 하지만 당시 조선과 중국과의 관계를 생각하면 당연하지만 쉽지 않은 일이었기 때문에 그 의의가 크다.

조선 후기에 많은 북방관방지도를 제작한 데는 이 지역이 전통적으로 중요한 군사적 요충지였다는 이유도 있지만 더욱 구체적으로는 청 건국 초기의 국제정세의 불안정과 병자호란을 겪은 조선인이 느끼는 불안감이 함께 자리하고 있었기 때문이었다. 이런 불안감을 조정에서는 '영고탑 회귀설' 등으로 논의하기도 했는데 이것이 지도 제작의 구체적인 원인이 된 것이다.

이러한 청에 대한 불안감은 청이 옹정·건륭 시기를 거쳐 안정기·전성기로 접어들면서 자연히 줄어들게 되었지만 변경지역의 중요성, 청나라로 들어가는 주요 교통로로서의 중요성, 조선 후기 사회 실학의 흥성으로 인한 역사인식의 고취, 교역 장소로서의 경제적 가치 등은 이 지역의 지도를 계속해서 만들게 했다.

지도나 지리지는 명·청시기뿐 아니라 전체 역사 시기를 통틀어서도 국가 기밀로 취급되어 국외 반출이 엄격히 금지되었다. 하지만 조선은 명·청시기 내내 중국 조정의 견제와 금지에도 불구하고 꾸준히 중국의 사서, 지리지, 지도 등을 공식적·비공식적 경로를 모두 동원해서 반입했다. 조선과 명·청의 관계에 따라 조선이 중국에서 가져올 수 있는 자료의 종류에도 차이가 있었고 그에 따라 그려진 관방지도의 내용과 성격에 차이가 있었다.

　재미있는 것은 중국에서 외국에 대해 자국의 지리 정보에 대한 통제가 심할 때, 예를 들어 명대와 청의 강희 초중반 무렵에는 중국 국내에서 유통되는 지리지나 변방 지도에 유통에 대한 규제가 심하지 않았다. 때문에 중국에 간 조선 사신들은 이러한 변방 지도를 조선에 가져오기가 조금 어려웠을 뿐이지 이런 자료들에 대한 접근 자체는 그다지 어렵지 않았다고 생각된다. 그렇기 때문에 『주승필람』, 『산동해방지도』 등을 가져와 이용할 수 있었지만, 조선과 청의 관계가 안정되어 청이 조선에 대해 많은 경계를 하고 있지 않았던 때는 조선에서 유용하게 사용되었을 많은 중국 동북 지역의 지리서들이 금서로 지정되어 더 이상 좋은 자료를 많이 구할 수 없었던 것으로 보인다. 하지만 그 후 『고금도서집성』을 수입하게 되면서 그동안의 자료 부족을 대부분 메울 수 있었다.

　조선에서는 중국에서 들여온 자료를 그대로 베끼거나 이용만 한 것이 아니라 필요와 관심사에 따라 수정과 보충, 편집을 했기 때문에 중국의 원자료와 조선에서 만들어진 관방지도에 어떤 차이점이 있는지를 비교하는 것도 의미 있는 일이다. 그리고 이것의 결과가 조선에서 그려진 수많은 북방관방지도 혹은 천하도 등의 지도에 고스란히 반영되어 한국의 고지도를 더욱 풍부하게 하고 '지도'라는 실물로 한국과 중국의 문화·학술 교류의 증거를 남겼다.

참고문헌

사료

『大明一統志』,『大淸一統志』,『朝鮮王朝實錄』,『淸史稿』

阿桂等纂修(1997),『盛京通志』, 遼海出版社

王河等修(1965),『欽定盛京通志』, 台北文海出版社印行

저서

강석화(2002),『조선 후기 함경도와 북방영토 의식』, 경세원

개리 레드야드 지음, 장상훈 옮김(2011),『한국 고지도의 역사』, 소나무

국토해양부 국토지리정보원(2009),『한국지도학발달사』, 국토해양부 국토지리정보원

김기혁 등(2008),『한국의 옛지도』, 문화재청

배우성(1998),『조선 후기 국토관과 천하관의 변화』, 일지사

영남대학교 박물관(1998),『한국의 옛지도』, 영남대학교 박물관

王庸(1957),『中國地理圖籍叢考』, 常務印書館

劉曉玲(2012),『淸康熙朝東北方志文獻硏究』, 東北師範大學 碩士學位論文

이상태(1991),『조선시대 지도 연구』, 동국대학교 대학원 박사학위 논문

이상태(1999),『한국고지도 발달사』, 혜안

이찬(1991),『한국의 고지도』, 범우사

李孝聰(2004),『美國國會圖書館藏中文古地圖敍錄』, 文物出版社

彭斐章(1998),『中外圖書交流史』, 湖南敎育出版社

한영우 등(1999),『우리고지도와 그 아름다움』, 효형출판사

譚其驤(1996),『中國歷史地圖集』, 中國地圖出版社

논문

남의현(2012),「고지도를 통해서 본 15~17세기의 변경지대」,『만주연구』제 14집

李怡·潘忠泉(2013),「明代官修邊疆史籍特點述略」,『東方論壇』, 2013-1

배우성(1995),「고지도를 통해 본 18세기 북방정책」,『奎章閣』18

배우성(1996),「고지도에 나타난 영토·영해 의식」,『역사비평』

배우성(1997),「17~18세기 청에 대한 인식과 북방 토의식의 변화」,『한국사연구』(99·100)

배우성(2007),「18세기 청의 지리지·지도와 백두산 수계」,『역사와 경계』

양보경(1997),「조선시대의 고지도와 북방인식」,『地理學硏究』, 제 29집

向燕南(2000),「明代邊防史撰述의 勃興」,『北京師範大學學報』, 年第1期

3부

일본사에서의 변경기구와 외교

일본고대의 대재부의 기능과 신라문제

연민수 | 동북아역사재단

Ⅰ. 머리말
Ⅱ. 대재부의 성립과 신라
Ⅲ. 영제 대재부의 외교기능과 신라
Ⅳ. 대신라 경계와 군사적 기능
Ⅴ. 대신라 교역과 대재부관내의 동향
Ⅵ. 맺음말

I. 머리말

『일본서기(日本書紀)』 선화기(宣化紀) 원년(536)조에는, "축자국(筑紫國)은 원근(遠近)의 나라가 조공해 오는 곳, 왕복의 관문이고 해외의 제국은 해상의 조건을 판단하고 온다. 그런 까닭에 태중지제(胎中之帝) 이래 축자(筑紫)에 곡식을 저장하여 흉작에 대비함과 함께 외국사에 대한 향응을 베풀었다. 국가의 안태(安泰)를 위해 이보다 더한 것은 없다"라고 하여 축자는 해외의 관문으로 외국사에 대한 외교접대의 장이자 국방상의 요지임을 강조하고 있다. 이 기록은 율령시대의 대외관념이 투영된 문장이지만, 축자지역의 역사적 역할에 대해 집약적으로 표현되어 있다. 축자는 주지하듯이 한반도, 중국 등지에서 일본열도로 들어오는 관문으로 일본고대의 최대의 지방기구인 대재부(大宰府)가 설치되어 있던 지역이다. 기내(畿內)의 중앙정권에서 보면, 일본열도의 서북단에 위치하고 한반도로 향하는 교통상의 길목에 해당한다.

대재부의 기능에 대해서는 양노직원령(養老職員令) 대재부조(大宰府條)에 "번객(蕃客), 귀화(歸化), 향연(饗讌)"의 업무가 기록되어 있듯이 외국사절에 대한 외교업무, 해외로부터의 표류, 이주민 처리 등이다. 여기서 번객이란 외국사절을 말하지만 실제로는 신라사절을 가리킨다. 대보령(大寶令)의 주석서인 「고기(古記)」에, "인국(隣國)은 대당(大唐)이고, 번국(蕃國)은 신라(新羅)이다"라고 하듯이 대재부 성립 시기의 번객은 신라사(新羅使)를 가리킨다. 율령관제로서 대재부가 기능하는 8세기 이후의 동아시아는 당, 신라, 발해가 존재하고 있었으나, 대재부가 공적으로 기능한 것은 오로지 신라뿐이었다. 일본과 교류가 활발했던 발해의 경우는 대재부를 통해 입항하라는 사례도 있지만,[1] 예외 없이 북륙(北陸), 산음(山陰) 등지로 입항했던 것을 감안하면, 신라야말로 대재부 역할의 중심이라고 하지 않을 수 없다.[2] 이것은 고대 일본 대재부의 기능을 생각하는 선상에서 중요한 의미를 지닌다.

종전 대재부의 대외적 기능에 대해서는 고대 일본의 국방과 외교, 표류민, 국경문제 등 다양한 사례를 통해서 방대한 연구가 이루어져 왔으나,[3] 실질을 추구해 보면 '신라'라는 국가 그리고 신라인과 관련되어 있음을 알 수 있다.[4] 이 글에서는 대재부의 설치와 기능을 대신라 관계에 초점을 맞추어 대재부의 성립 배경, 신라인들의 이동과 문물의 교류, 이에 따른 정보의 수집과 대응 등 당시 일본조정의 대신라 정책과 인식, 대재부의 역할에 대해 분석해 보고자 한다.

---

1 『續日本紀』, 寶龜 4년(773) 6월 24일條
2 대재부의 출현을 신라와의 관계에서 논한 연구는 三池賢一이 유일하다[三池賢一(1966), 「新羅の動靜と大宰府」, 『軍事史學』 7]. 이 논문은 율령관사로서의 대재부가 성립하기 이전 시기를 대상으로 했다. 7세기 전반까지는 임나문제, 7세기 후반에는 백제멸망이라는 긴장관계 속에서 군사적 시설을 목적으로 축재대재의 성립을 논했다. 그러나 임나문제에 대해 『日本書紀』의 기록을 전제로 논하는 것은 무리이고 이 글의 관점과는 거리가 있다.
3 근년에 나온 연구로 대재부의 기능을 국경의 관점에서 본 Bruce Batten의 연구가 있다[Bruce Batten 著(2001), 『國境の誕生』, NHKブックス]. 대재부에 대한 개설적 서술이지만, 독자적 관점이 있고, 특히 신라문제에 대해 객관적인 입장을 유지하는 등 시사하는 바가 크다. 국내연구로는 박석순의 연구가 참고된다[박석순(2002), 「고대일본국가 지방기구 大宰府의 외교기능에 대한 법제적 연구」, 『日本歷史硏究』 19 : 박석순(2003), 「大宰府의 대외관련업무 사례연구」, 『歷史學報』 180].
4 당의 사신이 내항한 경우는 777년(寶龜 8)에 파견된 16차 견당사의 귀국 시에 4척의 선박에 동행한 唐使가 이듬해 말 九州의 肥前, 薩摩 등지에 도착하여 대재부에서 조정에 보고하여 입경한 일이 있다. 이것이 유일한 사례이다.

II. 대재부의 성립과 신라

사료상에서 '대재(大宰)'의 초견은 『일본서기(日本書紀)』 추고(推古) 17년 (609)에 일단의 백제인들이 구주(九州) 중서부의 비후국(肥後國) 위북(葦北) 지방에 표착하자 축자대재(筑紫大宰)가 이를 조정에 알렸다는 기사이다. 이것은 율령제의 대재부의 기능을 보여주고 있는 것으로 해외로부터의 표류민에 대한 대외업무을 수행하고 있었음을 알 수 있다. 이미 지적되고 있듯이 7세기 이후에 빈번해진 한반도 3국과 견수사(遣隋使)의 파견, 그리고 수사(隋使)의 입국과 관련해서 외교업무의 기능이 부여되었다고 생각된다. 특히 신라에 대해서는 긴장관계 속에서도 추고 18년(610) 7월 축자에 도착한 신라사에 대해 9월에는 왕경으로 불러들여 왜조정에서 외교의례를 갖춘 의전을 받고 있다. 신라사가 도착하여 머문 2개월간 축자에서의 일정은 축자대재가 외교상의 접대업무를 수행하였다. 이때 신라사에 대한 외교적 의례의 배경에는 중국에서 수제국의 출현과 견수사의 파견에 동반하여 그 해상교통로의 길목에 해당하는 신라와의 긴장관계의 완화라는 정치적 판단이 있었다고 보인다. 이후 대화(大化) 5년(649)의 '축자대재수(筑紫大宰帥)'를 비롯하여 '축자솔(筑紫率)', '축자총령(筑紫總領)'과 같은 관직명이 확인되고, 이들은 조정으로부터 파견된 축자대재의 장관격인 인물로 추정된다.

축자대재의 기능이 강화된 것은 통설에서 말하는 백제의 멸망과 왜왕권의 백제부흥군 실패에 따른 신라와 당에 대한 군사적 위기의식의 대응에서 찾을 수 있다. 왜군의 철병 직후 대마도(對馬島)로부터 북구주, 세토내해의 연안, 왕도에 이르는 산성의 축조는 왜왕권의 국가적 위기의식을 잘 반영하고 있다. 664년[천지(天智) 3]에 해당하는 『선린국보기(善隣國寶記)』에 인용된

「해외국기(海外國記)」에 축자대재를 '일본진서축자대장군(日本鎭西筑紫大將軍)'이라고 부르고, 『일본서기』 천지(天智) 6년(667)의 '축자도독부(筑紫都督府)'의 용어는 축재대재의 군사적 기능이 강화되었음을 보여주고 있다. 신라에 의해서 촉발된 백제멸망과 왜왕권의 파병과 실패라는 긴박한 군사적 긴장상태는 대재부 전신으로서의 축자대재의 성격을 잘 반영하고 있다.

대재부의 명칭이 최초로 나오는 것은 천지 10년(671)의 '축자대재부(筑紫大宰府)'이다.[5] 이 기록은 백제의 멸망 후 당이 설치한 웅진도독부의 진장(鎭將) 곽무종(郭務悰) 일행이 일단의 사절단의 내항에 대한 대마국사(對馬國司)로부터 축자대재부에의 보고였다. 축자도독부로부터 축자대재부로의 명칭변화는 군사적 긴장으로부터 어느 정도 해소된 당시의 상황과 관련이 있지 않을까 생각된다. 이것은 백제멸망 이후의 신라와 왜왕권의 관계 개선이 주요 요인으로 보인다. 당의 한반도제국에 대한 점령지 정책은 신라와 마찰을 일으켰고, 신라에 대해서도 계림도독부를 설치하여 기미정책을 통해 지배하려는 야욕으로 인해 나당관계는 파탄에 이르고 신라의 대당전쟁이 시작되었다. 이를 위해 신라는 남방의 안정을 위해 전쟁의 상대국이었던 왜왕권과의 관계개선이 필수적이었다. 668년 9월에 급찬 김동엄의 왜국 파견은 신라의 대왜 화해 외교전략이었다. 이때 『일본서기』에는 왜조정에서 신라왕에게 배 1척과 비단, 솜, 가죽 등을 보냈고, 왜왕권의 최고 귀족이었던 내신(內臣) 중신겸족(中臣鎌足)은 김유신에게 배 1척을 보내 양국의 우호관계를 표시하였다. 왜왕권의 외교적 선택은 신라였다. 일본의 친신라노선은 국가방침으로 결정되었고, 전후(戰後) 악화되었던 양국관계가 새롭게 정립되어갔다. 이와 같이 도독부라는 군사적 성격이 강한 명칭으로부터 대재부로의 전환은 이러한 상황변화와 연관되어 있다고 보인다.

---

5 8세기 궁성인 平城宮, 長岡京에서 출토된 木簡에도 '大宰府' 표기가 보인다.

신라 일국외교(一國外交) 시대인 7세기 후반 대재부의 대외기능은 거의 신라사절의 접대와 일본의 견신라사 파견의 출항지 업무가 대부분이었다. 668년에서 700년까지 양국교류는 신라의 견일본사가 25회, 일본의 견신라사가 11회로, 이 시기 대재부의 대외적 기능은 일본으로 축자에 입항하는 신라사절, 신라로 출국하는 견일본사를 위한 사실상 대신라 업무였다.[6]

이 중에서 축자에서 향응을 받고 귀국한 사례는 11회이고, 나머지 12회는 축자에서 귀국인지, 입경(入京)의 유무가 확인되지 않는다. 이 시기에 축자에서 귀국하는 예가 많은 것은 신라와의 군사적 긴장이 아직 끝나지 않았고, 신라의 국도(國都)인 경주에 비해 비조경(飛鳥京)이 열등하기 때문에 율령체제의 미완성인 일본으로서는 신라사의 입경을 꺼렸을 것이라는 견해도 있다.[7] 이에 대해 이 시기는 국가 외교권의 일부인 입국, 입경, 방환(放還)을 행사하고 있던 축자대재의 권한을 외국사의 입경을 제한함으로써 왕권하에 확립시키려는 의도가 있었고, 정어원령(淨御原令) 시행 후인 지통기 6년(692) 11월조에 난파관(難波館)에서 신라사의 접대가 이루어지는 사실로부터 영접, 외교의례에 관한 규정이 정비되어 기내(畿內)에 사절을 맞이한 것이라는 지적도 있다.[8]

이 시기 일본의 견신라사가 12회나 파견되고 있는 사실에 비추어 볼 때 축자에서 신라사절을 귀국시키는 행위는 신라에 대한 외교상의 결례이고 양국의 새로운 갈등을 유발할 수 있는 중대사건이다. 특히 681년의 신라사는 문무왕의 고상사(告喪使)이고, 689년의 경우는 천무천황의 조문사절인 까

---

6 『持統紀』 2년(688) 9월 23일조에는 耽羅 사신 佐平加羅의 내항과 축자관에서 향응을 베풀었다는 기록이 보인다.
7 田村圓澄(1976), 「大宰府前史小史」, 『九州文化史研究紀要』 21, 49쪽
8 田島公(1986), 「外交と儀禮」, 『日本の古代7・まつりごとの展開』, 中央公論社, 224~225쪽

닭에 축자에서 향응으로 끝나는 것은 이해하기 어려운 부분이다. 게다가 축자에서 귀국하는 신라사의 체재기간이 2개월에서 9개월까지로 평균 4~5개월에 이른다는 것이다. 입경이 허락되지 않은 외국사를 내항지에서 장기간 체재시키는 것은 부자연스럽다. 아마도 이들 중에는 경제적 목적의 위사(僞使)일 가능성도 있고, 실제는 입경했으나 기록에는 남지 않은 사례도 생각할 수 있다.

그럼 이 시기의 축자대재의 권한은 어디까지인가. 앞의 지적처럼 정어원령 시행 전까지는 축자대재에게 외국사를 선별하는 권한도 상정된다. 정사(正使)인가 위사(僞使)인가, 국내사정 등이 고려되어 존문(存問)의 결과를 조정에 보고하는 일이다. 사안에 따라서는 독자의 판단에 의해 축자에서 귀국시키는 경우도 있다고 보인다. 672년[천무(天武) 원년]에 일어난 임신(壬申)의 난 때에 근강(近江)조정이 축자국에 출병을 요청했으나, 이에 대해 축자대재 율외왕(栗隈王)은 "축자국은 원래 외적의 침입을 막는 곳이다. …… 지금 명에 따라 군사를 일으키면 나라가 비게 될 것이다. 만일 뜻밖에 갑작스러운 일이 생기면 일거에 나라가 기운다. …… 경솔하게 군사를 움직이지 않는 것은 바로 이 때문이다"[9]라고 하여 출병요청을 거절하였다. 내란 때문에 대외적 경계를 소홀히 할 수 없다는 대재부 책임자의 현실적·대외적 인식이 잘 드러나 있다. 국내의 정치적 혼란 속에서 중앙정부와 국방의 최전선을 담당하고 있는 축자대재의 인식의 차이라고 생각된다. 요컨대 관사제의 정비가 불안정한 시기에 중앙에 대한 축자대재의 일정한 독자성을 반영하고 있다.

통설에 따르면 대재부의 조직은 천무(天武)의 유지를 계승한 지통조(持統

---

9 『日本書紀』, 天武紀, 元年 6月條 "筑紫國者元戌邊賊之難也. 其峻城. 深隍臨海守者. 豈爲內賊耶. 今畏命而發軍. 則國空矣. 若不意之外有倉卒之事. 頓社稷傾之. 然後雖百殺臣. 何益焉. 豈敢背德耶. 輒不動兵者. 其是緣也."

朝)에 반포된 비조정어원령(飛鳥淨御原令, 22卷)에서 그 기능이 정비되었고, 대보령에 의해 최종적으로 확립되었다. 대보율령을 기초한 인물은 친신라노선에 있던 중신겸족(中臣鎌足)의 아들 등원불비등(藤原不比等)이다. 그리고 684년(천무 13)에 신라의 송사에 의해 귀국한 견당유학생 토사숙녜생(土師宿禰甥), 백저사보연(白猪史寶然) 등은 대보율령의 편찬에 참여하고 있다.[10] 이들은 신라 체재 시에 율령시행의 지식을 입수했을 것으로 보인다.[11] 신라 율령에 대해 가장 최신의 정보를 수집했을 것으로 생각되는 인물은 695년[지통(持統) 9]에 견신라사로 파견된 이길련박덕(伊吉連博德)일 것이다. 그는 700년에 종5위하 상당의 직광사(直廣肆)로 승진하여 대보율령의 편찬에 임명되었다. 게다가 대보율령의 편찬에 참여한 18인 중, 8인이 도래계의 출자를 갖는 인물이라는 사실은 신라법(新羅法)의 영향이 적지 않았음을 보여준다.[12] 대보율령은 당의 율령이 기본적으로 입수된 상태에서 이를 모법(母法)으로 하여 새로이 4등관제 등 신라 율령을 참조했다고 보인다. 요컨대 관사제로서 대재부의 출현은 신라의 영향을 받은, 신라를 의식한 법제화였다고 할 수 있다.

---

10 新古典日本文學大系, 『續日本紀』, 文武紀 4年 6月 甲午條
11 岡藤良敬(1997), 「七世紀中葉~九世紀の日羅關係-九州地域史の視點から」, 『福岡大學人文論叢』 28-4, 7쪽
12 鈴木靖民(1985), 「日本律令制の成立·展開と對外關係」, 『古代對外關係史の研究』, 吉川弘文館, 20쪽

III. 영제 대재부의 외교기능과 신라

1. 대보령의 시행과 대재부

701년 대보령의 반포와 시행에 의해 영제(令制) 대재부의 기능은 확립되었다. 대보령은 일부밖에 남아 있지 않으나 대보령과 거의 동문(同文)인 양노령(養老令, 718)에서 그 실태를 알 수 있다. 동령(同令)의 대재부조를 보면, 장관은 대재수(大宰帥)이고, 직원(職員)은 4등관제로 수(帥), 권수(權帥) 밑에 이(貳), 감(監), 전(典)이 설치되었고, 이 외에 주신(主神)·대판사(大判事)·대령사(大令史)·대공(大工)·사생(史生)·의사(醫師)·산사(算師) 등 50명의 관인이 구성되어 있다. 대재부의 장관인 대재수의 관위는 종3위로, 중앙 8성의 경(卿)이 정4위, 대국(大國)의 국수(國守)가 종5위인 점에 비추어 볼 때 대재부의 위상과 권한을 짐작할 수 있다. 이 규모는 중앙의 8성에 비견되는 중앙정부 조직의 축소판이다.[13]

대재부의 외교적 기능은 외국사의 도착지 업무인 관련정보 수집으로부터 시작된다. 최초의 입항지인 축자에서 신라사에 대한 검문, 예컨대 국적, 신분, 입국목적을 묻는 입국심사다. 대재부가 그 결과를 조정에 보고하면 천황의 칙이나 태정관 처분에 의해 입경의 유무가 결정된다. 여기에 입경의 유무와 관련 없이 현지의 숙박, 향응 등의 기본업무가 주어진다. 대보령이 시행되는 701년에서 공적교류가 종료하는 779년까지 신라사절의 일본파견

---

13 官制上의 관인 이외에도 資人이나 兵士 등을 포함하면 그 규모는 1,000명에 달한다고 추정하기도 한다. 竹内理三(1973), 「大宰府と大陸」, 『古代東アジアと九州』

은 21회이고, 그 중에서 성덕왕대에는 10회의 사절을 보내고 있다. 성덕왕대는 외교관부인 영객전과는 별도로 일본외교를 전담하는 왜전(倭典)을 '별치(別置)'시켰듯이[14] 대일외교를 중시하고 있었다. 이 시기 30여 년간 신라사는 대부분 입경한다. 예외적으로 721년에는 원명(元明)천황의 사망이라는 비상사태에 즈음하여 축자에서 귀국한 경우가 있다. 신라사가 축자에 도착하면 외국사에 대한 기본적인 조사를 마치고 조정에 보고된다. 이 보고자료에 기초하여 입경의 유무를 판단하고, 입경 시에는 축자에 영객사(迎客使)를 파견한다. 697년의 "於陸路, …… 於海路, 以迎新羅使於筑紫 取海陸兩道", 709년의 "取海陸兩道, 喚新羅使金信福等"에서와 같이 육로와 해로 양도로 나누어 축자에서 신라사를 맞이하여 입경시키는 것이다. 732년에도 "召新羅使韓奈麻金長孫等於大宰府"라고 하여 대재부로부터 신라사를 불러 입경시키고 있다. 705년의 경우에는 "徵發諸國騎兵, 爲迎新羅使也, 以正五位上紀朝臣古麻呂, 上爲騎兵大將軍"이라 하여 제국의 기병을 징발하여 대극전(大極殿)에서 신년하례식에 참석하고 조당(朝堂)에서 5위 이상의 귀족이 참석하는 연회가 베풀어졌다.

그러나 734년을 기점으로 752년, 779년 2회를 제외하고는 신라사는 모두 입경하지 못한 채 축자에서 귀국한다. 입경하지 못한 이유는 '왕성국(王城國)'으로의 국호변경 문제(734), 신경(新京)의 미완성(742), 조(調)를 「토모(土毛)」로 개칭(743, 769) 혹은 '국신물(國信物)'(774), 사절 신분이 낮다는 '경사(輕使)' 문제(760) 등의 이유이다. 입경을 둘러싼 논란은 신라와 일본의 중화사상의 대립으로 신라에 대한 우위성을 주장하려는 일본지배층의 중화이념을 실현하려는 행위에서 나왔다고 보인다.[15] 734년 이후 신라사의 입경

---

14 濱田耕策(2002), 「新羅聖德王代의 政治와 外交 – 通文博士와 倭典을 めぐって一」, 『新羅國史의 硏究』, 吉川弘文館(初出은 1979)

15 연민수(2003), 「統一期 新羅와 日本關係」, 『古代韓日交流史』, 혜안 참조

이 거부당한 시기에 대재부의 역할이 축소되는 경향을 보이고 있다. 종전에는 대재부에서 신라사의 내착을 보고하면, 영객사가 와서 신라사를 입경시키는 형식이었다. 즉 내착한 신라사에 대한 조사자료에 입각하여 조정에서 영객사를 보내 입경시키는 방식에서, 직접 중앙에서 신라사 입조의 사유를 심문(審問)하는 관리를 파견하는 것이다. 다음은 『속일본기(續日本紀)』의 기사이다.

① 天平 6년(734), "大宰府奏. 新羅貢調使級湌金相貞等來泊"
　天平 7년(735), "…… 遣中納言正三位多治比眞人縣守於兵部曹司, 問新羅使入朝之旨,而新羅國輒改本號曰王城國, 因妓返卻其使"

② 天平 10년(738), "大宰府奏, 新羅使級湌金想純等一百四十七人來朝, …… 遣使大宰賜饗於新羅使金想純等, 便卽放還"

③ 天平 14년(742), "大宰府言, 新羅使沙湌金欽英等一百八十七人來朝 …… 詔以新京草創宮室未成, 便令右人弁紀朝臣飯麻呂等饗金欽英等於大宰, 自彼放還"

④ 天平 15년(743), "筑前國司言, 新羅使薩湌金序貞等來朝, 於是, 遣從五位下多治比眞人土作, 外從五位下葛井連廣成於筑前, 檢校供客之事"

⑤ 天平寶字 4년(760), "新羅國遣級湌金貞卷朝貢, 使陸奧按察使從四位下藤原惠美朝臣朝獵等問其來朝之由"

⑥ 天平寶字 7년(763), "新羅國遣級湌金體信已下二百十一人朝貢, 遣左少弁從五位下大原眞人今城, 讚岐介外從五位下池原公禾守等, 問以約束貞卷之旨, …… 於是, 今城告曰, 乾政官處分, 此行使人者喚入京都, 如常可遇"

⑦ 天平寶字 8년(764), "新羅使大奈麻金才伯等九十一人到著大宰博多津, 遣右少弁從五位下紀朝臣牛養, 授刀大尉外從五位下粟田朝臣道麻呂等,

問其由緒"

⑧ 神護景雲 3년(769), "新羅使級湌金初正等一百八十七人, 及導送者卅九人, 到著對馬嶋, 遣員外右中弁從四位下大伴宿禰伯麻呂, 攝津大進外從五位下津連眞麻呂等於大宰, 問新羅使入朝之由"

⑨ 寶龜 5년(774), "新羅國使禮府卿沙湌金三玄已下二百卅五人, 到泊大宰府, 遣河內守從五位上紀朝臣廣, 大外記外從五位下內藏忌寸全成等, 問其來朝之由"

⑩ 寶龜 10년(779), "遣勅旨少輔正五位下內藏忌寸全成於大宰府, 問新羅國使薩湌金蘭蓀入朝之由"

사료①은 입경한 신라사에게 입조의 사유를 묻는("問新羅使入朝之旨") 사례이지만, 734년을 기점으로 이후에는 중앙의 관리가 축자의 대재부에 파견되고 있다. 이들의 역할은 "檢校供客之事", "問以約束貞卷之旨", "問其由緒", "問新羅使入朝之由", "問其來朝之由", "問新羅國使 …… 入朝之由"라는 용어에서 알 수 있듯이 "入朝之由"이다.[16]

외국사가 도착할 때 중앙에서 현지에 파견되어 입국사유를 묻는 규정은 『연희식(延喜式)』 태정관(太政官) 「번객조(蕃客條)」에 "凡蕃客入朝, 任存問使, 掌客使, 領歸鄕客使 各二人, 隨使各一人, 通使一人 入京之時令存問使兼領客使"라고 기록되어 있다. 여기에서 존문사(存問使)는 도착지에 파견되어 내항의 이유를 묻고 조정에 입국사유를 보고한다. 장객사(掌客使)는 입경에서 귀국 시까지 안내역을 맞는 역할이고, 영귀향객사(領歸鄕客使)는 외국사의 귀국, 송사(送使)를 담당한다. 존문사의 판단에 따라 외국사가 왕경에 들어와

---

16 이들 용어에 대해서는 石井正敏이 정리한 바 있고, 이 글을 작성하는 데 도움을 받았다. 石井正敏(1970), 「大宰府の外交面における機能」, 『法政史學』 22 : 石井正敏 (2001), 『日本渤海關係史の硏究』, 吉川弘文館

빈례의식에 따른 공식사절로서 대접받느냐 하는 유무가 결정된다. 이것이 거부된다면 도착지에서의 향응 등의 대접을 받고 귀국길에 오른다. 『연희식』에 보이는 존문사는 대재부로 내항하는 신라사에게는 보이지 않는 용어이지만, 북륙, 산음연안으로 내착하는 발해사의 사례에서는 자주 발견된다. 신구(神龜) 4년(727) 9월조에 "渤海郡王使首領高齊德等八人, 來著出狔國, 遣使存問, 兼賜時服"이라 하여 "遣使存問"이 보이고, 『속일본후기(續日本後紀)』 승화(承和) 8년(841) 12월조에는 "存問渤海客使"가 보인다. 이후의 사료에는 발해사의 내착 시에 중앙에서 존문사가 파견되고 있다. 발해사가 입항할 때 도착지의 국사(國司)가 존문(存問)하는 경우도 있으나, 이것은 발해사의 귀국 시 송사로 발해가 갔다고 일본관인과 함께 일본에 다시 파견되거나,[17] 폭설로 인해 존문사의 파견이 어려워 현지의 국사에게 대행시키고 있기도 하다.[18] 하지만 이것은 예외적인 사례에 속한다. 따라서 중앙에서 파견되는 존문사에 대한 규정은 원래 발해사를 염두에 두고 만든 것이었다.[19]

 대재부의 경우는 별도의 규정 없이 존문의 권한을 대재부에 위임한 형태로 730년대에 이르기까지 '존문권(存問權)'이 부여되고 있었다고 생각된다. 발해사의 내항의 경우도 연해제국의 국사가 역시 존문에 해당하는 국명, 내항의 목적 등을 조사한 후 조정에 보고하지만, 그 조사내용이 입경의 여부를 결정하는 것이 아니고 조정에서 파견된 존문사의 면담 후에 확정하는 것이기 때문에 대재부의 존문과는 차이가 있다. 요컨대 대재부의 존문권은 외국사의 입경을 결정하는 권한은 아니지만, 그 보고자료가 중앙에서 채택

---

17 中西正和(1997), 「大宰府と存問」, 『日本書紀研究』 21, 111~119쪽

18 『類聚國史』 卷194, 弘仁 14년 12월 戊子條

19 中西正和는 대재부의 존문권은 대재부가 일시적으로 폐지되는 시기 등 일부 예외적인 경우를 제외하고는 존속했다고 한다[中西正和(1997), 앞의 글]. 그러나 존문사의 역할을 하는 중앙의 관리가 743년 이후에 지속적으로 보이고 있어 동의하기 어렵다.

되어 축자에 체재하는 사절을 안내하는 영접사가 파견된다는 점에서 기타 지역의 국사와는 차이가 있다.

그럼 734년을 기점으로 존문권이 대재부에서 중앙으로 넘어가는 변화의 배경은 무엇인지 알아보자. 신라 성덕왕 21년(722) 10월에 "築毛伐郡城 以遮日本賊路"[20]라 하여 일본의 침공에 대비한 모벌군성(毛伐郡城)을 축조한다. 게다가 신라가 모화성의 축성을 개시하기 바로 전해인 정월에는 일본은 발해에 사신을 파견하였다. 발해와의 국경을 맞대고 있던 신라로서는 발해와 일본의 접촉에 대응하지 않을 수 없었을 것이다. 발해에 대한 군사적 대응으로 성덕왕 20년(721) 7월에 장정 2,000명을 동원하여 신라의 동북방인 하슬라도(何瑟羅道)에 장성(長城)을 쌓았다.[21] 이후 성덕왕 26년(727)에 발해는 일본에 수령(首領) 고제덕(高齊德) 등을 파견하고 천황이 배석한 신년축하의례에 참석하고 발해왕의 국서를 전달하였다.[22] 이로써 일본·발해의 장년에 걸친 교류가 시작되었다. 이러한 와중에서 성덕왕 30년(731)에 일본병선 300척이 신라의 동변을 습격한다.[23] 이 사건은 신라가 모벌하성을 축조하여 대일경계를 강화하고 있던 시기에 일본 역시 대신라 정탐을 위해 출선하였고, 경계태세에 있던 신라로서는 일본의 침략선으로 판단하여 '대파(大破)'한 것으로 생각된다. 천평(天平) 6년(734)의 신라 국호의 변경을 둘러싼 양국의 갈등과 "問新羅使入朝之旨"를 묻는 조정의 존문사의 등장, 그 후 대재부의 존문권 박탈은 이러한 국제관계의 변화와 무관하지 않다고 보인다. 즉 이러한 국제정세의 변화에 따른 대재부의 외교적 기능인 존문권은 중앙으

---

20 『三國史記』, 新羅本紀, 聖德王 21年 冬11月條
21 『三國史記』, 新羅本紀, 聖德王 20年條
22 『續日本紀』, 神龜 4年 9월, 同 5년 정월조
23 『三國史記』, 聖德王 30년(731)조 "日本國兵船三百艘, 越海襲我東邊, 王命將出兵大破之"

로 흡수되어, 중앙의 존문사가 직접 입국의 경위를 조사한 후 입경의 여부를 판단하는 것이다.

2. 대재부의 국서개봉권 문제

대재부의 기능 중에 외국사의 국서를 도착지에서 개봉하는 국서개봉권(國書開封權) 문제가 최근 논란이 되고 있다. 동 시기에 발해사가 도착하는 연안지역의 국사에게 그 사례가 확인되고 있어 대재부에서도 동일한 권한이 주어졌을 것으로 추측하는 것이다. 『속일본기』의 관련 내용을 검토해 보자.

> ① 筑前國司言, 新羅使薩湌金序貞等來朝, 於是, 遣從五位下多治比眞人土作, 外從五位下葛井連廣成於筑前, 檢校供客之事
>   - 天平 15년(743) 3월 을사조
> 檢校新羅客使多治比眞人土作等言, 新羅使調改稱土毛, 書奧注物數, 稽之舊例, 大失常禮, 太政官處分, 宜召水手已上, 告以失禮之狀, 便卽放却
>   - 天平 15년(743) 4월 갑오조

> ② 勅大宰府, 新羅使金蘭孫等, 遠涉滄波, 賀正貢調, 其諸蕃入朝, 國有恒例, 雖有通狀, 更宜反覆, 府宜承知硏問來朝之由, 並責表函, 如有表者, 准渤海蕃例, 寫案進上, 其本者卻付使人, 凡所有消息, 驛傳奏上
>   -寶龜 10년(779) 10월 을사조

사료①은 743년 3월에 축자에 도착한 신라사에 대해 중앙에서 파견된 검교신라객사(檢校新羅客使)가 "신라사신이 조(調)를 토모(土毛)라고 개칭하고 서(書)에는 물건의 숫자만 기록했을 뿐이다"라는 내용이다. 여기서 '서(書)'라는 용어가 신라의 국서(國書)를 가리킨다는 것이다.[24] 신라사가 도착했을 때 대재부에서 조정에 보고하는 것이 일반적이지만, 이때는 축전국사(筑前國司)가 대행하고 있다. 이것은 742년 정월에 대재부가 일시 폐지[25]된 결과이다.

사료②는 779년에 온 신라사에 대한 조치를 "외국사가 입조(入朝)하는 데에는 나라의 항례(恒例)가 있다. 비록 상호 통하더라도 다시 반복하는 것이 마땅하니, 부(府)에서는 마땅히 내조(來朝)한 이유를 묻고 표함(表函)을 요구하도록 하라. 만약 표(表)가 있으면 발해번예(渤海蕃例)에 준거하여 필사하여 올리고, 그 원본은 사신에게 돌려주어라"고 대재부에 명하였다.

우선 사료①의 '서(書)'를 국서로 볼 수 있느냐 하는 점이다. 보통 국서라고 하면 발해사의 사례에서도 보이듯이 국명이 기입되고 상대 왕에 대한 안부인사, 입국의 목적 등이 언급되는 것이 보통이다. 게다가 정식 국서라면 '서(書)'라는 외자(外字)의 표현이 아닌 발해와 같이 왕서(王書), 왕계(王啓), 왕표(王表), 표서(表書) 등과 같이 국서를 의미하는 용어가 사용되어야 한다. '조개칭토모(調改稱土毛)'라거나 '물수(物數)'를 기록했다는 내용은 국서라기보다는 단순한 물품의 내용을 표기한 표차(標箚), 물품명세서 정도로 이해된다.

사료②는 국서를 담은 '표함'을 요구하고 표가 있다면 필사하여 올리라는 것인데, 이것은 개봉을 전제로 한다. 발해사의 경우는 『속일본기(續日本紀)』

---

24 石井正敏(1970), 앞의 글 ; 石井正敏(2001), 앞의 책
25 대재부는 742년(天平 12)에 大宰少貳 藤原廣嗣의 난으로 폐지되다가 743년 12월에 筑紫에 鎭西府를 설치하고, 745년 6월에 부활되었다.

보구(寶龜) 4년(773) 6월조에 "能登國司言, 渤海國使烏須弗等所進表函, 違例無禮者, 由是不召朝廷, 返却本鄕"이라 하여 능등국사(能登國司)가 올린 발해사의 표함의 국서가 예에 어긋나고 무례하여 입경시키지 않고 바로 귀국시킨다는 것이다. 사료②의 "渤海蕃例"에 준하라는 말은 이때의 상황을 말하는 것으로 사료된다. 그러나 현지의 능등국사가 발해의 국서를 읽고 독자적 판단에 의해 발해사에 대한 귀국조치를 취한 것은 아니다. 이어지는 동년 6월 무진조에 "遣使宣告渤海使烏須弗曰……"이라 하듯이 조정에서 현지에 파견된 존문사가 태정관의 조치를 수행하고 있다. 이번의 조치는 전년도인 보구 3년(771) 정월에 도착한 발해사 일만복(壹萬福)에 대해 "所上之表, 豈違例無禮乎, 由玆不收其表"라고 하여 국서의 "違例無禮"를 탓하며 받아들일 수 없다고 한 연장선상에 있다. 보구 3년 발해사의 경우는 국서개봉이 조정의 의례의 장에서 행해졌기 때문에, 다음의 발해사는 현지 국사에게 국서를 필사하여 진상하도록 지시했다고 보인다. 779년이 신라사의 내착 시에 대재부에 대해 "准渤海蕃例, 寫案進上"의 전거는 바로 보구 4년(773)의 발해사 때의 규정이다. 그러나 현지국사에 의한 국서의 필사본 상신이 제도적으로 정착되었는지는 사료적으로는 확인되지 않는다. 기밀과 보안을 요하는 국서의 내용이 사전 유출된다는 것은 상식적으로 이해하기 어렵고 특정 사안에 대한 일치적인 조치로 보인다.

사료②의 신라사가 도착한 779년은 최후의 신라사절이다. 이때 신라왕의 국서가 존재했는지는 확인되지 않으나, 표함을 요구하라는 대재부의 칙이 내려진 것으로 보아 이전까지는 국서가 정상적으로 지참되지 않았다는 것을 알 수 있다. 국서는 외교의 주체인 국왕의 의지를 전달하는 외교행위이다. 일본 측이 국서의 지참을 공식적으로 제기한 것은 752년[천평승보(天平勝寶) 4]의 김태렴 파견 때이다. 천황의 조서에 의하면, "自今以來, 國王親來, 宜以辭奏, 如遣餘人入朝, 必須令費表文"이라고 하여 국왕이 친래(親來)한다면 구주(口奏)라도 좋으나 그 외의 경우는 필히 표문(表文)을 지참할 것을 요구하고 있다. 이는 신라왕의 친래를 예상한 발언이 아니라 국서의 지참을 희망하는 메시지이다. "신라사가 감히 구주에 의했던 것은 일라(日羅)관계의 올라간 시기의 교섭이 구두형식"이었던 것과 관계가 있다는 견해도 있지만,[26] 일본 측의 집요한 요구에도 불구하고 국서를 지참하지 않은 것은 신라왕의 거부의지가 반영된 것임에 틀림없다. 문서외교를 숙지하고 있던 신라가 이를 거부한 것은 중화적 이념을 실현하려는 일본 측의 외교논리를 부정한 것이라고 할 수 있다.[27]

신라가 대일본 공적교류가 단절되는 최후의 해에 대재부에 국서개봉권이라는 권한이 주어졌다고 해도 이것은 대재부의 제도적인 고유권한이 아니라 중앙조정의 특별한 사유에 의한 일시적 조치로 보인다. 그러나 신라사는 국서를 지참하지 않았고, 국서가 존재하지 않은 상황에서 대재부의 국서개봉권은 일본조정의 신라왕의 국서에 대한 원망(願望)이 표출된 단발적인 지침으로 끝난 채 종료되었다.

---

26 栗原朋信(1978), 「上代の日本への三韓の外交形式」, 『上代日本對外關係の硏究』, 吉川弘文館, 150쪽
27 연민수(2003), 앞의 글

IV. 대신라 경계와 군사적 기능

　대재부가 설치된 축자 지역은 국방의 제1선으로 본토상륙을 저지하는 군사, 교통상의 요충지이다. 백제부흥운동이 실패로 끝난 시점에서 신라·당 연합군의 침공에 대비한 군사적 종합계획이 추진되었다. 천지 4년(664)에 한반도에서 구주(九州)로 들어오는 길목인 대마(對馬), 일기(壹岐), 축자국에 방인(防人)과 봉수의 설치, 대재부의 방어선인 수성(水城)을 축조한다. 이듬 해에는 세토내해의 관문인 장문국(長門國)에 축성하고, 대재부의 배후지역에 대야성(大野城), 기이성(基肄城), 667년에 금전성(金田城, 대마), 고안성[高安城, 내량현 생구군(奈良縣 生駒郡)], 옥도성[屋嶋城, 향천현 고송시(香川縣 高松市)] 등 대마, 구주에서 세토내해와 왕도에 이르는 군사교통상의 요지에 10개가 넘는 산성을 축조하였다. 국가의 노동력이 총동원된 거대한 토목공사였다. 이것은 일본조정의 공포에 찬 위기의식을 반영하고 있다. 또한 대재수(大宰帥, 장관)의 업무 중에 "병사(兵士), 기장(器仗), 고취(鼓吹), 우역(郵驛), 전마(傳馬), 봉후(烽候), 성목(城牧)"과 같이 전시의 방어시스템은 대재부의 군사적 기능을 잘 보여주고 있다. 양노령(養老令) 대재부조(大宰府條)는 "방인(防人)"에 대해, 정(正), 우(佑), 영사(令史)의 3인의 관인을 두고, 정(正)의 임무는 "掌, 防人名帳, 戎具, 教閱及食料田事"라고 하여 병력과 병기의 관리, 훈련 그리고 군량미를 조달하는 식료전을 담당하고 있음을 알려준다. 8세기대 방인의 수는 3,000명 정도로 추정되고 있고 모두 방인사(防人司)의 관할하에 있었다.

　8세기의 일본의 대외관계는 신라, 당, 발해 등 동아시아제국을 상대로 한 다국외교(多國外交) 시대를 맞이한다. 당과는 견당사를 통해 조공외교를 통한 당의 선진문물를 수입하고 있었고, 발해와는 군주 상호 간의 국서 교환, 중서성과 태정관의 첩장을 통해 외교와 교역이라는 정치적·경제적 교류가 안정적으로 전개되어 있었다. 한편 신라와는 교류하면서 경계한다는 양면성이 있고, 중화의 이념을 두고 충돌하는 등 대립과 갈등을 보이기도 했다. 8세기 이후 일본의 대외적 긴장은 신라와의 사이에서 발생했으며 대재부의 역할도 이에 연동되어 나타난다.

8세기 중엽 일본조정의 대신라 경계와 '정토론(征討論)'은 대재부의 국방기능을 잘 보여주고 있다. 천평승보 5년(753)에 견신라사로 파견된 소야조신전수(小野朝臣田守)가 오만무례하여 신라왕의 접견이 불허된 채 귀국한 사태[28]에 대해 일본 측의 대응은 국방태세의 강화와 '신라정토론'으로 이어진다. 756년에 현해탄을 바라보는 구주연안에 축성하기 시작한 이토성(怡土城)은 신라의 침공에 대비한 방어시설이다. 대신라 경계의식은 757년 11월 10일 식부성(式部省)에서 행해진 문장득업생(文章得業生)의 등용시험인 문장생기진상(文章生紀眞象)에 대한 대책문(對策問)에서도 잘 나타난다.[29] 이에 따르면 삼한은 예로부터 조공한 지 오래인데, 요즈음 신라가 번례를 어기고 병선을 발하여 치려고 한다. 그 대책은 어떠한가 하는 문제이다. 신라에 대한 일본조정의 군사적 대책이 관리등용시험에까지 나타나고 있다.

천평보자(天平寶字) 3년(759) 3월에 대재부가 조정에 올린 문서에 의하면, 대재부 관내의 방비세칙인 경고식(警固式)을 거론하며 4개의 불안요인을 상신하고 있다. 이미 지적되고 있듯이 경고식은 천평(天平) 4년(732)에 신라와

---

28 『三國史記』, 景德王 12년(753) 추8월조 "日本國使至, 慢而無禮, 王不見之, 乃廻"; 『續日本紀』, 天平寶字 4년 9월 계묘조 "遣小野田守時, 彼國闕禮, 故田守不行使事而還歸"

29 『經國集』卷第20 策下, 對策 天平寶字 元年 11月 10日, 『群書類從』文筆部, "問, 三韓朝宗, 爲日久矣, 占風輪貢, 歲時靡絶, 頃叢爾新羅, 漸闕蕃禮, 蔑先朝之要誓, 從後主之迷圖, 思欲, 多發樓船, 遠揚威武, 斬奔鯨於鯤壑, 戮封豕於雞林, 但良將伐謀, 神兵不戰, 欲到斯道, 何施而獲"

의 긴장관계 속에서 서해절도사(西海節度使)로 임명된 등원우합(藤原宇合)에 명하여 만든 것이다.[30] 대재부의 상신문서에 의하면, 첫째, 박다대진(博多大津), 일기(壹岐), 대마는 국방의 요충지로 100척의 선박을 두어 비상의 사태에 대비해야 한다고 정해져 있으나 현재 사용할 수 있는 선박은 없고, 둘째, 대재부는 삼면이 바다로 번국(蕃國)과 마주치고 있지만 동국의 방인(防人)을 폐지하고 나서는 국경의 수비는 날로 황폐해지고 있어 만일의 사태에 대비하기 어렵고, 셋째, 축성사업에 대한 대재부 관인들 중에 동의하지 않는 사람이 있고, 넷째, 대재부 관내의 인민들은 빈궁하여 조세와 노역을 감면하지 않으면 국방을 제대로 하기 어렵다는 점을 들고 있다.[31] 이것은 국방의 최일선에 있는 대재부의 현실적 인식이자 그 역할의 중요성을 잘 보여주고 있다. 이어 천평보자(天平寶字) 3년(759) 6월에 신라정벌을 위해 대재부에 군사행동에 관한 규정인 행군식(行軍式)을 만들게 하고, 8월에는 대재수를 향추묘(香椎廟)에 보내어 신라정벌을 보고하고, 9월에는 신라를 정벌하기 위한 500척의 병선을 건조시킨다. 760년에는 수도사인(授刀舍人) 등 6인을 대재부에 보내어 중국의 병법을 습득하게 하고, 761년에는 신라정벌을 위해 소년 40명에게 신라어를 배우게 했다. 이어 762년에는 신라정토를 위한 군사훈련을 위해 향추묘에 기원한다.

이러한 신라정토론의 과정은 당시 실권자인 등원중마려(藤原仲麻呂)의 죽음으로 준비 단계에서 중지되었다고 전하지만, 실체는 신라를 빙자한 불안정한 왕권내부의 갈등과 모순을 해소하기 위한 집권층의 권력집중을 위한

---

30 『續日本紀』, 寶龜 11年 7月 丁醜條, "勅, 安不忘危, 古今通典, 宜仰緣海諸國, 勤令警固, 其因幡, 伯耆, 出雲, 石見, 安藝, 周防, 長門等國, 一依天平四年節度使從三位多治比眞人縣守等時式, 勤以警固焉, 又大宰宜依同年節度使從三位藤原朝臣宇合時式"

31 『續日本紀』, 天平寶字 3年 3月 庚寅條

국방태세의 강화라고 생각된다.[32] 특히 신라정토의 성공을 기원하는 향추묘는 이른바 삼한정벌(三韓征伐)의 전설적 이야기의 주인공인 신공황후(神功皇后)를 제신(祭神)으로 삼은 신궁으로, 대재부의 관내에 있다. 일본조정의 신라경계론은 신공황후의 신라정벌이라는 신앙화된 가공의 전설을 내세워 현실의 정책으로 적극 활용하였다. 이렇듯 대재부의 군사적 기능에는 항상 신라가 의식되고 있음을 잘 보여주고 있다.

신라와의 공식외교가 단절되는 780년대 이후에도 대신라 경계론과 대재부의 국방상 기능은 계속된다. 보구 11년(780) 7월에 조정에서 축자대재는 서해에 위치하여 제번(諸蕃)이 조공해 오는 곳이니, 사마(士馬)의 훈련과 무장병력의 정예화를 통해 무위(武威)를 과시하여 비상사태에 대비하도록 경고식이 내려지고 있다.[33] 이것은 779년에 도착하여 이듬해 신라사의 귀국에 즈음하여 일본천황이 내린 조서에서 "축자부(筑紫府, 대재부) 및 대마 등의 병사에게 국서를 지침하지 않은 사신은 입국시키지 말도록 하라"[34]고 하듯이 외교의례를 둘러싼 갈등이 표면화한 직후의 일이다.

이후 양국의 공적 관계가 단절된 9세기대에 들어가면, 신라는 중앙정권의 정치적 혼란에 따른 지방세력의 통제가 느슨해진 틈을 타 신라해적의 구주 연안 습격사건이 빈번해진다.

홍인(弘仁) 3년(812) 정월 일본조정이 대재부에 내린 조칙에 의하면, 신라

---

32 北山茂夫(1959), 「藤原惠美押勝の亂」, 『日本古代政治史の研究』, 岩波書店, 353~360쪽; 倉住靖彦(1985), 『古代の大宰府』, 吉川弘文館, 248~251쪽; 연민수(2003), 앞의 글

33 『續日本紀』, 寶龜 11年 7月 戊子條 "勅曰, 筑紫大宰僻居西海, 諸蕃朝貢舟楫相望, 由是簡練士馬, 精銳甲兵, 以示威武, 以備非常"; 『類聚三代格』 18, 軍穀兵士鎭兵事 同年 同日條

34 『續日本紀』, 寶龜 11年 2月 庚戌 "後使必須令齎表函, 以禮進退, 今勅筑紫府及對馬等戍, 不將表使莫令入境"

선의 대마 내침 시에 대재부의 보고와 조정의 조치에 대해 기록하고 있다.[35] 우선 대마도에서 대재부에 보고한 내용은 신라배 3척 중 1척이 좌수포(佐須浦)에 이르렀고, 적선임을 파악하여 무기고를 지키고 군사를 내어 5명을 죽이고, 4명을 포로로 하고 신라에 대한 동향을 살피었다고 한다. 대마도의 보고를 대재부가 조정에 올리자, 조정에서는 신라어 통역관과 군관을 보내고 구례(舊例)에 따라 요충지를 수호하는 상황에 맞춰 관내(管內)와 장문(長門), 석견(石見), 출운(出雲) 등의 제국에 알리도록 하고, 정세를 헤아려 문제가 없으면 제국에 경계를 해제할 것을 명하고 있다. 홍인 4년 3월의 대재부의 보고에 의하면, 비전국사(肥前國司)가 말하기를 기사단(基肆團) 교위(校尉)가 신라인 110명이 5척의 배로 소근도(小近島)에 다다라 토민(土民)과 싸워 9인을 죽이고 101인을 잡았다고 한다.[36]

이러한 내용에서 신라선의 출현에 대해 대재부를 중심으로 한 보고체계를 보면, 대마도-대재부-조정, 기사단 교위-비전국사-대재부-조정으로 되어 있다. 최초로 적선을 발견한 지역에서 현지 국사에게 알리고, 해당 국사는 이를 대재부에 상신하면, 대재부는 조정에 보고한다. 그 결과는 조정에서 대재부에 칙서로 하달하여 조치를 취하는 것이다.

이와 관련하여 보구 11년(780)의 칙에 의하면, 대재부의 지리적 위치와 대외적 기능을 언급하면서, 북륙도(北陸道)에 대해 대재부의 경고식에 준하여 대비할 것을 명하고 있다.[37]

첫째, 연해의 촌읍은 적이 내항하는 것을 발견하면, 곧바로 사람을 보

---

35 『日本後紀』, 弘仁 3년 정월 갑자조
36 『日本紀略』, 弘仁 4년 3월 辛未條
37 『續日本紀』, 寶龜 11年 7月 戊子條

내 국(國)에 신고해야 하고, 국이 적선임을 확인하면 장관 이하는 바로 국아에 가서 사태를 논의하고 관내에 경계태세를 갖추고 조정에 보고하라.

둘째, 적선이 갑자기 내항하여 해안에 도착하면, 그 지역의 백성은 몸에 무기를 지니고 식량을 갖추어 요소에 들어가 죽음을 무릅쓰고 싸우고, 반드시 구원병을 기다리고 적에게 틈을 주어서는 안 된다.

셋째, 군대가 모이는 장소에는 표식을 세우고, 지세를 고려하여 편의를 도모하고, 궁마(弓馬)에 뛰어난 병사와 백성들을 거리의 원근을 고려하여 대오를 편성하여 배치하고, 사태가 발생할 대혼란이 없도록 하라.

넷째, 전사(戰士) 이상은 적이 내습하는 것이 명백할 경우, 무기를 갖추고 식량을 준비하여 곧바로 본대로 가서 제각기 부대명을 정하고 대오를 정비하라. 적의 동향을 기다려 적의 허점을 공격하라.

다섯째, 기회를 노려 싸움에 나아갈 때, 국사 이상의 관인은 개인 말을 이용하고, 만약 부족하면 역마·전마로 충당하라.

여섯째, 병사와 백성이 군대에 가 진퇴를 기다리게 될 경우, 관에서 지급하는 식량은 집을 출발해서 5일째에 지급하고, 긴박하지 않은 곳에는 쌀을 지급하고 긴요한 곳에는 말린 밥을 지급하라.

6개조에 달하는 이 경고식은 적선의 발견과 행동지침, 전투태세에 이르는 구체적인 대응방안을 제시하고 있다. 이때의 조칙은 신라와의 긴장관계가 높아지는 시점에서 북륙 지방에 대한 경계태세인데, 당시 일본조정이 이적시(夷狄視)하고 발해사를 공격하는 동북지방의 이종족인 하이(蝦夷)에 대한 대책의 일환으로 생각된다. 이 내용이 대재부의 경고식에 준한다고 할 때, 신라의 내침 시의 대응방안, 국가 위기관리시스템을 어떻게 작동해야 하는지를 잘 보여주고 있다. 만약 적이 습격하는 비상사태가 발생할 때 최초의 발견자가 현지 국사에 보고하고, 국사가 대재부에, 대재부가 조정에 보고하여 조정의 지시를 기다린다면 시간적으로 돌발사태에 대처하기 어렵다. 따라서 조정의 최종적인 판단이 있을 때까지 대재부를 중심으로 한 현지 국사들이 취해야 할 기본 매뉴얼이 바로 이 경고식이다. 서해 9국과 대마·일기 2섬을 관할하는 대재부는 현지 국사로부터 올라오는 보고를 조정에 알리고, 동시에 경고식에 따른 대응방침을 관내 제국의 국사(國司), 도사(島司)에게 필요한 조치를 취하는 것이다. 이것은 조정의 명령을 기다릴 것도 없이 대재부의 지시하에 움직이는 권한에 속한다. 앞에서 본 홍인 3년 조정의 대재부 조칙에 의하여 사태가 안정되면, 경계태세의 해제를 장문(長門), 석견(石見), 출운(出雲) 등지에도 알릴 것을 명하고 있다. 이것은 대재부 권한의 범위가 산음 지방에까지 미치고 있음을 말해주고 있다. 정관(貞觀) 9년(867)조에 백기(伯耆), 출운, 석견, 은기(隱岐), 장문 등지는 서극(西極)에 있고 「경근신라(境近新羅)」라 하여 신라와의 경계가 가까운 지역임을 지적하며 불법을 닦아 적의 항복과 재앙, 변란을 없애도록 칙을 내리고 있다.[38] 이들 산음 지방은 동해를 마주하는 신라의 침공이 예상되는 지역으로 유사시 대재부의 지시를 따르도록 한 조치이다.

정관 11년(869) 6월 대재부의 보고에서, 신라해적이 배 두 척을 타고 박다진(博多津)에 와서 풍전국(豊前國)의 연공(年貢)인 견면(絹綿)을 약탈하여 추격했다[39]는 사건은 일본조정에 커다란 충격을 주었으며 이후 신라에 대한 경계와 대책이 대재부의 보고와 일본조정의 대응책으로 산견되고 있다. 정관 15년에는 신라해적에 대한 대비책으로 대재부에서 선사(選士) 40명과 갑주(甲冑)를 홍려관(鴻臚館)으로 옮기고, 포로[부인(俘人)]를 보내어 진(鎭)을 지

---

38 『日本三代實錄』, 貞觀 9年 5月 甲子條
39 『日本三代實錄』, 貞觀 11年 6月 辛丑條

키게 하고, 통령(統領)과 선사를 두어 경계하게 하고, 경비의 비용은 경고전(警固田)으로 충당케 했다[40]고 조정에 보고하고 있다. 이것은 조정에 의한 조칙이 아니라 대재부의 자체적 대책이다. 신라해적사건은 일찍이 일본국 본토가 외부로부터 습격을 받아 본 적이 없었기 때문에 그 파문은 컸으며, 백강전투 이후의 긴장상태가 현실적 위기상황으로 나타났다. 또 정관 12년 월에는 대재부 관내의 국도(國島)에 봉수에 불을 올려 그 기능이 제대로 작동되는데 시험하고 있다.[41] 동년 5월에는 대재부의 무기고와 대야성(大野城)의 병기에 대해 교체를 위해 점검하고 있다.[42] 더욱이 일본조정은 군사적 방비태세뿐 아니라 정관 11년 12월 14일에 이세(伊勢)신궁에 신라해적의 내습 사실을 고하고,[43] 12월 17일에는 제국의 신사에 인국의 병구(兵寇) 피해를 막도록 하고,[44] 동 12월 28일에는 제국에 칙을 내려 3일간 금강반야경을 독송하고 인병(隣兵)의 내습을 방지하는 기도를 하고,[45] 12월 29일에는 석청수(石淸水)신사에 신라해적의 침략과 이변을 고하고 평안을 기원하였다.[46] 이듬해 2월 15일에는 팔번대보살궁(八幡大菩薩宮), 향추묘(香椎廟), 종상대신(宗像大神), 감남비신(甘南備神) 등 신사와 신공황후릉(神功皇后陵)을 비롯한 역대 천황릉에 신라해적의 침략을 고하고 평안을 기원하였다.[47] 신험(神驗)을 통해 사태를 해결하려는 일본조정의 태도는 극도로 불안한 심적 상태를 보여주고 있다.

---

40 『日本三代實錄』, 貞觀 15年 12月 戊申條
41 『日本三代實錄』, 貞觀 12年 2月 乙巳條
42 『類聚三代格』, 器仗事, 貞觀 12年 5月 2日
43 『日本三代實錄』, 貞觀 11年 12月 丁酉條
44 『日本三代實錄』, 貞觀 11年 12月 庚子條
45 『日本三代實錄』, 貞觀 11年 12月 戊申條
46 『日本三代實錄』, 貞觀 11年 12月 辛亥條
47 『日本三代實錄』, 貞觀 12年 2月 丁酉條

신라해적의 공습은 관평(寬平) 연간(893~895)에 절정을 이룬다. 『일본기략(日本紀略)』, 『부상략기(扶桑略記)』, 『유취삼대격(類聚三代格)』 등 관련사료의 내용을 연대기적으로 요약 정리하면 다음과 같다.

- 관평 5년(893) 5월 22일에 대재부의 비역사(飛驛使)가 신라적(新羅賊)이 비전국송포(肥前國松浦)에 내습(來襲)한 사정을 보고하다.
- 윤5월 3일에 대재부 비역사가 신라적이 비후국포전군(肥後國飽田郡)을 습격하여 인가(人家)를 태운 뒤 비전국송포 방면으로 도망한 것을 보고하다.
- 6월 20일에 대재부 비역사가 신라적도(新羅賊徒)의 일을 보고하다.
- 관평 6년(894) 3월 13일에 대재부 비역사가 신라적이 변도(邊島)에 내침한 사실을 보고하다.
- 4월 14일에 대재부 비역사가 신라적이 대마도에 내침한 사실을 보고하다.
- 4월 16일에 대재부 비역사가 신라적을 추토(追討)하기 위해 장군의 파견을 청하다.
- 4월 17일에 대재부에 칙을 내려 신라적의 토평(討平)을 명하다. 또 북륙·산음·산양도(山陽道) 제국(諸國)에 무구(武具)를 갖추고 정병(精兵)을 선발하여 경계에 임할 것을 명하다.
- 4월 18일에 동산(東山), 동해도(東海道)의 용사를 부르다.
- 4월 19일에 신라적 추토(追討)를 위해 이세대신궁(伊勢大神宮)에 봉폐(奉幣)하다.
- 5월 7~8일에 대재부 비역사가 신라적의 도망사정을 알리다. (이상 『일본기략(日本紀略)』)
- 8월 9일에 정관 18년(876)에 정지된 대마도의 방인(防人)을 부활시

키다.[48]

- 9월 5일에 대마도에서 신라의 적선(賊船) 45척이 내습한 사정을 대재부에 말하자, 9일에 대재부에서 비역사를 보내다.[49] 9월 17일 기록에 대마수(對馬守) 문실선우(文室善友)가 군사(郡司) 등을 인솔하여 신라적과 싸워 302명을 사살하고, 배 11척 외 무기, 무구를 빼앗다. 포로인 신라인에 의하면 신라국내의 기근으로 선박 100척에 2,500명이 승선하여 내습하였고 그 중에는 당인(唐人)도 있다고 한다.[50]
- 9월 19일에 대재부에서 비역사가 신라적 200여 명을 사살한 것을 보고하다. 또 은기국(隱岐國)의 청(請)에 의해 연력(延曆) 연간에 폐지된 봉수를 출운(出雲)·은기(隱岐) 양국에 복치(復置)시키다.
- 9월 30일에 대재부 비역사가 신라적 20명을 타살한 사정을 보고하다.
- 10월 6일에 대재부 비역사가 신라적선이 퇴거(退去)한 사유를 보고하다. [이상 『일본기략(日本紀略)』]
- 관평 7년(895) 3월 13일에 박다경고소(博多警固所)에 이부(夷俘) 50명을 증치(增置)하여 신라적에 대비토록 하다.[51]

이상은 9세기 말 신라해적의 구주지방에 대한 약탈사건이 극심하였던 상황을 잘 보여주고 있다. 이에 대해 대재부 비역사가 조정에 급파되어 사정을 보고하고 조정으로부터 토벌할 것을 명받고 있다. 동시에 대재부관내(大宰

---

48 『類聚三代格』, 寬平 6年 8月 9日條
49 『扶桑略記』, 寬平 6年 9月 5日條
50 『扶桑略記』, 寬平 6年 9月 17日條
51 『類聚三代格』, 寬平 7年 3月 13日

府管內)의 제신(諸神) 및 이세대신궁에 봉폐하고, 북륙·산음·산양도 제국에 정병을 선발하여 경계에 임하게 하고, 대마도에 방인 부활, 연력(延曆) 연간에 폐지된 봉수를 출운·은기에 복치, 박다경고소에 이부 50명을 증치하는 등 신라해적의 방비에 국가적 방어태세를 갖춘다. 앞에서 인용한『부상략기(扶桑略記)』의 관평 6년 9월 17일 기록 중에는, 포로로 잡힌 신라인 현춘(賢春)이 "흉년으로 인민이 고통을 당하고 있으며, 창고는 비어있고, 왕성은 불안에 싸여있다. 그런데도 왕이 곡물과 견직물을 거두려고 하니 대소 선박 100여 척과 군졸 2,500명이 배를 타고 여기에 오게 되었다. 사살된 적이 많았으나 그 중에는 뛰어난 장군 3인이 있고 그 중에는 당인(唐人) 1인도 있었다"[52]고 한다.『삼국사기』신라본기 진성왕(眞聖王) 3년(889)조에도 "국내의 여러 주군(州郡)에서 공물과 공부(貢賦)를 보내오지 않아, 국의 창고가 텅 비어 씀씀이가 궁핍하게 되었으므로 왕이 사자를 보내 독촉하니, 이로 인해 도적들이 도처에서 벌떼처럼 일어났다"라는 기사와도 부합한다.

이 시기는 이미 후삼국 시대로 접어들어 신라 중앙정부의 통제력이 거의 상실된 상황을 반영하고 있으며, 습격의 규모, 조직 등으로 보아 한반도남부의 반독립적 생활을 하고 있던 해상세력에 의한 집단적, 조직적 습격사건으로 보인다.[53] 신라해적이 노린 것은 북부구주(北部九州) 곡창지대의 연공미

---

52 『扶桑略記』, 寬平 6年 9月 17日條, "僅生獲賊一人 其名賢春 卽中雲 彼國年穀不登 人民飢苦 倉庫悉空 王城不安 然王仰爲取穀絹 飛帆參來 但所在大小船百艘 乘人二千五百人 被射殺賊其數甚多 但遣賊中 有寂敏將軍三人 就中有大唐一人"

53 山內晋次(2003),「九世紀東アジアにおける民衆の移動と交流-寇賊·反亂をおもな素材として」,『奈良平安朝の日本とアジア』, 吉川弘文館; 鄭淳一(2011),「寬平新羅海賊考」,『史觀』, 164, 早稻田大學史學會編 참조
이외에도 寬平期의 신라해적사건을 다룬 논문으로는 李炳魯의 연구가 있다[李炳魯(1996),「寬平期(890년대) 일본의 대외관계에 대한 일고찰」,『日本學誌』16, 계명대학교 국제학연구소]. 한편으로는 이 해적사건을 장보고의 사후 재당신라인으로서 일본조정에 의한 신라인의 대일교역을 금지, 탄압받은 상인의 일부가 해적화한 것으로 보는 견해도 있다[朴承範(2004),「9~10世紀 東아시아 地域의 交易」,『中國硏究』

와 당시 일본 최대의 교역품이었던 견(絹), 면(綿)이었다. 신호경운(神護景雲) 2년(768)에 조정에서 좌우대신을 비롯한 귀족, 관료들에게 신라의 물품을 구입하는 수단으로 8만 5천 둔(屯)이라는 다량의 면(綿)을 지급한 사례,[54] 이듬해인 신호경운 3년 3월부터 매년 대재부의 면(綿) 20만 둔을 왕경의 창고에 보냈다[55]는 데에서 알 수 있듯이 이들 품목은 대재부의 특산품이자 고대 일본의 주요한 대외결재수단이었고, 외국사에게 답례품으로도 사용되었다. 이러한 특정 물건을 노린 것은 신라 말기 혼란기에 반독자적 활동을 하고 있던 해상세력이 국내물자의 결핍으로 인해 집단의 생존과 세력의 유지를 위해서였다. 특히 894년을 전후한 시기에 집중적으로 일어났다는 사실은 후백제의 건국 등 지역적 거점을 갖는 신흥정치세력의 출현과도 무관하지 않다고 생각된다.[56]

이상의 신라해적사건에서 살펴보았듯이 중앙조정에의 보고체제는 모두가 대재부를 통해 이루어지고 있으며 대재부가 조정의 지시를 받아 서해도 일대의 군사상 업무를 총괄하고 있음을 알 수 있다. 특히 외부 침입자의 주체가 예외 없이 신라로부터 발생한 사건이라는 점에서 8~9세기 대재부의 군사적 기능은 신라에의 대응이 주목적이었다.

20, 중국사학회].
54 『續日本紀』, 神護景雲 2년 10월조
55 『續日本紀』, 神護景雲 3년 3월 乙未條
56 山內晉次(2003), 앞의 글 ; 鄭淳一(2011) 앞의 글

V. 대신라 교역과 대재부관내의 동향

율령제하에서 일본의 대외교역권은 국가의 독점적 권한에 속한다. 양노(養老) 관시령(關市令)의 제조문에는 다음과 같은 규정을 두고 있다.

- 번객조(蕃客條)
  이국(異國)의 사절이 처음에 관(關)에 들어왔을 때, 소지하고 있는 물건이 있다면 전부 관사(關司)가 사절의 접대를 담당하는 관인과 함께 상세하게 기록하여 소사(所司)에게 보고할 것, 일개 관에 들어온 후에는 그 이상 검사해서는 안 된다. 만약 관이 없는 곳이라면 처음에 국사(國司)에게 보고하는 경우도, 또 그에 준한다.

- 관사조(官司條)
  관사가 교역하기 전에, 사적으로 제외국(諸外國)과 교역해서는 안 된다. 통보자가 있어 물품을 압수한다면, 이 물건을 이등분하여 하나는 통보자에게 상으로 주고, 하나는 몰수하여 관물로 할 것, 만약 관사가 그 관할 내에서 적발, 압수한다면 모두 몰수하여 관물로 한다.

- 금물조(禁物條)
  금물(禁物)은 국경(國境)으로부터 반출해서는 안 된다. 만약 이국의 사절이 입조하여 별칙(別勅)으로 주었다면 국경으로부터 갖고 가는 것을 허가할 것.

- 궁전조(弓箭條)

  무릇 궁전병기(弓箭兵器)는 모두 제외국(諸外國)과 교역해서는 안 된다. 동변(東邊) 북변(北邊)에는 철야(鐵冶)를 두어서는 안 된다.

이상의 관시령에 규정된 조문을 보면, 대외교역에 대한 국가의 통제가 강하게 반영되어 있다. 외국사의 물품을 중앙의 소사(所司)인 치부성(治部省)에 보고하고, 관사(官司)에서 교역하기 전에 사적으로 교역하는 것을 금하고, 발각될 시에는 고발자에게 그 반을 주거나 관물로 압수한다는 규정이다. 또한 국가의 허락 없는 금지물품의 반출금지와 궁전(弓箭) 같은 병기류의 교역을 금지하고 있다. 이러한 조항은 국가에서 대외교역품의 품목을 사전에 점검하고, 반출금지 품목은 별칙에 의해 허가하고, 구입 시에는 국가가 선매권(先賣權)을 갖는다는 것이다.

8세기 신라와의 공적교류 시기에는 신라사절에 다종 다량의 물품이 대재부를 통해 들어왔다. 730년대 이후 신라의 대일 사절단은 증가하기 시작하여 적게는 150여 명에서 많게는 700여 명에 이르는 대규모 사절단을 구성하고 있다. 특히 경덕왕 11년인 천평승보 4년(752)에는 김태렴을 수석으로 하는 700여 명의 사절단이 파견되었다. 동대사의 조영으로 사찰 등 국가에서 필요로 하는 물품을 신라로부터 조달하기 위해 대불개안을 75일 앞두고 일본은 신라사절의 파견을 요청하고, 신라는 교역물을 탑재한 7척의 선단을 이끌고 대불개안에 맞추어 도착했다. 신라사절 700여 명 중에서 370명만 입경(入京)하고 나머지 330명은 대재부에 남는다. 이들은 교역상인이라고 해도 무방하고, 공적교류의 시기에 입경하지 못하고 대재부에서 귀국하는 경우도 평균 3~4개월이나 체재하고 있어 대재부 교역이 추측된다.[57]

---

57 연민수(2003), 앞의 글

공적교류가 단절된 9세기에 들어가면 동아시아세계의 사적 해상교역 네트워크가 형성되면서 신라상인의 내항이 빈번해진다. 이들은 재당신라인을 중심으로 당-신라-일본을 잇는 무역상인이라 생각된다. 신라상인의 내항은 『속일본후기』 승화(承和) 2년(835) 3월 기미조에도 "頃年 新羅商人 來窺不絶"이라 하였고, 『유취삼대격』 승화 5년(838) 7월 25일조에도 "今 新羅商人 往來不絶"이라 하여 당신 신라의 교역상선들의 대일교역의 실태를 말해주고 있다. 9세기에 일본을 왕래한 외국 무역상인의 수가 43건이라는 통계 나와 있고 이들의 상당수는 신라인으로 추정된다.[58]

천장(天長) 8년(831)에 태정관에서 대재부에 내린 신라의 교관물(交關物)을 검사해야 한다는 태정관부[太政官符, 응검령신라인교관물사(應撿領新羅人交關物事)]의 내용은 당시 교역의 실태를 엿볼 수 있다.

> 어리석은 인민들이 재산을 쏟아내어 고가의 물건을 다투어 사들인다. 교역품의 좋고 나쁨을 가리지 않고 자산을 모두 탕진해 버린다. 외국산이라는 것에 집착하여 국내산의 가치를 천시한다. 이것은 실로 검사가 이루어지지 않은 폐해이다. 마땅히 대재부에 하지(下知)를 내려 엄격히 금제(禁制)를 실시하고 곧바로 교역을 해서는 안 된다. 상품이 도착한다면, 선상의 모든 물건을 (국가가) 지정한 물건인가를 검사하여 역마에 딸려 진상하라. 부적합한 것은 부관(府官)이 검찰하여 교역하도록 하라. 그 가치의 높고 낮음은 공정한 가격에 의하고, 만약 위법이 있다면 중과에 처하고 관대하게 해서는 안 된다.[59]

---

58 권덕영(2005), 『재당 신라인사회 연구』, 일조각, 188~206쪽
59 『類聚三代格』, 天長 8年 9月 7日, 太政官府「應撿領新羅人交關物事」 "右被人納言正三位兼行左近衛大將民部卿淸原眞人夏野宣偁 奉勅 如聞 愚闇人民傾覆櫃遽 踶貴競買 物是非可鞨□弊則家資始罄 耽外土之聲聞 蔑境內之貴物 是實不加促捉掏所致之弊 宜下知

이 대재부에 내린 태정관부는 신라인과의 교역으로 발생한 폐해를 지적하고 대재부가 조사하여 조정이 필요한 물건은 우선적으로 구입하여 보내고, 그 외의 물건은 대재부의 관할하에 적정한 가격으로 교역해야 할 것을 명하고 있다. 이것은 대재부의 책임하에 국가가 정한 교역의 규정을 철저히 지키고 현지에서의 교역에 대한 지침이다.

일본지배층의 신라물(新羅物)에 대한 호감도는 이미 8세기 정창원문서인 매신라물해(買新羅物解)의 신라수입품목이나 앞에서 살펴본 신라물의 구입을 위해 왕신(王臣) 귀족들에게 대자부의 면(綿)을 하사하고 있는 사실로부터 알 수 있다. 공적 교류가 단절된 9세기 이후에도 신라 교역상인이 가져온 물산을 중앙과 지방의 관리들이 물품의 가격, 종류, 수량을 가리지 않고 구매하여 소유를 통한 부와 권력을 과시하려는 사회적 풍조를 보여주고 있다. 교역을 국가가 통제하려는 것은 825년 은기국에 도착한 발해사에 대해서도 우대신 등원서사(藤原緖嗣)가 "이들은 인국의 사절이 아닌 상인이고 상인을 사절로 받아들이는 것은 국가의 손실임으로 입경을 허용치 말고 귀국시켜야 한다"라고 상표(上表)한 바 있고,[60] 828년 1월 2일조의 태정관부에 의하면, 사사로이 번객(蕃客)과 교역하는 것을 금하고 이를 어길 경우 백성은 장(杖) 100대에 처하고, 왕신가(王臣家)가 사람을 보내 구입하는 행위도 금하고, 국사(國司)의 사무역 참가는 중벌에 처할 것임을 알리고 있다.[61] 왕신가의 교역뿐 아니라 국사의 사무역도 중벌에 처한다는 태정관부의 조치는 외국선단이 내항한 지역을 중심으로 시행되고 있다.

이 시기 신라의 교역상인으로 왕성한 활동을 했던 인물은 장보고를 중심

太宰府嚴施禁制 勿令輒市 商人來著 船上雜物一色已上 簡定適用之物 附驛進上 不適之色 府官撿察 遍令交易 其直貴賤 一依估價 若有違犯者 殊處重科 莫從寬典"
60 『類聚國史』卷194, 天長 3年 3月 1日條
61 『類聚三代格』卷18, 天長 5年 1月 2日 太政官符

으로 한 그 일단의 세력들이었다. 승화 7년(840) 12월에, 대재부에서 보고하기를 "藩外新羅臣張寶高, 遣使獻方物, 卽從鎭西追卻焉, 爲人臣無境外之交也"[62]라고 하여 번국 신라의 신하 장보고가 사신을 보내어 방물을 바쳤는데, 인신(人臣)은 외국과 교류할 수 없다고 하여 진서(鎭西) 즉 대재부에서 추방했다고 한다. 이에 대해 태정관에서는, "장보고는 다른 나라의 신하로 감히 공물을 바치니, 이는 옛 규범에 보면 정당한 일이 아니다. 마땅히 예(禮)로써 거절하고 조속히 되돌려 보내야 한다. 그들이 소지한 물건은 임의로 민간에 교역할 수 있도록 한다. 다만 백성으로 하여금 물건의 구매가를 어기고 앞다투어 가산을 탕진하는 일이 없도록 하라. 또한 후하게 베풀어 노정(路程)의 식량을 지급하되 전례(前例)에 따르도록 하라"[63]고 지시했다. 장보고의 대일사절 파견은 이미 독자적 무력집단과 정치세력을 구축하면서 신라왕권에 강한 영향력을 행사하는 위치에 있던 그로서는 공적교류가 단절된 시기에 중앙정부를 대신해서 대일외교를 추진했을 가능성이 있다. 이에 대해 대재부는 남의 신하된 자의 독자적 견사를 문제 삼아 외교적 접수를 거부하고 추방하는 조치를 취한 후 조정에 보고했다. 이 사건은 대재부의 선조치, 사후승인을 받는 형태로 추진되었다. 조정에서는 후속조치로서 민간교역을 허가하면서 공정가격으로 구매할 것을 명하고 있다.

한편 장보고와 현지 대재부관내 축전국수(筑前國守)와의 밀무역 사례도 보인다. 이 사건은 승화 9년(842) 정월에 대재부에 도착한 이소정(李少貞)의 발언에 의해 촉발되었다. 이하의 내용을 정리하면 다음과 같다.[64]

이소정은 장보고의 죽음을 알리고, 염장(閻丈)이 축전국(筑前國)에 올리

---

62 『續日本後紀』, 承和 7年 12月 乙巳條
63 『續日本後紀』, 承和 8年 2月 戊辰條
64 『續日本後紀』, 承和 9年 正月 乙巳條

는 첩장(牒狀)을 바치며 전년도 교역사 이충(李忠) 등이 가져온 물건을 되돌려 줄 것을 요구했다. 조정에서는 "소정(少貞)은 일찍이 장보고의 신하였는데 지금은 염장의 사신이다"라고 하고, 이충을 그들에게 넘기면 굶주린 호랑이에게 넘기는 격이 되니, 그에게 물어보고 결정하자고 했다. 이충은 원래 교역을 마치고 귀국했으나 본국의 변란 소식을 접하고 다시 축전대진(筑前大津)에 왔다고 한다. 이러한 정황을 파악한 전(前) 축전국수 문실조신궁전마려(文室朝臣宮田麻呂)가 이충의 교역물을 빼앗는데, 장보고의 생전에 당물(唐物)을 구입하기 위해 댓가[시(絁)]를 지불했지만, 장보고의 죽음으로 얻을 수 없게 되어 그의 사신의 물건을 압수한 것이라고 했다. 이에 대해 조정에서는 "이는 부사(府司)에서 감찰하지 않았기 때문에 마음대로 겸병하게 된 것"이고, 압수한 물건을 되돌려 주고 식량을 주어 본국으로 돌려보냈다. 장보고와 축전국수의 사교역은 관할권이 있던 대재부의 공식적 허가를 받지 않은 밀무역으로 조정에서는 대재부의 태만을 지적하고 있다. 그러나 이러한 현상은 대재부 감독관의 묵인하에 이루어진 지방 관리들의 불법적 상행위로 생각된다.[65]

승화 9년(842) 8월 15일의 대재대이(大宰大貳) 등원위상(藤原衛上)이 올린 4개의 기청문(起請文)[66] 중 제1조에 의하면, 장사하는 일을 빙자하여 나라의 사정을 엿보니 신라국인(新羅國人)의 입경을 금지하고, 상인배(商人輩)들이 돛을 달고 도착하면 민간에 맡겨 유통하되 끝나면 속히 돌려보낼 것과 제2조에는 임기가 끝난 대재부관내에 주재하는 국사를 귀경시킬 것을 요구하

---

65 이 사건을 장보고와 筑前國守 文室朝臣宮田麻呂와의 신용관계에 의한 무역사건으로 보는 견해도 있다[이병로(2005), 「장보고와 훈야노 미야다마로와의 교역에 관한 연구」, 『대구사학』 79]. 다만 大宰府의 장관인 守와 筑前國은 大宰府管內에 있음으로 축전국수는 대재부 장관인 守의 통제에 따라야 한다. 신용거래라 하더라도 대재부의 묵인 내지는 불법에 의한 거래라는 사실은 변함이 없다.
66 『續日本後紀』, 承和 9年 8月 丙子條

고 있는데, 이들은 이른바 '부호낭인(富豪浪人)'으로 사영전(私營田)의 경영과 군사(郡司), 농민에 대한 횡포가 심하여 이전부터 관내의 문제가 되고 있었다.[67] 국사의 사리사욕이 신라상인과의 불법적 밀무역을 통해서도 나타나는 것이 상기의 축전국사의 사례이다.

한편 대재부관내의 국사와 신라무역상인과의 사무역에는 이 지역에 신라인의 존재와도 무관하지 않다고 생각된다.[68] 정관 12년(870) 2월에 태정관에서는 전년도의 풍전국 연공인 견면을 약탈한 신라해적사건의 진상을 파악하는 과정에서 몇 가지 사실이 밝혀졌다. 윤청(潤淸) 등 30명과 원래 관내에 거주하던 신라인이라는 점이고, 대재부에서는 공면(貢綿) 약탈사건의 혐의로 윤청 등을 감금하였는데, 이들은 오랫동안 교역에 종사하며 현지에 거주하며 관내의 사정에 밝은 사람들이며, 겉으로는 귀화한 것 같지만, 내심으로는 역모할 뜻을 품고 있으니 천장 원년(824) 8월 20일의 격(格)에 준하여 동북지방의 육오국(陸奧國)으로 이주시킬 것을 상신하였다.[69] 이 사건은 중앙통제가 느슨한 틈을 타 신라해적과 대재부관내의 신라인, 신라상인과 현지 신라인 및 관내의 국사 등 관리들이 각각 약탈과 밀무역에 연루, 결탁되어 있는 모습을 보여주고 있다. 대재부관내의 신라인들은 일본에 토착한 이주민들이며, 신라상인과 대재부관내의 관리들과의 사이에서 사무역을 중재하고, 때로는 해적습격사건의 혐의가 지적되듯이 현지의 지리적 조건, 약탈대상물의 집적지 등의 정보를 제공하며 이익을 취하는, 국가와 민족을 초

67　太宰府市史編纂委員會編(1998), 『太宰府市史』 古代史料編, 太宰府市, 525쪽
68　이 사건에 대해서는 이병로(1996), 「일본 지배층의 對新羅觀 정책변화의 고찰」, 『大丘史學』 51 ; 이병로(1995), 「古代에 있어서 日本列島의 신라상인에 관한 고찰」, 『日本學』 15, 동국대학교 일본학연구소 ; 鄭淳一(2010), 「新羅海賊事件からみた交流と共存-大宰府管內居住の新羅人の動向を手がかりとして」, 『コリア硏究センタ-次世代硏究者フォ-ラム論文集』 3, 立命館大學 참조
69　『日本三代實錄』, 貞觀 12年 2月 壬寅條

월한 제3의 집단이었다.

신라해적사건을 전후한 정관 8년(866) 7월에 대재부에서는 비전국(肥前國) 기사군(基肆郡)의 의대령(擬大領) 산춘영(山春永) 등이 신라인 진빈장(珍賓長)과 함께 신라에 건너가 무기를 제조하여 대마도 탈취계획이 있음을 보고하고,[70] 동 10월에는 은기국 낭인(浪人) 안담복웅(安曇福雄)이 전(前) 은기국수(隱岐國守)가 신라인과 반역을 도모했다는 밀고한 무고사건,[71] 정관 12년(870) 11월에는 축후(筑後) 권사생(權史生) 좌백진계(佐伯眞繼)가 신라국의 첩(牒)을 바쳐 대재부 소이(少貳) 등원원리만려(藤原元利萬侶)와 신라국왕이 통모하여 국가를 해하려고 했다[72]는 불온한 사건이 연이어 터지고, 여기에 원경(元慶) 2년(878)에는 강일궁(橿日宮)에서 신라의 침략선이 일본을 향하고 있다는 신탁(神託)[73]이 나오는 등 신라에 대한 경계의식은 고조되었다. 이러한 유언비어적 소문이나 반국가적 사건의 배후에는 신라의 해상세력과의 교역을 통해 경제적 이익을 얻으려는 재지 유력자들 간의 경쟁, 암투, 음모가 있을 것으로 여겨진다. 요컨대 9세기 후반 동아시아의 혼란한 시기에 해상을 무대로 하는 무장선단, 상인세력의 교류와 교역의 과정에서 나타난 당시의 시대상을 반영하는 현상이라고 할 수 있다.

---

70 『日本三代實錄』, 貞觀 8年 7月 丁巳條
71 『日本三代實錄』, 貞觀 8年 10月 庚戌條
72 『日本三代實錄』, 貞觀 12年 11月 辛酉條
73 『日本三代實錄』, 元慶 2年 12月 壬寅條

VI. 맺음말

대재부는 백강전투라는 동아시아의 전란 속에서 외교, 군사적 대응의 필요성에서 만들어져 8세기 초 대보령의 제정과 더불어 영제(令制) 관사제(官司制)로 출현했다. 이것은 신라를 의식한 법제화이고 현실적인 외교기능도 신라에 한정되었다. 신라와의 국교가 재개되는 668년 이후 779년까지의 대재부를 통해 내항하는 외국사절은 신라가 유일했으며, 대재부의 대외업무는 신라를 위한 관사였다고 해도 무방하다. 대재부의 외교기능은 영제 성립 이전에는 일정한 독립성을 갖고 있었으나, 그 이후에는 중앙 조정의 조칙 혹은 태정관의 명에 따라 지방관사의 업무를 수행한다. 신라사의 입국 목적과 국적, 신원을 확인하는 존문의 권한을 행사하면서 조정에 보고하면, 조정에서는 이를 근거로 입경의 여부를 판단한다. 이것은 존문사가 조정에서 파견되는 발해사가 내항하는 연안 국사의 권한과는 차이가 있다. 그러나 신라와의 갈등이 높아지는 730년 이후가 되면 존문권은 중앙이 장악하게 된다.

근년 대재부의 국서개봉권의 존부에 대한 논란에 대해서는 그 권한이 주어졌음에도 불구하고 신라사가 신라국왕의 국서를 가져온 사례가 확인되지 않아 문서상으로만 존재한 채 실현되지 않았다. 이것은 신라 대일외교의 특이한 현상으로 일본 측이 추구하는 중화의 이념을 문서화하지 않으려는 외교 전략으로 보인다.

국방의 최전선을 담당하고 있는 대재부의 기능은 신라와의 긴장관계에서 나왔다. 국제정세의 변화, 외교관계의 악화에 따른 신라에 대한 군사상의 응징 발언은 다분히 권력자의 신라=번국이라는 이념적인 측면이 강조되고 있지만, 국방태세의 강화라는 일면이 있고 대재부가 중심이 되어 움직이고 있다. 이미 백강전투의 기억과 현실적으로 경쟁하는 신라를 제압하는 수단으로서 신라정토론이 국가정책으로 제기되는 등 군사상의 과잉반응이 나타나기도 했다. 공적교류가 단절되는 9세기 이후가 되면 신라중앙정부의 권력이완과 혼란, 극심한 식량부족으로 인해 신라의 무장선단이 대마 등 구주연안지역에 출몰하게 된다. 일본조정의 위기관리시스템은 대재부를 통해 이루어졌으며, 신라인의 군사적 동향을 조정에 보고하기 전에 정해진 경고식(警固式)에 따른 군사적 대응을 하고 있다. 그 범위는 대재부관내뿐 아니라 산음지방 등 연안지역에까지 미치고 있다.

그러나 장보고를 중심으로 한 해상교역단의 대재부에의 내항과 신라적(新羅賊)이라고 불리는 무장선단의 내습에 연동하여 대재부관내의 거주 신라인의 연루, 경제적 이익을 추구하려는 재지 국사들의 비리 등은 대재부라는 지방기구의 역할에 한계를 보여주고 있다. 이러한 혼란 속에서 조정은 대재부관내에 토착한 신라인들을 동북의 오지로 이주시키고, 대재부의 태만은 질책하는 등 사태의 수습에 나섰다. 이에 대재부도 신라인의 내항금지, '부호낭인'이라 불리는 지방국사 귀경(歸京)을 청원하는 개혁안을 통해 서해도 관할기구로서의 위치를 바로 세우려고 했다.

이상에서 대재부의 대외기능인 외교, 군사, 교역 등 그 상대는 신라와 신라인이었으며, 조정의 지시를 받으면서도 정보와 소통의 지리적, 시간적 제약 때문에 선조치, 사후승인이라는 형태로 진행되었다. 또 존문권, 경고식 등 외교와 군사에 걸쳐 중앙으로부터 위임받은 지방기구로서의 업무를 수행하였다. 신라를 상대로 한 8~9세기 대재부의 대외기능은 교류와 경계의 양면성을 갖고 공존할 수밖에 없는 현실의 경쟁국 신라국의 극복이라는 국가적 과제 속에서 대재부의 역할을 자리매김할 수 있다.

참고문헌

사료

『經國集』,『扶桑略記』,『三國史記』,『續日本紀』,『續日本後紀』,『類聚國史』,『類聚三代格』,『日本紀略』,『日本三代實錄』,『日本書紀』,『日本後紀』

저서

Bruce Batten 著(2001),『國境の誕生』, NHKブックス
권덕영(2005),『재당 신라인사회 연구』, 일조각
石井正敏(2001),『日本渤海關係史の研究』, 吉川弘文館
倉住靖彦(1985),『古代の大宰府』, 吉川弘文館
太宰府市史編纂委員會編(1998),『太宰府市史』古代史料編, 太宰府市

논문

岡藤良敬(1997),「七世紀中葉~九世紀の日羅關係-九州地域史の視點から」,『福岡大學人文論叢』28-4
鈴木靖民(1985),「日本律令制の成立·展開と對外關係」,『古代對外關係史の研究』, 吉川弘文館
박석순(2002),「고대일본국가 지방기구 大宰府의 외교기능에 대한 법제적 연구」,『日本歷史硏究』19
박석순(2003),「大宰府의 대외관련업무 사례연구」,『歷史學報』180
朴承範(2004),「9~10世紀 東아시아 地域의 교역」,『中國硏究』20, 중국사학회
北山茂夫(1959),「藤原惠美押勝の亂」,『日本古代政治史の研究』, 岩波書店
濱田耕策(2002),「新羅聖德王代の政治と外交-通文博士と倭典をめぐって-」,『新羅國史の研究』, 吉川弘文館
山內晉次(2003),「九世紀東アジアにおける民衆の移動と交流-寇賊·反亂をおもな素材として」,『奈良平安朝の日本とアジア』, 吉川弘文館
三池賢一(1966),「新羅の動靜と大宰府」,『軍事史學』7
石井正敏(1970),「大宰府の外交面における機能」,『法政史學』22
연민수(2003),「統一期 新羅와 日本關係」,『古代韓日交流史』, 혜안
栗原朋信(1978),「上代の日本への三韓の外交形式」,『上代日本對外關係の研究』, 吉川弘文館
李炳魯(1996),「寬平期(890년대) 일본의 대외관계에 대한 일고찰」,『日本學誌』16, 계명대

학교 국제학연구소
이병로(1995), 「古代에 있어서 日本列島의 신라상인에 관한 고찰」, 『日本學』 15, 동국대학
　　교 일본학연구소
이병로(1996), 「일본 지배층의 對新羅觀 정책변화의 고찰」, 『大丘史學』 51
이병로(2005), 「장보고와 훈아노 미야다마로와의 교역에 관한 연구」, 『대구사학』 79
田島公(1986), 「外交と儀禮」, 『日本の古代7·まつりごとの展開』, 中央公論社
田村圓澄(1976), 「大宰府前史小史」, 『九州文化史研究紀要』 21
鄭淳一(2010), 「新羅海賊事件からみた交流と共存－大宰府管內居住の新羅人の動向を手がか
　　りとして」, 『コリア研究センタ-次世代研究者フォーラム論文集』 3, 立命館大學
鄭淳一(2011), 「寬平新羅海賊考」, 『史觀』 164, 早稻田大學史學會編
竹內理三(1973), 「大宰府と大陸」, 『古代東アジアと九州』
中西正和(1997), 「大宰府と存問」, 『日本書紀研究』 21

근세 아시아 '경계'로서의
항구도시 나가사키

야오 케이스케[八百啓介] | 기타큐슈시립대학[北九州市立大學]

(번역) 신동규 | 동아대학교

Ⅰ. 머리말
Ⅱ. '경계'로서의 항구도시(항시) 연구의 시점과 나가사키
Ⅲ. 동아시아 변경에서 중화세계로서의 나가사키
Ⅳ. 동아시아 세계의 경계 잡거의 땅 나가사키
Ⅴ. '경계'도시 나가사키에서 외국인의 법적지위
Ⅵ. 맺음말

I. 머리말

　17~19세기에 이르기까지 근세 일본의 대외관계는 '쇄국'에 의한 고립 상태였던 것이 아니라, 나가사키[長崎], 쓰시마[對馬], 사쓰마[薩摩], 마쓰마에[松前]라는 이른바 '4개의 해외창구[四つの口]'를 통해서 종래의 동아시아 세계와의 교역관계뿐만 아니라, 새롭게 동남아시아에서 서아시아에 이르는 광역 아시아 세계를 비롯해 유럽 세계와의 교역관계를 맺고 있었다. 구체적으로 나가사키에서는 중국 본토와 타이완 및 동남아시아로부터 중국선[당선(唐船)=일본에서는 7세기의 당(唐) 왕조시대 이래 송(宋)·원(元)·명(明)·청(淸)에 이르는 왕조가 교체되었음에도 불구하고, 중국을 '당'이라고 칭했다], 인도네시아의 바타비아(Batavia)에서는 네덜란드 선박이 각각 내항하였다. 또한, 쓰시마에서는 쓰시마번[對馬藩]이 조선과의 무역을 행하였고, 사쓰마에서는 사쓰마번[薩摩藩]이 류큐[琉球]를 통해 중국과의 밀무역을 행하였으며, 에조치[蝦夷地](현재의 홋카이도[北海道]) 남부의 마쓰마에[松前]에서는 마쓰마에번[松前藩]의 허가를 얻은 상인들이 아이누들과 교역을 행하고 있었다.
　이들 '4개의 해외창구' 중에서도 나가사키는 그 중요성에 의해 막부(幕府)의 직할지가 되었다. 근세시기의 항구도시[항시(港市), Port City] 나가사키의 역사는 대체로 다음의 다섯 시기로 구분할 수 있다.

　　1571~1579년 : 오무라 스미타다[大村純忠]령(領) 시대
　　1579~1588년 : 예수회[イエズス會]령 시대
　　1588~1603년 : 도요토미[豊臣] 정권 직할지 시대
　　1603~1689년 : 도쿠가와[德川] 정권 직할지 시대(외국인 잡거 시대)

1689~1858년 : 도쿠가와 정권 직할지 시대(외국인 격리 시대)

II. '경계'로서의 항구도시(항시) 연구의 시점과 나가사키

　나가사키는 근세 일본이라는 시기에 막번제국가(幕藩制國家)와 외부 세계와의 '경계(境界)'로서의 기능을 다한 항구도시(항시)였다. 명확히 말하자면, 나가사키 이외의 다른 '해외창구', 즉 부산[왜관(倭館)]이나 나하[那覇] 등의 항구도시도 경계의 역할을 다하고 있었지만, 특히 나가사키는 교역도시·경계도시로서 기능하고 있었다는 점에서 국내 유일의 장소였다.

　'증여론(贈與論)'으로 알려진 경제인류학자 칼 폴라니(Karl Polanyi)에 따르면 '교역항'의 기능은 다음과 같다.

① 주최자 측에 군사적 보증을 제공하는 것
② 외국 교역자의 권리 보호, 정박, 무역품의 하선, 상품 저장에 대한 편의 제공
③ 법적 권위를 가진 당국자를 준비해두는 것
④ 교역할 재화(財貨)에 대한 합의, 구비해야 할 상품('取り揃え商品') 속에 포함될 몇 가지 교역 재화의 비율에 관한 합의를 그곳에서 제

공하는 것[1]

또, 안노 마사키[安野眞幸]에 의하면, 폴라니는 무역항을 '교역 거점'으로 생각하고 있었으며, 여기에는 다음과 같은 특색이 있다고 한다.

① 공동체의 외부에서 시작된 상품교환은 그 즉시 공동체의 내부에 침투하지 않는다.
② 공동체의 내부와 외부를 엄격하게 단절하기 위해 무역항에는 특별한 제도가 만들어져 있었다.
③ 이곳에서 권력은 한편으로 외래상인에 대해서 그 재산과 신체의 안전을 보증하기 위해 치외법권의 토지를 부여해주고, 대폭적인 자치권을 인정하는 등 '의사적(擬似的)인 중립화' 정책을 선택했지만, 다른 한편에서는 교역에 참가하는 모든 공동체 성원을 이질문화의 마적(魔的)인 영향으로부터 보호하기 위해서 '무역항'을 공동체 내부로 받아들이지 않으려고 노력했다.[2]

여기에서 주목하고 싶은 것은 폴라니는 무역항 제도가 내부와 외부를 연결시키기 위한 것이 아니라, 단절시키기 위한 것으로 생각하고 있다는 점이다. 더욱이 무역항의 지배자는 외부 문화가 내부로 침입하는 것을 제한하면서도 외래상인에게는 법적 지배라는 영향을 끼칠 수 없었고, 격리정책이라고 하는 형태로 지배를 행하고 있었다는 것이다. 이것은 전근대 동아시아 세계의 변경인 항구도시, 특히 나가사키를 생각할 때 중요한 시점일 것이다.

---

1 K. ポランニー(1980), 『人間の經濟 I』, 岩波書店, 182쪽
2 K. ポランニー(1980), 『人間の經濟 I·II』, 岩波書店 ; 安野眞幸(1992), 『港市論』, 日本エディタースクール

아시아 세계에서의 항구도시 연구로는 동남아시아 세계의 항구도시에 관한 이쿠타 시게루[生田滋]의 연구가 있다. 이쿠타의 '항시론(港市論)'에 따르면 '항구도시'라는 것은 첫째는 내륙 농업국가의 '창구', 둘째는 연안국가·통상국가로서의 '항구도시 국가'라고 하는 두 개의 종류로 분리되는데,[3] 나가사키를 포함한 동아시아 세계의 항구도시는 전자의 성격을 가지고 있다. 즉, 단순한 교역 중계지 역할뿐만이 아니라, 배후지인 내륙사회의 경제가 그 기능에 어떻게 관련되어 있는지가 중요한 테마가 될 수 있다. 또한, 야지마 히코이치[家島彦一]는 그의 '네트워크론'에서 이슬람 세계의 '항구도시'를 네트워크상에서의 위치로부터 다음과 같이 세 가지로 분류하고 있다.[4]

① 중심 ················· 네트워크 축
② 중간 지점 ··············· 분기 네트워크
③ 말단 ················· 이역(異域) 세계와의 접점

한편, 안노 마사키에 의하면 항구도시는 외래 상인을 시작으로 다양한 사람들이 다양한 조직원리를 주장하며, 상호 간에 경쟁할 수 있었던 장소, '권력 측의 질서 요구'와 '외래 상인 측의 요구'가 상호 교차하는 장소였다[5]는 점 이외에 아미노 요시히코[網野善彦]가 말한 바와 같이 항구도시가 성립한 장소는 '공개성·개방성'을 특징이라고 하는 '무연(無緣)의 장(場)', 즉 '성지(聖地)'이다. 특히 항구도시 나가사키는 '무연의 장'·'성지'·'중립 지점'·"No Man'

3　生田滋(1986),「アジア史上の港市國家」,『日本の古代3』, 中央公論社 ; 安野眞幸(1992), 앞의 책.
4　家島彦一(1991),『イスラム世界の成立と國際商業』, 岩波書店 ; 安野眞幸(1992), 앞의 책, 32~33쪽.
5　安野眞幸(1992), 앞의 책, 7쪽.

s Land"에 인공적으로 건설된 도시였다고 한다.[6]

나가사키의 역사는 13세기 가마쿠라[鎌倉] 시대 모리사키 곤겐[森崎權現](현재의 스와진자[諏訪神社])의 창건으로 거슬러 올라가지만, 해외와의 접점으로서 나가사키의 역사는 16세기 중반인 1571년[원구(元龜) 2]에 당시 영주였던 오무라 스미타다[大村純忠]에 의해 포르투갈 선박의 무역항으로 열리면서 시작된다. 같은 해에는 예수회에 의해 '미사키[岬]의 교회'가 건설되었다.

중세에 권현사(權現社)라는 종교시설이 있었던 토지가 교역의 장소가 되고, 거기에 새롭게 그리스도교가 깊이 관련을 맺어간 것은 안노 마사키도 지적한 바와 같이, "신성한 장소로서의 교역 거점"이라는 성격을 엿볼 수 있다.[7] 1580년[천정(天正) 8]에는 나가사키 영주였던 오무라 스미타다에 의해 예수회에 기진(寄進)했던 것이 알려지고 있는데, 그 이유로서는 아리마(有馬)씨로부터 오무라[大村]씨로의 가독(家督)을 이어받은 영지인 동시에 키리시탄 다이묘[キリシタン大名]라고 하는 엄격한 환경에서 주위를 적들에게 둘러싸여 있었던 스미타다[純忠]가 위기 상황에 처해 예수회의 비호(庇護)를 얻을 수 있는 피난처로서 기진했다고도 말하고 있다. 그러나 정확하게 말하자면 예수회의 소유로 된 것은 영유권과 행정권이며, 사법권은 스미타다의 수중에 있었다고 한다. 그 배경에는 다수의 사람들이 다양한 명목으로 토지의 소유권이나 수익권을 소유하고 있었던 중세 사회의 특질이 있었다.

그 후, 1587년(천정 15) 규슈[九州]를 정복한 도요토미 히데요시[豊臣秀吉]가 그리스도교 금지와 함께 포르투갈 선박에 의한 마카오↔나가사키 사이의 무역 지배를 위해 나가사키를 직할령으로 삼는다. 1603년[경장(慶長) 8]로부터는 도쿠가와 정권의 직할지가 되고, 1614년(경장 19)의 전국금교령에

---

6 安野眞幸(1992), 앞의 책, 272쪽

7 安野眞幸(1992), 앞의 책, 14~15쪽

의해 나가사키에서도 그리스도교가 금지된다.

도쿠가와 정권의 나가사키에 대한 금교정책의 특징은 전술한 바와 같이 포르투갈 선박과의 무역을 위해 열었던 나가사키에서 그리스도교는 기존의 종교였기에 그 압제를 위해 새롭게 불교사원이나 신사(神社)가 건설되었다는 점에 있다. 즉, 1607년(경장 12) 호쇼인[寶正院]의 개창으로 시작되어 1631년[관영(寬永) 8]까지 25개의 사원이 설치되었는데, 1632년에는 스와진자가 권청(勸請)되어 제례신사(祭禮神事)에 의해 그리스도교 문화의 불식이 모색되었다.

나가사키에서의 외국인 격리정책은 1636년(관영 14)에 포르투갈인을 수용하기 위한 데지마[出島]가 축조되면서 시작된다. 1639년(관영 17) 포르투갈인의 추방 이후, 1641년에 네덜란드인을 히라도[平戶]에서 데지마로 이전시키는 등, 당초에는 그리스도교 유럽인에 대한 격리정책이었는데, 1600년(경장 5)부터는 정크(junk)선으로 내항하기 시작한 중국인들이 시내에서 잡거를 하기 시작했다.

III. 동아시아 변경에서 중화세계로서의 나가사키

나가사키의 인구는 1569년[영록(永祿) 12] 예수회사[イエズス會土] 가스팔 비레라의 서간에서는 1,500명이었지만, 도쿠가와 정권의 직할지 시대인 1614년(경장 19)에는 약 15,000명이 되었으며, 네덜란드 선박[난선(蘭船)]과 중국선과의 무역이 최고 전성기였던 1697년[원록(元祿) 10]에는 64,523명으로 정점을 맞이하였다.

한편, 쇄국 이전의 나가사키에서 중국인의 인구는 주국정(朱國楨)의 『용당소품(湧幢小品)』에 따르면, 1618년[원화(元和) 3]에는 2,000~3,000명에 달했다고 한다. 전술한 1614년의 인구와 비교하면, 당시 나가사키 인구의 20% 전후가 중국인이었다는 것이 된다.

나가사키에서는 1637년에 중국선의 승조원과 객상(客商) 등을 숙박시켰는데, 거래에 도움을 주는 숙박처를 '지숙[指宿, 차숙(差宿)]'이라고 하여 신고의 의무가 부여되었고, 1666년[관문(寬文) 6]이 되자 중국선의 승조원·객상은 모두 시내의 각 마치[町]가 순번으로 숙정(宿町) 및 그것을 보좌하는 부정(付町)으로서 나누어 머물게 함과 동시에 거래를 중개하는 제도가 취해졌다. 이것은 아시아의 다른 지역에서도 볼 수 있는 중국 상인의 관행이었던 아행제도(牙行制度)와 공통되는 무역 방법이었다고 말할 수 있다. 그러나 중국인 화물 창고의 화재나 밀무역 단속을 계기로 1689년(원록 2)에 토진야시키[唐人屋敷]가 만들어지자 이러한 잡거시대는 종막을 고했다.

토진야시키는 약 6,900평의 부지에 2층 구조로 당관(唐館) 19동이 만들어졌으며, 이외에 관제당(關帝堂)·천후당[天后堂, 마조당(媽祖堂)]·관음당(觀音堂)·토신사(土神祠)가 만들어졌다. 당관은 2층 부분에 선장[선두(船頭)]과 객상을 위한 본부 방[본부옥(本部屋)]이 50개, 1층 부분에 선원을 위한 방이 30개가 있으며 출신지별로 할당되었다. 설립 당시에는 4,888명이 수용되었다고 한다. 이것은 앞에서 언급한 1697년 인구의 거의 7.5%이며, 잡거시대에 비해 양적으로도 대폭적인 제한이 있었다고 말할 수 있다.

나가사키가 중국을 중심으로 한 아시아의 '경계'도시였다는 것을 보여주는 것이 당통사(唐通事)의 존재이다. 나가사키의 당통사는 림씨[林氏, 복주(福州) 출신], 진씨[陳氏, 장주(漳州) 출신], 류씨[劉氏, 남경(南京) 출신], 마씨(馬氏, 복주 출신) 등 근세 초기부터 나가사키에 재주하고 있었던 소위 '주택당인(住宅唐人)'의 자손이며, 쇄국 후에 귀화하여 각각 하야시[林]씨, 에가와[潁川]씨, 사카키[彭]씨, 나카야마[中山]씨를 칭하였다.[8]

나가사키에는 이들 내항 중국인 및 화교를 위한 코후쿠지[興福寺], 후쿠사이지[福濟寺], 소후쿠지[崇福寺], 쇼후쿠지[聖福寺]라는 4개의 당사(唐寺)가 있었다. 이 중에서 코후쿠지, 후쿠사이지, 소후쿠지의 '삼사(三寺)'는 내항 중국인의 출신지 동향단체인 '방(幇)'을 모체로 하고 있었다. 난킨지[南京寺]라고 불렸던 코후쿠지는 1623년(원화 8)에 창건된 '삼강[三江:강소성(江蘇省)·안휘성(安徽省)·강서성(江西省)]방'의 사원이었으며, 센슈지[泉州寺] 또는 쇼슈지[漳州寺]라고 불렸던 후쿠사이지는 1628년(관영 5)에 세워진 '천장[泉漳:복건성(福建省)의 천주(泉州)와 장주(漳州)]방'의 사원이었다. 또 후쿠슈데라[福州寺]라고 불렸던 소후쿠지는 1629년(관영 6)에 세워진 '복주방(福州幇)'의 절이었다.

당시 나가사키에 내항한 중국인들 중에서 객상(客商)으로는 천주(泉州)·장주(漳州) 출신자가 많았던 것에 비해 하급선원에는 복주(福州) 출신자가 많았다고 한다. 그들이 출입하는 소후쿠지에는 서민들에게 활발하게 신봉

---

8   宮田安(1979), 『唐通事家系論考』, 長崎文獻社

되었던 마조신앙(媽祖信仰)을 위한 마조당(媽祖堂)과 마조문(媽祖門)이 만들어졌다.

나가사키에 중국선이 입항하면 중국선의 마조상(媽祖像)을 순번으로 이 '삼사(三寺)'에 들여보내 출항할 때까지 보관하게 되어 있었으며, 그 반입의 행사인 '보사츠아게[菩薩揚げ]'와 '보사츠노세[菩薩乘せ]'는 음력 정월이나 청명절(淸明節), 시아귀[施餓鬼:분제(盆際), 7월 15일을 중심으로 선조의 명복을 기원하는 불사(佛事)]와 함께 나가사키의 연중행사가 되었다. 이에 대해 1677년[연보(延寶) 5]에 건립된 쇼후쿠지는 '방(幇)'을 기반으로 한 것이 아니라, 창건에 즈음하여 나가사키를 통치했던 행정관인 나가사키 봉항(奉行)의 기진을 받는 등 순수한 당사(唐寺)라고는 말하기 어려웠다. 그러나 그 후에 광동선(廣東船)과의 관계를 깊이 맺으면서 코슈데라[廣州寺]로서의 성격을 가지게 되었다.

'차이나 퀴터(China quarter)'라고도 할 수 있는 토진야시키의 존재와 중국무역의 통역을 이들 화교가 담당하고 있었다는 것으로부터 근세시기의 나가사키는 동남아시아의 항구도시와 공통점을 가지고 있었다고 말할 수 있겠다.

IV. 동아시아 세계의 경계 잡거의 땅 나가사키

1604년(경장 9)부터 1616년(원화 2)까지의 도쿠가와 정권에 의한 해외무역의 허가증 대장인 「이국주인장(異國朱印帳)」과 「이국도해어주인장(異國渡海御朱印帳)」에 의하면, 나가사키 재주의 중국인이었던 화우(華宇)·삼관(三官)·이관(二官)·비후(肥後) 사관(四官)·베츠케이[ベツケイ], 마찬가지로 나가사키 재주의 포르투갈과 스페인 사람인 카라세스·곤살베스·아혼조·곤살비에이라·로드리게스·로메인에게 도해주인장(渡海朱印狀)이 교부되고 있었는데, 이를 통해 쇄국 이전에 나가사키에서의 외국인 거주 상황을 엿볼 수 있다.[9] 이러한 경계도시가 가지고 있는 국제성은 주민의 말단에까지 미치고 있었다.

쇄국 전후의 나가사키 주민에 관한 자료인 「평호정인별장(平戸町人別帳)」은 1634~1659년까지 7종류의 주민대장으로 구성되어 있다.[10] 이 중에서 1634년(관영 11)의 「인수개지장(人數改之帳)」에는 "返土淸庵 高麗人"이라고 하여 그 아내와 모친, 거기에 '오만[おまん]', '니자에몬[仁左衛門]', '세이고로[淸五郞]', '세이하치[淸八]' 등 6명의 어린이 이름이 보이고 있어 중국인뿐만 아니라, 조선인 주민이 존재하고 있었다는 것을 알 수 있다. 이 사료에는 'HENDLICK'이라고 하는 인판(印版)이 기록되어 있는데, 이것으로부터 '반토(返土)'라는 것이 세례명 '헨드릭'이라는 것을 알 수 있다.

또한, 1642년(관영 19)의 「인별생규(人別生絑)」에는 다음과 같은 기술이

---

9 岩生成一(1985), 『新版朱印船貿易史の硏究』, 岩波書店, 220~221쪽
10 九州史料刊行會編(1965), 『九州史料叢書 長崎平戸町人別帳』, 九州史料刊行會

보이고 있다.

> 이케모토 고시로[池本小四郎]
> 태어난 곳은 나와 모친 모두 나가사키 사람으로 모친은 이전부터 키리시탄[切したん](그리스도교 신자)이었는데, 다케나카 우네메[竹中采女] 님 때에 즈음하여 이 거리에서 개종하였고, …… 부친이 태어난 나라는 조선[고려(高麗)]으로 어렸을 때 나가사키의 이 거리로 와서 곧바로 키리시탄이 되었으며, 그 해에 마카오[天川]에 가서 1597년(경장 2)에 나가사키의 이 거리에 있는 집으로 돌아왔다. 다케나카 우네메 님 때에 그곳에서 개종하였고, …… 자기 자신이 남만인(南蠻人)의 아이를 기르겠다고 하였는데, 1636년(관영 13)에 마카오로 보내졌다.[11]

위의 자료에서 이케모토 고시로는 조선인 부친과 일본인 모친 사이에서 태어난 자식이며, 부친은 1597년 도요토미 정권에 의한 조선침략전쟁[임진왜란(壬辰倭亂)]이 한창인 때에 나가사키로 왔음을 알 수 있다. 도요토미 정권에 의한 '조선출병', 즉 '문록(文祿)·경장의 역(役)'이라고 칭하는 침략에 즈음하여 수많은 조선 민중이 노예로 납치되었다는 것은 일찍이 알려져 있지만, 이러한 사실을 「평호정인별장(平戶町人別帳)」으로부터도 다수 확인할 수 있다. 마찬가지로 1642년(관영 19)의 「인별생규」에는 다음과 같은 기술이 보이고 있다.

---

11 池本小四郎生所母私共ニ長崎之もの, 母前廉より切したんニ而御座候得とも, 竹中采女様御代ニ当町ニ而ころひ, …… 父生國高麗之もの, 幼少より長崎当町に參, 則きりしたんニ罷成, 其年天川へ參, 慶長二年ニ長崎当町ニ歸宅仕, 竹中采女様御代ニ同所ニ而ころひ, …… 爰元ニ而なんはん人之子やしない申候ニ付, 寛永拾三年ノとし天川へ被遣候.

가와사키야 스케에몬[川崎屋助右衛門] 조선인[고려인(高麗人)]

출생이 조선[고려] 사람으로 48년 이전에 히젠[備前] 오카야마[岡山]에 들어왔고, 그 후 1614년(경장 19)에 나가사키의 우와마치[上町]에 와서 키리시탄이 되었지만, 다케나카 우네메 님 때에 호카우라마치[外浦町]에서 개종하여 일향종(一向宗)이 되었다.[12]

아내

출생이 조선[고려] 사람으로 1599년(경장 4) 히고[肥後]의 야시로[八代]에 들어와 1611년(경장 16)에 나가사키에 와서 곧바로 마카오로 팔려나가 키리시탄이 되었다. 1616년(원화 2)에 집으로 돌아왔고, 호카우라마치[外浦町]에 가서 다케나카 우네메 님 때에 그곳에서 개종하여 일향종이 되었다.[13]

가와사키야 부부는 둘 다 조선 출신이며, 남편인 스케에몬은 1595년(문록 4)에 조선에 출진한 우키타 히데이에[宇喜多秀家] 군에게 붙잡혀 1614년(경장 19)에 나가사키로 흘러들어와 그리스도교로 개종했음을 알 수 있다. 더욱이 그의 아내는 1599년(경장 4)에 조선에서 철병한 고니시 유키나가[小西行長] 군에 의해 연행되어 1611년(경장 16)년에 나가사키로 왔지만, 거기에서 또다시 포르투갈 상인에 의해 다른 일본인과 함께 노예로 마카오로 팔려나가 1615년(원화 2)이 되어서 간신히 나가사키로 귀환했음을 알 수 있다.

---

12 "川崎屋助右衛門 高麗人. 生國高麗之もの, 四拾八年以前ニ備前岡山ニ參, 其後慶長拾九年ニ長崎上町ニ參, きりしたんニ罷成候へ共, 竹中采女樣御代ニ外浦町ニ而ころひ, 一向宗ニ罷成"

13 "女房. 生國高麗之もの, 慶長四年肥後八代ニ參, 同拾六年ニ長崎ニ參, 則天川へ被賣渡きりしたんニ罷成, 元和二年ニ歸宅仕, 外浦町ニ參, 竹中采女樣御代ニ同町ニ而ころひ, 一向宗に罷成"

17세기 초기 동아시아의 경계도시였던 나가사키는 임진왜란과 유럽인의 진출에 따라서 정치와 무역의 변화에 흔들리는 '디아스포라(Diaspora)'이자 '환동중국 해역사회' 민중의 '어사일럼(Asylum)'으로서의 성격을 가지고 있었다고 할 수 있다. 하지만 도쿠가와 정권에 의한 쇄국정책은 그리스도교를 배제하면서 이러한 나가사키의 국경을 초월한 자유공동체적 성격을 배제시켜 나갔다.

전술한 1642년의 「인별생규」에 보이는 이케모토 코시로의 부친은 "자기 자신이 남만인의 아이를 기르겠다고 하였는데, 1636년(관영 13)에 마카오로 보내졌다"[14]라는 기술에서 알 수 있듯이 1636년(관영 13) 이른바 '제4차 쇄국령'에 의해 국외로 추방된 포르투갈인의 수양부모 중의 한 사람이었다. 이 '제4차 쇄국령'으로 불리는 「각(覺)」의 3개조에는 다음과 같은 내용이 기술되고 있다.

- 남만인의 자손은 남겨두지 말라는 것을 상세하고 엄격하게 지시할 것. 만약 명령을 위반할 시에는 일족뿐만 아니라, 그 사람은 사죄(死罪)에 처하고, 일당들은 죄과의 경중에 따라 (처벌토록) 명령을 내릴 것
- 남만인이 나가사키에 자식이 있거나 위와 같은 아이들 중에서 양자로 받아들인 일족의 부모 등은 모두 다 사죄에 처한다. 그 목숨을 도와 남만인에게 넘길 때는 자연히 그들 중에 다시 일본에 오는 자들이 있을 것이다. 또한 그들과 문통(文通)이 있다면 본인은 물론이고, 친척 이하까지도 죄과의 경중에 따라 처벌할 것[15]

14　九州史料刊行會編(1965), 『九州史料叢書 長崎平戶町人別帳』, 九州史料刊行會
15　「長崎御役所留」(國立國會圖書館所藏). "一, 南蠻人子孫不殘置, 詳ニ堅可申付事, 若令違背, 殘置族有之ニおゐてハ, 其者ハ死罪, 一類之者ハ科之輕重ニより可申付事. 一, 南

다시 말하면, 포르투갈인과의 혼혈뿐만 아니라, 그 수양부모까지도 추방한다고 하는 가혹한 것이었다. 더욱이 1639년(관영 16) 7월 5일의 이른바 '제5차 쇄국령'이라고 칭하는 조목[條씨]들로서 이에 앞선 2월 21일의 「각」에서는 다음과 같은 기술이 보이고 있다.

- 네덜란드인들이 일본인 자식을 가지는 것은 금지시켜야만 하고, 이후에 가지게 되는 자식은 그 부친(네덜란드인)에게 붙여 모친과 함께 이국(異國)으로 보내야만 할 것
- 히라도에 있는 남만인의 자식은 이전에 키리시탄 종문(宗門)을 철저하게 조사했을 때 충절을 지키겠다고 말했다. 마카오로 넘어간 자는 사죄를 당할 것이기 때문에 모든 쿠니[國]는 명령을 기다리지 말고, 그쪽의 재량에 따라 이국에 보낼 것
- 나가사키에 살고 있는 중국인이 귀국하고 싶다고 말할 때는 이후 장사를 위해서는 올 수 있어도 거주할 수는 없다고 말하고 나서 원하는 대로 처자와 함께 보낼 것
- 나가사키에 명하여 살고 있는 네덜란드인도 위와 같이 할 것[16]

이처럼 포르투갈인과의 혼혈아뿐만 아니라 중국인·네덜란드인의 나가사

蠻人長崎ニ而持候子幷右之子供之内養子ニ仕族之父母等, 悉雖爲死罪, 身命を助ケ南蠻人江被遣候間, 自然彼者共之内, 重而日本江來歟, 又者文通有之おるでへ, 本人者勿論死罪, 親類以下迄隨科之輕重可申付事.

16 「長崎御役所留」(國立國會圖書館所藏). "一, おらんだ人於日本子を持候儀, 可爲停止, 此跡持候子者其あ父につけ母ともに異國江可遣之事. 一, 平戸に在之南蠻人之子, 此已前きりしたん宗門穿鑿之儀ニ付忠節申出候, 天川江越候者死罪にあふ事可有之候間いつれの國と不及差圖其身之心次第異國江可遣之事. 一, 長崎住宅之唐人致歸國度と申者之儀, 以來商賣には渡候とも居住不仕樣ニ申付, 望次第妻子ともに可遣之事. 一, 長崎に令住宅おらんだ人右同前之事"

키 거주도 금지되고 있음을 알 수 있다. 쇄국체제하의 경계였던 나가사키에서는 외부세계에 속한 외국인 상인과 막번제국가 내부에 속한 거주인이라는 이분화가 모색되어 외국인 거주자 등 국경을 초월한 마지널(Marginal)적인 존재가 배제되고 있었음을 알 수 있다. 도쿠가와 정권은 경계도시인 나가사키를 지배하는 동시에 외부세계와 막번제국가 내부의 양쪽에 걸친 존재들을 배제하려고 했다.

그러나 본래 막번(幕藩) 권력의 말단으로서 지배에 관여해야 할 당통사·아란타통사(阿蘭陀通詞)라는 통역들은 일찍이 나가사키에서의 포르투갈 선박 무역에서 세속의 권력에 속하지 않는 예수회가 일본 상인과 포르투갈 상인과의 중개를 담당하고 있었던 것과 마찬가지로 막부의 무역기관인 나가사키 회소(會所)와 중국선·네덜란드 선박과의 중재를 담당하는 제3자적 존재가 되었다.

또한 유일하게 외국인과의 개인적인 접촉이 허락된 마루야마마치[丸山町]·요리아이마치[寄合町]의 유녀나 중국선과 네덜란드 선박의 하역(荷役)에 즈음하여 상품 접촉의 기회가 있었던 일용직 인부에 대해서는 서비스의 대가로 설탕 교환이 이루어지고 있다는 것에서 볼 수 있듯이 막부의 격리정책이 있었음에도 불구하고, 수많은 경계인(마지널맨[Marginal Man])이 존재하고 있었다.

V. '경계'도시 나가사키에서 외국인의 법적지위

17~19세기 도쿠가와 정권의 지배하에 있던 나가사키에서 외국인은 어떤 법적 지위에 있었는지 살펴보겠다.

막번제국가의 직할도시인 나가사키 지배에서는 당사(唐寺) 등과 같이 막번 권력의 지배가 미치지 않는 외국인 성역(聖域)[Asylum]이 이른바 치외법권으로서 인정받고 있었고, 밀무역[발하(拔荷)]나 폭행을 저지른 중국인의 처벌에 대해서는 토진야시키 안에서의 금고형이나 벌금형이 부과되었지만, 국외추방이 가장 무거운 엄형(嚴刑)의 처분으로 국내 일본인과 같이 '옥문(獄門)[단두형]'이나 '곤장[태형]'이 부과되는 일은 없었다.

나가사키 봉행소(奉行所)의 판결 기록인 『범과장(犯科帳)』에는 중국인에 대해 신체형이 적용된 사례로 토진야시키가 만들어지기 이전 '시중잡거시대(市中雜居時代)'였던 1685년[정향(貞享) 2] 10월에 밀무역을 행한 죄로 유죄를 선고받은 중국인 숙소의 아부라야[油屋]에 대한 다음과 같은 판결이 있다.

> 당인소숙(唐人小宿: 내항 중국인이 숙박하던 곳) 사카야마치[酒屋町]의 점차인(店借人)
>
> - 아부라야 이치베[油屋市兵衛], 축세(丑歲) 40, 축(丑)[을축(乙丑)] 10월 8일 입감. 이 자는 이번의 41번 선박으로 아모이[厦門]에서 출선했으며, 선박 화물의 창고[장본(藏本)]는 다이고쿠쵸[大黑町]에 있다. 위의 창고에 같은 선박의 일꾼 고쿠지야[こくじや] 등 5명, 23번 선박의 일꾼 1명, 도합 6인이 합의하여 창을 깨고 숨어 들어가 단물(端物) 300단 정도를 훔쳐내고, 야밤중에 사택(私宅)으로 중국인들이 가져

왔는데, 이것을 받아들여 곧바로 처분하였다. 위의 중국인들이 훔치러 들어간 것에 대해서는 사전에 중국인들이 공모하였다는 것을 들었음에도 이를 감추고, 조사했을 때에도 신체에 고문하지 않은 채 자백하도록 했다. 거듭 법도에 어긋난 것으로 중국인 모두를 우라고토마치[浦五嶋町] 오오하시[大橋]의 감옥에 3일간 처했고, 축(丑) 10월 25일 고토[五嶋]로 유형을 보냈다.[17]

위의 자료로부터 주범인 아부라야 이치베에 대해서는 3일간의 투옥형에 처한 후 고토[五島]로 유형을 보냈고, 중국선으로부터 선적 화물의 옷감을 일본인의 사택으로 가지고 들어간 실행범으로서 23번 선박의 중국인도 3일간의 투옥형에 처하고 있다.

일본인이 외국인에게 위해를 가한 예로서는 1691년(원록 4)에 토진야시키에 수용된 중국인과 일본인 관리 사이에 일어난 소동이 있는데, 『범과장』의 1691년(원록 4) 6월 7일의 판결에는 다음과 같은 기술이 보이고 있다.

- 어제 32번 선박의 방 시중을 하는 헤이에몬[平右衛門]이라고 부르는 자가 술에 너무 취해 중국인 의복을 입고, 27번 선박의 과장(夥長: 선원들 중의 리더)과 말다툼을 하여 과장을 도랑에 처박고 부당한 행패를 부렸기 때문에 같은 선박의 이천(二仟)이 핀잔을 주자 이천에게도 달라붙어 행패를 부렸다. 더군다나 칼을 꺼내 들고 위험한 행

---

17 『犯科帳(一)』, 51쪽. "唐人小宿 酒屋町 店借. 一, 油屋市兵衛 丑歳四拾 丑十月九日籠舎. 此者之儀今度四拾壹番厦門出船船藏本大黒町ニ有之候. 右藏江同船之役者こくじや五人貳拾三番船之役者壹人都合六人申合窓を破忍入, 端物三百端余盜出之, 夜中私宅江唐人共持來候處, 請取之賣拂遣之候. 右之唐人共盜ニ入候企仕候儀, 前以雖承唐人依相頼隱之穿鑿之刻も有體ニ不申拷問之上, 令白狀候, 重々不屆付, 唐人同前ニ浦五嶋町大橋之詰三日曬之, 丑十月廿五日五嶋江令流刑之"

위를 했기 때문에 많은 중국인들이 붙잡았다고 한다. 이 사건을 선두(船頭)가 전날의 숙직당번[힐번공방(詰番公方)]에게 보고했는데, 이것은 의외의 사건으로 킨베[金兵衛]를 오토나[乙名] 숙직당번 야소자에몬[彌三左衛門]·구미카시라 쇼에몬[組頭庄右衛門] 두 사람에게 보냈는데, 32번 선박의 방 시중을 하는 자는 의외의 결과로 그대로 내보냈다고 한다.[18]

토진야시키에서 중국선의 시중 담당이었던 헤이에몬이라는 역인(役人)이 술에 취하여 중국선의 책임자인 과장에게 행패를 부렸기 때문에 중국인과의 사이에서 살상이라고 하는 난투가 벌어졌다. 헤이에몬은 중국인들에게 붙잡혔는데, 중국선의 선두 등에 의해 사건이 신고되었지만, 처벌이 이루어지지 않아 중국인들 사이에서 다음과 같은 불만이 일어났다.

- 아침 식사 후에 토진야시키에 엽공(葉公)과 황공(黃公) 두 사람이 와서 보고하였는데, 곧바로 다카키 시로에몬[高木四郎右衛門] 님, 이토야[いとや]·히라노야[平野屋]·미즈노[水野] 4인이 함께 통사(通事)의 방으로 가서 그저께부터의 오고 가는 이야기를 했다. 모두 말하기를, "27번 선박의 과장과 이천을 불러서 그저께 방 시중을 하는 자가 행패를 부린 것은 부당한 일이라고 말해야 한다고 하며, 동료들이 함께 상담을 하고 나서 공의(公儀)에 고소해야만 하지만 그렇게

---

18 『大日本近世史料 唐通事會所日錄 二』, 6~7쪽. "一, 昨日, 三拾貳番船之部屋付平右衛門卜申者, 酒に給醉, 唐人衣裝を著候て, 貳拾七番船之夥長トロ論仕, 夥長を溝江打込, 理不尽之狼藉仕候ニ依而, 同船之二仟ささへ申候へハ, 二仟江もくらい付, 狼藉仕, 剩包丁を取出し, 危キ仕方共有之候ニ付, 唐人共大勢ニ而とらへ申候, 此段昨日之詰番公方江船頭申屆候ニ付, 是ハ案外成仕方ニ付, 金兵衛を以, 乙名詰番彌三左衛門·組頭庄右衛門兩人方江申遣候ハ三拾貳番船之部屋付之者, 案外成儀仕出し, 其儘にて不被召置候"

하면 운이 나쁜 일이 생길 수도 있으므로 즉시 방 시중하는 자는 건물에 들이지 말고 내쫓아야만 한다"고 하였다. 그렇게 알고 이해할 수 있도록 지시했지만, 그 자리에서는 어지간히 동의가 이루어지지 않았다. 그 사건에 대해 오토나·구미카시라들에게도 여쭈어보니, "정말로 중국인들이 화가 난 것에 대해서는 잘 알고 있다. 아무쪼록 동의를 받을 수 있도록 하라"고 지시를 내리고는 4인 모두가 돌아갔다. 그 후에 여러 선두와 수명이 함께 만나서 겨우 동의가 이루어졌다. 이에 따라 오토나에게 히라이 니에몬[平井仁右衛門]·이데 지로자에몬[井手次郞左衛門] 두 사람을 보내 "중국인들을 여러 가지로 달래서 이해를 시켰는데, '그렇게 알았다'고 하였다"는 것을 전하자, 의외로 기뻐하며 말하기를 "아무튼 안심된다"고 둘 다 말하였다. 그 후에 엽공(葉公)·황공(黃公)도 오토나의 방에 가서 인사를 했다. 전술한 방 시중 헤이에몬이라는 자는 중국인이 납득을 한 후에 수갑을 풀어서 오토나의 방으로 불려갔는데, 그대로 붙잡아 들여서 퇴출시켰다고 한다.[19]

---

19 『大日本近世史料 唐通事會所日錄 二』, 9~10쪽. "一, 朝飯後ニ唐人屋敷江葉公·黃公兩人參申候所ニ, 早速高木四郞右衛門殿, いとや·平野屋·水野四人共ニ通事部屋ニ被參候而, 段々一昨日より之出入物語共有之候, 何れも居被申候内ニ, 貳拾七番船夥長·二仟呼寄セ候而, 一昨日部屋付之者狼藉仕たる段不屆ニ存, 中ケ間相談仕, 御公儀江訴申筈ニ有之候得共, 左樣ニ仕候而者聞所も有之候, 則部屋付之者ハ構江入不申押出し申筈ニ仕候間, 其通ニ相心得, 納得仕候樣ニと申渡候得共, 其座ニ而ハ中々承引不仕候, 其段も乙名·組頭衆江申聞せ候へハ, いかにも唐人共腹立之段者, 尤ニ被存候, 何とぞ承引仕候樣ニと御申付可被下候由ニ而, 四人共ニ被歸候, 其跡ニ而諸船頭共數人參合候而, 漸承引致させ申候, 依之, 乙名方江平井仁右衛門·井手次郞左衛門兩人使ニ而, 唐人方色々なだめ承引致させ申候間, 左樣御心得被成候樣ニと申遣候所ニ, 殊外悅被申, 先以安堵仕たる儀共ニ御座候段被申候, 其後葉公·黃公も乙名部屋ニ參挨拶共有之候, 右部屋付平右衛門と申者, 唐人承引仕候而後, 手かねをはづし, 乙名部屋ニ呼申候而, 其儘押付構江入被申, 追出し被申候"

위에서 알 수 있는 바와 같이 다음날 아침이 되어 중국인 대표자 2명과 관계자 2명이 일본 측의 당국자인 타카기 시로에몬 등에서 헤이에몬의 처분을 요구하고 있다. 그러나 일본 측은 막부로의 소송은 번거로운 것이기 때문에 중국인들이 납득할 수 있도록 진정시킨 후에 헤이에몬을 처벌하지 않은 채 해고 처분했다.

다음으로 토진야시키에서 중국인 간의 싸움에 대한 처벌을 보겠다. 중국선과의 거래에서 통역을 담당했던 당통사 관청의 직무일지인 『당통사회소목록(唐通事會所日錄)』의 1707년[보영(寶永) 4] 5월 7일에는 다음과 같은 기술이 보이고 있다.

> 12번 선박에서 은(銀) 3관(貫) 500목(目)을 분실했다고 하여 하인을 붙잡아 조사하였는데, 13번·26번 2척의 선박에 넘겼다고 한다. 이에 따르면, 12번 선박의 많은 선원들이 26번 선박에 어제저녁에 몰려 들어가 행패를 부렸고, 이 은(銀)은 2척의 선박에 모았는데, 알지 못한다고 한다. 그에 대해 오늘 20번 선박이 12번 선박에 대한 보복 행위가 또다시 있었고, 내부에서 상당한 소동이 있었는데, 연번(年番)에게 보고하러 보내기 위해 하인에게 지시하여 메츠케[目付] 두 사람과 후지 시치로에몬[藤七郎右衛門]·야스에몬[安右衛門]·산쥬로[三十郎] 및 연번 두 사람이 왔다. 여러 선두를 불러서 쌍방이 서로 주고받고 했으므로 여러 가지로 타일러서 곧 쌍방이 납득하였으며, 사건이 진정되었다고 한다.[20]

---

20 『大日本近世史料 唐通事會所日錄 二』, 218~219쪽. "拾貳番船ニ銀三貫五百目失ひ申候ニ付, 僕をとらへ詮議仕候處ニ, 拾三番·貳拾六番貳艘江渡し有之段さし申候, 依之, 拾貳番船之水手共大勢貳拾六番艘江者夜前押寄せ, 狼藉仕候, 右之銀貳艘之船江而不存事ニ候, 就夫, 拾貳番船江今日貳拾番船より又々打返し有之, 殊外構之內騷動仕候ニ付, 年番江申參候ニ付, 中間江申觸, 目付兩人·藤七郎右衛門·安右衛門·三十郎·年番兩人參候·諸船頭呼出し, 雙方打返し仕候ニ付, 色々申なため, 漸雙方納得仕, 事靜り申候"

중국선에서의 금전 도난사건으로 인해 중국선 선원들끼리 싸움이 벌어졌는데, 일본인 관리가 중재를 하고 있다. 동 8일이 되어서는 당통사에게 "만약에 함부로 소동을 일으킨다면 중국인이라 하더라도 옛날부터 감옥에 집어넣도록 하는 지시도 있었고, 사정에 따라서 일본의 법으로 판결할 수 있는 사항도 있기 때문에 그 취지를 엄격하게 말하도록 지시하였다"[21]에서 확인할 수 있듯이 중국인이 금후에 또다시 소동을 일으키는 일이 있다면, 외국인이라고 하더라도 감옥에 넣을 수 있으며, 중죄에 대해서는 국내법을 적용시킨다는 연락이 있었다. 이것에 근거하여 다음 날인 9일, 연번 당통사 등이 토진야시키에 가서 중국선 선두 등을 불러 모아서 설명을 행하고 있었다.

『당통사회소목록』의 1713[정덕(正德) 3] 6월 12일의 「수수강신도후구상지각(水手江申渡候口上之覺)」에는 다음과 같은 기술이 보인다.

- 작년에 위선(囲船)의 선원들이 누차에 걸쳐 소동을 일으킨 것은 필경 위선 안에 많은 수의 선원들을 두었기 때문에 서로 패당을 맺고 사적인 소원을 꾀하여 소동에 이르게 된 것이다. 이에 따라 금년은 하역하고 대가는 지급하지만, 선원들은 위선의 선박 안에 들이지 말도록 이 취지를 잘 명심해야 한다. 그러나 선원들 중에서도 법을 지키고 사욕을 꾀하지 않으며, 이전에 소동을 일으키지 않았고, 또한 조심하려는 마음이 있는데, 위선에 들어가고 싶어 하는 자가 있다면, 조심하겠다는 취지를 하나하나 써야 하며, 만약 이 이후에 도박 또는 사적인 소원을 가지고 패당을 맺어 소동을 일으키는 자가 있다

---

21 『人日本近世史料 唐通事會所日錄 二』, 220쪽. "若猥リニ騷動仕事共ニ候ハヽ, 唐人たりとも古來より入籠被仰付候儀も有之候, 其上品ニより日本之御法にも被仰付品茂可有之候間, 其旨堅く申付樣ニと被申聞候"

면, 그를 붙잡아 오토나 또는 통사(通事)에게 압송해야만 한다. 그때는 조사한 후에 사형을 내릴 것이고, 물론 가담한 자, 또는 소동을 꾀한 자를 숨기고 보내지 않을 때는 그 선박의 선원들을 조사한 후에 같은 죄로 처벌하겠다.[22]

나가사키 봉행소는 토진야시키 안에서 소동을 일으킨 중국인에 대해서는 국내법을 적용시켜 사형에 처하리라는 것을 전하고 있다. 다음 날 13일 오토나와 당통사 메츠케는 당통사 5명과 함께 중국선 5척의 선두에게 증문[證文, 서약서(誓約書)]의 제출을 명했는데, 다음과 같은 요청을 다시 하고 있다.

선두들의 회합이 있어 상담하여 결정이 났다는 것을 들었다. 모두들 말하는 것은 "법의 대강에 대해서는 어떻더라도 삼가 받들어 증문을 제출하겠지만, 서두에 있는 사형의 취지에 대해서는 받아들이기 어렵다"는 것이다. 상인의 일이기 때문에 다른 일에 대해서는 어떻게 되더라도 삼가 받들겠지만, 사형에 대해서는 모두 논의의 결정이 이루어지지 않았다. 이 일은 아무쪼록 증문에서 빼도록 방편을 부탁한다.[23]

---

22 『大日本近世史料 唐通事會所日錄 二』, 220쪽. "一, 昨年中於圍水主共度々致騷動候儀, 畢竟圍之內江水主共人勢差置候故によって, 黨を結ひ, 私之願を企, 及騷動事ニ候, 依之, 今年ハ荷役仕廻候共, 水主共之分ハ圍之內江不入船ニ可差置候間, 其旨可相心得候, 年去, 水主共之內ニも, 法を相守, 私成願不企, 曾て騷動不仕, 相愼候旨可在之候間, 圍ニ入度と存もの於有之ハ, 可相愼之趣を一々書記之, 若此以後或博奕, 或私願を以黨を結ひ可及騷動儀を企候もの於有之者, 捕之, 乙名・通事方迄可差出候, 其簡僉議之上死刑ニ可申付由, 勿論致荷擔もの又は騷動企るものを押隱し, 於不指出ハ其船之水主共も僉議之上, 同罪ニ申付候樣にと"

23 『大日本近世史料 唐通事會所日錄 二』, 232쪽. "船頭共寄合居申候ニ付, 御請之相談議定仕候哉と承候處ニ, 何レ茂申候も, 御法一通り之儀ハ何候分ニも奉畏證文差出可申候得共, 御書出し之內ニ死刑之趣候, 御請難成候, 商人之儀ニ御座候へハ, 外之儀ハ何樣ニ

사형의 적용을 제외시킬 것을 요청한 것이다. 나가사키 봉행소는 다음 날부터 3일간에 걸쳐 승낙을 받아내려고 시도하였으나 동의를 얻지 못했기 때문에 18일이 되어 봉행소로부터 오토나·당통사 메츠케 등에 대해 "서두에 있는 사형의 두 글자에 대해서 중국인들은 곤란하다고 하지만, 명령받은 취지를 삼가 받들고, 증문에 대해서 더 이상 말해서는 안 된다"[24]라고 사형의 적용을 강요하고 있었다.

한편, 중국인에 대한 거의 유일한 처치가 국외추방이었다는 것은 이미 전술한 바이지만, 그것이 반드시 억지력을 가지고 있던 것은 아니었다는 것을 다음 사료로부터 알 수 있다. 『범과장』의 1763년[보력(寶曆) 13]에는 국외추방으로 처벌된 같은 해의 13번 중국선의 선조원이 대역을 세워 몰래 토진야시키에 머물었던 사건에 관한 판결이 실려 있다. 그 중에서 주범격의 2명에 대한 판결은 다음과 같다.

말띠 13번 선박 선원

동도무(董道武)　　미[未, 계미(癸未)] 2월 14일 관내의 감옥에 입감

　　　　　　　　동(同) 21일 벌금 500목을 거두고 국금(國禁)을

명령위 사람은 지난번에 광동(廣東) 인삼을 몰래 가지고 들어와 출하시켰기 때문에 국금을 명령하였는데, 동료 장사강(張仕康)을 자기편으로 끌어들여 출항하는 선박에 태우고, 위 사람은 관내에 몰래 숨어 있었다. 이것은 거듭 국법을 어겨 부당함이 극에 달하기 때문에 중한 처벌을 받아야하나, 여러 선주들의 청원의 취지도 있었으므로 용서하여 은

成共可奉畏候へ共, 死刑之處ニ皆々議定不仕候, 此段ハ何とぞ證文ニ差除候樣ニ方便奉賴候"

24　『大日本近世史料 唐通事會所日錄 二』, 234쪽. "書付之內死刑之二字唐人共方より書入候儀こまり申候由, 尤被仰付候趣奉畏候と申上候證文取申ニ不及候"

(銀) 500목의 벌금에 처하고 국금을 명하였다.[25]

말띠 13번 선박 공사(工社)

장사강   미(계미) 2월 14일 선두인 재부(財副)에게 의탁시킴. 동 21일에 국금을 명령위 사람은 지난번 동도무가 광동 인삼을 몰래 가지고 들어와 국금에 처했음에도 부탁을 받고 동도무라고 자칭하라는 말을 듣고서 출항하는 선박에 탔으며, 동도무는 관내에 남겨두었다. 이것은 국법을 어긴 부당한 일로서 중한 처벌을 받아야 하나 여러 선주들의 청원의 취지도 있었으므로 용서하여 국금을 명하였다.[26]

광동 인삼을 몰래 가지고 들어오려 한 죄로 국외추방의 처분을 받았으면서도 다른 사람을 내세워 이를 무시한 주범 동도무에 대해서는 벌금 은 500목 이외에 국외추방, 동도무를 대신했던 이미 출국한 공범자 장사강에 대해서는 국외추방이 명령이 내려졌다. 이 사건은 첫째로 국외추방의 처분이 무시되고 있다는 점, 이미 국외로 퇴거한 중국인을 처분하는데, 국외추방이라고 하는 수단밖에 없었다는 점에서 당국으로서는 마지막 수단이라고도 해야 할 국외추방이라는 명목성의 한계가 드러나고 있지만, 문제는 여기서 그치지 않았다. 즉, 나가사키 봉행소의 판결에서는 주범 동도무가 토진야시키

---

25 『犯科帳(二)』, 325쪽. "午拾三番 水主. 一, 董道武 未二月十四日於館內入牢, 同廿一日過料五百目取上國禁申付. 右之者先達而廣東人參隱持渡改出候ニ付, 國禁申付處傍輩張仕康をかたらひ申渡等を請させ出帆之船ニ乗セ, 右之者ハ館內ニ忍居候段, 重々國法を犯シ不屆至極ニ付, 重々も可申付處, 諸船主共願之趣も有之ニ付, 宥恕を加へ銀五百目過料申付令國禁候"

26 『犯科帳(二)』, 325쪽. "午拾三番 工社. 一, 張仕康 未二月十四日船頭財副江預 同廿一日國禁申付. 右之者先達而董道武廣東人參隱持渡に付, 國禁申付處被賴候よし二而董道武と名乗申渡を請出帆之船ニ乗, 董道武を館內ニ殘置候段, 國法を犯し不屆ニ付, 重々も可申付處, 諸船主共願之趣も有之ニ付, 宥恕を以國禁申付候"

에 머무를 수 있었다는 점과 공범 장사강이 동도무 행세를 하며 출항했다는 사실로부터 이 사건을 조직적 범행으로 간주하고, 10번 선박부터 15번 선박에 이르기까지 중국선 5척의 승무원 18명에 대해서 입감시킨 후에 국외추방, 7번·8번 선박, 10번 선박에서 15번 선박까지 중국선 8척의 선두·재부 12명에 대해서는 국외추방, 동도무가 타고 온 13번 선박의 선두·재부·총대(惣代)의 3명에 대해서는 벌금[벌동(罰銅)]을 명령받는 등 합계 62명이 국외추방의 처분을 받았다.

이것에 대하여 중국선의 선주들은 다음과 같이 주장하고 있었다.

> 동(銅)은 관소(官所)에 납품하기 때문에 감소한다면, 중국으로 돌아가서 책망을 들을 것이기에 어려움이 있고, 또 선박의 선원들이 도해를 정지당한다면, 62명 모두 지금까지 몇 해 전부터 먼바다를 건너와 장사를 통해 가족을 무육(撫育)해왔는데, 영구히 가업(家業)을 잃어버린 선박의 가족까지도 고통을 받을 것이기 때문에 연민을 가지고 위의 두 가지를 면해주기를 원한다.[27]

13번 선박에 대한 주요 수출품인 동의 삭감은 귀국 후에 청조 당국에 의한 처벌의 대상이 되고 있다는 것, 62명은 모두 일본과의 무역으로 가족을 양육하고 있기 때문에 생활 수단의 상실을 이유로 처분에 대한 철회를 청원하고 있는 것이다. 이에 대해 나가사키 당국은 다음과 같이 언급하고 있다.

---

27 『犯科帳(二)』, 328~329쪽. "銅ハ官所江納品ニ而減少いたし候ては歸唐之上咎を請, 難儀之趣且一船之者共渡海停止之上ハ六拾貳人之者共, 是迄年來遠海を乘渡商賣を便ニ家族を撫育いたし候處, 永ク家業を失ひ一船家族之者迄令難儀候間, 憐愍を以右兩樣差免候之樣致度旨相願候"

지난번에 명령한 대로 국외추방[국금] 되었다가 재도항하는 사람을 데리고 오는 것보다도 그 죄가 무겁기는 하지만, 벌금의 동(銅)을 감하여 면해줄 수는 없다. 선박에 대한 국금에 대해서도 이전에 규정이 있는데, 첫배를 타고 넘어오는 자가 그 배의 출항 때에 숨어서 서로 교체하여 남아 있는 것보다도 그 죄가 가볍지 않기에 이 또한 납득하기 어렵다. 하지만 많은 수의 가족이 흩어지는 것을 슬퍼하여 동향의 친분으로써 모두가 소원하기에 각별히 용서하고, 총대인 왕유(王有)에게는 국금을 명하며, 선주를 시작으로 선박의 선원에 대한 국금은 면한다는 그 취지를 알아주길 바란다. 다만, 이후에 위와 같은 일이 없도록 서로 조사할 것을 지시한다.[28]

국외추방을 무시하고 대역을 세운 악질적인 행위를 지적하고, "13번 선박의 승조원들 모두 국금을 면하고 총대인 왕유 한 사람만 국금에 처한다"라는 판결을 확정했다.

---

28 『犯科帳(二)』, 328~329쪽. "先達而申渡候通國禁再渡之者を連渡候よりも其罪重候得共, 銅罰減差免候事ハ不相成候, 一船國禁之儀も前ニ掟有之, 初船ニ乘渡候者其船之出帆ニ隱レ代リ合殘居候者有之よりも其罪不輕候故, 是又難聞濟候得共, 大勢之家族離散を歎キ同鄉之好身を以一統相願事ニ付格別之宥恕を以, 惣代王有成を令國禁, 船主始一船之者共之國禁ハ差免候間, 其旨可相心得候, 尤以來右體之儀無之樣, 相互ニ吟味可致旨申付候"

VI. 맺음말

17~19세기 중반에 이르는 근세시기의 나가사키는 막번제국가의 주변부이며 주변의 동아시아 사회와의 경계라고도 할 수 있는 항구도시(항시)였다. 거기에서는 막번제국가 권력에 의해 경계영역에 속한 혼혈이나 외국인 거주민에 대한 배제가 행해짐과 동시에 엄중한 외국인의 격리와 관리 등이 실행되고 있었다.

그러나 경계인 항구도시가 그 기능을 발휘하기 위해서는 법적 지배의 애매함과 막번제국가 권력의 말단인 중국과 네덜란드의 통사(通事, 通詞)가 그 직무의 범위 안에서 어느 쪽에도 속하지 않는 경계선상의 제3자적 역할을 연출하게 되었다. 환언한다면, 이러한 경계인의 존재야말로 항구도시였던 나가사키의 경계로서의 기구(機構)를 유지하고 있었다고 말할 수 있겠다.

참고문헌

K. ポランニー(1980), 『人間の經濟Ⅰ』, 岩波書店

K. ポランニー(1980), 『人間の經濟Ⅰ·Ⅱ』, 岩波書店

安野眞幸(1992), 『港市論』, 日本エディタースクール

生田滋(1986), 「アジア史上の港市國家」, 『日本の古代3』, 中央公論社

家島彦一(1991), 『イスラム世界の成立と國際商業』, 岩波書店

宮田安(1979), 『唐通事家系論考』, 長崎文獻社

岩生成一(1985), 『新版朱印船貿易史の研究』, 岩波書店

九州史料刊行會編(1965), 『九州史料叢書 長崎平戶町人別帳』, 九州史料刊行會

「長崎御役所留」(國立國會圖書館所藏)

『犯科帳(一)』

『大日本近世史料 唐通事會所日錄 二』

『犯科帳(二)』

근세 한일관계에서 쓰시마번과 왜관[*]
– 1693년 조선인의 돗토리번 연행사건을 사례로

윤유숙 | 동북아역사재단

Ⅰ. 머리말
Ⅱ. 왜관의 경관
Ⅲ. 1693년 조선인 연행사건과 쓰시마번의 정황 조사
Ⅳ. 왜관을 통한 조선인 송환과 쓰시마번의 대조선 교섭
Ⅴ. 맺음말

I. 머리말

　왜관(倭館)은 조선 시대의 한일관계를 상징하는 시설이다. 15세기 초 조선정부의 왜구 금압정책의 일환으로 삼포(三浦)와 한성에 설치된 왜관은 이후 개폐(開閉)와 축소, 이전(移轉) 등을 거듭하면서 근대 개항기 직전까지 유지되었다. 임진왜란의 발발로 인해 왜관이 소멸된 이후 1609년 국교가 재개되기까지의 소강기를 포함시켜 계산해도 왜관의 역사는 줄잡아 450여 년 이상에 이른다. 이윽고 왜관은 1873년 일본외무성에 접수되었고 1876년에는 일본의 전관거류지(專管居留地)로 변경되면서 폐쇄되어,[1] 450여 년의 짧지 않은 역사에 막을 내리게 되었다. 필자가 글의 첫머리에서 왜관이 조선 시대의 한일관계를 상징한다고 규정한 이유는 이처럼 한일관계의 굴곡진 전개가 곧바로 왜관의 존립 상태로 가시화되었기 때문이다.

　한편 시야를 넓혀 근세 동아시아 세계 속에서 왜관을 조망할 경우, 조선 후기 왜관은 당시 동아시아 제국(諸國)이 공통적으로 취하고 있던 '이국선(異國船) 교역의 일극집중관리체제(一極集中管理體制)'를 배경으로 성립되었다고 할 수 있다. 그로 인해 당시 동아시아 각지에 점재(點在)하던 다른 무역

---

* 이 글은 『동양사학연구』 123집(2013년 6월)에 게재된 윤유숙, 「1693년 조선인의 돗토리번[鳥取藩] 연행사건과 쓰시마번[對馬藩]」을 가필·수정한 것이다.
1　메이지정부의 왜관접수는 외무성이 조선과의 외교, 무역을 취급하기 위해 쓰시마를 처리하는 차원에서 시행된 것으로, 조선의 입장에서는 일반적인 왜관침탈이나 다름없었다. 1876년, 조일수호조규가 체결되면서 전근대 통교체제는 완전히 붕괴되고 조일수호조규의 개항장 규정에 의거하여 부산이 개항되었다. 초량왜관이 있던 곳은 1876년에 체결된 부산구일본전관거류지약조에 의해 약 11만 평 규모의 전관거류지로 변경되었다.

거점-이를테면 일본 나가사키[長崎]의 오란다 상관(商館)과 도오진야시키[唐人屋敷]-과 마찬가지로 조선정부의 엄중한 관리체제하에 있었다. 그리고 동아시아의 무역거점들 속에서 왜관이 지니는 특성을 추출해내거나 혹은 특수성을 염두에 둔 연구는 이미 오래전부터 진행되어 왔다고 하겠다.

왜관 연구는 1980년대에 이르러 다시로 가즈이[田代和生] 씨[2]에 의해 왜관의 가장 기본적인 사항[근세왜관의 변천사, 경관, 일본 측 역인(役人)]이 소개된 이래 한국 연구자들의 연구성과도 상당한 축적을 보이고 있으며, 관심사도 한층 다양화되고 있다.[3]

이 글에서는 17세기 말 한일 간에 외교적으로 커다란 쟁점이 되었던 사건을 사례로 하여, 사후 처리를 위한 양국의 교섭 과정을 검토함으로써 외교교섭에서 쓰시마번[對馬藩]과 왜관은 어떻게 기능하였는지 살펴보고자 한다. 전체 내용의 이해를 돕기 위해 먼저 조선 후기 왜관의 경관(景觀)을 간략하게 개관하고, '1693년 돗토리번[鳥取藩] 주민들에 의한 조선인의 일본 연행사건(連行事件)'을 고찰할 것이다.

---

2 田代和生(1981), 『近世日朝通交貿易史の硏究』, 創文社 ; 田代和生(2002), 『倭館-鎖國時代の日本人町』, 文藝春秋

3 한일관계 및 왜관 연구사는 閔德基(2009), 「韓國における韓日關係史硏究の回顧と展望 —中·近世を中心に—」, 『日朝交流と相克の歷史』, 校倉書房 ; 尹裕淑(2011), 『近世日朝通交と倭館』, 岩田書院, 9~16쪽

II. 왜관의 경관

　한일관계에서 왜관이 갖는 기능의 핵심은 조선왕조가 일본에서 오는 통교자를 수용하고 그들을 접대하기 위해 설치한 객관(客館)이라는 점이다. 임진왜란이라는 국가적인 위기상황을 경험한 조선은 이후 일본인의 조선국내 지역으로의 진입을 꺼려 일본인 통교자의 체재를 부산의 왜관으로 한정했다. 조선 후기 한일관계의 구조적인 변화를 반영하여 일본 측에서 대조선 통교를 쓰시마번이 전담하게 되자 조선에 도항하는 쓰시마번 사람들은 예외 없이 왜관에 체재하면서 통교업무을 수행하게 되었다. 즉 왜관은 조선후기 조선국내에서는 유일한 '일본인의 체재공간'이자, 양국의 통교에 수반되는 외교의례와 무역업무가 수행되는 '무역소'였다.

　임진왜란이 종료 후 강화교섭을 위해 대마도의 사자(使者)가 조선에 도해하는데 그들의 접대는 부산 앞바다의 절영도(絶影島)['牧の島', 현 '影島']에 설치된 가왜관(假倭館)에서 행해졌다. 절영도의 가왜관은 1601년에서 1607년까지 존속했다고 추정된다.

　1607년, 정식 왜관이 부산 두모포(豆毛浦)에 신설되었다. 두모포왜관의 위치는 부산성(釜山城) 근처로써 현재 부산시 동구 수정동(水晶洞) 일대에 해당된다. 넓이는 약 1만 평으로, 동쪽은 바다에 접하고 왜관의 동문(東門) 밖에 좌천(佐川)이라는 강이 흐르고 있었다. 관련사료의 부족으로 인해 두모포왜관의 상세한 내부구조는 알기 어렵지만 두모포왜관은 남·북·서를 담으로 둘러치고 안에는 동관(東館)·서관(西館)으로 불리는 건물이 있었던 것으로 보인다.

　한일통교가 본궤도에 오르기 시작하면서 도항해 오는 일본인의 수가 증가하자 두모포왜관은 관사가 협소하여 그들을 모두 수용할 수 없었을뿐더러 여기저기 결함이 많아서 일찍부터 쓰시마번은 조선정부에 개축과 증축, 이관(移館)을 빈번하게 요구했다. 건물이 밀집해 있어서 화재가 발생할 때마다 관사의 연소도 빈발했고, 선창에 수책(水柵)이 설치되어 있기는 했지만 남풍을 직접 받기 때문에 평소 선박을 육지에 끌어올려 놓아야 했다.

쓰시마번이 수차례에 걸쳐 왜관의 이전을 요청하자 조선은 1673년, 왜관을 이전하기로 결정하고 초량(草梁)이라는 곳에 약 3년 걸려 새로운 왜관을 조영, 1678년 완성되었다. 이것이 근세왜관으로 불리는 초량왜관이다. 초량왜관의 위치는 현재 부산의 용두산 공원일대이다. 초량왜관은 1678년부터 약 200년간 조일통교의 통상적인 외교와 무역업무가 행해지는, 중요한 기능을 담당하는 장소로 존속했다. 초량왜관의 부지면적은 약 10만 평이다. 이는 구관(舊館)으로도 불리는 두모포왜관의 10배에 상당하며 나가사키[長崎] 도오진야시키[唐人屋敷](약 1만 평)나 데지마[出島](약 4,000평), 가고시마 유구관[鹿兒島琉球館](3,599평) 등과 비교해도 현격하게 차이가 난다. 초량왜관은 당시 동아시아에서 명실공히 최대급의 규모를 자랑하는 외국인 체류지였다.

왜관 내외에는 쓰시마번인들을 수용하고 통교업무를 수행하는 데 필요한 다양한 기능의 건축물들이 조영되어 있었다. 먼저 초량왜관의 내부구조를 살펴보면, 사방을 담으로 둘러친 관내(館內)에는 다양한 기능의 건물들이 늘어서 있었다. 왜관의 건물은 부지의 중앙에 위치한 용두산을 경계로 해서 크게 서관(西館)과 동관(東館)으로 나뉘어 있었다. 서관에는 서관삼대청[제일선정관옥(第一船正官屋)·참판옥(參判屋)·부특송사정관옥(副特送使正官屋)]과 육행랑(六行廊)이 늘어서 있어서 이곳이 쓰시마번 사자(使者)들의 숙박소로 이용되었다. 이른바 '사절단의 숙박소'에 해당되며 쓰시마번은 이곳을 첨관옥(僉官屋)이라 불렀다.

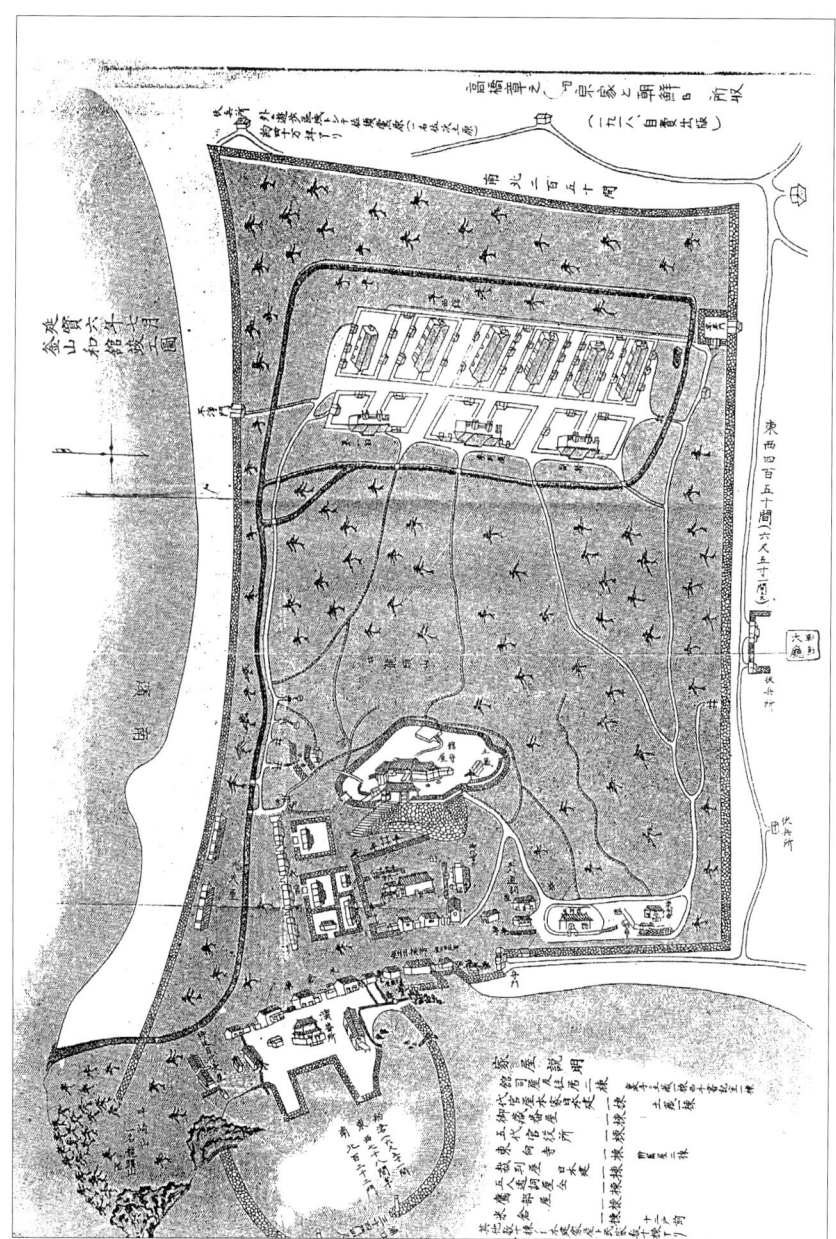

그림 1 高橋章之助, 『宗家と朝鮮』 所收, 大正 9年

그리고 동관에는 관수옥(館守屋, 관내를 통할하는 쓰시마번 측 관리), 재판옥(裁判은 외교교섭 담당), 개시대청(開市大廳)이 있어 이 세 개의 건물을 동관삼대청이라 한다. 동관에는 그 밖에도 대관옥[대관(代官)은 무역업무 담당], 동향사(동향사 승려는 외교문서를 담당), 통사옥(通事屋, 대미번의 통역관), 요코메[橫目]·메츠케[目付]의 숙사, 상인의 숙사, 창고 등이 있었다. 즉 왜관에는 대마번이 파견한 외교사행, 왜관에서 근무하는 관리, 상인이 기거하는 곳이 각각 별개의 건물로 배치되어 있어 왜관에 체재하는 대마번인은 자신의 역할에 따라 지정된 숙사를 사용했다.

왜관의 담 바깥쪽으로 조금 떨어진 곳에 연향대청(宴享大廳, 외교의례상의 연회를 행하는 곳), 성신당(誠信堂, 조선역관의 집무소), 객사[客舍, 숙배소(肅拜所)라고도 함. 조선국왕의 전패(殿牌)를 향해 배례를 행하는 곳], 통사청(通事廳), 유연관(柔遠館, 응접하러 온 조선인 관리의 숙소), 복병막[伏兵幕, 조선 군관(軍官)의 초소] 등이 있었다. 관외에 조영된 이러한 부속시설은 대개 외교의례용이거나 조선 관리의 관사라는 성격을 지니고 있었다.

III. 1693년 조선인 연행사건과 쓰시마번의 정황 조사

1693년, 울릉도(鬱陵島)에 온 일본인들에 의해 두 명의 조선인이 일본으로 연행되는 사건을 계기로 조선과 에도막부 사이에 울릉도의 영속이 외교문제로 부상했다. 일본에서는 돗토리번의 초닌[町人] 오야[大谷]씨와 무라카와[村川]씨가 막부에서 발행한 '죽도(울릉도)도해허가' 로주봉서[老中封書][4]를 근거로 하여 1620년대부터 울릉도에서 어획활동을 하고 있는 상황이었다.

주지하는 바와 같이 조선 후기에 조일 양국의 통교는 그 통로가 쓰시마번으로 한정되어 있었다. 따라서 울릉도의 영속문제에 관한 실질적인 외교 교섭은 물론이거니와 일본에 표착한 조선인을 조선으로 송환하는 일 역시 쓰시마번이 수행하였다. 에도시대에 쓰시마번은 조선통교 전담자로서 대조선 업무에 한해서는 이른바 '전문가로서의 발언권'을 행사할 수 있었다. 그러한 위치에 있던 쓰시마번은 울릉도쟁계를 처리하는 과정에서 과연 어떤 입장을 취하였고, 그것은 해당 사건의 추이에 어떻게 작용했을까.

---

4   大谷家文書 『竹嶋渡海由來記拔書』에 수록된 죽도도해면허는 다음과 같다.
  호키노쿠니[伯耆國] 요나고[米子]에서 竹島[울릉도]에 이전에 배로 도해하였고 이번에 도해하고 싶다는 뜻을 요나고 초닌[町人] 무라카와 이치베[村川市兵衛]와 오야 진키치[大屋甚吉]가 상신한 바, [쇼군께] 말씀드리자 이를 허가 하셨으니 그렇게 알고 도해할 것을 명합니다. 이만 줄임.
  5월 16일
      나가이 시나노카미 나오마사[永井信濃守 尙政] 判
      이노우에 카즈에노카미 마사나리[井上主計守 正就] 判
      도이 오이노카미 도시카쓰[土井大炊頭 利勝] 判
      사카이 우타노카미 타다요[酒井雅樂頭 忠世] 判
  마쓰다이라 신타로[松平新太郞] 님께

이와 같은 점에 유의하면서 이 장에서는 1693년 조선인이 돗토리번에 연행된 사건으로 인해 양국이 취한 후속조치, 즉 쓰시마번과 조선 사이에서 진행된 외교교섭의 추이를 검토할 것이다.[5] 그 과정에서 일본에 연행된 조선인이 왜관을 통해 조선으로 귀국하는 과정을 상세하게 소개하고자 한다.

　1692년 2월에 요나고를 출발하여 3월 울릉도에 도착한 무라카와씨의 선박은 다른 포구에서 조선 선박 2척과 조선인 약 30여 명이 어획하고 있는 모습을 발견했다. 무라카와 선원들은 육지에 남아 있던 조선인 두 명을 자신들의 배에 태우고, 마침 의사소통이 가능한 조선인에게 섬에 온 연유를 물었다. 조선인은 "이 섬의 북쪽에 섬이 있어 3년에 한 번씩 국주(國主) 용으로 전복을 취하러 간다. 2월 21일에 배 11척이 출항했는데 난풍(難風)을 만나 배 5척과 53명만 이 섬에 유착(流着)했다. 섬을 둘러보니 전복이 많아서 체류하며 따고 있었다. 배의 수리가 끝나면 돌아갈 것이다"라고 대답했다.

　이때 무라카와 선원들은 자신들이 전에 섬에 남겨두었던 어로 도구들과 배를 조선인들이 사용하고 있는 바람에 어로활동을 단념하고 귀환했다. 무라카와 선원들은 자신들의 인원수 21명이 조선인의 숫자보다 훨씬 적다는

5　본 주제와 관련된 연구논저로는, 內藤正中外(2007), 『史的檢證 竹島·獨島』, 岩波書店 ; 池內敏(2006), 『大君外交と武威』, 名古屋大學出版會 ; 川上健三(1966), 『竹島の歷史地理學的研究』, 古今書院 ; 송병기(2010), 『울릉도와 독도 그 역사적 검증』, 역사공간 ; 홍성덕(2010), 「17세기 후반 한일 외교교섭과 울릉도-안용복 피랍·도일 사건을 중심으로」, 『독도·울릉도 연구-역사, 고고, 지리학적 고찰』, 동북아역사재단 ; 이계황(2011), 「일본인의 울릉도 도해와 조·일 외교교섭」, 『일본역사연구』 33 ; 최은석(2011), 「안용복 사건의 무대-17세기 돗토리번과 오키국」, 『역사와 지리로 본 울릉도·독도』, 동북아역사재단 ; 윤유숙(2012a), 「18~19세기 전반 朝日 양국의 울릉도 도해 양상」, 『동양사학연구』 118집 ; 윤유숙(2012b), 「근세 돗토리번[鳥取藩] 町人의 울릉도 도해」, 『한일관계사연구』 42 등이 있다. 울릉도쟁계에 관해서는 최근 들어 朝日 외교교섭의 측면에서, 혹은 돗토리번 초닌의 어업활동의 측면에서 고찰한 논고들이 활발하게 발표되고 있다. 그것은 한일 외교관계에서 현재 영토문제가 차지하는 비중이 비약적으로 증대하고 있는 현실의 영향을 받아, 한일관계사 또는 일본 근세 지역사의 관점에서 이 주제를 본격적으로 검토하기 시작한 연구자가 증가했기 때문이다.

사실에 불안감을 느끼고 곧 귀항했다.[6] 돗토리번은 이 사실을 막부에 보고했지만 로주 아베 마사타케[阿部正武]는 '조선인이 울릉도를 떠나겠다고 했으니 문제 될 것이 없다'[7]면서 크게 문제 삼지 않았다.

이듬해 1693년 4월 중순 무렵 울릉도에 도착한 오야 가문의 선원들은 조선인들이 물고기를 잡거나 해조류를 건조시키고 있는 광경을 목격했다. 조선인들은 약 40여 명 정도로, 3월에 배 3척을 타고 울릉도에 건너와 있었다. 오야 선원들은 그 중 안용복(安龍福)과 박어둔(朴於屯)을 배에 태워 돗토리번으로 데려갔다. 오야 가문 선두(船頭)의 진술서에 의하면, 두 사람을 연행한 이유에 관해 "작년에도 이 섬에 당인(唐人, 조선인)이 와 있기에 다시 이 섬에 와서 어획해서는 안 된다고 위협했으나 올해에도 당인이 와 있었다. 이렇게 되면 금후 어획하기가 어려워져 심히 곤란해지므로 송구스럽지만 이를 알려드려야겠기에 당인 두 명을 데리고 왔다"고 진술했다.[8] 조선인들이 2년 연이어 울릉도에 출어하자 단독 활동이 불가능해질 것에 대해 위기의식을 느낀 선원들이 '금후 다시 도항하지 못하도록' 상부에 호소하기 위한 증인으로 두 사람을 연행한 것이다.

4월 18일 울릉도를 출발한 오야 선원들은 먼저 오키 섬 도고[道後]의 후쿠우라[福浦]에서 오키 대관소(代官所) 관리의 조사를 받은 후 4월 27일 요나고에 도착했다. 요나고 성주(城主) 아라오[荒尾]씨[9]에게 이 사실과 함께 '조선인

---

6 「竹島江渡海之次第先規より書府之寫」, 『大谷氏舊記 一』 所收, 도쿄대학 史料編纂所 소장, 書目ID 54892. 『竹島に關する七箇條返答書』, 국사편찬위원회소장, 등록번호 74365.

7 鳥取藩政史料, 『控帳(家老日記)』 元祿 5년(1692) 5월 10일(돗토리현립박물관소장, 受入번호 2537).

8 岡島正義, 『因府歷年大雜集』, 「元祿六年竹嶋より伯州ニ朝鮮人連歸り候趣大谷九右衛門船頭口上覺」(돗토리현립박물관소장, 受入번호 19745).

9 아라오[荒尾]씨는 돗토리번주 이케다가문을 섬긴 家老 집안으로, 요나고 아라오씨[米子荒尾氏]와 구라요시 아라오씨[倉吉荒尾氏]가 있다. 에도시대에 돗토리번은 自分

구술서(朝鮮人口述書)'가 제출되었다.[10] 또한 에도로부터 별도의 지시가 있기 전에 조선인 두 명은 오야 가문에 맡겨져 감시 아래에 외출이 금지되었다.[11]

'조선인구술서'[12]는 안용복과 박어둔에 관해 안용복이 진술한 것으로 당시 두 사람이 소지하고 있던 호패의 내용이 전사(轉寫)되어 있어, 그들의 신상에 관한 정보를 얻을 수 있다. 안용복은 자신에 관해서는 '통사, 43세, 동래 거주', 박어둔에 관해서는 '하인, 울산 거주'라고 하여 박어둔이 마치 자신의 종복인 양 소개했다. 그런데 호패의 글자를 보면 안용복은 서울에 사는 오충추(吳忠秋)라는 인물의 사노(私奴)로, 이름은 용복(用卜), 거주지는 부산 좌자천(佐自川) 1리 14통 3호이다. 부산에 거주했던 것으로 보아 그는 외거노비(外居奴婢)였을 것이다. 호패가 발급된 경오년(庚午年, 1690)에 나이가

手政治라고 해서 번내의 중요한 거점이 되는 町을 家老職에게 위임하여 통치하는 정책을 취하였는데, 두 아라오 가문은 각기 요나고와 구라요시를 통치했다. 요나고 아라오씨[米子荒尾氏]는 但馬守成房이 선조이며 요나고 성주를 역임하여 아라오다지마 가문[荒尾但馬家]으로 불리기도 한다. 구라요시 아라오씨는 그 동생 志摩守隆重이 선조이고, 元和의 一國一城令으로 폐성이 된 구라요시성 아래에 陣屋를 짓고 그 지역을 통치했으며 아라오시마 가문[荒尾志摩家]이라 칭하기도 한다.
【역대 요나고 성주 아라오씨의 계보】
선조 成房(荒尾善次의 아들, 但馬守)-1대 성주 成利(米子城代初代)-2대 成直(米子 2代)-3대 成重-4대 成倫-5대 成昭-6대 成昌-7대 成熙-8대 成尙-9대 成緖-10대 成裕-11대 成富
위의 역대 요나고 아라오씨 중 울릉도쟁계와 밀접한 관련이 있던 사람은 4대 당주 아라오 나리토모[荒尾成倫](1684~1734)로, 관련 사료에는 '아라오 야마토[荒尾大和]'라는 관직명으로 등장하기도 한다.

10 『因府歷年大雜集』, 「元祿六年竹嶋より伯州ニ朝鮮人連歸り候趣大谷九右衛門船頭口上覺」, 앞의 사료.
11 鳥取藩政史料『控帳(家老日記)』, 元祿 6년 4월 28일條·5월 11일條(돗토리현립박물관 소장, 受入번호 2537).
12 『因府歷年大雜集』, 「唐人貳人之內通じ申口」와 岡島正義『竹嶋考』, 「大谷之船人拿來朝鮮人」(돗토리현립박물관소장, 受入번호 84269)에는 안용복의 진술과 안용복, 박어둔의 호패의 문면이 수록되어 있다. 이 글은 송병기(2007), 『재정판 울릉도와 독도』, 단국대학교출판부, 52~55쪽에 게재된 호패의 해석을 참조했다.

33세였으므로 일본에 연행된 1693년 당시의 나이는 36세가 된다. 키는 4척 1촌, 당시의 신장척(身長尺)으로 1m 46cm이고 얼굴은 검고 검버섯이 돋아 있었다. 박어둔은 울산에 사는 염한[鹽干, 소금 굽는 염부(鹽夫)]이다. 신축년(辛丑年, 1661)생이므로 1693년 당시 33세이다. 거주지는 울산 청량(靑良) 목도리(目島里) 12통 5가이다. 안용복은 노군[櫓軍, 노를 젓는 수졸(水卒)], 박어둔은 염한이라는 천역(賤役)을 지고 있었지만, 안용복의 신분은 천민이고 박어둔은 양인(良人)이었다.[13]

안용복의 거주지로 나오는 좌자천(佐自川)은 두모포왜관 인근에 위치하고 있었고,[14] 왜관에는 주지하듯이 수백 명의 쓰시마번 사람들이 조선과 통교하기 위해 체재하고 있었다. 안용복은 왜관의 일본인과 접촉하는 기회를 통해 일본어를 익힌 듯하며, 일본 측 문헌에 그가 '통사'라고 기록된 것도 일본인과의 의사소통이 어느 정도 가능했기 때문이었을 것이다.

오야 가문과 요나고를 통해 이 같은 사실을 보고받은 돗토리번은 5월 들어 막부를 상대로 '종래와 같이 요나고 상인이 죽도(竹嶋, 울릉도)[15]산(産) 전복을 배타적으로 확보하여 막부에 계속 헌상하기 위해서는 앞으로 조선인이 죽도에 오지 못하게 해야 한다'고 주장했다.[16] 두 가문의 어업권을 보호하기 위해 조선인의 울릉도 도해를 금해 줄 것을 막부에 요청한 것이다. 앞서 인용한 오야 가문 선두의 진술서에 나오듯이 돗토리번은 조선인들로부터

13　송병기(2007), 앞의 책, 54쪽

14　초량왜관의 통제와 관련하여 1678년에 성립된「朝市約條」의 제1조에는 '倭人出入不可不嚴定界限 舊館則以佐自川爲限'이라는 구절이 등장한다. '舊館은 좌자천을 한계로 삼는다'는 의미인데 舊館이란 두모포왜관을 가리킨다.

15　전근대 에도시대에 일본에서는 울릉도를 '다케시마[竹島]'라고 부르고, 독도를 '마쓰시마[松島]'라고 불렀다. 전근대에 울릉도는 '礒竹島' 또는 '磯竹島'라 불리기도 했다. 그러나 근대 이후 일본에서 독도의 명칭은 '다케시마[竹島]'로 정착되었다.

16　鳥取藩政史料『御用人日記』, 元祿 6년(1693) 5월 15일(돗토리현립박물관소장, 受入번호 3718)

울릉도 어업권을 지키고자 하는 오야 가문의 입장을 그대로 대변하였다. 막부는 이를 인정하여 5월 13일 월번노중(月番老中) 쓰치야 마사나오[土屋政直]가 쓰시마번 에도루스이[江戶留守居]에게 '돗토리번으로 연행한 조선인 두 명은 나가사키봉행소[長崎奉行所]로 보내 쓰시마번이 인수하고, 금후 조선인의 죽도 출입을 금하도록 조선정부에 전할 것'을 명하였다.[17]

이에 쓰시마번의 에도가로 다지마 쥬로베[田嶋十郞兵衛]가 막부의 결정을 쓰시마에 알리기 위해 작성한 서한의 약문(略文)에는 죽도에 대해서 '호키노카미[伯耆守, 돗토리번주]님의 영내(領內)도 아니고 이나바[因幡]에서 160리(里) 정도 떨어진 곳이다. 전복[포(鮑)]이 명물(名物)이어서 대대로 호키노카미 님이 죽도포(竹嶋鮑, 전복)를 막부에 헌상하던 곳이다'라고 설명하는 구절이 등장한다.[18] 막부가 연행한 조선인 두 명을 조선에 송환하기로 결정한 시점에서 이미 쓰시마번은 죽도가 돗토리번에 속하지 않는다는 정보를 갖고 있었다.

한편 쓰시마번의 가로 스기무라 우네메[杉村采女]는 5월 5일 왜관 통사(通詞) 나카야마 가헤에[中山加兵衛]에게 울릉도에 관한 조사를 비밀리에 명한 적이 있었다.[19] 스기무라는 막부에 보고해야 하니 절친한 조선인으로부터 정보를 얻되 비록 정확한 정보가 아니더라도 일반 서민들의 이야기까지 수집하여 자세하게 보고하도록 했다.

【스기무라 우네메의 지시사항】

① 죽도를 조선에서는 '부른세미'라고 한다는데 울릉도를 부른세미라

---

17 『御用人日記』, 元祿 6년 5월 13일조, 5월 15일 ; 鳥取藩政史料 『控帳(家老日記)』, 元祿 6년 5월 26일(돗토리현립박물관소장, 受入번호 2537) ; 對馬藩 宗家記錄 『竹嶋紀事』, 元祿 6년 5월 13일綱(국사편찬위원회소장, 등록번호 MF0005424) ; 對馬藩 宗家記錄 『元祿六癸酉年竹嶋 一件拔書』(長崎縣對馬歷史民俗資料館소장, 記錄類II, 조선관계, R2)
18 『竹嶋紀事』, 元祿 6년 5월 13일 綱
19 『竹嶋紀事』, 元祿 6년 5월 13일 綱

부르지 않는가. 일본에서는 울릉도를 기죽(磯竹)이라 하는데 울릉도와 부른세미는 별개의 섬인가.

② 죽도에는 재작년부터 도항하기 시작했는가 아니면 이전부터 도항한 사실을 숨기고 재작년부터라고 말한 것인가.

③ 조선인들은 자기들의 돈벌이를 위해 몰래 도항했는가 아니면 정부의 지시로 도항했는가.

④ 일본에서 죽도로 12~13단(端)의 선박이 매년 2~3척씩 도항하여 소옥(小屋)을 3~4헌(軒) 만들었다고 하는데 지금도 그러한가. 일본인은 어느 지역 사람들인가.

⑤ 죽도는 조선에서 어느 방향에 있고 어디에서 어떤 바람을 타고 가며 해로로 어느 정도의 크기인가. 일본에서의 방각과 해로는 어떠한가.

【나카야마 통사의 보고 내용(6월 13일자)】

① 올해도 부산포에서 죽도(울릉도)로 상선(商船) 3척이 건너갔다는 말을 들었음. '한비챠구'라는 부산 사람에게 섬의 상태를 자세하게 살피고 해로(海路) 등에도 신경을 쓰도록 일러서 (죽도로 가는) 상선에 가담하여 건너가게 했음. 돌아오는 대로 자세하게 듣고서 곧 상신할 것임.

② 부른세미는 다른 섬임. 자세히 들어보니 '우루친토우'라는 섬임. 부른세미는 우루친토우에서 북동쪽으로 희미하게 보인다고 함.

③ 우루친토우의 크기는 하루 반 걸려 일주할 수 있는 정도이고, 고산(高山)·전전(田畑)·대목(大木) 등이 있다고 함. 우루친토우에는 강원도의 '에구하이'[20]라는 항구에서 남풍을 타고 출항한다고 함.

---

20 에구하이는 후술하는 나가사키부교쇼에서의 진술서에 나오는 '영해(寧海)'로 추정

④ 우루친토우에는 재작년부터 도항했는데 조선정부는 그것을 모르며, 자기들이 돈벌이하러 몰래 건너갔던 것임.

통사 나카야마의 보고에서 주목해야 할 부분은 일본에서 '죽도'라 부르는 섬을 조선에서는 '우루친토우'라고 하고 '부른세미'는 우루친토우에서 북동쪽으로 희미하게 보이는 섬이며, 사람들이 정부 몰래 우루친토우에 건너가기 시작한 것이 재작년(1691)부터라는 점이다. 또한 ①을 통해 당시 부산에서 울릉도로 출항하는 선박이 여러 척 있었다는 사실을 알 수 있다.

조선정부는 1403년 태종이 '강릉도(江陵道) 무릉도(武陵島, 울릉도)의 주민을 육지로 이동시키라'는 명을 내린 이후 울릉도로의 이주를 금지함은 물론 거주민을 색출하여 내륙으로 이주시키는 '쇄환(刷還)' 내지는 '쇄출(刷出)'을 실시하였다. 그 이유는 울릉도가 육지에서 멀리 떨어져 사람의 왕래가 없기 때문에 군역(軍役)을 피하여 울릉도로 도망가는 자가 있었기 때문이다. 또 울릉도 거주민이 증가하면 왜구가 울릉도를 약탈하게 될 것이고 그러다 보면 왜구가 강원도까지 침략하게 될지도 모른다는 우려에서였다. 조선 초 정부의 입장에서 볼 때 내륙에서 멀리 떨어진 울릉도는 군역 기피자들의 도피처이자 왜구 침탈지로 인식되었던 것이다. 조선 초에 시작된 울릉도 쇄환정책은 그 이후에도 계승되었고, 그 결과 울릉도는 연해민이 거주해서는 안 되는 섬이 되었다. 한편 조선정부가 거주금지 방침을 견지하고 있기는 했지만 울릉도가 육지에서 멀리 떨어져 있는데다 관리가 상주하는 것도 아니었기 때문에 사실상 사람들의 도항을 즉각적으로 통제하는 것은 매우 어려웠을 것으로 추정된다. 울릉도는 예로부터 목재, 향죽(香竹)을 비롯한

된다. 조선 시대 영해는 행정구역상 경상도 영해도호부(寧海都護府)로, 사방 경계는 동쪽으로 바다에 이르기 10리, 서쪽으로 진보(眞寶)에 이르기 65리, 남쪽으로 영덕(盈德)에 이르기 18리, 북쪽으로 강원도 평해(平海)에 이르기 17리이다.

육지 산물과 전복 등의 해산물이 풍부했기 때문에 이를 획득하기 위해 몰래 도항을 감행하는 사람들이 실제로 존재했을 것이고, 1693년 울릉도에 갔다가 일본으로 연행된 안용복과 박어둔 일행도 그러한 사람들 중 일부였을 것이다.[21]

한편 통사 나카야마는 부산포에서 울릉도로 출항하는 상선(商船)에 '한비챠구[22]'라는 조선인을 승선하게 했다. 울릉도가 왜관이 위치한 부산에서 원거리에 있는 섬이었기 때문에 보다 정확한 정보를 얻기 위해 아예 울릉도행 선박에 승선하도록 종용한 듯하다. 이 대목은 당시 조선인들의 울릉도 도항 실태뿐만 아니라 쓰시마번이 왜관을 매개로 하여 '정보'를 수집하는 방식의 전형을 보여주는 사례일 것이다.

조선과 관련된 특정 사항에 관해 집중적인 조사의 필요성이 있을 때, 왜관 외부로의 출입이 자유롭지 못했던 쓰시마인들은 평소 왜관을 드나들던 조선인 상인이나 관리에게 은밀하게 부탁하여 그들을 통해 원하는 정보를 얻는 일이 비일비재했다. 왜관의 관리(管理)와 관련된 조선정부의 각종 통제 규정에는 '일본인에게 조선의 실정을 누설하는 자는 엄벌에 처한다'는 조항이 있었다. 그러나 조선인 '한비챠구'와 나카야마 통사와의 관계에서도 드러나듯이 실제로 쓰시마번 측은 조선인의 도움을 받아 조선의 내정과 관련된 정보를 구두 또는 서신을 통해 전달받은 예가 적지 않았다.

어쨌든 막부가 조선인을 나가사키, 쓰시마를 통해 귀국조치하라는 결정을 내리자 돗토리번은 오야 가문에 구류되어 취조를 받던 안용복과 박어둔을 육로를 통해 나가사키로 호송했다. 이러한 막부의 조치는 일본에 표착한 조선의 표류민을 본국으로 송환하는 '표류민 송환관례'에 의거한 것이었다.

---

21 조선정부의 울릉도 관리정책에 관해서는 윤유숙(2012a), 앞의 글, 282~285쪽
22 원문은 없으나 '한禪將'으로 추정된다.

총 90여 명으로 구성된 호송단은 6월 7일 이나바를 출발하여 6월 30일 나가사키에 도착했다. 그리고 나가사키부교[長崎奉行]의 주도 아래 두 사람으로부터 돗토리번에 연행된 경위, 울릉도 도항에 관한 정황, 인적사항 등에 관한 진술서[조선인신분구상서(朝鮮人申分口上書)]가 작성되었다. 이 진술서의 작성에는 쓰시마번의 나가사키 구라야시키[장옥부(藏屋敷)] 루스이[留守居] 하마다 겐베에[濱田源兵衛]와 통사(通詞)가 동석했다.[23]

그러면 두 사람의 사정청취 진술서를 통해 그들이 일본에 연행된 정황을 살펴보자. 『죽도기사(竹嶋紀事)』에 의하면 그들은 돗토리번에서도 일본으로 연행된 연유에 관해 한차례 진술했고, 뒤이어 나가사키부교쇼와 쓰시마에서도 각각 진술한 것으로 되어 있다. 먼저 나가사키부교쇼에서의 진술서는 다음과 같다.

【나가사키부교쇼 진술서 전문(全文)(7월 1일)】
조선인 2명의 진술

- 조선국 경상도 동래군(東萊郡) 부산포의 '안(安)요쿠호키', '박(朴)토라히'라고 한다. 우리들은 울산(蔚山)에서 죽도라는 곳에 포(鮑, 전복), 약포(若布, 미역)를 취하러 3월 11일에 출범하여 유각(酉刻)에 죽도에 도착했다. 포, 약포를 취하며 머물고 있던 차에 일본인이 4월 17일 우리가 있던 곳에 와서 옷가지 등을 넣어두는 보자기를 집었고 우리 두 사람을 그들의 배에 태워 즉시 오각(午刻)에 출발, 돗토리에 5월 1일 미각(未刻)에 도착하였다. 늘상 죽도에는 포, 약포가 많다고 들어서 배 1척에 10명이 타고서 영해(寧海)라는 곳까지 가는데 10명

---

23 『御用人日記』, 元祿 6년 8월 9일조;『御祐筆日記』, 元祿 6년 5월 10일조·13일조;『竹嶋紀事』, 元祿 6년 6월 6일 綱

중 한 사람이 병이 나는 바람에 영해에 남고 나머지 9명이 죽도까지 건너갔다. 10명 중 9명은 울산 사람, 한 사람은 부산포 사람이다.

- 우리가 탄 배, 류선(類船) 합해서 3척 가운데 1척은 전라도 선박이라고 들었고 17명이 탔다. 또 한 척은 15명이 탔고 경상도의 가덕(加德)이라는 곳 사람들이라고 들었다. 우리가 일본인에게 붙잡혀가자 그들은 즉각 조선으로 돌아갔지만 어디로 갔는지 그 전후의 사정은 모른다.

- 이번에 우리가 전복을 따러 간 섬을 조선국에서는 '무르그세무'라고 부르며, 일본의 '죽도'라는 사실을 이번에 들었다.

- 이번에 여기까지 오던 중 경호원들로부터 접대를 받았는데 포(布), 목면(木綿), 의류 등도 받았다. 자세한 것은 이나바에서 구상서(口上書)로 진술한 바와 다름이 없다.

- 우리는 늘 염불을 했다.

- '박토라히'는 34세, '안요쿠호키'는 40세이다. 이나바에서는 나이가 43세라고 했지만 이는 말이 정확하게 통하지 않아서 틀리기도 한다고 생각한다.

위와 같이 죽도에 갔던 조선인이 말한바, 문건으로 제출합니다. 이상

원록(元祿) 6년 계유(癸酉) 7월 삭일(朔日)　숙주(宿主)　末次七郎兵衛　印
　　　　　　　　　　　　　　　　통사(通詞)　大浦格兵衛　印
　　　　　　　　　　　　　　　　　　　　　　加勢藤五郎　印
　　　　　　　　　　　소씨(宗氏)의 가신(家臣)　濱田源兵衛　印[24]

---

24 『竹嶋紀事』, 元祿 6년 6월 綱

사정청취가 끝난 후 8월 14일 나가사키부교로부터 조선인의 쓰시마 이송을 정식으로 전달받은 쓰시마번의 '조선인영사(朝鮮人迎使)' 이치노미야 스케자에몬[一宮助左衛門]은 두 사람을 대동하고 나가사키를 출발, 9월 3일 쓰시마에 도착했다.[25] 곧이어 그 이튿날인 9월 4일 쓰시마 번청에서 다시 문정(問情)이 행해졌다.

【쓰시마에서의 진술서 전문(9월4일)】
조선인구서(朝鮮人口書)

- 우리 두 사람 중 한 명은 부산포의 '안요구'라고 하고, 한 명은 울산의 '바쿠토라비'라고 한다. 우리는 한 척에 10명이 타는데 그 중 한 명은 병이 있어 영해(寧海)라는 곳에 남기고 9명이 죽도로 갔다.

선두(船頭)

울산사람　기무요챠키, 긴바타이, 긴덴토이, 세코치, 이하니, 기무토구소이, 챠구챠츤[26]

위 한 척에 타고 울산에서 준비했다. 3월 11일 승선하여 15일에 울산을 떠나, 그 날 울산의 '부이카이'라는 곳에 도착, 25일 부이카이를 출발, 경상도의 '엔바이'[27]라는 곳에 가서 27일 진각(辰刻)에 엔하이를 출발, 그날 유각(酉刻)에 죽도에 도착했다. 엔하이와 죽도는 50리 정도 거리였던 것 같고 조선 강원도에서 동쪽에 해당되며, 섬은 조선의 '목지도[牧之嶋], 절영도'보다 조금 큰 것 같다. 산은 험준

25　『竹嶋紀事』, 元祿 6년 8월 14일 綱, 9월 3일 綱
26　『邊例集要』 권17, 雜條 附 鬱陵島, 甲戌(1694) 8月條의 경상감영 장계(狀啓)에는 박어둔과 함께 울릉도에 간 인물로 '안용복, 金加乙洞, 金自信, 徐化立, 李還, 梁淡沙里, 金德生' 등의 이름이 나열되어 있다.
27　'영해'로 추정된다.

하며 높다.
- 섬의 조류(鳥類), 짐승, 어류 등에 특별한 점은 없고, 고양이가 많은 편이다.
- 섬에 오래된 소옥(小屋)에 도구가 있는데 일본인이 살던 흔적인 것 같다.
- 그 섬의 이름을 조선에서는 '무르그세무'라고 한다.
- 그 섬을 일본으로도 조선으로도 전혀 생각하지 않았는데 일본에 건너가 일본의 땅이라는 것을 처음으로 들었다.
- 류선 한 척은 전라도 '슈덴'의 배로 17명이 타고 있었고, 또 한 척은 경상도 '가토쿠'의 배로 16명이 타고 있었다. 두 척 모두 4월 5일 그 섬에 갔다.
- 우리 배에 식료용 쌀 10표(俵), 소금 3표가 있었고 다른 짐은 없었다. 류선도 우리 배와 마찬가지였다.
- 우리가 그 섬에 전복, 미역이 많다고 듣고 취하러 간 것이고, 류선도 마찬가지이다. 딱히 장사 속으로 간 적은 없었다.
- 그 섬에서 일본인과 매매를 한 적은 없지만 류선이 어떠했는지는 모른다.
- 우리는 이번에 처음 그 섬에 갔고, 승선원 중 '긴바타이'라는 자가 작년에 그 섬에 한번 다녀와서 섬의 상황을 알고 있기에 우리들도 건너갔다.
- '가토쿠'의 배에 탄 두 사람이 그 섬에 전에 한 번 간 적이 있다고 들었다.
- 우리가 전에 그 섬에 몰래 건너간 적은 없었다. 작년에도 울산사람 20명 정도가 건너갔다. 정부가 지시한 적은 없고 스스로 취하러 간 것이다.

- 그 섬에 조선에서 건너가는 일이 옛날부터 있었는지 아니면 근년부터 건너가게 됐는지 그건 모른다.
- 우리가 그 섬에 갔을 때 소옥을 만들고 소옥을 지키도록 '하쿠토라히'를 남겨 놓았는데 4월 17일에 일본 선박이 한 척 와서 천간(天間)[28]에 7~8명이 타고 그 소옥에 와서 하쿠토라히를 잡아 천간(天間)에 태웠다. 소옥에 둔 보자기를 가지러 나갔더니 '안요구'가 그곳에 나와 '하쿠토라히'를 육지로 보내야겠다고 여겨 천간에 타자 곧 배를 출발시켜 두 사람을 본선(本船)에 태우고 즉시 출항했다. 오키에 22일 도착했고 그간에는 바다에 있었다.
- 28일에 오키를 출발, 5월 1일 돗토리에 도착했다. 34일간 체류하고 6월 4일 돗토리를 떠나 6월 30일 나가사키에 도착했다.
- 돗토리를 떠나 나가사키에 26일 만에 도착했다. 그간 곳곳에서 접대를 받았고 식단(膳部)은 1즙(汁) 7~8채(菜)였다. 두 사람 모두 탈 것으로 나가사키까지 이동했다. 이상.[29]

위의 진술은 두 사람이 일본에 연행된 정황을 파악하는 데는 물론이거니와 1693년 당시 조선인들의 울릉도 도해 상황을 엿볼 수 있는 귀중한 기록이다. 두 건의 진술서와 【나카야마 통사의 보고】를 종합해보면, 첫째 울릉도로 도항하는 선박은 울산, 부산, 전라도 등지에서 출항하는데 그들은 강원도의 영해에 기항하여 남풍을 타고 갔다. 둘째 승선원은 울산, 부산, 가덕도의 주민들이며, 셋째 전복과 미역을 따는 것이 주된 목적이었다. 넷째 안용복이 탄 선박은 울산에서 출발했고 당시 울릉도에는 전라도 순천과 경

---

28 『竹嶋紀事』 원문의 표기를 그대로 인용했다. 자세한 의미는 불명확하다.
29 『竹嶋紀事』, 元祿 6년 9월 4일 綱

상도 가덕도의 배도 와 있었다. 다섯째 안용복과 박어둔은 이번이 첫 출항이지만 이미 도항경험이 있는 사람도 있었다. 여섯째 두 사람은 조선에서 '무르그세무'라고 부르는 섬을 일본에서는 '죽도'라 부른다는 사실을 이번에 처음 알게 되었다는 것이다.

   나카야마 통사의 보고에는 조선인들이 울릉도에 도항하기 시작한 것이 재작년(1691)부터라고 되어 있으나 돗토리번정 사료와 오야·무라카와 가문 고문서에는 오야·무라카와 선원들이 울릉도에서 조선인을 처음 목격한 것은 공통적으로 1692년이라고 기록되어 있다. 1724년 오야·무라카와 가문이 막부에 제출하기 위해 작성한 문건에서도 '원화(元和, 1615~1623) 연중(年中) 이후 (죽도에서) 당인(唐人, 조선인)을 보지 못했다'[30]고 진술한 점으로 미루어 조선인들은 대체로 1691~1692년 무렵부터 울릉도에 본격적으로 도항하기 시작한 것 같다.

---

30 「竹嶋渡海由來記拔書控」, 『村川氏舊記』 所收, 도쿄대학 史料編纂所 소장, 書目ID 55386. 1724년이 되어 오야·무라카와 가문이 막부에 제출하기 위해 문건을 작성한 이유는 같은 해 쇼군 요시무네[吉宗]가 돗토리번에게 울릉도 도해에 관해 질의하는 일이 발생했기 때문이다. 막부의 질문은 과거 17세기 말 울릉도에 도항했다가 조선인을 일본으로 연행한 경위, 울릉도에서 나는 산물의 종류, 섬의 크기, 그림(繪圖), 호키[伯耆]와 조선 각각에서 울릉도까지의 도항거리(海路) 등이었다. 이에 오야씨와 무라카와씨는 1724년 윤4월 3일자로 7개조의 답변서를 작성하여 돗토리번청에 제출했다. 답변서에는 1692년 예년대로 울릉도에 도항했다가 다수의 조선인들을 목격한 상황, 안용복과 박어둔을 일본으로 연행한 일, 울릉도에 관한 각종 사항과 그림(繪圖) 등이 기록되어 있었다. 1724년 막부의 질의와 두 가문의 답변서에 관한 사료는 『竹島に關する七箇條返答書』, 국사편찬위원회 소장, 등록번호 74365, 「竹嶋江渡海之次第先規より書附之寫」, 『大谷氏舊記 一』 所收, 도쿄대학 史料編纂所 소장, 書目ID 5489 ; 鳥取藩政史料 『竹嶋之書附』, 돗토리현립박물관 소장, 受入번호 8438 등을 참조. 이 사건에 관해서는 윤유숙(2012b), 앞의 글, 444~448쪽에 상세하다.

IV. 왜관을 통한 조선인 송환과 쓰시마번의 대조선 교섭

　박어둔과 안용복을 상대로 문정(問情)이 행해진 9월 4일, 쓰시마 번청에서는 '다시는 죽도에 조선인이 오지 않도록 조선정부에 전하라'는 막부의 명령을 놓고 논의가 행해졌다. 다음의 사료는 쓰시마번의 입장이 결정되는 상황을 보여주고 있다.

　　이때 텐류인공[天龍院公, 종의진(宗義眞)][31]의 킨죠야쿠[近所役]인 가노 코노스케[加納幸之介]를 통해서 말씀하시기를, 죽도는 이소다케시마[磯竹嶋]라고도 한다. 지난번 다이유대군[大猷大君, 쇼군 가광(家光)] 때 그 섬에 살고 있던 이소다케 야자에몬[磯竹彌左衛門]·진자에몬[仁左衛門]이라는 자를 붙잡아 보내도록 코운인공[光雲院公, 종의성(宗義成)][32]에게 지시하셨으므로 즉시 우리 쪽에서 체포하여 보낸 일이 있었다. 그런데 죽도를 일본의 호키[伯耆] 지역 내의 섬이라고 막부가 판단했다면

31　텐류인[天龍院]은 쓰시마번의 3대 번주 소 요시자네[宗義眞]의 戒名. 소 요시자네는 쓰시마번의 3대 번주로 텐류인은 隱居 이후의 戒名이고, 관위는 刑部大輔이다. 그는 1657년 19세로 가독(家督)을 상속했다. 요시자네의 장남이 일찍 사망한 탓에 차남인 소 요시쓰구[宗義倫: 1671년생]가 世子로 지명되어, 元祿 5년(1692) 6월 27일 요시자네의 隱居로 요시쓰구가 4대 번주가 되었다. 소 요시쓰구의 官位는 右京大夫, 戒名은 레이코인[靈光院]이다. 하지만 나이가 어려서 실권은 요시자네가 여전히 장악하고 있던 중 요시쓰구가 元祿 7년(1694) 9월 27일, 번주 재위 2년 만에 에도에서 향년 24세로 사망하였다. 그 뒤를 이어 1694년 11월 1일 요시자네의 또 다른 아들인 소 요시미치[宗義方]가 11세의 어린 나이에 5대 번주가 되었고, 요시자네는 섭정을 맡게 되었다.

32　코운인공[光雲院公]은 쓰시마번의 2대 번주 소 요시나리[宗義成]의 戒名

호키노카미님에게 야자에몬·진자에몬을 체포하여 보내도록 지시하셨을 텐데, 쓰시마번에 [체포하도록] 분부하신 것은 '조선의 죽도'라고 판단하셨기 때문이라고 생각된다. 그러니 이상의 전말을 일단 막부에 문의하여 막부의 의중을 잘 들어본 다음 조선에 전달해야 한다. <u>이때 모두의 의견은 막부의 명령이라고 하면서 조선에 전달하면 어렵지 않을 테니 굳이 참판사(參判使)를 보내자는 것이다.</u>[33]

이때 전(前) 번주 소 요시자네[宗義眞]는 과거 막부의 명령으로 울릉도의 이소야케 야자에몬[磯竹彌左衛門]·진자에몬[仁左衛門]을 체포했던 일을 떠올렸다. 그러면서 '그때 막부가 죽도를 조선의 영토라고 판단했기 때문에 돗토리번이 아닌 쓰시마번에 체포명령을 내린 것'이라는 결론을 이끌어냈다. 즉 과거의 사건으로 미루어 죽도가 울릉도의 이칭(異稱)이자 조선의 섬일 가능성이 있으므로, 이 점을 막부에 재차 확인한 후 교섭에 임하자는 의견이다. 그러나 바로 뒤이은 구절에서 알 수 있듯이 중의(衆議)는 '막부의 의향이라는 점을 전면에 내세워 임하면 교섭이 어렵지 않게 풀릴 테니 참판사를 파견하자'는 쪽으로 기울어져 참판사(차왜)[34] 파견이 결정되었다.[35]

---

33 宗家記錄『元祿六癸酉年竹嶋一件拔書』(長崎縣對馬歷史民俗資料館소장, 記錄類Ⅱ, 조선관계, R2)·『竹嶋紀事』, 元祿 6년 9월 4일

34 차왜(差倭)란 임란 이후 일본(대마번)이 조선에 파견한 임시 외교사절을 일컫는 말로, 참판사는 일본 측 명칭이다. 조선은 차왜가 제출하는 외교문서의 수취인을 기준으로 하여 대차왜와 소차왜로 분류하였는데, 예조참판 앞으로 문서를 제출하는 차왜가 대차왜, 예조참의 앞으로 제출하는 차왜가 소차왜이다. 또는 개개의 차왜가 띠는 使命에 연유하여 조선은 '○○差倭'(예를 들어 '通信使請來差倭'), 대마번은 '○○使'('請聘使'), '參判使'(대차왜) 등의 명칭을 사용하였다. 대차왜는 쇼군 가문의 길흉과 세습교체, 대마번주 소씨의 세습교체(家督 관계)·통신사 관계(통신사행의 요청, 護行, 護還), 圖書改給을 주로 담당하고, 소차왜는 조선 국왕의 즉위, 조선 왕실에 대한 弔問, 대마번 내의 동정(번주의 죽음, 歸島) 통보, 표류민 송환 등을 담당했다.

35 최초의 藩論이 결정되는 과정에 관해서는 池內敏(2006), 앞의 책, 282~283쪽에서

참판사에 앞서 선문사(先問使)로 파견된 나가세 덴베에[永瀬傳兵衛]가 참판사가 가져올 교섭주제에 관해 미리 전하자 그 내용을 검토한 조선조정은 '참판사를 파견할 필요가 없다'며 거부했다. '죽도가 조선의 울릉도라면 그곳은 예로부터 조선의 땅인데 그러한 곳에서 조선인을 잡아갔다가 정식 사자(使者)를 통해 송환한다는 것 자체가 말이 안 된다'는 이유에서였다. 그러나 여기에 맞서 재판(裁判) 다카세 하치에몬[高勢八右衛門]은 '죽도는 고래(古來)로부터 일본의 땅'이며 이것을 '조선의 땅'이라고 하는 것은 문제발언이라고 반박했다. 그러자 조선의 역관은 '일본이 말하는 죽도가 울릉도가 아닌 다른 섬이라면 사자를 파견해도 좋다'며 사자의 파견을 허용했다.[36]

또한 조정에서는 참판사의 접위관(接慰官)으로 임명된 홍문관 교리 홍중하(洪重夏)가 부산으로 내려가기에 앞서 그 대응에 관한 논의가 이루어졌다.

> 접위관 홍중하가 하직 인사를 하고, 좌의정(左議政) 목내선(睦來善), 우의정(右議政) 민암(閔黯)이 홍중하와 함께 청대(請對)하였다. 홍중하가 아뢰기를, "왜인(倭人)이 이른바 죽도는 바로 우리나라의 울릉도입니다. 지금 상관하지 않는다고 해서 내버린다면 그만이겠지만, 그렇지 않다면 미리 명확히 판변하지 않을 수 없습니다. 그리고 또 만약 저들의 인민(人民)이 들어가서 살게 한다면 어찌 뒷날의 걱정거리가 아니겠습니까?" 하고, 목내선·민암은 아뢰기를, "왜인들이 민호(民戶)를 옮겨서 들어간 사실은 이미 확실하게 알 수는 없으나, 이것은 300년 동안 비워서 내려둔 땅인데, 이것으로 인하여 흔단(釁端)을 일으키고 우호(友好)를 상실하는 것은 또한 좋은 계책이 아닙니다" 하니, 임금이 민암 등의 말

이미 지적된 바 있다.
36 『竹嶋紀事』, 元祿 6년 10월 綱

을 따랐다. ......[37]

죽도가 울릉도의 이칭(異稱)이라는 사실을 확인하기는 했으나 이 문제로 일본과의 사이에 외교적인 마찰이 생기지 않도록 처리한다는, 다소 애매한 방침이었다.

참판사에 임명된 다다 요자에몬[多田與左衛門]은 10월 22일 쓰시마의 후추[府中]를 출발, 왜관이 있는 부산포로 향했다.[38] 종가기록(宗家記錄) 『관수매일기(館守每日記)』에 의하면 다다 일행은 11월 2일 왜관에 도착했다. 박어둔과 안용복은 두 달 가까운 기간 동안 쓰시마에 체류한 셈이다. 쓰시마번은 그들을 '질당인(質唐人)'이라 지칭했는데 삼대관(三代官)이 관수(館守)에게 '질당인회은(質唐人賄銀)'이 부족하니 올려달라고 요청한 것으로 보아 왜관 측이 두 사람의 식비 등을 부담한 것으로 추정된다.[39] 처음 두 사람의 거처는 대관가(代官家)로 지정되었으나 대관(代官)이 왜관에 도착하자 첨관가(僉官家) 안의 빈방으로 바뀌었고, 쓰시마 측은 사람을 붙여서 그들의 행동을 밤낮으로 주시했다.[40]

12월 10일, 다다는 차례(茶禮)를 마치고 난 후 연향대청에 동래부사가 배석한 가운데 두 사람을 조선 측에 인도했다.[41] 『관수매일기』의 당일 기사에 의하면 쓰시마번 측은 무사들로 행렬을 만들어 외대청(外大廳, 연향대청)으로

---

37 『조선왕조실록』, 숙종 19년(1693) 11월 18일 丁巳條

38 『竹嶋紀事』, 元祿 6년 10월 22일. 참판사 일행은 正官 다다 요자에몬, 都船主 內山鄕左衛門, 封進 寺崎與四右衛門으로 구성되었다(『竹嶋紀事』, 元祿 6년 10월).

39 『館守每日記』, 元祿 6년 11월 23일조

40 『館守每日記』, 元祿 6년 12월 16일조. 두 사람이 쓰시마에 머물고 있을 때에도 쓰시마번은 그들의 숙소를 네 명의 무사로 하여금 지키게 하여 자유로운 출입을 통제했다(『竹嶋紀事』, 元祿 6년 9월 3일 綱).

41 『館守每日記』, 元祿 6년 12월 10일조 ; 『竹嶋紀事』, 元祿 6년 12월 10일 綱.

나아갔는데 그 행렬도의 가운데에 '唐人'이라는 글자가 두 개 쓰여 있어, 두 명을 감싸는 형태의 행렬을 지어 이동했음을 알 수 있다.『죽도기사(竹嶋紀事)』원록 7년 정월 15일 강(綱)에는 박어둔과 안용복이 조선 측에 인도된 후 감옥에 구금되었다고 한다.『조선왕조실록』에는 '이에 울릉도에 배를 정박했던 사람을 치죄(治罪)하여 혹은 형신(刑訊)하기도 하고, 혹은 귀양을 보내기도 했다'[42]고 되어 있으나 개개인이 어떤 처벌을 받았는지는 불확실하다.

다다는 동래부사와 접위관을 상대로 "일본의 죽도에 최근 조선인이 건너와 고기잡이를 하기에 사정을 헤아려서 다시는 오지 않도록 단단히 일러서 돌려보냈습니다. 그런데 금년 봄에 다시 40명가량이 와서 고기잡이를 하기에 증거삼아 2명을 인질로 붙잡아, 자초지종을 영주님(돗토리번주 이케다씨)이 막부에 보고했습니다. '쓰시마번주가 이 일을 맡아 조선국으로 돌려보내고 다시 오지 않도록 엄하게 이르라'는 막부의 지시에 따라 두 사람을 이번에 송환하게 되었습니다"[43]고 하며, 조선인의 죽도도항을 금지해 줄 것을 요구했다.[44]

---

42 『竹嶋紀事』, 元祿 7년 정월 15일 綱;『조선왕조실록』숙종 20년(1694) 2월 23일, 신묘조;『邊例集要』권17, 雜條 附 鬱陵島, 甲戌(1694) 正月條에 박어둔과 안용복이 귀국 후 조사를 받고 진술한 내용이 수록되어 있다.

43 『竹嶋紀事』, 元祿 6년 12월 10일 綱

44 『邊例集要』권17, 雜條 附 鬱陵島, 癸酉(1693) 12月條. 이때 다다가 예조판서 앞으로 작성하여 제출한 서계는 『竹嶋紀事』, 元祿 6년 10월 綱에 수록되어 있다. 이 서계의 핵심적인 부분은 다음과 같다.
"…… 귀역(貴域)의 바닷가에 고기 잡는 백성들이 해마다 본국(本國)의 죽도(竹島)에 배를 타고 왔으므로, 토관(土官)이 국금(國禁)을 상세히 알려 주고서 다시 와서는 안 된다는 것을 굳이 알렸는데도, 올봄에 어민(漁民) 40여 명이 죽도에 들어와서 난잡하게 고기를 잡으므로, 토관이 그 2인을 잡아두고서 한때의 증질(證質)로 삼으려고 했는데, 본국(本國)에서 번주목(幡州牧)이 동도(東都)에 빨리 사실을 알림으로 인하여 어민을 폐읍(弊邑)에 맡겨서 고향에 돌려보내도록 했으니, 지금부터는 저 섬에 결단코 배를 용납하지 못하게 하고 더욱 금제(禁制)를 보존하여 두 나라의 교의(交誼)로 하여금 틈이 발생하지 않도록 하십시오. …… 元祿 六年 癸酉 9月 日 (『조

접위관 홍중하와 동래부사는 "대개 변토(邊土) 원도(遠嶋)에 도해하는 것을 엄하게 국법으로 금하고 있는바, 이전에 귀국의 죽도에 간 것은 중죄입니다. 이 점 한양에 상주하면 그들 모두가 반드시 처벌될 것이고, 앞으로 죽도는 물론 울릉도에도 건너가지 못하도록 엄하게 지시할 것입니다"[45]고 답변했다. 이때 다다에게 발급된 조선의 회답서계의 내용은 다음과 같았다.

…… 우리나라는 해상의 금령이 지극히 엄격하여 바닷가에 사는 어민들이 먼바다에 나가지 못하도록 단속하고 있습니다. 비록 우리나라 경계 안의 울릉도(蔚陵島)라 해도 까마득히 멀리 있다는 이유로 마음대로 왕래하는 것을 일절 허락하지 않고 있는데, 하물며 그 밖이겠습니까? 지금 이 어선이 감히 귀국의 경계에 있는 죽도(竹島)에 들어가 번거롭게 거느려 보내도록 하고 멀리서 고생스럽게 서신으로 알리게 하였으니, 이웃 나라의 호의에 대하여 실로 고맙게 여기는 바입니다. 바닷가에 사는 백성은 고기를 잡아서 생계를 꾸리므로, 간혹 풍랑을 만나 표류하는 일이 없는 것은 아니지만 그래도 국경을 넘어 깊이 들어가서 난잡하게 고기를 잡은 것에 대해서는 법으로 마땅히 엄중하게 징계해야 할 것입니다. 지금 이 죄인들은 형률에 따라 죄를 과하게 하고, 이후에는 연해(沿海) 등의 지역에 대한 규례 조목을 엄격하게 제정하여 각별히 잘 타일러 경계하겠습니다. …… [46]

접위관의 대응과 회답서계에서 알 수 있듯이, 조선은 죽도와 울릉도가 일

선왕조실록』 숙종 20년(1694) 2월 23일, 신묘조)"
45 『竹嶋紀事』, 元祿 6년 12월 10일 綱
46 宗家記錄, 『竹島紀事本末』(국사편찬위원회 소장, 기록류 №6583), 癸酉年 12月 日 서계

도이명(一嶋二名)이라는 사실에 관해서는 언급하지 않고 '귀국(일본)의 죽도' '조선 안의 울릉도'라고 전제하면서 교섭사안에 관한 대처방안을 제시하였다. 마치 죽도와 울릉도라는 두 개의 섬이 존재하고 있는 듯한 상황 설명에, 조선정부는 마땅히 죽도에 조선인이 도항하는 것을 금지하여 외교적인 성의를 다하겠다는 입장을 표명한 것이다.

죽도와 울릉도가 하나의 섬이라는 사실을 알고 있으면서 조선은 왜 이렇게 모호한 표현을 쓴 것일까. 이것은 아마도 다다가 도해하기 전 조정에서 논의된 바와 같이, 울릉도를 포기하지 않으면서 동시에 영토문제로 인한 일본과의 충돌을 피하려는 외교적 전술이었을 것이다.[47] 그러나 초반에 조선이 이렇게 애매모호한 표현을 쓰는 바람에 쓰시마번의 서계 수정요구가 이어졌고 외교적인 논쟁이 수년간 계속되었다. 결국 조선은 최종적으로 '울릉도=죽도'라고 표명하여 외교적인 입장을 번복했고, 그로 인해 쓰시마번으로부터 '일관성의 부재(不在)'라는 집요한 비난에 직면하게 되었다.

쓰시마번의 입장에서 위 회답서계의 내용은 난감했다. 서계에는 죽도 이외에 울릉도가 언급되어 있어서 만약 일도이명이라는 사실을 모르는 막부가 조선의 서계를 받게 되면 울릉도에 관해 의문을 품고 조사하게 될 것이고, 그렇게 되면 쓰시마번은 모든 것을 사실대로 보고할 수밖에 없기 때문이었다. 1694년 1월 쓰시마번 가로들은 이 같은 점을 다다에게 알리고 교섭을 다시 시도하도록 지시했다.[48] 다다는 역관에게 서계에서 '蔚陵島' 세 글자

---

47 홍성덕은 이 문제에 관해 '조선이 이렇게 모호한 표현을 쓴 이유는 피랍된 어민들(박어둔과 안용복)의 안전 송환을 달성하는 한편, 불필요한 영토문제를 야기하지 않으려는 판단에서 내려진 고도의 외교적 수사(修辭)'라고 해석했다. 그리고 그는 '1678년 초량왜관의 완성과 1682년의 임술약조, 1683년 계해약조 등의 체결로 쓰시마를 통한 대일 통교가 안정화하고 있는 단계에서 새로운 갈등구조를 만드는 것이 좋은 계책이 아니라는 인식이 작용했다'는 점도 이유로 들었다. 홍성덕(2010), 앞의 글, 44~47쪽

를 삭제해 주기를 거듭 요청했으나 모두 거부되었다. 1694년 2월 24일 다다는 조선을 떠나 27일 후추[府中]로 귀환했다.

다다가 귀국하자 쓰시마번청에서는 조선의 회답서계에 관한 논의가 재개되었다. 그 논의는 '죽도는 곤겐사마[權現樣: 이에야스] 이래 이나바가 지배해 온 곳이 틀림없는데 조선은 오랜 세월 버려두었던 섬을 「원래 우리의 땅」이라고 말할 수 없다. 그런데도 일도이명으로 만들어서 속이는 서면(書面, 조선의 서계)을 중간에서 제출하게 되면 사태가 중대해지므로, 기왕에 받은 서계를 반납하고 「蔚陵島」 세 글자가 삭제된 서계를 다시 받아야 한다'[49]는 결론으로 모아졌다.

윤5월 13일, 다시 왜관에 건너간 다다는 지참하고 간 새로운 서계를 조선에 건네고, '蔚陵島' 세 글자를 삭제한 서계를 새로 발급해줄 것을 요구했다.[50] 여기에 대해 조선의 역관은 '구두로는 봄에 받아간 답서가 일도이명으로 이해될 소지가 있다고 하면서 그런 연유를 서간(書簡)에는 쓰지 않은 채

---

48 『竹嶋紀事』, 元祿 7년 2월 15일 綱.
49 『竹嶋紀事』, 元祿 7년 2월 25일 綱. 다다가 후추에 도착한 것이 27일, 그리고 당시 쓰시마에 머물고 있던 도해역관사 일행에게 다다가 차왜가 되어 다시 조선에 도해할 것이라는 사실이 통보된 것이 29일이다.
50 2차 도해 시에 다다가 조선에 제출한 서계는『竹嶋紀事』, 元祿 7년 3월 綱,『竹島紀事本末』등에 수록되어 있다.
"일본국 대마주 태수 습유(拾遺) 平義倫은 조선국 예조참판 대인 합하(閤下)의 편지를 받들어 보았습니다. 사신이 돌아오자 바로 회답을 받들어 여러 차례 되풀이 하여 읽었습니다. 지난번에 귀국의 어민이 우리나라의 죽도에 들어 온 것을 돌려보낸 일이 있었습니다. 저의 서계에서는 蔚陵島에 관해 언급하지 않았는데 지금 (조선의) 답신에는 蔚陵島라는 이름이 있으니, 이는 이해할 수 없는 일입니다. 이에 다시 한 번 정관(正官) 橘眞重(多田與左衛門)과 도선주(都船主) 藤成時를 보내니, 바라건대 '울릉'이라는 이름을 제거해 주시면 좋겠습니다. 제가 동행(東行) 일정이 가까워 하나하나 거론할 수 없으므로, 나머지는 사신의 입에 부쳐 보내겠습니다. 별거 아니지만 우리나라의 산물로 부족하나마 이렇게 멀리서 정성을 알리오니 웃으며 받아주십시오. 삼가 이만 줄입니다. 元祿 7년(1694) 갑술 2월 일."

그저 울릉도라는 글자를 삭제해달라고만 되어 있다. …… 이런 서간으로는 답서를 써 줄 수가 없다. 이런 서간은 수취할 수 없음을 접위관이 조정에 보고하여 사자가 그냥 귀국하겠는가. 그렇지 않으면 서간만 제출하고 일도이명이라는 의견을 기재해야 구체적으로 회답할 것이다'[51]고 응대했다.

이어서 8월 9일 거행된 차례(茶禮)에서 접위관 유집일(兪集一)은 '지난번 서계(조선의 답서)는 아무런 문제가 없으니 사신께서는 가지고 돌아가십시오. 에도에 도착하면 자연히 아무 일도 없을 것입니다. 그래도 반드시 계문을 올려 수정하기를 청하고 싶다면 모름지기 원래의 서계를 돌려보내야 할 것입니다'[52]고 회유했다.

이 시점이 되면 조선도 쓰시마번이 '울릉도' 삭제를 요청하는 이유를 간파한 터라 새로운 답서를 원하는 이유를 문서에 명확하게 기재하도록 요구했다. 조선의 입장에서는 쓰시마번이 '일도이명'을 문서상으로 먼저 거론해주기만 하면 그것을 빌미로 해서 '죽도=울릉도'라는 입장을 표명하기가 수월해지기 때문이었을 것이다. 다다가 일도이명을 구두로 언급하는 데 그치자 조정은 '이번에 가져온 서계와 지난번 답서를 제출하고, 사자가 구두로 말한 바를 자세히 서면으로 제출하면 회답서를 다시 발급하겠다'는 결정을 내렸다. 이에 다다는 조선이 요구하는 서계들을 건네주었다.[53]

한편 서계 재발급을 둘러싸고 양측이 팽팽한 줄다리기를 벌이고 있던 7월 21일, 쓰시마번은 조선의 회답서계와 번주(藩主) 명의로 작성된 구상서를 로주 아베 마사타케[阿部正武]에게 제출했다.[54] 구상서의 요지는 다음과 같았다.

---

51 『竹嶋紀事』, 元祿 7년 8월 9일 綱
52 『竹島紀事本末』
53 『竹嶋紀事』, 元祿 7년 8월 25일 綱
54 『竹嶋紀事』, 元祿 7년 21일 綱

첫째, 이전에 내리신 막부의 명령에 따라 사자(使者)로 하여금 조선인을 송환하게 하고 앞으로는 죽도에 조선인이 도항하지 못하도록 해달라는 서한을 보냈습니다. 그랬더니 조선의 답서에는 '울릉도에도 가지 못하게 한다'는 구절이 있어서 '울릉도'를 삭제하기 위해 사자를 다시 파견했습니다.

둘째, 조선의 울릉도는 죽도 쪽 방향에 위치하는 섬이라고 들었는데 혹시 죽도를 조선이 울릉도라고 부르는지 염려됩니다.

셋째, 설령 죽도가 조선의 울릉도라고 해도 그 나라에서 수년간 버려두고 일본에 오랜 세월 속해 왔던 터라 이제 와서 새삼 할 말은 없을 것입니다. 하지만 울릉도가 일본에 속한다고 하면 북경(北京)과 조선 국내의 평판이 염려되어 원방(遠方)의 소도(小島)라서 일본에 속해도 상관없지만 이름만이라도 남겨두고자 조선의 울릉도라고 답서에 쓴 것 같습니다.

넷째, 조선이 '죽도가 일본'이라는 사실을 모른 채 조선의 울릉도이므로 건너가도 된다는 답변이라도 하게 되면 이후에 충돌이 끝이지 않을 것입니다.

쓰시마번은 조선에 다다를 다시 파견하기는 했지만 자신들이 원하는 결과를 얻지 못하게 될 가능성도 염두에 두고 있었을 것이다. 그리고 쓰시마번은 조선이 '울릉도 즉 죽도는 조선이므로 건너가도 되지만 일본인은 안 된다'고 선포할 경우, 막부의 당초 명령과 완전히 반대되는 결과를 막부에 보고해야 하는 상황도 가정하고 있었다. 만약 그렇게 되면 설령 막부가 실상을 파악하지 못한 상황에서 내린 지시이기는 하지만 막부의 외교적 체면이 손상되는 것이 사실이었다.

더구나 일도이명이라는 사실을 알면서도 막부에 알리지 않고 대조선 교섭을 강행한 사실이 알려지기라도 하면 막부의 체면 손상에 대한 책임의 화살이 쓰시마번으로 향할 것은 명약관화했다. 따라서 쓰시마번은 위 구상서에 '혹시 죽도를 조선이 울릉도라고 부르는지 염려된다'는 문구를 넣어서 일도이명의 가능성이 있다는 점을 막부에 미리 흘려놓았다. 일도이명 여부에 대한 확인 작업을 막부의 숙제로 처리함으로써 외교적인 책임을 모면하고자 한 것이다.

9월이 되어 조선의 새로운 답서가 다다에게 전달되었다. 주요 부분을 인용하면,

…… 우리나라 강원도 울진현에 속한 섬 중에 울릉도라는 섬이 있습니다. 본 현의 동쪽 바다 가운데에 있는데 파도가 위험하여 뱃길이 편리하지 못합니다. 그렇기 때문에 여러 해 전에 그곳의 백성들을 이주시켜 땅을 비워놓고 수시로 관리[공차(公差)]를 보내 왕래하면서 수색하고 검사하게 했습니다. 이 섬의 산봉우리와 나무는 내륙에서도 또렷하게 바라볼 수 있고 무릇 산천의 구불구불한 굽이와 지형의 좁고 넓음, 백성들이 살던 자취가 남은 자리와 생산되는 토산물들이 모두 우리나라 『여지승람(輿地勝覽)』이라는 책에 실려 있으니, 대대로 전해오는 사실의 자취가 분명합니다. 이번에 우리나라 바닷가의 어민들이 이 섬에 갔을 때에 생각지도 않게 귀국의 사람들이 스스로 경계를 넘어 침범해 와서 서로 부딪치게 되었는데, 도리어 우리 백성 두 사람을 잡아서 에도(江戶)까지 끌고 갔습니다. 다행히 귀국의 대군(大君)이 분명하게 사정을 통찰하고 넉넉하게 노자를 주어 돌려보내 주셨으니, 이는 교린을 하는 인정이 보통을 훨씬 넘어섬을 알 수 있는 일입니다. 높은 의리에 감탄하였으니, 그 감격을 어찌 말하겠습니까? 비록 그렇다 해도 우리나라 백성들이 고기잡이를 하던 곳은 본래 울릉도(蔚陵島)로서, 그곳에서 대나무가 생산되기 때문에 더러 죽도(竹島)라고도 불렸던 곳입니다.

이는 곧 하나의 섬을 두 가지 이름으로 부른 것입니다. 하나의 섬을 두 가지 이름으로 부른 정황이 다만 우리나라 서적에만 기록된 것이 아니라 귀주(貴州)의 사람들 또한 모두 알고 있는 일입니다. 그런데 이번에 온 서계 가운데 죽도를 귀국의 관내 지역이라 하여 우리나라로 하여금 어선이 다시 나가는 것을 금지시키게 만들려고 하면서, 귀국 사람들이 우리나라 국경을 침범해 들어와 우리 백성을 붙잡아간 잘못은 논하지 않고 있습니다. 어찌 성실하게 신의를 지키는 도리에 흠이 되는 일이 아니겠습니까? 깊이 바라건대 이런 말뜻을 가지고 막부[동무(東武)]에 전해서 귀국의 변방 연해 사람들을 거듭 단속하여 울릉도에 오가며 사단을 야기하는 일이 다시는 없도록 한다면, 서로 좋게 지내는 도리에 있어 이보다 다행히 없겠습니다. ……[55]

위 조선의 답서에는 '죽도는 울릉도의 다른 명칭이며 울릉도는 조선의 영역'이라는 점이 명확하게 언급되어 있다. 또한 '일본의 어민들이 경계를 넘어 침범해 와서 울릉도에 간 조선의 어민들을 잡아간 것이야말로 잘못된 행위'라고 항의하고 있었다. 이러한 답서는 이전 다다의 1차 교섭 때 '조선의 울릉도', '일본의 죽도'라는 이중적인 수사(修辭)를 사용하여 일본과의 정면 충돌을 피해가려 했던 태도와는 매우 다른 내용이었다.

이처럼 2차 교섭에서 조선의 대응양상이 일변한 이유에 관해서는 조선정부 내의 정치세력의 변화가 거론되기도 한다. 다다가 파견될 무렵 조선정부에서는 갑술옥사(甲戌獄事)에 의해서 노론 정치세력을 대신하여 소론 정권이 들어섰고, 이들 소론 세력에 의해 대일정책이 강경책으로 전환되었다는 것이다.[56] 그 외에도 재차 도항한 다다가 지속적으로 울릉도 문구를 삭제하

---

[55] 『竹嶋紀事』, 元祿 7년 9월 12일 綱;『竹島紀事本末』, 甲戌年 9月 日 서계

기를 요청하자 조선은 이를 쓰시마번의 간계로 파악했고, 그냥 방치해 둘 경우 울릉도에 대한 영유권 문제가 야기될 수 있을 것이라는 판단이 강경책으로 전환하게 했다는 견해[57]도 있다.

다다는 번청으로부터 엄청난 질책을 당한 끝에 이듬해인 1695년 5월 귀국 명령을 받았다. 또한 쓰시마번청은 5월 재판(裁判) 다카세 하치에몬[高勢八右衛門], 스야마 쇼에몬[陶山庄右衛門], 아비루 소헤이[阿比留惣兵衛]를 조선에 파견하여 동래부사 앞으로 조선의 답서에 관한 '4개조의 의문점'을 문서로 제출했다.[58] '4개조의 의문점'의 요지는 다음과 같다.

㉠ 귀국의 답서에는 '수시로 관리를 파견하여 왕래하면서 수색하고 검사했다'는 구절이 있지만 그간 일본의 주민들이 81년간 죽도에 도항하면서 그 섬에서 귀국의 관리들과 만났다는 일을 상주한 적이 없었다. 귀국의 관리가 만약 우리 백성들과 마주쳤다면, 즉시 통보하여 우리나라에 금단 조치를 요청했을 터인데 귀국은 일찍이 그런 일을 문의한 적이 없다.

㉡ 죽도에 가서 고기잡이를 하다 표류한 백성들을 귀국의 예조가 서신과 함께 돌려보내 준 것이 이전에도 78년, 59년, 30년, 무려 세 차례나 된다.[59] 과거에 우리 백성들이 고기잡이를 하러 가서 국경을 넘어 경계를 침범했다면, 그 세 차례의 서신[60]에서는 어째서 국경을 넘

---

56 남기훈(2005), 「17세기 朝日 양국의 울릉도·독도 인식」, 『한일관계사연구』 23, 21쪽
57 홍성덕(2010), 앞의 글, 49쪽
58 『竹嶋紀事』, 元祿 8년 5월 15일 綱;『竹島紀事本末』, 乙亥年 5月 日 서계
59 이것은 이 서한이 작성된 元祿 8년(1695) 시점에서 각각 약 78년 전(1618), 59년 전(1637), 30년 전(1666)에 울릉도에 도항한 일본인이 조선에 표착하여 쓰시마번을 통해 일본으로 송환된 사건을 가리킨다.
60 1618년, 예조참의 이명남(李命男)의 서계에 대한 쓰시마번의 답서는 이테이안[以酊

어 경계를 침범했다는 뜻을 언급하지 않았는가? 과거 세 번의 서신에서는 조금도 언급한 일이 없다가 전날의 회답 서계에서 갑자기 '마음대로 국경을 넘어왔다'느니 '우리 국경을 침범하였다'느니 말한 것을 이해할 수 없다.

ⓒ 서계에 '한 섬에 두 개의 이름이 있는 상황은 비단 우리나라의 서적에 기록되어 있을 뿐만 아니라 귀주의 사람들도 모두 알고 있다'고 되어 있다. 그렇다면 첫 번째 답서에서 왜 '귀국 경계의 죽도'라느니 '우리 경계의 울릉도'라고 했는가?

ⓔ 전날 회답한 서계에서 '한 개의 섬이 두 가지 이름을 갖고 있는 상황을 귀주 사람들도 모두 알고 있다'고 한 것은 82년 전(1614) 두 편의 서계[61]에서 '의죽도(礒竹島)는 실제로 우리나라의 울릉도이다'라는 말이 있었기 때문인가? 귀국에서 끝내 재고해주지 않는다면 전날의 답서와 82년 전의 두 서신을 한꺼번에 막부에 전해야 하는데 그렇게 되면 80년 전과 78년 전 편지의 뜻이 서로 합치하지 않는 부분이 있는 사정을 궁구하지 않을 수 없다. 이 점을 분명히 밝혀 달라.

그러나 다다는 '4개조의 의문점'에 대한 동래부의 회신을 받지 못한 채 6월 10일 왜관을 출발, 귀국길에 올랐다. 그들의 배가 부산 앞바다의 절영도에 계류(繫留) 중이던 6월 12일에야 동래부의 회신[62]을 받을 수 있었다.

庵] 윤번제(輪番制) 성립 이전이라 전해지지 않는다고 한다(『通航一覽』 第3, 609쪽). 1666년 조선에 표착한 오야[大谷]씨 선원들을 송환하며 발급한 예조참의 정두경(鄭斗卿)의 서계는 宗家記錄, 『兩國往復書謄』 11(일본국립국회도서관 소장)에 수록되어 있다.

61 이것은 앞서 소개한 1614년 사건을 가리킨다. 1614년, 왜선이 울릉도를 탐색하기 위해 왔을 때 동래부사가 조정의 지시에 따라 쓰시마번에 발급한 답서를 말한다.

62 『竹嶋紀事』, 元祿 8년 6월 10일 綱: 『竹島紀事本末』, 乙亥年 6월 日 서계

회신은 다다가 제시한 의문점을 조목조목 반박하는 내용으로, 요점을 정리하면 다음과 같다.

㉠ 일찍이 82년 전 갑인년(1614)에 귀주에서 두왜[頭倭, 정사(正使)] 1명과 사공(格倭) 13명이 의죽도의 크기와 실태를 탐사하는 일로 서계를 가지고 왔는데, 조정에서는 외람되게 국경을 넘었다 하여 접대를 허락하지 않았고, 다만 본부(本府)의 부사(府使) 박경업(朴慶業)을 시켜 답서[63]를 쓰게 하였다. 그 후에 일본에서 세 차례 표류해 왔던 왜인들은 어떤 이는 울릉도에 고기를 잡으러 왔다고 하고 어떤 이는 죽도에서 고기잡이를 했다고 했는데, 예조에서는 서계를 보내며 아울러 표류해 온 왜인들을 돌아가는 배에 태워서 귀주로 돌려보냈다. 그런데 국경을 넘어 침범한 일을 가지고 질책하지 않았던 것은 전후의 일들이 각각 이유가 있었기 때문이다. 두왜가 왔을 때 신의(信義)로써 질책했던 것은 형지(形止)를 탐색하려고 침범하여 넘어온 정황이 있었기 때문이었고, 표착한 배를 그냥 돌아가는 편에 딸려 보낸 것은 물에 빠져 죽다가 살아남은 사람들이 속히 돌려보내

---

63 다음은 『通航一覽』 제4, 21~22쪽에 수록된 박경업 답서의 내용이다.
"이른바 의죽도(礒竹島)란 실은 우리나라의 울릉도로서, 경상도와 강원도 두 도의 바다에 끼어 있습니다. 이것은 『여도(輿圖)』에 실려 있으니 어찌 속일 수 있겠습니까? 대개 신라와 고려 이래로부터 일찍이 방물(方物)을 받아 취한 일이 있었고, 우리 조선조에 이르러서는 거듭 도망간 백성들을 데리고 돌아왔던 일이 있었습니다. 지금은 비록 황폐하게 버려져 있으나, 어찌 다른 사람들이 함부로 차지하는 것을 허용하여 시끄러운 틈이 생기는 단서를 열겠습니까? 귀주와 우리나라가 왕래하고 통행하는 방법은 오직 이 한 길밖에 없으니, 이 밖에는 표류한 선박이 진짜인지 가짜인지를 따지지 않고 모두 다 적의 선박으로 보고 논하여 판단하겠습니다. 우리 진(鎭)과 연해 지역의 장관(將官)들은 오직 약속을 엄중히 지킬 뿐이니, 오직 바라건대 귀주에서는 국토를 구획하는 데에 분간이 있음을 살피고 국토의 경계를 침범하기 어려움을 알아서 각각 신의를 지켜 사리에 어그러지는 일이 생기지 않게 하기를 바랍니다."

주기를 원했기에 살려 보내는 일이 급해서 다른 일은 물어볼 겨를이 없었기 때문이다.

ⓛ 수시로 관리를 파견하여 왕래하며 수색하고 검사한 일은 우리나라의 『여지승람』이라는 책에 신라와 고려, 그리고 본조의 태종·세종·성종 삼조(三朝)에서 여러 차례 관인을 섬에 파견하였던 일이 상세하게 기록되어 있다. 그리고 또 전날 접위관 홍중하가 내려왔을 때 귀주의 소헤에[總兵衛, 아비루 소헤에]라고 하는 사람이 역관 박재흥(朴再興)에게 '『여지승람』을 보면, 울릉도는 과연 귀국의 땅이다'라고 말했으니, 이 책을 귀주의 사람들이 일찍이 보았기에 이렇게 말했던 것이다. 요사이 관리가 자주 왕래하지 않은 것과 어민들을 멀리 가지 못하게 금지하는 것은 대개 바닷길이 험한 곳이 많기 때문인데 저 나라 사람들과 우리나라 사람들이 섬에서 서로 마주치지 않았다는 것으로 의심거리를 삼으니, 이상한 일이 아닌가?

ⓒ 한 섬에 두 가지 이름이 있다고 말한 것은 박경업의 서신 가운데 이미 '의죽도는 사실 우리나라의 울릉도이다'라는 말이 있고, 또 박재흥이 정관왜(正官倭)와 만났을 때에 정관이 우리나라의 『지봉유설(芝峯類說)』 내용을 발설하면서, 『지봉유설』에 이르기를 '의죽도가 바로 울릉도이다'라고 했다는 말을 하였기 때문이다. 한 섬에 두 가지 이름이 있다는 설은 본래 우리나라 서적에 실려 있었던 것이나, 이번에 그 말의 실마리를 발설한 것은 사실 귀주 정관 입에서 나온 것이다. 회답한 서계에 '하나의 섬인데 두 가지 이름을 가지고 있는 상황은 비단 우리나라 서적에 기재되어 있는 것뿐만이 아니고 귀주의 사람들도 또한 모두 다 알고 있다'고 한 것은 바로 이것을 가리켜 말한 것이다.

ⓔ 계유년(癸酉年)의 첫 번째 답서에서 '귀주의 죽도'와 '우리 경계의 울

릉도'라는 말을 했던 것은 당시 예조의 관원이 이전의 제도에 밝지 못했던 소치로 조정이 바야흐로 그 잘못된 말을 문책하였다. 그런 즈음에 귀주에서 그 서신을 내보내어 고쳐주기를 청했으므로 조정에서는 그 청에 따라 고쳐서 첫 번째 서계의 잘못을 바로잡았다. 첫 번째 서계는 이미 착오가 있어서 고쳤는데, 어찌 오늘날에 증거로 삼아 의문을 제기하는 단서가 될 수 있겠는가?

동래부사는 첫 번째 답서에서 '귀주의 죽도'와 '우리 경계의 울릉도'라고 기재했던 것을 조선 측의 실수로 정리하고, 어디까지나 쓰시마번의 요청에 따라서 첫 번째 답서의 착오를 바로잡아 두 번째 답서를 발급했으므로 더 이상 답서를 문제시하여 왈가왈부하는 것은 부당하다고 답변하였다.

그럼에도 불구하고 전(前) 번주 소 요시자네는 조선의 두 번째 서계의 내용이 적절하지 않다는 이유로 6월 말 가노(家老) 스기무라 우네메[杉村采女]를 정사(正使)로 하는 대차왜[부관 기도육우위문(幾度六右衛門), 도선주 도산장우위문(陶山庄右衛門)]를 조선에 파견하기로 결정했다. 그러나 이 사행(使行)은 7월이 되어 연기되었다. 그것은 또다시 조선과 교섭에 들어가기 전에 일단 막부와 논의할 필요가 하다는 의견이 번론(藩論)을 움직였기 때문이다.[64]

쓰시마번은 방침을 바꾸어 그간의 대조선 교섭 경과를 막부에 보고한 뒤 막부의 지시를 받아서 행동하기로 했다. 1695년 10월 에도에 도착한 소 요시자네는 로주 아베 마사타케에게 그간 조선과 주고받은 서계 4통의 사본과 『여지승람』, 『지봉유설』의 발췌서, 본인의 구상서를 11월에 제출하고,

---

64 『竹嶋紀事』, 元祿 8년 6월 綱, 그와 같은 의견을 주도한 것은 유학자 스야마 쇼에몬[陶山庄右衛門]을 비롯하여 타키 로쿠로에몬[瀧六郞右衛門], 히라타 시게자에몬[平田茂左衛門] 등이었다.

차후의 교섭방향에 관해 막부의 의견을 구했다.[65]

이때 요시자네가 제출한 구상서(11월 25일부·28일부)에는 그간 대조선 교섭의 경위, 특히 조선 답서의 문언 및 그에 대해 쓰시마번이 조선에 항변한 과정이 비교적 사실대로 서술되어 있다. 그리고 구상서에는 '죽도에 다시는 조선인이 건너가지 않도록 한다는 것을 쓰시마번주의 사견(私見)이라고 조선이 사추(邪推)하여 그러한 답서를 보낸 것 같다', '이처럼 일본에서 오랜 세월 도해했다는 것을 조선도 잘 알면서 알리지 않다가 이제 와서 이러쿵저러쿵 말하는 것은 조선의 불찰이니 그 점을 명확하게 전달하면 일이 해결될 수도 있을 것이다'[66]라는 구절도 삽입되어 있었다. 쓰시마번은 막부와 협의하는 과정에서도 조선으로 하여금 죽도를 일본령으로 인정하게 하려는 입장을 고수했던 것이다.

지난 수십 년간 돗토리번 요나고의 주민들이 도항해 온 죽도가 조선일 수 있다는 사실에 막부는 당혹했을 것이다. 로주 아베 마사타케는 돗토리번에 12월 24일부로 '질의서'를 보내 죽도의 소속에 관해 문의했다. 그러자 돗토리번은 '죽도는 이나바, 호키에 속하지 않는다. …… 죽도(울릉도), 송도(松島, 독도) 그 외 양국(이나바·호키)에 부속된 섬은 없다'고 회답했다.[67] 이 회답이 죽도 도항에 관한 막부의 의사를 결정짓는 요인으로 작용했을 것이다.

이듬해인 1696년 1월 9일 로주 아베는 쓰시마번의 가로 히라타 나오에몬[平田直右衛門]에게 '죽도에 일본인이 거주했다는 사실이 없고 일본의 것이었

---

65 『竹嶋紀事』, 元祿 8년 10월 綱
66 11월 25일부·28일부 口上書 모두 『竹嶋紀事』, 元祿 8년 10월 綱
67 막부의 12월 24일부 질의서와 질의서에 대한 돗토리번의 답변서는 鳥取藩政史料 『竹嶋之書附』(돗토리현립박물관소장, 受入번호 8438) ; 『鳥取藩史』 6, 471~472쪽(池田家所藏竹島關係文書에서 인용)

다는 증거도 없는 이상 죽도에 관해서 이쪽이 문제 삼을 사안이 아니지 않은가. …… 위광(威光)이나 무위(武威)를 배경으로 하여 조리에 맞지 않는 일을 강하게 주장할 필요가 없다'고 지시했다.[68] 그리고 막부는 돗토리번주 이케다 쓰나키요[池田綱淸]를 수신자로 하여 로주봉서를 하달했다. 1696년 1월 28일부로 작성된 이 로주봉서[69]는 돗토리번에 '죽도도해금지'를 명하는 것으로, 오야·무라카와 양가에도 전달되었다. 이로써 두 가문은 약 70년 동안 독점적으로 향유해 온 울릉도 도항의 권리를 상실하게 되었고 이후에도 그 권리는 두 번 다시 부활되지 않았다.

---

68 『竹嶋紀事』, 元祿 9년 정월 28일 綱

69 죽도도해금지 봉서의 전문은 다음과 같다(『鳥取藩史』 6, 466쪽 인용).
　　이전에 마쓰다이라 신타로[松平新太郎:池田光政]가 因州[因幡:이나바]·伯州[伯耆:호키]를 영지로 다스리고 있었을 때 호키 요나고[米子]의 町人 무라카와 이치베[村川市兵衛]·오야 진키치[大屋(大谷)甚吉]가 竹島에 도해하여, 지금까지도 어업을 하고 있으나 향후 竹島 도해를 금지한다고 명하셨으니 이를 명심하십시오. 이만 줄임.
　　　　　　　　　　　　　　정월 28일
　　　　　　　　　　　쓰치야 사가미노카미[土屋相模守]
　　　　　　　　　　　도다 야마시로노카미[戶田山城守]
　　　　　　　　　　　아베 분고노카미[阿部豊後守]
　　　　　　　　　　　오쿠보 가가노카미[大久保加賀守]
　　　　마쓰다이라 호키노카미[松平伯耆守:池田綱淸] 님께
　　그 외 大谷家文書『竹嶋渡海由來記拔書』, 앞의 사료, 北澤正誠, 『竹島考證』 上(일본국립공문서관소장 마이크로필름번호 012500-1350) 참조

V. 맺음말

    돗토리번에 '죽도도해금지'를 명하기로 한 막부의 결정은 1월 28일 쓰시마번에도 전달되었다. 이때 로주가 요시자네에게 발급한 각서(覺書)에는 '예전부터 호키 요나고의 초닌 두 명이 죽도에 가서 어로를 해왔는데, 조선인도 그 섬에 와서 일본인과 섞여 어로를 하게 되니 일본인의 어로가 무익해졌다. 그러므로 향후 요나고 초닌의 도해를 금지한다는 뜻을 마쓰다이라 호키노카미(돗토리번주)에게 봉서(封書)로 명하기로 했다'고 되어 있었다.[70]

그림 2 〈왜관도(倭館圖)〉, 국립중앙박물관 소장

그림 3 〈동래부사접왜사도(東萊府使接倭使圖)〉,
국립중앙박물관 소장

그 후 막부의 지시에 따라 쓰시마번은 막부가 돗토리번에 '죽도도해금지' 명령을 내렸다는 사실을 1696년 10월 조선정부에 통보했다.[71] 이렇게 해서 1693년부터 시작된 조일 간의 울릉도 영속 논쟁은 막부가 울릉도를 조선의 영토로 인정함으로써 일단락되었다.

---

70 北澤正誠, 『竹島考證』 中, 元祿 9년 正月 28일(일본국립공문서관소장 마이크로필름 번호 012500-1365), 『竹嶋紀事』, 元祿 9년 정월 28일 綱
71 宗家記錄 『譯官記』, 元祿 9년 10월 16일條(국사편찬위원회 소장, 기록류 №1501)

참고문헌

자료

『邊例集要』,『朝鮮王朝實錄』,『增補文獻備考』,『增正交隣志』,『通航一覽』

岡嶋正義,『因府歷年大雜集』,「唐人弐人之內通じ申口」, 돗토리현립박물관소장, 受入번호 19745

岡嶋正義,『因府歷年大雜集』,「元祿六年竹嶋より伯州ニ朝鮮人連帰り候趣大谷九右衛門船頭口上覺」, 돗토리현립박물관소장, 受入번호 19745

岡嶋正義,『因府年表』, 돗토리현립박물관소장, 受入번호 159~177

岡嶋正義,『竹嶋考』,「大谷之船人拿來朝鮮人」, 돗토리현립박물관소장, 受入번호 84269

大谷家文書,「竹島江渡海之次第先規より書府之寫」,『大谷氏舊記 一』所收, 도쿄대학 史料編纂所소장, 書目ID.54892

大谷家文書,『竹嶋渡海由來記拔書』, 돗토리현립박물관소장, 受入번호 15325

北澤正誠,『竹島考證』上, 일본국립공문서관소장 마이크로필름번호 012500-1350

北澤正誠,『竹島考證』中, 일본국립공문서관소장 마이크로필름번호 012500-1365

隱岐島村上家文書,「元祿九丙子年朝鮮舟着岸一卷之覺書」

鳥取藩政史料,『控帳(家老日記)』元祿 5년(1692) 5월 10일(돗토리현립박물관소장, 受入번호 2537

鳥取藩政史料,『御用人日記』元祿 6년(1693) 5월 15일(돗토리현립박물관소장, 受入번호 3718

鳥取藩政史料,『竹嶋之書附』, 돗토리현립박물관 소장, 受入번호 8438

宗家記錄,『館守每日記』, 일본국립국회도서관 소장

宗家記錄,『分類紀事大綱』14,「日本漂民之一件」, 일본국립국회도서관소장

宗家記錄,『分類紀事大綱』38,「深見彈右衛門古帳之写」, 일본국립국회도서관소장

宗家記錄,『兩國往復書謄』11, 일본국립국회도서관 소장

宗家記錄,『譯官記』, 국사편찬위원회 소장, 기록류 №1501

宗家記錄,『元祿六癸酉年竹嶋一件拔書』, 長崎縣對馬歷史民俗資料館소장, 記錄類Ⅱ, 조선관계, R2

宗家記錄,『元和六年庚申礒竹島弥左衛門仁左衛門被召捕候時之覺書一冊御狀三通此內入』, 국사편찬위원회소장, 기록류 №6580

宗家記錄,『元和六年庚申礒竹島弥左衛門仁左衛門被召捕候時之覺書一冊御狀三通此內入』, 국사편찬위원회소장, 기록류 №6580

宗家記錄, 『竹島紀事本末』, 국사편찬위원회 소장, 기록류 №6583
宗家記錄, 『竹嶋紀事』, 국사편찬위원회소장, 등록번호 MF0005424
『竹島に関する七箇条返答書』, 국사편찬위원회소장, 등록번호 74365
村川家文書, 「竹嶋渡海由來記拔書控」, 『村川氏舊記』所收, 도쿄대학 史料編纂所 소장, 書
　　　HID 55386

저서

內藤正中外(2007), 『史的檢證 竹島・獨島』, 岩波書店
大穀文子(1984), 『大穀家古文書』, 久保印刷所
鈴木棠三(1972), 『對州編年略』, 東京堂出版
민족문화추진회편(1977), 『국역해행총재3』, 아름출판사
송병기(2007), 『재정판 울릉도와 독도』, 단국대학교출판부
송병기(2010), 『울릉도와 독도 그 역사적 검증』, 역사공간
鳥取県立公文館県史編纂室編(2010), 『江戶時代の鳥取と朝鮮』, 綜合印刷出版株式會社
鳥取縣立圖書館(1971), 『鳥取藩史』6, 矢穀印刷所
池內敏(2006), 『大君外交と武威』, 名古屋大學出版會
川上健三(1966), 『竹島の歷史地理學的硏究』, 古今書院
荒木和憲(2007), 『中世対馬宗氏領國と朝鮮』, 山川出版社

논문

남기훈(2005), 「17세기 朝日 양국의 울릉도・독도 인식」, 『한일관계사연구』 23
윤유숙(2012), 「18~19세기 전반 朝日 양국의 울릉도 도해 양상」, 『동양사학연구』 118집
윤유숙(2012), 「근세 돗토리번(鳥取藩) 町人의 울릉도 도해」, 『한일관계사연구』 42
최은석(2011), 「안용복 사건의 무대-17세기 돗토리번과 오키국」, 『역사와 지리로 본 울
　　　릉도・독도』, 동북아역사재단
홍성덕(2010), 「17세기 후반 한일 외교교섭과 울릉도-안용복 피랍・도일 사건을 중심으
　　　로」, 『독도・울릉도 연구-역사, 고고, 지리학적 고찰』, 동북아역사재단

Abstract

Western Borderline of Koguryo and Muryeora (guard post of Muryeo)

Lee Seong-je

The western borderline of Koguryo has been understood to be the Liao River(遼河). It has been based on the ground that only Muryeora was the hub of Koguryo established in the west of the Liao River on the record, which was located in the west coast(西岸) of the river. However, the area is nothing more than the entrance to the west of the river, as an eastern end of the region. Considering that Koguryo was engaged in heated competitions with the Chinese people and nomads over the western area of the river, the west coast was not located in the place that cannot expect any functions of the frontline hub. The functions of Muryeora to monitor and check the passersby seem to fit for the checkpoint(關所) at the rear areas rather than a military base located in the borderline.

Meanwhile, among the hubs of Koguryo in the west of the Liao River, there is also the Castle of Muryeo (武厲城) aside from Muryeora. The two regions have been considered the same one. However, the 'ra' (邏, guard post) of Muryeora was only a fortress or a military facility like the guard post rather than the castle (城) of Koguryo that served as a hub of regional dominance and military fortress. The Castle of Muryeo is considered a completely different place from Muryeora in terms of the size and function. The fact that the Sui Dynasty attacked the Castle of Muryeo by establishing the supply base on the frontline indicates that this region was the major hub of the western border of Koguryo. It is possible to estimate the western borderline with the location of the castle of Muryeo.

The expansion of Koguryo into the west of the Liao River was marching into the west via the route used to march eastward in the former Chinese counties and prefectures. The hub of Koguryo is highly likely to be set in the historic site of the region. The former Castle of Muryeo is likely to be Muryeohyeon (無慮縣) in the Han Dynasty (prefecture of Mureyo). It is supported by the fact that the homophones of Muryeo (巫閭, Wulu) in the Han Dynasty was used as the name of the land. As the location of Muryeohyeon was in the south of Beizhen (北鎭市), the west of Koguryo is considered to cover the eastern foot of Mt. Yiwulu (醫巫閭山 東麓).

> **KEYWORDS**
> the castle of Muryeo, the prefecture of Muryeo in the Han Dynasty, the eastern foot of Mt. Yiwulu, the western borderline of Koguryo, the castle of Koguryo

A study on the establishment of the Paegangjin and it's characteristics in the Late Period of Silla

Jeon Deogjae

This study tries to determine the establishment background of the Paegangjin, its characteristics and management in the Late Period of Silla. Paegang refers to the Taedong River, and Paegang Rigion encompassed the Hwanghae-do area of the east and west of the Jaeryeong River in the era of Unified Silla. Silla government installed the Paegangjin in Daegogseong (Pyeongsan, Hwanghae-do) in order to prepare for the potential invasion of the Balhae and to maintain a safe of the newly pioneered Paegang Rigion's Gun·Hyeon in January of 782 Years(3 Years of King Seondeog). It dispatched the Daegam and Sogam of the Paegangjinjeon as the commander of several Garrisons located in the Paegang Rigion's strategic point and transportation important spot, and then was to supervise them by the Dusangdaegam of Paegangjin in Daegogseong. Because of the Paegangjin was responsible for policing and patrol of the Paegang Rigion, it has been recognized as a just Tang's Dohobu by Silla people, thereby they were renamed the Dusangdaegam to the Doho in the Middle or Late 9th century.

> KEYWORDS
> Paegangjin, Paegangjinjeon, Daegogseong, Dusangdaegam, Doho, Daegam, Sogam, Paegang Rigion, Garrison, Gungam

The study of border zone and its protocol between Goryo and Khitan

Heo, Inuk

Between Goryo and Khitan, after the militant conflict of Sheng-Jong(成宗) era, the new boundary was formed near the buffer zone(from the castle of Chenhwuanghakju in Liaodong to a branch of the Apnok river). The new division boundary was formed after the forced occupation of Khitan on Apnok river during the Hyun-Jong(顯宗) reign. This border zone on North Western side was maintained till the demise of Khitan. Otherwise the Northeast Area of Goryeo was changed from time to time. It shows that the borderline of Goryo was not fixed but was altering as the time changes and with world order at each time.

The standard for borderline was the boundary based on River or Mountain Ridge. Both Goryo and Khitan built castle to defend their land, and within the castle, they harvested from a farm cultivated by stationary troops.

Goryo and Khitan had set protocols to follow to maintain peace at the borderlines. The protocols are very similar to the Treaty of Shanyuan between Khitan and Sung on 1004.

The protocols include: Non invasion agreement, allowance of refugees, no harm to harvests, and no additional defense measure beside the maintenance of existing defense structure. These protocols are considered to be stemming from the agreement with Goryo and Khitan rather than imitating the protocols between Khitan and Sung.

> **KEYWORDS**
> border zone, Goryo, Khitan, the protocol, the buffer zone

Domination over the barbarians along the border: Review of the functions of Bu-duwei(部都尉)

Kim Byungjoon

This essay focused on the existence of the Qin/Han empire border, which have been disregarded to lead all the confusions and misunderstandings about the control policy for the barbarians. Emperor edicts showed that all the places under the heaven should be included into his realm, but it was the ideal type, given that emperor was the son of heaven. However, there was a clear concept of border in the period of Qin /Han empire. Due to the confusion between the ideal type and the actual existence, most scholars argued that empire had controlled the barbarians regardless of inside barbarians and outside babarians of the border. However, we should divide the barbarians intoseveral levels, at least two levels, i.e. the inside-border barbarians who had been controlled by the government as similar as the Han people, and outside-border barbarians to whom the Han empire had influenced their political power. By the way, I argue that there was another border except the outer border which usually taken as the division between the Han and outer nomad countries. This would be called as the inner border, out of which the barbarians lived without any control of the empire.

Previous studies have found the evidences which they thought support their argument in the records of Bu-duwei(部都尉, Regional Chief Commandant). However, there were fundamental misunderstandings for the records related to this office. Most of all, this office was a military commandant, and did not concern about any civil services. Though some prefectures were under this commandant, this affiliation was just restricted to the military inspection. Civil services were exclusively taken under the charge of Commandery-prefecture system. Besides, Bu-duwei was the one of the Duwei(都尉, Chief Commandant) as Bu(部, region) just means a part of the whole. It was not the office which were exclusively responsible for the barbarians.

KEYWORDS
Bu-duwei, Regional Chief Commandant, outer border, inner border, Qin/Han, empire, Tian-xia

The Elementary Study on The Problems of Bianzhou in The Early Tang Dynasty

Xu weiwei

This thesis makes a study of Bianzhou in the early Tang Dynasty. It dissertates the concept and origin and structure and distribution and some transformation, and some issues of officeholder in Bianzhou.

"Tang Liu Dian" quite self-containedly recorded Bianzhou in the early Tang Dynasty. The distribution of Bianzhou not only closes to geographical distribution, but also rests with politics. It is consanguineous with circumjacent peoples at the frontier of Tang.and the frontier defence of Tang.

Bianzhou have three grades: Duhu mansion,commanding Administration, and Cishieparchy. They are distributing at rumland of Guannei Dao,Hedong Dao, Hebei Dao, Longyou Dao, Jiannan Dao, Jiangnan Dao, Lingnan Dao. And they take precautions against foreign enemy and safeguard hinterland and appease the outer peoples who have submit to the authority of Tang. The amount and grade and govern place and area, and so on, of Bianzhou have some changes and they are close to politics,military affairs, peoples in rimland of Tang.

CiShi of Bianzhou are correlative with some matter of Bianzhou and it is a colony that can' be neglected. The court has some special regulation and attach importance to CiShi of Bianzhou. In KaiYuan-period, CiShi of Bianzhou are mostly come from imperial examinations,but some of them are because of gest.there are quite serious corruption of them in KaiYuan-period. It means that the management of official are decay in KaiYuan-period.

The population of Bianzhou is rise or fall in different moment in zhe early Tang Dynasty, but it is poise to the collectivity of Bianzhou.Most of Bianzhou are distributing in rimland of Tang, so the changes of population of Bianzhou mostly due to warfare. The court of Tang push policies and measures to keep the population of Bianzhou because Bianzhou have obligation to frontier defence. And they supply manpower and material resource to the management of frontier of Tang. They have a very important status in the early Tang Dynasty.

KEYWORDS

Tang Dynasty, Bianzhou, CiShi of Bianzhou, Population of Bianzhou

The Relationship of Northeast Chinese Geogaraphical Information and Northwest Area Maps in the Chosun Dynasty

Lee Myunghee

Aprok and Duman River area, including 3 northeastern provinces of China have traditionally been a very militarily important area. In order to make a map of that area, it is very essential to obtain geographical information for the Ming and Qing dynasty.

Depending on the Chinese political condition, the data Chosun dynasty government required han been changed. At that time, the Daemyungyiltongji was the most widely spread book of Chinese maps and geographic information in Chosun period. This book was information about most of China national geogaraphic circumstances, but it was not detailed in its description of 3 northeastern provinces of China for the Chosun government need. Therfore, they kept trying to get more detailded and accurate information from China.

As Qing Dynasty was reaching its height, the relationship of Chosun and Qing Dynasty stabilized. Chosun dynasty's anxiety about the Qing dynasty was decresing. However, 3 northeastern provinces of China was still important for military, transit, and trade purposes.

When Chosun made a map, Chosun's map makers did not simply copy Chinese data, but sometimes corrected, supplemented and edited informations as needed, as well as providing new information and making new maps.

Chosun's continuous effort to collect Chinese geographical information was reflected in its maps of China, enriching geographical knowledge. Old maps provide plenty of evidence of cultural and academic interchages between Korea and China in the dynastic period.

KEYWORDS

Ming and Qing dynasty, Chosun dynasty, old map, geographical information

Daejaebu's Function in Ancient Japan and Shilla-Relevant Matters

Yeon minsoo

Amid the war called as 'Baekgan Combat' broken out in East Asia, the need for political, diplomatic and military responses was emerged. Therefore in early 8C, the department Daejaebu was founded with the establishing the law Daeboryoeng. These were legislative actions being conscious of Shilla, and Daejaebu's realistic diplomatic function was limited toward Shilla. Until the year 799 since Shilla's Korea unification, Shilla delegation was the only foreign delegation entering Japan through the department Daejebu, so it is fine to say that the department Daejaebu was the institution for Shilla, because its main external tasks were about the matters relevant to Shilla delegation. During the period, Japanese' formal diplomatic activities toward Shilla were developed.

The function of department Daejaebu charging the affairs in front line of national defence was originated from Japanese government's strained relationship with Shilla. While Japanese government's comment about the military punishment against Shilla resulting from the troubled diplomatic relationship emphasized the ideology that Shilla is an uncivilized country, but such action also had the internal factor of strengthening national defense posture. Since 9C, Japanese government; risk management system was operated through the department Daejebu.

As a Shilla marine trade group led by Jang Bo Go entered Daejaebu and armed ships group called Shillajeok invaded Japanese territory, Japanese tried to reestablish the authority and position of Daejaebu as an institution governing the islands and the sea through its reform action proposing no permission of Shilla person's entrance to Japan, the corruptive ambassador (Guksa)'s summon to Wnaggyeong.

In the real situation that Japanese government had to coexist with Shilla with keeping the dual attitude of exchange and alertness, Daejaebu's external function toward Shilla was developed as a national task of overcoming Shilla as its rival country.

KEYWORDS
Daejaebu(大宰府), Shilla, Shillajeok(新羅海賊) Shilla marine trade group (新羅商人)

Review of Tsushima Domain(對馬藩) and Waeguan(倭館) in the Tokugawa period
- In case of the Taking of Koreans by Japanese to Tottori Domain in 1693

Yoon Yusook

This paper examines a set of diplomatic measures taken by Tsushima Domain(對馬藩) regarding relations between Joseon(朝鮮) and Japan, and focuses on the Koreans who were captured and taken to Tottori Domain(鳥取藩) in 1693. This paper seeks to identify the intention and the diplomatic position of Tsushima Domain, which was deeply involved in the repatriation of these Koreans.

In 1407, the governor of Tsushima, Sō Sadashige(宗貞茂), expressed to Joseon that he wanted to move to Ulleungdo(鬱陵島). Further, Tsushima several times gained the repatriation of Japanese fishermen who had sailed to Ulleungdo and reached the eastern coast of Joseon. Through such experiences, Tsushima Domain learned that fishermen from Tottori Domain had been sailing to Ulleungdo. However, there is no record that Tottori Domain ever informed the Joseon government of this fact.

The Edo government(江戶幕府) ordered Tsushima Domain to repatriate the Koreans taken to Japan by Tottori Domain fishermen in 1693. Tsushima Domain independently investigated Ulleungdo and reaffirmed that Takeshima(竹嶋) is Ulleungdo. Tsushima Domain, however, negotiated with Joseon without reporting the results of this investigation to the Edo government. Further, Tsushima Domain sent Joseon a diplomatic document in which was written "Japan's Takeshima," while the original order from the Edo government was to "request the Joseon government to prohibit its people from sailing to Takeshima," that is Ulleungdo.

Joseon and Japan argued over expressions included in the Joseon government's reply from the eleventh month of 1693 to mid-1695. During this period, Tsushima Domain continuously attempted to include Takeshima into Japanese territory. Such attempts could stem from Tsushima Domain's territorial ambitions over Ulleungdo. However, Tsushima Domain was not able to achieve its goal as the Joseon government started to adopt hard-line policies to address this issue in the late stages of its diplomatic negotiations with Japan. In the end, the Edo government confirmed the facts about the ownership of Ulleungdo and provided Joseon with a reply that it will ban Japanese from sailing to Ulleungdo.

KEYWORDS
Tsushima Domain(對馬藩), Tottori Domain(鳥取藩), Ulleungdo(鬱陵島), Takeshima(竹嶋), Oya family(大谷家), Murakawa family(村川家)

찾아보기

ㄱ

가고시마 유구관[鹿兒島琉球館] 356
가광(家光) 374
가덕(加德) 369
가로령(加老嶺) 94, 95
가축성보 103, 104
가탐(賈耽) 33, 48
각장(榷場) 94
간식(墾殖) 104
간전(墾田) 106, 112
갈라전(曷懶甸) 97
감군(監軍) 71
감군사(監軍使) 71
감어사(監御史) 71
감찰어사(監察御史) 71
갑술옥사(甲戌獄事) 385
강릉(江陵) 장가산(張家山) 한간(漢簡) 123
강원광(姜源廣) 109
개시대청(開市大廳) 358
개원(開元)의 치(治) 211
개정군 77
개토귀류(改土歸流) 124
객관(客館) 355
객사(客舍) 358
거란(契丹) 20, 87~92, 94, 95, 98, 101~104, 112~118
거연도위부(居延都尉府) 144, 148
거연한간(居延漢簡) 145, 148
검교신라객사(檢校新羅客使) 295
견수도위(肩水都尉) 144, 146
경계대(境界帶) 88, 95, 96, 98, 103, 111~114, 116~118

경계선(境界線) 88
경고식(警固式) 299
고구려구지회복(高句麗舊地回復) 96
『고금군국현도사이술(古今郡國縣道四夷述)』 33
고량(高良) 99, 100
고려(高麗) 87, 88, 90~92, 94~99, 101~104, 112~118
『고려사』 89
고조우(顧祖禹) 179
고종 97, 116
곡도 73
골내근정(骨乃斤停) 58
공험진(公險鎭) 97
곽주(郭州) 101
관과(灌瓜) 114
관방도(關防圖) 251
관사조(官司條) 310
관성(關城) 101~103, 111, 115
관수(館守) 377
『관수매일기(館守每日記)』 377
관수옥(館守屋) 358
관진(關津) 14, 18, 25
교관물(交關物) 312
교역항 324
9성 97
구자(龜茲) 207
국경관(國境觀) 92
국경선 89
국서개봉권(國書開封權) 294
군감(郡監) 68, 70
군관구(軍管區) 74, 81
군도위 144
군정기관(軍政機關) 80
군태수(郡太守) 66
군현지배 134
궁구(弓口) 107

궁구란자(弓口欄子)　104, 110
궁구문(弓口門)　105, 110
궁구문란(弓口門欄)　104, 109, 110, 115
궁란(弓欄)　105, 110
궁자포(弓子鋪)　110
궁전조(弓箭條)　311
귀림곶(貴林串)　78
귀주(龜州)　101
귀화진(歸化鎭)　101
극성진(棘城鎭)　78
글필하력(契苾何力)　202
금(金)　89, 90, 97, 116, 118
금물조(禁物條)　310
기미　151
기미(羈縻) 지배　123, 124, 127, 129
기미도호부　191
기미주(羈縻州)　162
기미주부(羈縻州府)　167
기미주현(羈縻州縣)　172
기미질서　134
기조신우양(紀朝臣牛養)　60
김난손(金蘭蓀)　57
김선석(金先錫)　100
김암　54
김양상　58
「김영부묘지명(金永夫墓誌銘)」　96
김재백(金才伯)　61
김정호　78
김체신　55

| ㄴ |

나가사키[長崎]　356
나가사키봉행소[長崎奉行所]　364
나가사키부교[長崎奉行]　368
나카야마 가헤에[中山加兵衛]　364
낙랑(樂浪) 동부도위(東部都尉)　139, 147

낙랑군(樂浪郡)　138, 139, 141
난자군(欄子軍)　110
남구만　256
남조(南詔)　186
남천정(南川停)　58
내경(內境)　128~131, 133, 147, 151, 152
내군(內郡)　149
내원성(來遠城)　95, 102, 105
내이(內夷)　128
네트워크론　326
노군[櫓軍]　363
노진(路振)　91
노하진(濾河鎭)　27, 28
녹읍　57
농동천(弄棟川)　189

| ㄷ |

다다 요자에몬[多田與左衛門]　377
다시로 가즈이[田代和生]　354
다지마 쥬로베[田嶋十郎兵衛]　364
다카세 하치에몬[高勢八右衛門]　376
단연지맹(澶淵之盟)　112, 117, 118
당(唐)　90, 211
당관(唐館)　73
당관포　73, 78
당관향(唐館鄕)　73
당성군　67
당성진(唐城鎭)　63, 65
당은포(唐恩浦)　64
당은포로(唐恩浦路)　64
당은현　67
당통사(唐通事)　330, 343
『당통사회소목록(唐通事會所目錄)』　342, 343
당휴경(唐休璟)　181
대감(大監)　65, 81

대곡성(大谷城)　54, 55
대곡성두상(大谷城頭上)　53
대곡진(大谷鎭)　54
대곡진군주(大谷鎭軍主)　53
대관가(代官家)　377
대금(大金)　96
대능하(大凌河)　14, 34, 35
대동강(大洞江)　48, 50, 93
『대동지지』　78
『대명일통지』　253
대부(大簿)　162
대북(代北)　89, 90
대식　227
대안사적인선사탑비(大安寺寂忍禪師塔碑)　68
대인수(大仁秀)　61
대재(大宰)　283
대재수(大宰帥)　298
대차왜　390
덕종(德宗)　88, 101, 102, 115
데지마[出島]　328, 356
도(道)　149
도고[道後]　361
도병마사(都兵馬使)　104
도오진야시키[唐人屋敷]　354
도요토미 히데요시[豊臣秀吉]　327
도위　135
돌궐　215
돌궐 강호(降胡)　124
돌기시　228
돗토리번　392
동경병마도부서(東京兵馬都部署)　115
동돌궐　246
동래부사　377
동북면　95~97, 118
『동여도(東輿圖)』　73
동진(東眞)　97, 98, 116, 118

두모포(豆毛浦)　355
두상대감(頭上大監)　53
둔전(屯田)　111, 114, 118
둥귀둥[凍國棟]　201
등(鄧)　90
등원불비등(藤原不比等)　287
등원서사(藤原緖嗣)　313
등원중마려(藤原仲麻呂)　300

| ㄹ |

라(邏)　19, 21, 36, 38
로주봉서[老中封書]　359
리야진간　131, 139

| ㅁ |

마쓰다이라 호키노카미　393
마쓰마에[松前]　323
만이률(蠻夷律)　149
만주족　252
매신라물해(買新羅物解)　313
모리사키 곤겐[森崎權現]　327
목지도[牧之嶋]　370
목채(木寨)　102
목책　103
몽전(蒙戩)　92
무대군장(無大君長)　134
무라카와[村川]　359
무려(無慮)　31
무려라(武厲邏)　13, 17~19, 23
무려성(武厲城)　14, 23, 25, 27, 30, 32, 34, 36
무려수착(巫閭守捉)　34
무려현(無慮縣)　32, 34
무르그세무　369
무릉도(武陵島)　366

문종 104, 109, 112, 114
미사키[岬]의 교회 327

| ㅂ |

바타비아(Batavia) 323
박경업(朴慶業) 388
박어둔(朴於屯) 361
박인량(朴寅亮) 109
박재흥(朴再興) 389
박토라히 369
발해(渤海) 87
발해번예(渤海蕃例) 295
백령진 73
번객조(蕃客條) 310
『범과장(犯科帳)』 338, 339, 345
변군(邊郡) 134, 136, 146, 158
변주자사(邊州刺史) 160
병항(甁項) 95, 96
보주(保州) 110
복병막(伏兵幕) 358
봉상청(封常淸) 205
부(部) 141, 142
부감(部監) 69
부곡(部曲) 56
부도위(部都尉) 124, 135, 136, 152
부른세미 364
부산성(釜山城) 355
『부상략기(扶桑略記)』 306
부여(夫餘) 108
부정(付町) 329
북방관방도(北方關防圖) 251
북정(北征) 255
분수령(分水嶺) 89, 90
비전국사(肥前國司) 302
비후국(肥後國) 283

| ㅅ |

『사고전서(四庫全書)』 263
사민(徙民) 133
사쓰마[薩摩] 323
사이(四夷) 245
사흉노중랑(使匈奴中郞) 126
『산동해방지도(山東海防地圖)』 267
『삼조북맹회편(三朝北盟會編)』 92
삼포(三浦) 353
서경(西京) 92
서계(西界) 22
서관삼대청 356
「서균묘지명(徐鈞墓誌銘)」 92
서부 국경선 13
『서북계도(西北界圖)』 256
서북면 95, 118
『서북피아양계만리일람지도(西北彼我兩界
萬里一覽之圖)』 256
서역 236
서역도호(西域都護) 166
서역도호부(西域都護府) 126, 127
서운사요오화상오진탑비(瑞雲寺了悟和尙眞
原塔碑) 51
서정(西征) 255
서희(徐熙) 93, 94, 100, 101
석보성(石堡城) 188
석성(石城) 102, 103, 115
선(宣) 102, 103
『선린국보기(善隣國寶記)』 283
선문사(先問使) 376
선의군(宣義軍) 108
선종(宣宗) 94, 100
선춘령비 262
설태(薛泰) 198
성경(盛京) 261
『성경도(盛京圖)』 256

『성경여지전도』 261
『성경지』 267
『성경통지』 254, 264
성교(城橋) 105, 109
성신당(誠信堂) 358
성종(成宗) 87, 91, 92, 94, 99, 100, 111, 118
소 요시자네[宗義眞] 375, 391
소감(少監) 65, 81
소무구성(昭武九姓) 238
소손녕(蕭遜寧) 93, 94, 99, 100
소수(少守) 66
소정(小亭) 107
소후쿠지[崇福寺] 330
소희(紹熙) 89, 90
속국(屬國) 149
속국도위(屬國都尉) 124, 135, 152
『속일본기(續日本紀)』 290
송(宋) 88~90, 112, 113, 117, 118
송경례(宋慶禮) 172
송령(松嶺) 102, 106, 112
「송진종서서(宋眞宗誓書)」 113, 116
송취(宋就) 114
쇼후쿠지[聖福寺] 330
수성군 67
수졸 131
수착(守捉) 186
숙정(宿町) 329
숙종(肅宗) 115
순지(順之) 51, 79
순천 372
스기무라 우네메[杉村采女] 364, 390
스야마 쇼에몬[陶山圧右衛門] 386
승천황태후(承天皇太后) 94, 110, 111, 118
『승초록(乘軺錄)』 91
시미지진(施彌知鎭) 64

신공황후(神功皇后) 301
신라정토계획 60
신종(神宗) 90
『신증동국여지승람(新增東國輿地勝覽)』 93
10도(道) 164
10정 58, 59
쓰시마[對馬] 323
쓰시마번[對馬藩] 354
쓰치야 마사나오[土居政直] 364

| ㅇ |

아라오[荒尾] 361
아미노 요시히코[網野善彦] 326
아베 마사타케[阿部正武] 361
아비루 소헤이[阿比留惣兵衛] 386
아사나사이[阿史那社爾] 202
아행제도(牙行制度) 329
안노 마사키[安野眞幸] 325, 326
안동(安東) 166
안동도호부(安東都護府) 75, 190, 195
안북(安北) 92
안북도호부 77
안북부(安北府) 99
안사(安史)의 난 60
안서도호부(安西都護府) 166, 173, 174, 207
안서사진 227
안요쿠호키 369
안용복(安龍福) 361
안작장(安作章) 135
암자(庵子) 106, 108, 112, 114, 116
압강(鴨江) 99, 100, 103, 104
압강도구당사(鴨江渡句當使) 101
압록(鴨綠) 100, 108
압록강(鴨綠江) 87, 94, 103, 118

찾아보기 411

압록관새(鴨綠關塞) 101
야지마 히코이치[家島彦一] 326
양번(兩蕃) 247
양성지(梁誠之) 255
엄경망(嚴耕望) 135
에구하이 365
엔하이 370
여라수착(汝羅守捉) 33, 34, 38, 37
『여지승람(輿地勝覽)』 384
여진(女眞) 90~92, 94, 96, 97, 116, 118
역참 107
연계(燕薊) 90
연산(連山) 95, 96, 118
연향대청(宴享大廳) 358
『연희식(延喜式)』 291
염한 363
영가(盈歌) 95
영객전 289
영고탑 261
영고탑 회귀설 257, 259, 269, 275
영귀향객사(領歸鄕客使) 291
영덕진(寧德鎭) 102
영해(寧海) 370
예군남려(濊君南閭) 137
예맥(濊貊) 138
예성강 49
예종(睿宗) 94~97, 103
엔경왕[嚴耕望] 198
오란다 상관(商館) 354
오무라 스미타다[大村純忠] 327
오아속(烏雅束) 95
오야[大谷] 359
오충추(吳忠秋) 362
옥저(沃沮) 138
완안부(完顔部) 96, 118
완충지역 93, 94, 98, 103, 104, 111~114, 116, 118

왕성국(王城國) 289
왕소보(王小甫) 173
왕안석(王安石) 89
왕치(王治) 100
왜관(倭館) 353
왜구 353
외경(外境) 126, 128~131, 151
외국인 성역(聖域) 338
외사정(外司正) 71
외이(外夷) 128
요(遼) 89
『요계관방지도(遼界關防地圖)』 256
요나고 360
요동(遼東) 94, 118
요동군(遼東郡) 31, 139
요령(遼領) 168
요하 16, 19
요해(遼海) 91
용두산 공원 356
우루친토우 365
우정(郵亭) 105~107, 109
우체(郵遞) 105
운몽(雲夢) 수호지(睡虎地) 진간(秦簡) 123
운용원칙 117
웅천주(熊川州) 70
웅철기(熊鐵基) 135
원재(元載) 183
웡쥔슝[翁俊雄] 190
유관 198
유관수착(渝關守捉) 198
유소(柳韶) 101
유연관(柔遠館) 358
유집일(兪集一) 382
『유취삼대격(類聚三代格)』 306
육부소감전(六部少監典) 69
6정 58

육행랑(六行廊)   356
윤관   262
윤희평(尹熙平)   254
율령지배   150
의무려산(醫巫閭山)   14, 32~35
의주(義州)   94, 103
의주(宜州)   97
의죽도(礒竹島)   387
이경(李炅)   23, 26
이광필(李光弼)   203
이국도해어주인장(異國渡海御朱印帳)   332
이국주인장(異國朱印帳)   332
이길련박덕(伊吉連博德)   287
이나바[因幡]   364
『이년율령(二年律令)』   126, 130
이방(李方)   173
이소다케 야자에몬[礒竹彌左衛門]   374
이순(李訷)   91
이승건(李承乾)   101
이위계(伊位界)   95, 96, 118
이이제이(以夷制夷)   245
이진충(李盡忠)   180
이케다 쓰나키요(池田綱淸)   392
이쿠타 시게루(生田滋)   326
인별생규(人別生糾)   332
인수개지장(人數改之帳)   332
『일본기략(日本紀略)』   306
일본진서축자대장군(日本鎭西筑紫大將軍)   284
일자별교지수(日子鼈橋之水)   93, 94, 118
임진왜란   355
임패(臨浿)   49

| ㅈ |

자비령(慈悲嶺)   92
『장가산한간(張家山漢簡)』   130, 132, 149
장객사(掌客使)   291
장구진(長口鎭)   48, 64, 72
장보고   64
장사(長史)   160, 168
장성(長城)   79, 97, 102
장연(長淵)   52
장연현(長淵縣)   72
장호강교위(將護羌校尉)   126
장흥진(長興鎭)   101
재령강   56
재판(裁判)   376
재판옥   358
저탄(猪灘)   49
전(前) 태후황제(太后皇帝)   104
전관거류지(專管居留地)   353
전문령(箭門嶺)   94, 95
전복(旬服)   160
전복[포(鮑)]   364
전정(田丁)   56
절령(岊嶺)   92
절영도(絶影島)   355
정(定)   102, 103
정사(亭舍)   105, 110
정어원령(淨御原令)   285
정자   106
정전(丁田)   57
정종(靖宗)   88, 102, 112, 115
정주(靜州)   115
정주(正州)   170
정주분도(定州分道)   96
정척(鄭陟)   255
정후(亭候)   105
제4차 쇄국령   335

『조당집(祖堂集)』 67
존문권(存問權) 292
존문사(存問使) 291, 296
종의진(宗義眞) 374
좌자천(佐白川) 363
주(州) 90
주국정(朱國禎) 329
『주승필람(籌勝必覽)』 267
주현도감(州縣都監) 71
죽도(울릉도)도해허가 359
죽도기사(竹嶋紀事) 368
중국선 323
중서성(中書省) 112
중앙아시아 236
『지봉유설(芝峯類說)』 389
지숙(指宿) 329
지촌향(池村鄕) 78
진관령(津關令) 126
진두 77
진률 149
진자앙(陳子昻) 177, 183, 185
진자에몬[仁左衛門] 374

| ㅊ |

차례(茶禮) 377
참판사 375
창해군(蒼海郡) 137
천리장성(千里長城) 88
천보 237
천보황제(天輔皇帝) 99, 100
천하(天下) 127, 134
천황학주지성(天皇鶴柱之城) 93, 94, 118
청해진 64
초도(椒島) 48
초량(草梁) 356
초량왜관 356

최석진(崔碩珍) 109
최승로(崔承老) 91, 92
최유선 109
최인연(崔仁渷) 68
축자대재부(筑紫大宰府) 284
축자대재수(筑紫大宰帥) 283
축자도독부(筑紫都督府) 284
축자솔(筑紫率) 283
축자총령(筑紫總領) 283
취성군(取城郡) 66

| ㅋ |

칼 폴라니(Karl Polanyi) 324
코슈데라[廣州寺] 331
코후쿠지[興福寺] 330

| ㅌ |

탁군(涿郡) 27, 28
탄치샹[譚其驤] 165
탕가혜(湯嘉惠) 167
태봉 52
태종(太宗) 211
태후(太后) 108
텐류인공[天龍院公] 374
토모(土毛) 289, 295
토번 216
토사(土司) 지배 123
토욕혼 218
토진야시키[唐人屋敷] 329, 338~344
통사청(通事廳) 358
통혼(通婚) 133, 150

| ㅍ |

판적향사(板積鄕司)　70
패강(浿江)　47, 50
패강구(貝江口)　48
패강도(浿江道)　51
패강진　53, 65
패강진도호(浿江鎭都護)　74
패강진두상　74
패강진전　67, 73, 80
패서도(浿西道)　51
평로군절도사(平盧軍節度使)　197
평양　93
평양도호부　75
평융진(平戎鎭)　97
평호정인별장(平戶町人別帳)　332, 333
포선만노(浦鮮萬奴)　116
포주(抱州)　95
포주성(抱州城)　104
표함(表函)　295
풍전국(豊前國)　304
풍한용(馮漢鏞)　184

| ㅎ |

하공진(河拱辰)　100, 111
하마다 겐베에[濱田源兵衛]　368
『한관의(漢官儀)』　146
한국화　91
한비챠구　365
한산주　59
『한서(漢書)』 지리지(地理志)　126, 148
한성　353
한주　81
한진(韓繽)　89
항시론(港市論)　326
해자　108, 115, 116
향(鄕)　56
허흠담(許欽澹)　198
현감(縣監)　70
현령(縣令)　66
현종(玄宗)　211
현종(顯宗)　91, 94, 95, 103, 118
혈구진(穴口鎭)　63, 65
혜철(慧徹)　69
호쇼인[寶正院]　328
호오환교위(護烏桓校尉)　126
호키노카미[伯耆守]　364
홍려관(鴻臚館)　304
홍중하(洪重夏)　376
황외산(黃嵬山)　90
황주(黃州)　92, 93
황토령(黃土嶺)　94, 103, 116
『황화사달기(皇華四達記)』　37, 48
회수(淮水)　90
회원진(懷遠鎭)　27~29
후군집(侯君集)　184
후정(候亭)　106
후쿠사이지[寺]　330
후쿠우라[福浦]　361
『후한서(後漢書)』 군국지(郡國志)　126
『후한서』 남만서남이 열전　132
휴암군(鵂嵒郡)　66, 68
흑룡강(黑龍江)　261
흥녕사징효대사보인탑비(興寧寺澄曉大師寶
　　印塔碑)　67
흥화진(興化鎭)　102
히라타 나오에몬[平田直右衛門]　391

찾아보기　415

동북아역사재단
연구총서 **65**

전통시대 동아시아의 외교와 변경기구

초판 1쇄 인쇄 2013년 12월 20일
초판 1쇄 발행 2013년 12월 31일

지은이 연민수 외
펴낸이 김학준
펴낸곳 동북아역사재단

등 록   312-2004-050호(2004년 10월 18일)
주 소   서울시 서대문구 통일로 81 임광빌딩
전 화   02-2012-6065
팩 스   02-2012-6189
e-mail   book@nahf.or.kr

ⓒ 동북아역사재단, 2013

ISBN 978-89-6187-321-5 93910

* 이 책의 출판권 및 저작권은 동북아역사재단이 가지고 있습니다.
  저작권법에 의해 보호를 받는 저작물이므로 어떤 형태나 어떤 방법으로도
  무단전재와 무단복제를 금합니다.

* 이 도서의 국립중앙도서관 출판시도서목록(CIP)은 서지정보유통지원시스템 홈페이지
  (http://seoji.nl.go.kr)와 국가자료공동목록시스템(http://www.nl.go.kr/kolisnet)에서
  이용하실 수 있습니다. (CIP제어번호 : CIP2014000169)

* 책값은 뒤표지에 있습니다. 잘못된 책은 바꾸어 드립니다.